Kurt Walchensteiner

Die Praxis der Befreiung des Bewusstseins

Ein neues Verständnis des Menschseins

AF192269

Kurt Richard Walchensteiner studierte Musik in Innsbruck, bevor er sich dem Studium der Weltreligionen, der Hermetik und des Schamanismus widmete. Während dieser Zeit schrieb er 15 Bücher zu diesen Themen. Seine Forschungen führten ihn zu einer alten gnostischen Schrift namens Pistis Sophia, die ihm einen ersten Zugang zu unbekannten Ordnungen und Systemen des Menschseins öffnete. In den folgenden Jahren des Studiums und der Meditation erkannte er, dass der Mensch etwas anderes ist als das, was in den Religionen und Wissenschaften gelehrt wird. Aufgrund dieser Erkenntnisse nahm er alle seine Bücher vom Markt und schrieb seine neuen Bücher „Die Praxis der Befreiung des Bewusstseins, Buch 1 und Buch 2". In diesen Büchern gibt er sein Wissen über den Weg der Befreiung des Bewusstseins und der Erfüllung des Menschseins weiter. In welcher Weise dies möglich ist, vermittelt er auch in Seminaren und Webinaren.

Website: bewusstsein.site

Kurt Richard
Walchensteiner

DIE PRAXIS DER BEFREIUNG DES BEWUSSTSEINS

Buch 1

Ein neues Verständnis
des Menschseins

Bibliografische Information der Deutschen Nationalbibliothek:
Die Deutsche Nationalbibliothek verzeichnet diese Publikation
in der Deutschen Nationalbibliografie;
detaillierte bibliografische Daten sind im Internet
über http://dnb.dnb.de abrufbar.

Verlag: BoD · Books on Demand GmbH, In de Tarpen 42, 22848 Norderstedt
Druck: Libri Plureos GmbH, Friedensallee 273, 22763 Hamburg

ISBN: 978-3-7597-8687-6

Inhaltsverzeichnis

BUCH 2

Der Weg des Menschen

Dieses Buch handelt vom Menschsein. Das Leben auf der Erde ist ein kleiner Ausschnitt der menschlichen Realität und das bekannte Universum Teil einer mehrdimensionalen Struktur des Bewusstseins, deren Existenz nur eine Bedeutung hat – die Erfüllung des Menschseins.

Das ist der Inhalt des vorliegenden Buchs. Ich beschreibe einen Weg der Erfüllung des Menschseins. Der einzige Ort, wo man sich als Mensch finden kann, ist in uns selbst.

Auf der Suche nach der Antwort auf die uralte Frage des Menschen: „Wer bin ich?" erfährt man für einige Zeit nur Antworten auf die Frage: „Wer bin ich nicht?". Die Antwort schließlich zu finden, ist die Verwirklichung dessen, was der Mensch ist und was niemals verloren gehen kann.

Die Praxis der Suche ist die Selbsterkenntnis. Sie betrifft die Ordnungen und die in den Ordnungen enthaltenen *Eigenschaften* des Menschseins. Sich selbst zu erkennen bedeutet, die Gesetze zu erkennen, die das Menschsein definieren.

Ich habe in diesen beiden Büchern auf ca. 900 Seiten über 1100 Gesetze beschrieben. Jedes Gesetz erfüllt als Teil einer Ordnung und mit der Ordnung als Teil einer Dimension von Raum und Zeit eine klar bestimmte Aufgabe. Ich nenne die Gesetze *Eigenschaften*, die ich je nach Aufgabe z. B. als *verwaltende* oder *umfassende Eigenschaft* beschreibe.

Auch wenn das Buch sehr umfangreich ist, habe ich mich darauf beschränkt, nur die notwendigen Informationen niederzuschreiben, die man braucht, um den Weg der Selbsterkenntnis als Mensch gehen und das Ziel erreichen zu können. Voraussetzung ist jedoch, dass man die Verantwortung für sich selbst übernimmt.

Die Erfüllung des Menschseins ist die Befreiung des Bewusstseins und gleichzeitig die Verwirklichung eines höheren Bewusstseins. Es gibt einen praktischen Weg, dies umzusetzen.

In der Praxis der Selbsterkenntnis erfährt man, dass man sich mit *Eigenschaften* identifiziert, die an der Oberfläche einen tieferen Zugang verhindern. Erkennt man diese *Eigenschaften*, öffnen sich plötzlich Tore zu vorher verborgenen Ordnungen. In dieser Weise bahnt man sich einen Weg in das Zentrum des Menschseins.

Es ist niemals die Aufgabe, etwas geistig zu erschaffen, um einem Ideal zu folgen. Der Weg besteht darin, sich schrittweise von Schichten zu befreien, die einen tieferen Zugang verhindern. Mit jeder sich lösenden Schicht kommt man dem Menschsein näher.

Es braucht am Beginn des Weges einen Überblick über die Dimensionen, Ordnungen und *Eigenschaften*.

Das 1. Ziel ist die Verwirklichung des Bewusstseins der 9. Dimension. Die *Eigenschaften* der dort existierenden Ordnungen definieren die Praxis der Selbsterkenntnis. Wer damit beginnen möchte, kann gleichzeitig die vorbereitenden Übungen für die 10. Dimension praktizieren. Ist man den 1. Schritt gegangen, ergeben sich die nächsten Schritte von selbst.

Ich habe diese Struktur oder Matrix des Bewusstseins in einer alten gnostischen Schrift entdeckt. Heute trägt sie den Namen Pistis Sophia. Versteckt in einer Erlöserreligion findet sich der Zugang zu einem uralten Wissensschatz über das Menschsein, der Jahrtausende verschüttet war. Die Art und Weise, wie die Struktur beschrieben wird, entspricht der Sprache vor ca. 2000 Jahren. Vieles war schon damals verloren gegangen. Die Inhalte der *Eigenschaften* – damals nannte man sie Mysterien – wurden nicht beschrieben oder waren unbekannt.

Der Weg des Menschseins ist keine Religion. Der einzige Mensch, der einen befreien oder, wenn man es so ausdrücken möchte, erlösen kann, ist man selbst. Es gibt keine Gottheit, keine Priesterschaft, keinen Tempel und keine Rituale. Es bleibt nur der Mensch selbst, der den Weg geht.

Umgekehrt lassen sich manche Eigenschaften des Menschseins in den Religionen und spirituellen Lehren wiederfinden. Das Problem ist, dass die Menschen diese *Eigenschaften* idealisieren, anstatt sich von ihnen zu befreien. Für viele Gläubige ist es unvorstellbar, dass der Gott, die Götter oder die geistigen Wesenheiten, die sie verehren und anbeten, letztlich Schöpfungen des Menschen oder Gesetze des Menschseins sind.

In den Religionen sehe ich mit das größte Hindernis für die Menschen, ihr Menschsein erfüllen und ihr Bewusstsein befreien zu können. Wenn ich in den Anmerkungen manchmal darauf hinweise, dann deshalb, damit man erkennen kann, um welche *Eigenschaften* es sich dabei handelt. Wer die Beschreibungen aufmerksam liest und in der Praxis der Selbsterkenntnis innerlich erfährt, wird in vielen *Eigenschaften* erkennen können, wie sehr sich die Religionen mit der Dunkelheit identifizieren.

Soweit es mir möglich war, habe ich das Buch in einer zeitgemäßen Sprache verfasst, befreit von religiösen und esoterischen Begriffen. Je unvoreingenommener und losgelöst von jedweden religiösen und esoterischen Vorstellungen man das Geschriebene studiert und mit dem Weg beginnt, desto besser wird man sich selbst erkennen können.

Die 13 Dimensionen des Bewusstseins

Der Ursprung und die *Eigenschaften* des Bewusstseins

Die 1. *höhere Eigenschaft* dieses Bewusstseins ist vollkommene Freiheit. Es gibt keine Einschränkung. Diese Freiheit betrifft jede Bewegung und jede Begegnung. Nichts in allen Dimensionen kann diese Freiheit auch nur berühren. Es ist die Freiheit des Bewusstseins der 13. Dimension als individuelles Bewusstsein in der 12. Dimension.

Die 1. *höhere Eigenschaft* des befreiten Bewusstseins

Die Quelle des Bewusstseins ist der Mensch. Es stammt nicht vom Universum oder einer Macht außerhalb des Menschen – der Mensch selbst ist der Ursprung des Bewusstseins.

Es ist auch nicht die Menschheit als Einheit, die ein höheres Bewusstsein hat. Bewusstsein entsteht in jedem Einzelnen von uns.

Wir sind auch nicht Teil eines allumfassenden Bewusstseins. Der Mensch ist keine einzelne Zelle, die sich mit einem höheren oder universalen Bewusstsein zu verbinden sucht.

Die Suche nach dem befreiten Bewusstsein gleicht einer Expedition, bei der nicht Kontinente, sondern Dimensionen des Bewusstseins erforscht werden. Was dort verborgen darauf wartet, entdeckt zu werden, kann man sich in seinen kühnsten Träumen nicht vorstellen. Keine Suche ist so herausfordernd, so erschütternd und vor allem so erfüllend.

Der Weg beginnt mit der Erkenntnis des Bewusstseins. Um der Quelle des Bewusstseins im Menschen näherzukommen, bedarf es zunächst der Erkenntnis der Dimensionen.

Zeit und Raum bilden das Gerüst oder die Matrix der 13 Dimensionen des Bewusstseins[1]. Man kann sich jede Dimension als ein Gefäß vorstellen, das aus Zeit und Raum besteht. So beherrscht zum Beispiel in der 8. Dimension der Raum die Zeit und in der 9. Dimension die Zeit den Raum. Die innere Wirklichkeit eines

Die 13 Dimensionen
des Bewusstseins

Die 13. Dimension

Das Bewusstsein ist an die Beherrschung der Zeit durch die Unabhängigkeit von der Zeit gebunden.

Die 12. Dimension

Das Bewusstsein ist an die Beherrschung des Raums durch die Unabhängigkeit von der Zeit gebunden.

Die 11. Dimension

Das Bewusstsein ist an die Beherrschung der RaumZeit durch die Zeit gebunden.

Die 10. Dimension

Das Bewusstsein ist an die Beherrschung der RaumZeit durch den Raum gebunden.

Die 9. Dimension

Das Bewusstsein ist an die Beherrschung des Raums durch die Zeit gebunden.

Die 8. Dimension

Das Bewusstsein ist an die Beherrschung der Zeit durch den Raum gebunden.

jeden Menschen setzt sich aus 13 Dimensionen zusammen. Das ist das innere All. Die äußere Wirklichkeit hat ihren Ursprung im inneren All.

Die Frage nach dem Ursprung von Zeit und Raum wird durch das Bewusstsein beantwortet.

Bewusstsein gebiert Zeit und Raum.

Die 1. Dimension definiert den entferntesten Raum. Im innersten Zentrum des Menschen befindet sich die 13. Dimension.

Je nachdem, wie Zeit und Raum miteinander verbunden sind, befinden sich in jeder Dimension des inneren Alls andere *Eigenschaften* des Menschen. In der 5. Dimension gibt es z. B. Hunderte *Eigenschaften* des Charakters und der Persönlichkeit. Die dort herrschende Verbindung von Zeit und Raum bildet das Gefäß. In der 6. Dimension definieren Zeit und Raum die Grundlage für das individuelle Selbst

Die 7. Dimension

Das Bewusstsein ist an die Beherrschung der Zeit gebunden.

Die 6. Dimension

Das Bewusstsein ist an die Unabhängigkeit von der Zeit gebunden.

Die 5. Dimension

Das Bewusstsein ist an die RaumZeit gebunden.

Die 4. Dimension

Das Bewusstsein ist an die Zeit gebunden.

Die 3. Dimension

Das Bewusstsein ist an den Raum gebunden.

Die 2. Dimension

Das Bewusstsein ist an den leeren Raum gebunden.

Die 1. Dimension

Das Bewusstsein ist an das Verschwinden des Raums gebunden.

des Menschen. Andere *Eigenschaften* wären weder in der 5. noch in der 6. Dimension möglich.

Zeit und Raum haben jeweils eine bestimmte Funktion für das Bewusstsein. Die Zeit ist die Veränderung und der Raum ist die Aufrechterhaltung des Bewusstseins.

Würde ein Gegenstand in einem Universum ohne Zeit existieren, gäbe es keine Veränderung. Auch ein Gedanke, einmal gedacht, könnte sich nicht mehr verändern. Er wäre eine geistige Gegebenheit. Umgekehrt würde Zeit ohne Raum eine ständige Veränderung bewirken.

In der 8. Dimension beherrscht deshalb die Aufrechterhaltung die Veränderung und in der 9. Dimension die Veränderung die Aufrechterhaltung. Dies bezieht sich immer auf das Bewusstsein selbst und auf die *Eigenschaften*, durch die sich das Bewusstsein erfährt und mit denen es sich identifiziert.

Wenn Zeit und Raum das Gefäß einer Dimension bilden, welche Instanz im Menschen bestimmt dann den Inhalt? Es ist der Geist!

> 1. Der Mensch ist die Quelle des Bewusstseins.
>
> 2. Das Bewusstsein bringt Zeit und Raum der Dimensionen hervor.
>
> 3. Die Dimensionen bilden jeweils die Vorgaben für den Geist.

Der Geist ist an Zeit und Raum gebunden. Was immer der Geist definiert, hat als Vorgabe die Verbindung von Zeit und Raum in der jeweiligen Dimension. Der Geist folgt der Verbindung von Zeit und Raum durch das Bewusstsein.

Wenn der Raum die Zeit beherrscht, wie es in der 8. Dimension der Fall ist, definiert der Geist *Eigenschaften*, die nur in der 8. Dimension existieren können. Dies geschieht in gleicher Weise in allen Dimensionen. Der Geist einer Dimension folgt den dort herrschenden Gegebenheiten von Zeit und Raum. Es gibt nicht den einen Geist, der alles verwirklicht. Es kommt immer darauf an, über welche Zeit-Raum-Ordnung der Geist gebunden ist. In jeder Dimension wirkt ein anderer Geist.

Es ist eine neue Erfahrung, über eine *Eigenschaft* einmal mit dem Bewusstsein der 5. Dimension nachzudenken, dann mit dem Bewusstsein der 6. Dimension usw. Daraus ergeben sich für den Menschen jeweils andere Erkenntnisse, obwohl es sich um die gleiche Sache handelt.

Auf meiner Reise durch die Dimensionen habe ich die unterschiedlichsten *Eigenschaften* gefunden, darüber meditiert[3] und sie aufgeschrieben. Die Reise durch die Dimensionen ist eine Reise der Erkenntnis. Es gibt *Eigenschaften*, die eine Dimension verwalten, aber auch solche, die den Menschen in seiner Ganzheit durchdringen. Andere verleugnen das Menschsein und wieder andere *Eigenschaften* lassen keine Selbsterkenntnis zu. Manche sind einfach nur negativ und andere helfen dem Menschen, sein Bewusstsein zu befreien.

Es gibt nichts Vergleichbares. Die Komplexität und Vielfalt des Menschseins ist unendlich. Allein in der 5. Dimension finden sich über 500 *Eigenschaften*, die sich beim Menschen allgemein, positiv oder negativ äußern können. Ihre Zusammensetzung ist bei jedem Menschen unterschiedlich.

Betrachtet man eine Dimension, so erkennt man ein Gefäß aus Zeit und Raum des Bewusstseins, das mit *Eigenschaften* und Ordnungen gefüllt ist. An diese Inhalte ist der Mensch gebunden. Sie definieren das Menschsein auf der Erde.

Gleichzeitig erkennt man, dass sich hinter den *Eigenschaften* etwas verbirgt. Man findet Zeit und Raum einer Dimension, aber keine *Eigenschaften*, die als vorgegebene Muster den Menschen definieren.

Auf den ersten Blick könnte man meinen, dieser Raum sei leer. Aber er ist nicht leer, er besteht aus einer Substanz, die Licht ist. Es ist die Substanz des Bewusstseins. Diese Erkenntnis beantwortet zugleich die Frage, was Licht ist.

Licht ist Substanz des Bewusstseins.

Jede *Eigenschaft* einer Dimension ist von dieser Substanz durchdrungen und mit ihr verbunden. Positive und *negative Eigenschaften* können im Menschen nur existieren, weil sie mit der Substanz des Bewusstseins der jeweiligen Dimension verbunden sind. Auch die dunkelsten *Eigenschaften* des Menschen haben Bewusstsein. Sonst gäbe es sie nicht.

Alle *Eigenschaften* erhalten ihr Bewusstsein von den Menschen.

Wenn man in diese Bereiche der Dunkelheit vordringt und eine dieser *Eigenschaften* erkennt, dann offenbart sich ein weiteres Wesensmerkmal des Bewusstseins.

Es handelt sich dabei um die Erkenntnis.

Es geht nicht nur um den Intellekt. Das ist zu wenig. Es braucht die Erkenntnis mit dem Bewusstsein, d. h. man muss die *Eigenschaft* mit dem Bewusstsein erfahren. Dann erkennt man sie und ist weiter in die Dimension vorgedrungen.

Das Besondere ist, dass durch diese Erkenntnis eine Distanz zwischen der *Eigenschaft* und dem Bewusstsein entsteht. Vorher waren die *Eigenschaft* und die Substanz des Bewusstseins eine verschmolzene Einheit. Durch die Erkenntnis haben sie sich voneinander gelöst.

Deshalb ist es für die Befreiung des Bewusstseins unerlässlich, die *Eigenschaften* in den Dimensionen zu erkennen. Die Lösungen zwischen dem Bewusstsein und den *Eigenschaften* sind die Voraussetzung und Grundlage für die Befreiung.

Wer über die *Eigenschaften* einer Dimension meditiert und sich schrittweise vorarbeitet, erkennt allmählich die zeitliche und räumliche Ausdehnung einer Dimension.

Befreiung bedeutet, dass es in den Dimensionen keine *Eigenschaften* mehr gibt, die als Vorgaben das Menschsein definieren. Eine Dimension ist frei, wenn sich in ihr nur noch die Substanz des Bewusstseins befindet. Mit welchen *Eigenschaften* sich ein Mensch auf dieser Bewusstseinsstufe verbindet, bleibt ihm überlassen. Das ist seine persönliche Freiheit.

Der Grund für die Existenz der *Eigenschaften* ist folgender: Sie sind Platzhalter in den Dimensionen. Das Erkennen einer *Eigenschaft* ist gleichzeitig die Lösung der *Eigenschaft* von einem Teil der Dimension. Wenn man alle Platzhalter *erkannt* hat, braucht man sie nicht mehr. Dann hat man das Bewusstsein einer Dimension von seinen *Eigenschaften* befreit.

Obwohl das Bewusstsein mit allen positiven und *negativen Eigenschaften* verbunden ist, ist es nicht neutral. Eine *Eigenschaft* der 7. Dimension besitzt eine Erinnerung an das Licht der höheren Dimensionen[4]. Alle Menschen folgen diesem Licht. Das Problem ist, dass viele der Dunkelheit folgen, weil sie überzeugt sind, dass dieses Dunkel Licht sei.

Die Praxis der Befreiung und des Aufstiegs des Bewusstseins ist der Inhalt der 9. bis zur 13. Dimension. Wer eine *Eigenschaft* der 9. Dimension erkennt, identifiziert sich in diesem Moment nicht mit einer *Eigenschaft* der niederen Dimensionen, sondern mit einer *Eigenschaft* der 9. Dimension. In diesem kurzen Augenblick hat sich das Bewusstsein von einer *Eigenschaft* der niederen Dimensionen gelöst. Hat man das Bewusstsein der 9. Dimension verwirklicht, beginnt die Praxis der 10. bis 13. Dimension.

Die niederen Dimensionen sind die 1. bis zur 8. Dimension, wobei der 8. Dimension eine besondere Bedeutung zukommt.

Im Augenblick der Identifizierung mit einer *Eigenschaft* der 9. Dimension taucht der Mensch aus der Tiefe der Dunkelheit auf und gleicht dabei einem Ertrinkenden, der endlich wieder Luft bekommt. Ist dieser Moment vorüber, versinkt das Bewusstsein erneut in den *Eigenschaften* der niederen Dimensionen. Solange diese nicht erkannt werden, bleiben sie anonym, ungreifbar und binden den Menschen.

Eine wesentliche *Eigenschaft* der 9. Dimension ist die Nüchternheit. Diese höhere Form der Nüchternheit entlarvt alle Vorstellungen, Ideen, Ideologien, Imaginationen, Gefühle usw., die den niederen Dimensionen angehören, als Dunkelheit und Bindung in der Dunkelheit.

Besitzt jemand diese Nüchternheit, löst er sich allmählich von allen *Eigenschaften* der niederen Dimensionen. Auch wenn er sich eine Zeit lang intensiv damit beschäftigt hat, kommt der Zeitpunkt, an dem er die Bindung erkennt, sich löst und weitergeht.

Diese Nüchternheit hat vor allem zur Folge, dass man sich selbst in seinen subjektiven Vorstellungen durchschaut.

Wenn man auf der Erde lebt, beginnt der Weg der Befreiung des Bewusstseins mit den *Eigenschaften* der 9. Dimension. Die wesentliche Praxis besteht darin, die *Eigenschaften* der niederen Dimensionen im Sinne der 9. Dimension zu erkennen.

[1] In der gnostischen Schrift Codex Askewianus, die heute als Pistis Sophia bekannt ist, finden sich mehrere Ordnungen der Dimensionen des Bewusstseins. Je nach ihrer Eigenschaft erhielten die Dimensionen verschiedene Namen. So wurde z. B. die 1. Dimension als äußere Finsternis oder die 9. Dimension als Ort derer der Mitte bezeichnet. Die Gnosis war und ist jedoch eine Erlöserreligion. Die Befreiung des Bewusstseins des Menschen kann durch eine Erlöserreligion nicht erreicht werden. Die 13 Kristallschädel der Maya-Religion standen ursprünglich mit den 13 Dimensionen des Bewusstseins in einer bestimmten Weise in Verbindung.

[2] Die *Eigenschaften* der Dimensionen wurden in der Pistis Sophia als Mysterien bezeichnet. Um eine Befreiung des Bewusstseins zu erreichen, ist das Wissen um die *Eigenschaften* erforderlich. Dies wird als Enthüllung der Mysterien bezeichnet. In den Büchern ist der Begriff *Eigenschaften* dort wo es sich um ein Mysterium handelt, zur besseren Unterscheidung kursiv abgedruckt.

[3] Meditation ist für mich ein Zugang zu Inhalten in Verbindung mit *Eigenschaften* der 9. Dimension. Es sind dies Nüchternheit, Denken und Weisheit. Was damit gemeint ist, erkläre ich im Kapitel über die 9. Dimension.

[4] Diese *Eigenschaft* trägt den Namen Pistis Sophia. Nach ihr wurde die Schrift benannt.

Die 5 Körper des Menschen

Der Mensch hat vergessen, was der Mensch ist

Die 2. *höhere Eigenschaft* ist die Anerkennung der Freiheit jedes Menschen. Diese Anerkennung ist absolut. Es gibt keine Beeinflussung eines anderen Menschen. Auch zwischen den Menschen gibt es keine Bewertung. Dies bezieht sich sowohl auf materielle Güter als auch auf geistige Fähigkeiten oder die Stufe der Verwirklichung der Dimensionen. Dieses Bewusstsein bleibt bei sich selbst.

Die 2. *höhere Eigenschaft* des befreiten Bewusstseins

Jeder Mensch besteht aus 5 Körpern. Es sind dies der mit dem physischen Körper verbundene Körper des individuellen Mensch-Bewusstseins, der Körper des individuellen Geistes, der Körper der individuellen Korrektur, der Körper der individuellen *Eigenschaften* und der Körper des individuellen Bewusstseins.

Jeder dieser Körper ist einzeln definierbar und sie beeinflussen sich gegenseitig. Gleichzeitig durchdringen sie einander und bilden eine Einheit. Die einzelnen Körper bilden sich aus vielen *Eigenschaften* der Dimensionen. Um welche es sich dabei handelt, hängt in erster Linie von der persönlichen Entwicklung des Menschen ab.

Der 5. Körper

Der Körper des individuellen Bewusstseins

Der 4. Körper

Der Körper der individuellen Eigenschaften

Der 3. Körper

Der Körper der individuellen Korrektur

Der 2. Körper

Der Körper des individuellen Geistes

Der 1. Körper

Der Körper des individuellen Mensch-Bewusstseins

Um einen ersten Eindruck zu vermitteln: Die meisten Menschen auf der Erde identifizieren sich mit ihrem Mensch-Bewusstsein über die 20 *verwaltenden Eigenschaften* der 3. Dimension, haben als Grundlage ihres Geistes die 7 *umfassenden Eigenschaften* der 2. Dimension, erfahren die Korrektur über die 64 *verwaltenden Eigenschaften* der 4. Dimension, definieren ihre Persönlichkeit über die 5. Dimension und bilden das individuelle Selbst über die 6. Dimension.

Es gibt noch viele weitere verwaltende *Eigenschaften*, mit denen die Körper verbunden sind. Der Aufbau der 5 Körper[1] und ihre Verbindung zu den Dimensionen und zum Universum ist umfassend und sehr komplex.

In den beiden Büchern habe ich sehr viele *Eigenschaften* veröffentlicht. Der Maßstab, um welche es sich dabei handelt, ist die Befreiung von den niederen Dimensionen und damit gleichzeitig die Verwirklichung des Bewusstseins der 9. Dimension. Wer sie erkennt und die Übungen praktiziert, besitzt dazu die Voraussetzungen.

Im Laufe des Lebens identifiziert man sich mit verschiedenen *Eigenschaften*, abhängig von der persönlichen Entwicklung, dem sozialen Leben, dem Beruf, der Gesellschaft und vielem mehr. Das bedeutet, dass sich die *Eigenschaften* der 5 Körper ändern.

Die inhaltlichen und strukturellen Qualitäten der Dimensionen bleiben jedoch gleich. Sie verändern sich nicht. Jede menschliche Eigenschaft ist in den Dimensionen bereits vorhanden. Das betrifft das Bewusstsein, das Selbst, die Persönlichkeit, den Charakter, den Geist und so weiter.

Der Mensch bewegt sich mit seinen 5 Körpern in einer bestehenden Struktur. Man kann es auch so beschreiben, dass jede Handlung, jedes Gefühl und jeder Gedanke sowie jeder Wunsch oder Willensimpuls irgendwo in den Dimensionen als *Eigenschaft* bereits existent ist und dort seine Ursache hat. Es ist für einen Menschen, der sich mit seinem Bewusstsein über die niederen Dimensionen identifiziert z. B. nicht möglich, einen Gedanken zu denken, den es nicht schon als *Eigenschaft* gibt.

Alle *Eigenschaften* von der 1. bis zur 8. Dimension bilden eine Matrix aus Zeit, Raum und Geist, in der sich die 5 Körper des Menschen befinden. In ihnen finden sich die *Eigenschaften* des höchsten Selbst bis hin zu den Abgründen der tiefsten Finsternis.

Mit welchen *Eigenschaften* sich jemand verbindet, bleibt letztlich dem einzelnen Menschen überlassen. Zur Befreiung des Bewusstseins bedarf es ihrer Erkenntnis.

Das Merkmal des 5. Körpers[2] ist das Bewusstsein, und obwohl tief verborgen in diesem 5. Körper der Zugang zu den höheren Dimensionen existiert, ist er für die Menschen auf der Erde mit einem Bewusstsein in der 7. Dimension verbunden. Die Schwierigkeit besteht darin, dass die Menschen das Bewusstsein der höheren Dimensionen nicht kennen. Dort herrschen Ordnungen von Raum und Zeit, die in den niederen Dimensionen unbekannt sind.

Die Bewusstseine der höheren Dimensionen existieren nicht im bekannten Universum. Sie liegen als Möglichkeit im Menschen verborgen. Um sie zu erkennen und zu erfahren, bedarf es des Weges nach innen. Dieser Weg ist die Selbsterkenntnis, um schließlich zu den höheren Dimensionen zu gelangen.

Innerhalb der niederen Dimensionen identifiziert sich der 5. Körper mit dem niederen Selbst oder dem höheren Selbst. Das niedere Selbst ist das individuelle Bewusstsein, das jedem Menschen auf der Erde bei der Geburt zukommt. Die weitaus meisten Menschen identifizieren sich ihr ganzes Leben lang mit dem niederen Selbst.

Die 2. Möglichkeit, die sich im Laufe des Lebens entwickeln kann, ist das höhere Selbst. Auch das höhere Selbst ist ein individuelles Bewusstsein, das hierarchisch über einem gemeinschaftlichen Inhalt steht. Wenn jemand das höhere Selbst verwirklicht hat, nimmt er den höheren Mittelpunkt z. B. einer religiösen oder gesellschaftlichen Ideologie ein.

Die höchstmögliche Entwicklung des Bewusstseins im Sinne der niederen Dimensionen ist das höchste Selbst. Es ist das 12. Raum-Bewusstsein der 6. Dimension. Wenn ein Mensch dies in sich verwirklicht hat, nimmt er hierarchisch eine Position oberhalb der 7. Dimension ein. Dieses höchste Selbst der niederen Dimensionen identifiziert sich nur über das Bewusstsein.

Es ist nicht das Selbst der höheren Dimensionen, sondern das höchste Selbst der niederen Dimensionen.

Durch die Existenz des 5. Körpers entsteht der 4. Körper[3], der Körper der individuellen *Eigenschaften*. Die *Eigenschaften*, mit denen sich das Bewusstsein identifiziert, bilden gemeinsam den 4. Körper.

Vor allem in der 5. Dimension finden sich die *Eigenschaften*, mit denen sich eine Person identifiziert. Die gesamte Dimension gleicht einer Matrix von Persönlichkeitstypen und Charaktereigenschaften.

Auf der einen Seite stehen Archetypen, die nach Entwicklung verlangen, auf der anderen Seite Archetypen, die Vollkommenheit suggerieren. In diesem Spannungsfeld der persönlichen Entwicklung befindet sich der Mensch auf der Erde.

Alle Charakterzüge, ob positiv oder negativ, haben eine innere Ursache. Für die Befreiung des Bewusstseins ist es notwendig, diese Ursachen zu erkennen. Es reicht nicht aus, sich in positiven Wesensmerkmalen wie Hilfsbereitschaft, Fleiß oder Ausdauer oder negativen Charakterzügen wie Zorn, Oberflächlichkeit oder Faulheit zu erkennen und sie sich einzugestehen. Erst in den Dimensionen kann man erfahren, welchen Ursprung sie haben und warum man sich damit identifiziert.

Auch in der 1., 2. und 3. Dimension gibt es *Eigenschaften*, mit denen sich der 4. Körper identifiziert. Sie gehören immer der Dunkelheit an.

Der 3. Körper[4] wird als Körper der individuellen Korrektur bezeichnet. Dieser Körper besitzt vor allem *Eigenschaften* der 7. Dimension und *Eigenschaften* der 4. Dimension. Dieser Körper ergibt sich aus der Existenz des 5. und des 4. Körpers.

Die Korrektur bezieht sich auf das Gesetz der Regulierung, das in den niederen Dimensionen herrscht.

Die Menschen regulieren sich selbst, indem sie sich einem religiösen oder staatlichen System unterwerfen. Dabei handelt es sich vor allem um eine geistige Regulierung. Durch die Einordnung und Unterwerfung verleihen die Menschen der geistigen Instanz des jeweiligen Systems die Legitimation und Vollmacht, regulierend einzugreifen.

Das Licht in jedem Menschen ist unendlich viel heller als jedes Licht jeder Religion und jeder Nation.

Auf der Erde ist der regulierende Einfluss der *Eigenschaften* der Dimensionen oft willkürlich. Das bedeutet, dass viele Menschen nicht für das verantwortlich sind, was ihnen schicksalshaft widerfährt. Viele ergeben sich dem Schicksal, andere kämpfen dagegen an. Es wäre jedoch wichtig, die grundlegenden *Eigenschaften* zu erkennen, die den Menschen in dieser Weise beeinflussen. Dann kann man sich von ihnen lösen.

Es gibt sehr viele *Eigenschaften*, die den Menschen regulierend beeinflussen. Befreiung bedeutet auch, sie und die damit verbundenen Ordnungen zu erkennen, um sich lösen zu können.

Durch den Körper der individuellen Korrektur werden die Inhalte des Körpers des individuellen Bewusstseins und des Körpers der individuellen *Eigenschaften* verändert.

Der 2. Körper[5] ist der Körper des individuellen Geistes. Die *Eigenschaften* dieses Körpers stammen hauptsächlich aus der 2. und 3. Dimension. Dieser Körper ist der Geist des Menschen.

Der 5. und der 4. Körper besitzen die grundsätzliche Anlage, höhere Inhalte zu erkennen und zu verinnerlichen. Der 3. Körper reguliert und korrigiert jedoch alle Inhalte im Sinne der jeweiligen Systeme und Ordnungen des Lebens auf der Erde.

Der Geist verwirklicht im Menschen das, was durch den Körper der Korrektur im Menschen vorhanden ist. Jede geistige Handlung, einschließlich aller intellektuellen Überlegungen, Gefühle oder intuitiven Wahrnehmungen, hat die korrigierten Inhalte als Grundlage. Darüber definiert der Geist die geistige und körperliche Wirklichkeit des Menschen.

Gedanken im Sinne höherer Dimensionen sind diesem Geist nicht möglich. Ihre Existenz liegt außerhalb seines Vorstellungsvermögens.

```
                    5. Körper

                    Bewusstsein


2. Körper           1. Körper           4. Körper

Geist               Mensch-             Eigenschaften

                    Bewusstsein



                    3. Körper

                    Korrektur
```

Dazu bedarf es der Erkenntnis der *Eigenschaften* des Geistes und der Art und Weise, wie er den Menschen in die Irre führt.

Geistiger Fortschritt wird heute als Weiterentwicklung des Bestehenden verstanden. Die Schwierigkeit besteht darin, dass der menschliche Geist diese Irreführung als Grundeigenschaft in sich trägt. Jede Form der Beschäftigung mit diesem Geist gleicht einer Bewegung innerhalb korrigierter Inhalte.

Wenn der Geist eine Vorstellung von Licht hat, dann verwirklicht das Bewusstsein diese Vorstellung. Die Imagination wird vom Menschen als höheres Licht erfahren, unabhängig davon, welchen Inhalt sie tatsächlich hat. Eine Grundeigenschaft des Geistes ist der Glaube. Der Mensch glaubt an die Vorstellungen seines Geistes.

Der 1. Körper[6] schließlich ist der Körper des individuellen Mensch-Bewusstseins. Es ist zugleich das Bewusstsein des physischen Körpers. In der 3. Dimension und im Universum finden sich jene Ordnungen und *Eigenschaften*, durch die sich dieses Mensch-Bewusstsein bildet. Das

Mensch-Bewusstsein ist der Mensch in seiner Individualität, die auch nach dem Tod des physischen Körpers bestehen bleibt.

In den einzelnen Kapiteln über die Dimensionen mit den Beschreibungen der *Eigenschaften* werde ich auf die 5 Körper Bezug nehmen.

Die 5 Körper bilden eine Einheit, wobei der 1. Körper, das individuelle Mensch-Bewusstsein, das Zentrum einnimmt. Die anderen Körper bilden 4 Pole um das Zentrum. Durch die Verbindung der Pole entsteht im Menschen eine Kraft. Diese Kraft ist die Substanz des Bewusstseins, die sich im Zentrum bündelt.

Dies ist die Quelle des Bewusstseins im Menschen in seiner Existenz bis hin zum Universum der 10. Dimension.

Mit welchem Bewusstsein man sich im Zentrum als Mensch identifiziert, hängt von der Beschaffenheit der 4 Körper ab. Hat man die Irreführung des Geistes erkannt, verändert sich ein Pol und entsprechend verändert sich das Bewusstsein im Zentrum. Kennt man die Regulierungen innerhalb der niederen Dimensionen und hat sich durch die Erkenntnis davon gelöst, so entsteht auch ein anderes Bewusstsein im Zentrum.

Jede Erkenntnis einer *Eigenschaft* der 5 Körper verändert das individuelle Mensch-Bewusstsein.

Räumlich kann man sich dazu vorstellen, dass der 5. Körper den Platz vor dem Zentrum einnimmt, der 4. Körper den Platz rechts vom Zentrum, der 3. Körper den Platz hinter dem Zentrum und der 2. Körper den Platz links vom Zentrum. In der Mitte ist man eins mit dem 1. Körper.

Durch die Körper des Menschen wird eine weitere *Eigenschaft* des Bewusstseins definiert, nämlich seine Vierpoligkeit.

Die Substanz des Bewusstseins entsteht dort, wo 4 Pole existieren, die zusammenwirken und ein 5. Zentrum bilden. Jede Dimension besitzt ein 4-poliges Bewusstsein. In der Praxis der Befreiung stehen sie im Zentrum der Meditationen.

[1] Allgemein wird die These vertreten, dass der Mensch aus Körper, Seele und Geist, also aus 3 Körpern bestehe. Die Idee der Dreiteilung stammt aus der 2. Dimension, wo 3 verwaltende *Eigenschaften* den Menschen diese Vorstellung suggerieren. Der Mensch besteht jedoch aus 5 Teilen bzw. 5 Körpern. Auch in der Pistis Sophia wird dies so beschrieben.

[2] In der Pistis Sophia wird dieser Körper als Kraft bezeichnet. Der Begriff Kraft bezieht sich auf die schöpferische Kraft des Bewusstseins. Die Identifikation einer Person mit einer *Eigenschaft* des inneren Alls führt zu einer Verstärkung dieser *Eigenschaft* durch das Bewusstsein.

[3] Dieser Körper ist die Seele in ihrer ursprünglichen Bedeutung.

[4] Auch dieser Körper ist heute weitgehend unbekannt. In der Pistis Sophia trägt er den Namen Verhängnis. Man ist versucht, diesen Körper durch den Begriff Karma erklären zu wollen. Karma ist jedoch nur dann in der bekannten Weise regulierend, wenn man sich zuerst einer religiösen Instanz unterwirft. Im Laufe des Buchs werde ich immer wieder auf diesen Körper zurückkommen.

[5] Der menschliche Geist wird in der Pistis Sophia irreführender Geist genannt. Dieser Name beschreibt sehr gut, was der Geist mit dem Menschen tut: Er führt ihn in die Irre. Das Wissen um die Irreführung des Geistes ist wesentlich für die Befreiung des Bewusstseins. Der in der Esoterik bekannte Begriff Mentalkörper bezieht sich ebenfalls auf den Geist des Menschen. Der Mentalkörper ist jedoch der auf die Welt der gefallenen *Eigenschaften* reduzierte Geist des Menschen. Dasselbe gilt übrigens für die Bezeichnung Astralkörper für die Seele.

[6] Dieser Körper wird in der Pistis Sophia mit dem physischen Körper gleichgesetzt. Es ist jedoch das mit dem physischen Körper verbundene Mensch-Bewusstsein, das auch nach dem physischen Tod weiterlebt.

Die *Eigenschaften* des inneren Alls

Alles befindet sich im inneren All des Menschen - das höchste Licht und die tiefste Dunkelheit

Die 3. *höhere Eigenschaft* ist die Erkenntnis der Unendlichkeit des Bewusstseins. Es gibt für das Bewusstsein keine Grenze für die Verwirklichung höherer Zustände des Bewusstseins. Bildhaft ausgedrückt: Selbst derjenige, der das höchste individuelle Bewusstsein aller 13. Dimensionen verwirklicht hat, sieht keine Grenze nach oben. Diese Sicht und die gleichzeitige Erkenntnis der Unendlichkeit der Entwicklung ist Teil dieses Bewusstseins.

Die 3. *höhere Eigenschaft* des befreiten Bewusstseins

Im inneren All eines jeden Menschen befinden sich verschiedene Arten von *Eigenschaften*[1]. Je nach Aufgabe und Funktion unterscheiden sie sich grundlegend. Für die Selbsterkenntnis ist es notwendig, sie zu kennen.

Eigenschaften existieren als unpersonifizierte geistige Substanzen und personifiziert mit einem individuellen Bewusstsein. Um zu überleben, benötigen sie die Substanz des Bewusstseins des Menschen.

Höhere Eigenschaften[2]

Höhere Eigenschaften sind *Eigenschaften* der höheren Dimensionen. Sie besitzen je nach Dimension unterschiedliche Wirkungsbereiche.

Verwaltende Eigenschaften[3]

Die *verwaltenden Eigenschaften* existieren von der 1. Dimension bis zur 8. Dimension. Jede dieser *Eigenschaften* hat eine positive und eine negative Ausrichtung. Die Bezeichnung *verwaltende Eigenschaft* bezieht sich darauf, dass sie bildhaft ausgedrückt den Bewusstseinsraum einer Dimension verwalten. Durch die Erkenntnis einer solchen *Eigenschaft* löst man sie von der Substanz des Bewusstseins der jeweiligen Dimension.

Große verwaltende Eigenschaften[4]

Diese *Eigenschaften* befinden sich in der 5. Dimension und definieren z. B. unterschiedliche Archetypen der Persönlichkeit. Ebenso wie die *verwaltenden Eigenschaften* stehen sie für eine Qualität, wobei ihr Wirkungsbereich größer ist.

Umfassende Eigenschaften[5]

Im Gegensatz zu den *verwaltenden Eigenschaften*, die nur ein Wesensmerkmal definieren, bezieht sich der Einfluss einer *umfassenden Eigenschaft* auf den ganzen Menschen. Bildhaft ausgedrückt stülpt sich diese *Eigenschaft* über das individuelle Mensch-Bewusstsein und beeinflusst das gesamte Sein. *Umfassende Eigenschaften* entstehen, wenn sich ein Mensch einer *verwaltenden Eigenschaft* vollkommen hingibt. Durch die Hingabe und Unterwerfung des Menschen breitet sich der Einfluss auf den ganzen Menschen aus. Eine 2. Möglichkeit ihrer Genese ist, dass sie durch die Glaubenskraft der Menschen entstehen. Auch dann ist die Ursache z. B. eine *verwaltende Eigenschaft.*

Eine *umfassende Eigenschaft* befindet sich zuerst nur im inneren All eines einzelnen Menschen. Diese Menschen versuchen oft, ihre Mitmenschen davon zu überzeugen, dass es sich dabei um die größte und wichtigste *Eigenschaft* handle. Letztlich möchten sie, dass auch die anderen Leute diese *Eigenschaft* als *umfassende Eigenschaft* annehmen.

Raum-Bewusstseine[6]

Ein Raum-Bewusstsein ist, wie der Name schon sagt, ein mit einer bestimmten Qualität verbundenes Bewusstsein, das sich über einen definierten Raum ausbreitet. Ich beschreibe jeweils 12 Raum-Bewusstseine der 3. Dimension, der 4. Dimension und der 6. Dimension.

Aufbereitende Eigenschaften[7]

Aufbereitende Eigenschaften vermitteln zwischen einem Menschen und einem Raum-Bewusstsein. Sie führen dem Raum-Bewusstsein die Substanz des Bewusstseins des Menschen zu. Bevor dies geschieht, wird diese Substanz im Sinne des Raum-Bewusstseins aufbereitet.

Menschen, die jemanden in familiäre, gemeinschaftliche oder gesellschaftliche Strukturen einbinden wollen, wirken als *aufbereitende Eigenschaften* im inneren All ihrer Mitmenschen. Erst dann, wenn diese im Sinne des jeweiligen Raum-Bewusstseins handeln und sich eingeordnet haben, sind sie zufrieden.

Stagnierende Eigenschaften[8]

Die *Eigenschaften* der 8. Dimension sind *stagnierende Eigenschaften*. Das bedeutet, dass sie im Menschen eine Stagnation bewirken. Diese Menschen wollen sich nicht verändern, da sie durch die *stagnierenden Eigenschaften* ein egozentriertes Selbstbewusstsein erfahren. Ebenso verhindern diese *Eigenschaften* jede Form der Innenschau. Sie fügen den Menschen im Sinne der 8. Dimension in das Universum ein und suggerieren ihm, das Leben auf der Erde sei der Mittelpunkt des menschlichen Daseins. Im Zentrum steht die Durchsetzung der eigenen Gesamtpersönlichkeit.

Gefallene Eigenschaften[9]

Fallen qualities want to separate man from being human. An die Stelle der Selbsterkenntnis tritt die Durchsetzung des eigenen Willens durch die Ausübung von Macht. *Gefallene Eigenschaften* kommen im Universum vor und besetzen einen Bereich der 2. Dimension.

Negative Eigenschaften[10]

Negative Eigenschaften befinden sich ausschließlich in der Dunkelheit. Es gibt nichts Positives an ihnen. Wer im Sinne einer solchen *Eigenschaft* handelt, fügt sich selbst und seinen Mitmenschen großes Leid zu.

Realisierende Eigenschaften[11]

Realisierende Eigenschaften finden sich in der 7. Dimension. Sie realisieren die relative und absolute Sicht des Menschen auf das Leben.

¹ Manche *Eigenschaften* im inneren All des Menschen besitzen in den Religionen und esoterischen Lehren unterschiedliche Namen. Man verehrt oder fürchtet sie als geistige Wesenheiten außerhalb von sich. Anstatt sie als Gesetze der Dimensionen zu erkennen und sich von ihnen zu lösen, haben sich die Menschen ihnen unterworfen. Die Wesenheiten können nur überleben, wenn sie von den Menschen die Substanz des Bewusstseins erhalten.

² *Höhere Eigenschaften* werden in der Pistis Sophia als personifizierte und individuelle Wesenheiten der höheren Dimensionen beschrieben. Dort tragen sie unterschiedliche Namen. Bekannt sind zum Beispiel Melchizedek oder Jeu.

³ *Verwaltende Eigenschaften* nennt man in der Pistis Sophia Archonten. Im antiken Athen war ein Archon ein hoher Beamter und damit ein Verwalter eines Bereichs des Staates. Bei Platon trug ein Herrscher einer Provinz von Atlantis den Titel Archon. In der Pistis Sophia werden Archonten mit Menschenkörpern und Tierköpfen dargestellt. Der Begriff Archon ist heute derart vorgeprägt, dass eine nüchterne Verwendung, die auf seine reine Funktion verweist, nicht möglich ist.

⁴ *Große verwaltende Eigenschaften* der 5. Dimension werden in der Pistis Sophia Archonten der großen Heimarmene genannt.

⁵ Götter sind von den Menschen geschaffene *umfassende Eigenschaften*. Das gilt für die Götter aller Religionen, auch für die der monotheistischen Religionen. Auch die in der Pistis Sophia erwähnten Götter sind *umfassende Eigenschaften*, die eine hierarchisch höhere Stellung als die Archonten einnehmen.

⁶ Raum-Bewusstseine werden in der Pistis Sophia Äonen genannt. Die Äonen des Chaos sind z. B. die Raum-Bewusstseine der 3. Dimension. Heute kennt man sie als Tierkreiszeichen.

⁷ *Aufbereitende Eigenschaften* nannte man in der Gnosis Paralemptoren. Manche *aufbereitenden Eigenschaften* der höheren Dimensionen reinigen die Substanzen des Bewusstseins der Menschen. Melchizedek und Jeu werden in der Pistis Sophia als Paralemptoren beschrieben.

⁸ Die *Eigenschaften* der 8. Dimension sind *stagnierende Eigenschaften*. Man bezeichnet sie in der Pistis Sophia als Wesenheiten vom Ort derer der Linken.

⁹ *Gefallene Eigenschaften* wurden in den abrahamitischen Religionen gefallene Engel genannt. Die bekanntesten sind Luzifer, Satan, Leviathan und Belial.

¹⁰ *Negative Eigenschaften* wurden ursprünglich Dämonen genannt. Heute sind sehr viele negative Eigenschaften in das Leben der Menschen integriert.

¹¹ Die 24 *realisierenden Eigenschaften* der 7. Dimension nannte man die 24 Unsichtbaren des 13. Äons.

Die 8. Dimension des Bewusstseins

Das individuelle Bewusstsein der Dunkelheit

In der 8. Dimension des Bewusstseins[1] beherrscht der Raum die Zeit und damit die Aufrechterhaltung die Veränderung. Mit diesem Bewusstsein beginnt die Individualität als Mensch. Ein Großteil der Menschheit auf der Erde identifiziert sich mit dem Bewusstsein der 8. Dimension.

Das Besondere ist, dass Menschen mit diesem Bewusstsein sich selbst nicht differenziert erkennen können. Ihre Persönlichkeit bildet eine in sich geschlossene Einheit. Sie nehmen sich in ihrer Persönlichkeit selbstbewusst und loyal gegenüber der Tradition ihrer Kultur wahr und stützen sich innerlich auf die Bewahrung von Inhalten der Vergangenheit. Dies können familiäre, religiöse oder gesellschaftliche Inhalte sein, die als Werte gepflegt werden.

Ebenso ist es ein Zeichen der Persönlichkeit, dass alles außerhalb des eigenen Wesens liegt. Der Mensch konkurriert mit der Außenwelt oder eifert ihr nach. Das können irdische, aber auch religiöse Ideale sein. Wesentlich ist auch hier, dass sich nicht einzelne Wesensmerkmale entwickeln, sondern dass sich die Person als ganze anpasst.

Der Geist der 8. Dimension definiert eine einheitliche geistige Substanz. Das Bewusstsein identifiziert sich mit dieser Substanz und hält sie zusammen. Diese Substanz kann sich unter dem Einfluss der anderen Dimensionen verändern, aber nie in differenzierter Form, sondern immer als geschlossene Masse.

Die verschiedenen Facetten der Persönlichkeit stammen aus den anderen Dimensionen, die ständig wirken. Zum Beispiel kommen Machtaspekte oft aus der 3. Dimension und archetypische Persönlichkeiten aus der 5. Dimension.

Das alles hat nichts mit positiven oder negativen Charaktereigenschaften zu tun. Es geht darum, dass eine differenzierte Selbsterkenntnis[2] nicht möglich ist.

Die 8. Dimension fördert ein selbstbewusstes Auftreten. Viele Menschen empfinden eine ganzheitliche Liebe, die sie aufgrund der Intensität als höhere Form der Liebe identifizieren. Dies gilt auch für den Glauben, die Freundlichkeit oder andere Charaktereigenschaften. Die durch Geschlossenheit ausgedrückte Gefühlsstärke wirkt auf die Mitmenschen sehr anziehend, da keine Selbstzweifel bestehen.

In 36 verschiedenen *stagnierenden Eigenschaften* habe ich Ausdrucksformen dieses Bewusstseins beschrieben. Wenn man diese *Eigenschaften* erkennt, kann man sich von den Inhalten der 8. Dimension lösen. Voraussetzung ist, dass man sich als Mensch differenziert erkennen will. Die Praxis der Selbsterkenntnis ist Inhalt der 9. Dimension.

Zwischen der 8. und der 9. Dimension verläuft die Grenze zwischen Licht und Dunkelheit. Erst mit der 9. Dimension beginnt aus der Sicht der höheren Dimensionen das Licht. Das höchste Bewusstsein und damit gleichzeitig das höchste Licht beinhaltet die 13. Dimension.

Die Individualität im Sinne der 8. Dimension ist der Beginn des Menschseins in der Dunkelheit. Sie definiert die tiefste Dunkelheit und dort beginnt sozusagen die Reise in die höheren Dimensionen.

Dieses Bewusstsein hat eine weitere Qualität, die es zu erkennen und zu überwinden gilt.

Es ist die Größe des individuellen Bewusstseins, die der 8. Dimension fehlt. Es ist sehr klein.

Es kann eine einzige Qualität sein, mit der sich ein Mensch verbindet und identifiziert. Aus der Unendlichkeit der Dimensionen wählt dieser Mensch einen Gedanken aus, der mit vielen Gefühlen verbunden ist. Diese Qualität hat meist etwas mit der Familie, der Religion oder dem sozialen Status zu tun.

Die 8. Dimension ist eine Dimension der Dunkelheit und besitzt eine Polarität. Es ist die männliche Dunkelheit. Sämtliche *Eigenschaften* der 8. Dimension gehören zur männlichen Dunkelheit. In allen Gesellschaften, in denen sie vorherrscht, nimmt die Frau automatisch eine untergeordnete Stellung ein.

Nicht nur Männer, auch Frauen identifizieren sich mit dem Bewusstsein der 8. Dimension. Es ist immer eine untrennbare geistige Substanz, mit welcher der Mensch mit seiner gesamten Persönlichkeit verbunden ist. Wenn es nur die 8. Dimension in der Dunkelheit gäbe, wäre kein Fortschritt des Bewusstseins möglich. Die Menschen würden dort verharren und Jahrhunderte und Jahrtausende alte Ideale pflegen.

Damit überhaupt eine differenzierte Selbsterkenntnis möglich ist, braucht es die weibliche Dunkelheit. Sie beginnt mit der 7. Dimension und endet mit der 1. Dimension, die den äußeren Rand des Bewusstseinsraumes bildet.

Die weibliche Dunkelheit definiert die einzelnen *Eigenschaften* der Dunkelheit bis in die tiefste Finsternis der 1. Dimension. Dadurch ist es möglich, dass jeder Aspekt des Menschseins in den niederen Dimensionen individuell erfahren und erkannt werden kann. Jede noch so kleine und dünne geistige Substanz ist erfahrbar.

Die weibliche Dunkelheit ist notwendig und die Voraussetzung dafür, dass sich das Bewusstsein in den einzelnen *Eigenschaften* selbst erkennen kann. Die Dimensionen der weiblichen Dunkelheit haben zeitliche und räumliche Ausdehnungen, die unvorstellbar sind, wenn man sie nicht erfahren hat. Innerhalb dieser 7 Dimensionen finden sich die *Eigenschaften* des Menschseins auf der Erde.

Die Erkenntnisreise durch die 7 Dimensionen ist gleichzeitig eine Vergrößerung des Bewusstseins. Jedes differenzierte Erkennen einer *Eigenschaft*, die den Menschen aus dem Unbewussten heraus beeinflusst, erweitert das eigene Bewusstsein.

Auf diese Weise stehen sich das Bewusstsein der männlichen Dunkelheit und der Inhalt der weiblichen Dunkelheit gegenüber.

Ab der 8. Dimension sind es immer 2 Faktoren von Zeit und Raum, an die das Bewusstsein gebunden ist. Zum Beispiel beherrscht der Raum die Zeit oder der Raum die RaumZeit und so weiter. Von der 1. bis zur 7. Dimension definiert immer nur ein Faktor von Raum oder Zeit die Bindung des Bewusstseins. In der 4. Dimension z. B. ist das Bewusstsein ausschließlich an die Zeit gebunden.

Das Leben auf der Erde befindet sich im Spannungsfeld des Bewusstseins der 8. Dimension und des Bewusstseins der 4. Dimension. Das heißt, auch wenn die Menschen sich mit dem Bewusstsein der 8. Dimension identifizieren und es unbedingt aufrechterhalten wollen, sind sie durch die 4. Dimension an die Veränderung durch die Zeit gebunden.

Diese Veränderung der 4. Dimension wirkt sich auf die 8. Dimension aus, ob die Menschen das wollen oder nicht. Traditionelle Gesellschaften verharren in der 8. Dimension, bis die Spannung zu groß wird und sich entladen muss. In dieser Spannung befinden sich die Menschen auch innerlich. Wer jede innere Veränderung vermeidet, ist irgendwann gezwungen, sich zu verändern.

Die 8. Dimension ist der Beginn des Menschen mit einem individuellen Bewusstsein. Damit sich die dem Bewusstsein innewohnende Entwicklungskraft verwirklichen kann, sind die 1. bis 7. Dimension entstanden. Durch die Entfaltung dieser 7 Dimensionen ist es möglich, über das Bewusstsein der 8. Dimension hinaus das Bewusstsein der 9. Dimension in sich zu verwirklichen.

Die Ordnung der 36 *stagnierenden Eigenschaften* der 8. Dimension

Menschen, die sich mit diesen *stagnierenden Eigenschaften* identifizieren, wollen keine Veränderung. Sie gehören meist einer traditionellen Kultur oder Religion an. In dem Moment, in dem der Mensch sich bewegt, denkt, fühlt, handelt usw., wird er von den *stagnierenden Eigenschaften* der 8. Dimension beeinflusst. Alle *stagnierenden Eigenschaften* entsprechen der männlichen Dunkelheit.

1. *stagnierende Eigenschaft*

Das Bewusstsein dieser Menschen ist nur auf sich selbst gerichtet. Alle Ereignisse, Begegnungen und Erfahrungen mit der Umwelt und den Mitmenschen werden als außerhalb des eigenen Bewusstseins wahrgenommen. Menschen in diesem Bewusstsein fühlen sich für all das, was außerhalb geschieht, nicht verantwortlich. Auch das eigene Handeln in der Umwelt ist von dem selbstverständlichen Bewusstsein durchdrungen, dass es nichts mit einem selbst zu tun hat. Einziger Bezugspunkt ist die eigene Individualität. Das persönliche Selbst wird als eine durchgehende, kompakte und nicht differenzierbare Einheit wahrgenommen.

2. *stagnierende Eigenschaft*

Das individuelle Selbst dieser *Eigenschaft* ist ebenfalls eine in sich geschlossene kompakte Masse. Im Gegensatz zur 1. *Eigenschaft* ist die 2.

Eigenschaft mit ihrem Bewusstsein ständig auf die Umwelt und die Mitmenschen ausgerichtet. Charakteristisch für diese *Eigenschaft* ist die ständige Bereitschaft, sich zu verteidigen oder seine Mitmenschen in aggressiver Form herauszufordern. Menschen mit dieser *Eigenschaft* tragen eine ständige, meist leichte Spannung und gleichzeitig eine unterschwellige Aggression in sich.

3. stagnierende Eigenschaft

Die geistige Substanz, mit der sich das Bewusstsein durch die 3. *stagnierende Eigenschaft* identifiziert, lässt keine differenzierte Unterscheidung zu. Dennoch hat die 3. *Eigenschaft* die Qualität, sich selbst zu betrachten. Man kann sich einen Menschen vorstellen, der in sich gekehrt nach innen schaut und den Eindruck erweckt, als würde er über etwas nachdenken. Da eine Selbstbetrachtung im Sinne einer intellektuellen Erkenntnis durch die Ausprägung dieser *Eigenschaft* nicht möglich ist, tritt automatisch das Gefühl und die Emotion in den Vordergrund. Der Mensch denkt über sich nach und erkennt sich, wenn man so will, im Gefühl. Gleichzeitig stützt sich das Bewusstsein auf dieses Gefühl. Dies können auch Gefühle der Liebe oder der Hingabe sein.

4. stagnierende Eigenschaft

Durch die 4. *stagnierende Eigenschaft* ist das Bewusstsein sehr empfänglich für alle Einflüsse von außen. Dies gilt vor allem dann, wenn es sich um Einflüsse handelt, die der durch diese *Eigenschaft* beeinflusste Mensch als hierarchisch höher als sich selbst ansieht. Beeinflusst wird es seinerseits durch geistige Substanzen, die das gesamte Bewusstsein berühren. Es wird, bildlich gesprochen, für kurze Zeit in die Richtung dieses Gefühls gedrängt. Meist sind es spirituelle oder wohlhabende Personen in einer erhöhten Position, die Menschen in Verbindung mit der 4. *Eigenschaft* sind. Die so Beeinflussten sehen es als selbstverständlich an, in einer hierarchisch untergeordneten Position ähnlich hingebungsvoll, devot und folgend zu reagieren und zu handeln.

5. *stagnierende Eigenschaft*

Die 5. *stagnierende Eigenschaft* definiert die Gottesvorstellung dieser Menschen, die sich im Sinne dieser *Eigenschaft* als individuelles Selbst erfahren. Auch eine *umfassende Eigenschaft*, diese werden Götter genannt, besitzt ein in sich geschlossenes individuelles Bewusstsein. In der Vorstellung der Menschen befindet sich eine *umfassende Eigenschaft* hierarchisch in einer höheren Welt, die jedoch direkt mit der Erde verbunden ist. Diese Überzeugung bejaht die eigene Individualität. Sie muss nicht differenziert erkannt werden, sondern ordnet sich der Gottesvorstellung als geschlossenes Ganzes unter.

6. *stagnierende Eigenschaft*

Durch die 6. *stagnierende Eigenschaft* erlebt sich der Mensch als individuelles Selbst innerhalb einer hierarchischen Ordnung, in die er sich einfügt. Für dieses Bewusstsein ist es natürlich, sich einzuordnen und in den meisten Fällen unterzuordnen. Ebenso ist es für sie normal, wenn sie sich in dieser Position befinden, eine höhere Stellung zu verkörpern. Im Umgang mit Höhergestellten sind sie unterwürfig, im Umgang mit Niedriggestellten dominant. Die jeweilige Position spiegelt sich meist im materiellen Besitz, der weltlichen Stellung oder der religiösen Stellung wider. In einer niederen Position befinden sich diese Menschen sehr oft in einem Überlebenskampf.

7. *stagnierende Eigenschaft*

Die 7. *stagnierende Eigenschaft* definiert die Art des Denkens. Menschen, die mit dieser *Eigenschaft* in Verbindung stehen, besitzen nicht die Fähigkeit, zu denken, ohne als geschlossenes Selbst davon durchdrungen und bewegt zu werden. Man kann sagen, dass jeder Gedanke die ganze Persönlichkeit bewegt. Gleichzeitig werden die Gedanken von einer hierarchisch höheren Instanz vorgegeben. Man kann sich diesen Menschen wie eine Marionette vorstellen, die als Gesamtpersönlichkeit manipuliert wird. Dieses Verhalten ist für die Betroffenen völlig natürlich und positiv. Beobachten sie einen Mitmenschen, dessen Handlungen nicht so eindeutig in eine Richtung gehen, dann bewerten sie ihn als unentschlossen und willensschwach.

8. *stagnierende Eigenschaft*

Hier geht es um die Art und Weise, wie ein Mensch, der sich über diese *stagnierende Eigenschaft* definiert, seine Mitmenschen beobachtet. Dieses Beobachten geschieht in einer gewissen Bewegungslosigkeit. Von außen betrachtet hat man den Eindruck, dass diese Person souverän überlegt. In Wirklichkeit wartet sie auf einen emotionalen Eindruck. Früher oder später spüren sie eine Berührung durch die Persönlichkeit ihres Gegenübers. Diese Berührung löst ein bestimmtes Gefühl aus. Dieses Gefühl wird nun mit dem Verstand und im Sinne des eigenen Selbst interpretiert. Die Interpretation ist also immer subjektiv.

9. *stagnierende Eigenschaft*

Die 9. *stagnierende Eigenschaft* bewirkt, dass dieser Mensch von einer positiven, lebensbejahenden Grundstimmung durchdrungen ist. Dabei handelt es sich nicht um ein differenziertes Gefühl, sondern um ein Gefühl, das die gesamte Persönlichkeit als geschlossene Einheit durchdringt. Für diesen Menschen ist diese Selbstwahrnehmung die Bestätigung der eigenen Lebensweise. Diese *Eigenschaft* wirkt vor allem in Verbindung mit der eigenen Familie oder der Religion. Der innere Zugang zur Familie oder zur Religion wird dadurch sehr aufgewertet.

10. *stagnierende Eigenschaft*

Durch die 10. *stagnierende Eigenschaft* wird das Bewusstsein der Menschen durch das männliche Prinzip der Dunkelheit definiert. Das Selbst dieser Menschen, unabhängig davon, ob sie in einem männlichen oder weiblichen Körper geboren wurden, ist in sich unveränderlich und geschlossen. Im Gegensatz dazu definiert sich die weibliche Dunkelheit über die verschiedenen Ordnungen und Gesetze, die individuell erfahrbar sind. Diese Möglichkeit der differenzierten Erkenntnis möchte diese *Eigenschaft* als Ausdruck der männlichen Dunkelheit unbedingt vermeiden. Menschen, die sich über dieses Selbst identifizieren, weisen Frauen eine untergeordnete Position in der Gesellschaft zu.

11. *stagnierende Eigenschaft*

Die 11. *stagnierende Eigenschaft* beeinflusst die Frauen, sich den Männern unterzuordnen[3]. Es geht vor allem darum, dass sie sich am Bewusstsein der männlichen Dunkelheit orientieren und dieses als höhere Vorgabe annehmen. Diese Vorgabe ist ein einheitliches Bewusstsein, das als Ganzes im Menschen existiert. Ähnlich wie bei der 10. *Eigenschaft* können diese Beeinflussungen nur überleben, wenn die Menschen auf jede tiefere Form der differenzierten Selbsterkenntnis verzichten. Im Gegensatz zur männlichen Dunkelheit, die ein abgeschlossenes festes Selbst ist, das immer als Einheit wirkt, definiert sich die weibliche Dunkelheit über einzelne *Eigenschaften* und Ordnungen.

12. *stagnierende Eigenschaft*

Die 12. *stagnierende Eigenschaft* beeinflusst die Menschen bei der Erziehung ihrer Kinder. Sie bewirkt, dass die Kinder ganzheitliche Werte annehmen, die die ganze Persönlichkeit als Einheit durchdringen und der männlichen Dunkelheit entsprechen. Dies sind vor allem religiöse und soziale Werte. Dabei geht es nicht um ein verstandesmäßiges Begreifen von vielleicht höheren Werten, sondern um ein gefühlsmäßiges Erleben der besonderen Werte, die alle aus der Dunkelheit stammen und die Entwicklung und Befreiung des Menschen verhindern. Die Rollen von Mann und Frau werden den Kindern von Anfang an gemäß der männlichen Dunkelheit eingeprägt. Es geht nicht um Selbsterkenntnis, sondern um die Übernahme dieser *Eigenschaft*, die das Bewusstsein und die Persönlichkeit vollständig besetzt.

13. *stagnierende Eigenschaft*

Die 13. *stagnierende Eigenschaft* definiert das soziale Verhalten in der Gesellschaft. Je geschlossener das Bewusstsein in seiner Identifikation mit einem definierten Inhalt und damit gleichzeitig frei von jeglichem Selbstzweifel ist, desto selbstbewusster wird ein Mensch von seinen Mitmenschen, die sich ebenfalls mit der männlichen Dunkelheit identifizieren, wahrgenommen. Dies betrifft vor allem die zwischenmenschlichen Beziehungen dieser Männer, die auf der gleichen sozialen und gesellschaftlichen Stufe stehen. Der Inhalt bezieht sich in den Religionen auf die jeweilige Ideologie und in der Gesellschaft auf die in der Tradition gepflegten Werte.

14. *stagnierende Eigenschaft*

Durch die 14. *stagnierende Eigenschaft* erlebt sich der Mensch, vor allem der Mann, als hierarchisch über allen anderen Menschen stehend. Durch die Beeinflussung dieser *Eigenschaft* wird die innere Einheit in der Identifikation mit einem religiösen oder sozialen Inhalt als höherwertig erlebt. Das Bewusstsein wird davon völlig durchdrungen. Bildlich kann man sich das so vorstellen, dass der physische Körper aus einer einzigen geistigen Substanz besteht, die vollständig von einem einzigen sozialen oder religiösen Thema durchdrungen ist. Diese *Eigenschaft* suggeriert diesen Menschen, dass sie hierarchisch über ihren Mitmenschen stehen.

15. *stagnierende Eigenschaft*

Der Einfluss der 15. *stagnierenden Eigenschaft* betrifft die Oberflächlichkeit der männlichen Dunkelheit. Sie suggeriert den Menschen unablässig, in der Oberflächlichkeit zu verharren. Automatisch erkennt der Mensch im

Laufe seines Lebens darin die Grundhaltung seines Bewusstseins und damit zugleich die Grundlage seiner Persönlichkeit. Niemand würde es glauben, wenn man auf die Idee käme, jemanden auf seine oberflächliche Persönlichkeit anzusprechen. Mit der 15. *Eigenschaft* würden diese Menschen souverän und zugleich mit einer selbstverständlichen Überheblichkeit reagieren, die jeden Einwand beiseite wischt.

16. *stagnierende Eigenschaft*

Die 16. *stagnierende Eigenschaft* legt den Menschen nahe, sich im Sinne des Bewusstseinsinhaltes durchzusetzen. Dieses Durchsetzen ist meist arrogant, da die eigenen Inhalte höher bewertet werden als die der anderen. Dabei muss es sich nicht um große Lebensthemen handeln. Auch bei einfachen Handlungen zeigt sich diese Überheblichkeit. Die Art der Durchsetzung ist immer die Verdrängung des Gegenübers. Häufig kommt es zu aggressivem Verhalten, wenn die Durchsetzung nicht durch die Ausstrahlung der eigenen Persönlichkeit möglich ist.

17. *stagnierende Eigenschaft*

Die 17. *stagnierende Eigenschaft* verbindet Menschen, die sich über das Bewusstsein der 8. Dimension identifizieren. Diese Verbindung, die in dieser Form meist zwischen Männern oder zwischen Frauen besteht, durchdringt die ganze Persönlichkeit. Man kann sich das so vorstellen, dass die liebevolle oder freundschaftliche Zuneigung das Bewusstsein vollständig durchdringt. Diese Menschen empfinden ihre Beziehung sehr intensiv. Daraus ergibt sich für sie die Schlussfolgerung, dass ihre Form der Liebe und Freundschaft zu anderen Menschen die beste Form der Beziehung ist. Da ihre ganze Persönlichkeit davon durchdrungen ist, sind sie sehr loyal. Wenn der andere in einer wichtigen Frage eine andere Meinung hat und diese nach außen vertritt, erleben sie das als Verrat.

18. stagnierende Eigenschaft

Die 18. *stagnierende Eigenschaft* bildet Gemeinschaften von Menschen mit dem Bewusstsein der 8. Dimension. Diese Menschengruppen sind immer Gemeinschaften von Gleichgesinnten. Dabei ist es nicht nur ein einzelner Inhalt, der die Gruppenmitglieder verbindet. Das jeweilige Thema durchdringt das gesamte Bewusstsein. Von außen betrachtet und bildhaft erklärt, sieht man mehrere Menschen, die zwar äußerlich verschieden, innerlich aber fast identisch sind. Zusammen bilden sie, man möchte fast sagen, eine homogene Masse, die im Sinne des Inhalts handelt.

19. stagnierende Eigenschaft

Die 19. *stagnierende Eigenschaft* definiert die Gottesverehrung des Menschen im Bewusstsein der 8. Dimension. Wenn man sich jemanden vorstellt, der ekstatisch die Hände in die Luft streckt, den Blick nach oben richtet und mit großer Emotionalität die Vorstellung einer fernen Gottheit anbetet, dann hat man ein exemplarisches Bild dafür, wie diese *Eigenschaft* den Menschen manipuliert. Sein ganzes Bewusstsein ist davon durchdrungen und es gibt keinen Zweifel an der Richtigkeit des eigenen Handelns. Die religiösen Vertreter dieser *umfassenden Eigenschaft* im Menschen, die Gott genannt wird, fördern diesen Zugang und betrachten diese Form der Gottesverehrung von außen.

20. stagnierende Eigenschaft

Die 20. *stagnierende Eigenschaft* definiert die partnerschaftlichen Beziehungen und die Sexualität zwischen den Menschen in diesem Bewusstsein. Die Verbindung zwischen zwei Menschen ist absolut und durchdringt das gesamte Bewusstsein. Sie bilden in gewisser Weise eine Einheit, was von den Partnern als großes Glück erlebt wird. Die Grundlage der Beziehung ist das Gefühl, auf das sich beide Partner verlassen. Wenn es zu

Konflikten kommt, wird das Bewusstsein ebenfalls vollständig von den jeweiligen Emotionen durchdrungen.

21. *stagnierende Eigenschaft*

Die 21. *stagnierende Eigenschaft* beeinflusst die Menschen so, dass das weibliche Prinzip im Hintergrund und unerkannt bleibt. Da diese *Eigenschaft* die Menschen aber so lenkt, verhindert sie eine differenzierte Erkenntnis der einzelnen Aspekte des Menschseins. Eine differenzierte Selbsterkenntnis ist somit nicht möglich. Die Existenz der weiblichen Dunkelheit würde diese Form der Selbsterkenntnis ermöglichen. In manchen Kulturen zeigt sich dieser Einfluss im täglichen Leben.

22. *stagnierende Eigenschaft*

Durch die 22. *stagnierende Eigenschaft* kann sich die Macht einer *Eigenschaft* einer Religion, sei es eine *umfassende* oder *verwaltende Eigenschaft* des Menschseins, über den Menschen ausdrücken. Dieser Mensch identifiziert sich mit seiner ganzen Persönlichkeit mit dieser *Eigenschaft*. Er lässt keinen Zweifel daran, dass sein Handeln richtig ist und einer höheren Wahrheit entspricht. Wie bei allen anderen *Eigenschaften* der männlichen Dunkelheit handelt es sich auch hier um ein eingeschränktes Bewusstsein, das sich nicht entwickeln kann. Der Mensch muss es erkennen und sich davon lösen.

23. *stagnierende Eigenschaft*

Durch die 23. *stagnierende Eigenschaft* identifizieren sich die Menschen mit ihrem Alltag. Dazu gehören die berufliche Tätigkeit, das Familienleben und die Freizeitgestaltung. Man kann sich jemanden vorstellen, der seinem Beruf nachgeht, danach Zeit mit Freunden verbringt und schließlich nach Hause zu seiner Familie geht. Kennzeichnend für alle drei Lebensbereiche ist, dass sich dieser Mensch mit seinem ganzen Sein damit identifiziert und ganz selbstverständlich in ihnen lebt. Ein Zweifel an dieser Art der völligen Vereinnahmung des Bewusstseins durch die jeweiligen Tätigkeiten ist nicht denkbar.

24. *stagnierende Eigenschaft*

Die 24. *stagnierende Eigenschaft* verhindert jede Erfahrung des Lichtes der höheren Dimensionen. Das Licht und die höheren Dimensionen existieren für diese Menschen nicht. Die Grenze ist für sie absolut. Im alltäglichen Leben zeigt sich dies in der Hinwendung zur Dunkelheit. Die Erde gilt als Mittelpunkt des Menschseins.

25. *stagnierende Eigenschaft*

Die 25. *stagnierende Eigenschaft* bewirkt, dass sich der Mensch hierarchisch über jeder Form der kritischen Selbstreflexion erfährt. Der bildhaft ausgedrückte Blick nach oben richtet sich nicht auf einen höheren, sondern auf den gegenwärtigen Zustand. Diese Menschen befinden sich in einem permanenten Bewusstsein der Selbsterhöhung und zelebrieren dies ohne inneren Zweifel. Durch diese *Eigenschaft* erleben sie diesen Zustand als lichtvoll, obwohl es Dunkelheit ist. Jeder äußere Zweifel wird mit einem Lächeln abgetan.

26. *stagnierende Eigenschaft*

Die 26. *stagnierende Eigenschaft* definiert die Identifikation der Frauen mit der männlichen Dunkelheit. Dadurch erleben sie sich im Sinne dieser Dunkelheit in einer geschlossenen geistigen Substanz. Über diese Substanz wirken sie sehr machtvoll. Auf dieser Macht beruht ihre Durchsetzungsfähigkeit gegenüber anderen Menschen. Auch hier verhindert die *Eigenschaft* jede Form von differenzierter Selbsterkenntnis. Diese typische Macht wird als selbstverständlicher Ausdruck der eigenen Persönlichkeit erlebt. Zweifel kommen nicht auf.

27. *stagnierende Eigenschaft*

Durch die 27. *stagnierende Eigenschaft* bilden sich Kindergruppen, die ein Gruppenbewusstsein haben. Man kann sich das so vorstellen, dass alle Kinder, obwohl sie unterschiedliche Charaktere haben, vom gleichen Bewusstsein durchdrungen sind und sich damit identifizieren. In der Pubertät tritt diese *Eigenschaft* langsam zurück und es zeigen sich unterschiedliche Persönlichkeitsmerkmale. Wenn die Jugendlichen erwachsen werden, zeigt sich das geschlossene Bewusstsein der männlichen Dunkelheit, das keine tiefere Reflexion zulässt.

28. *stagnierende Eigenschaft*

Die 28. *stagnierende Eigenschaft* verwendet Themen innerhalb der niederen Dimensionen, mit denen sich der Mensch über sein Bewusstsein vollständig identifiziert. Dazu gehören auch Themen der Dunkelheit. Diese *Eigenschaft* verhindert auch jede Form von Unrechtsbewusstsein. Ebenso verhindert diese Qualität jede Form von Selbsterkenntnis. Menschen, die unter dem Einfluss dieser *Eigenschaft* stehen, versinken immer mehr in diesen Themen, mit denen sie sich identifizieren.

29. *stagnierende Eigenschaft*

Durch die 29. *stagnierende Eigenschaft* befindet sich der Mensch an der Oberfläche eines einzigen Themas. Die Persönlichkeit identifiziert sich durch die männliche Dunkelheit über ein in sich geschlossenes Bewusstsein. Ebenso verhindert die *Eigenschaft* jede Selbsterkenntnis. Die 29. *Eigenschaft* bewirkt zusätzlich, dass die Menschen auch in ihrer Identifikation mit diesem Bewusstsein oberflächlich fühlen, denken und handeln. Diese Menschen agieren und reagieren nur auf körperliche Reize.

30. stagnierende Eigenschaft

Diese *stagnierende Eigenschaft* beeinflusst die Menschen, Leid zu verbreiten. Dadurch verhärtet sich das Selbst der 8. Dimension. Gleichzeitig verhindert die 30. *Eigenschaft* jede Form der Reflexion. Es handelt sich nicht um eine spezifische Form der Machtausübung, sondern nur darum, dass sich die Menschen weiterhin und verstärkt mit der männlichen Dunkelheit identifizieren.

31. stagnierende Eigenschaft

Der Einfluss der 31. *Eigenschaft* betrifft die Identifikation des Menschen mit der Dunkelheit. Das damit verbundene Bewusstsein kann sich mit der dunkelsten Finsternis identifizieren, die einem Menschen möglich ist. Eine Selbstreflexion über die eigene Dunkelheit und das damit verbundene Leid, das man anderen und sich selbst zufügt, wird durch die 31. *Eigenschaft* verhindert.

32. stagnierende Eigenschaft

Durch den Einfluss der 32. *stagnierenden Eigenschaft* sind die Menschen überzeugt, mit dem Licht verbunden zu sein, obwohl sie offensichtlich Dunkelheit und Leid verbreiten. Sie glauben, dass sie in einem höheren Sinne eine positive Persönlichkeit haben und dass die Dunkelheit, die sie unter den Menschen verbreiten, eine Hilfe ist. Das beginnt bei einfachen Korrekturen, z. B. in der Familie, die in diesem Sinne durchgesetzt werden, und endet bei Grausamkeit, Folter und Mord.

33. stagnierende Eigenschaft

Die 33. *stagnierende Eigenschaft* definiert ein Bewusstsein, das sich ausschließlich mit der Dunkelheit identifiziert. Dieses Selbst gleicht einem Wesen der Finsternis, in dem es kein Licht mehr gibt. Handlungen im Sinne der Dunkelheit sind normal und werden ohne Zweifel oder innere

Hemmungen ausgeführt. Ein schlechtes Gewissen gibt es nicht. Wer sich damit identifiziert, gleicht einem personifizierten Wesen der Finsternis in Menschengestalt.

34. *stagnierende Eigenschaft*

Durch die 34. *stagnierende Eigenschaft* bilden sich Gemeinschaften von Menschen, die in Verbindung mit der 8. Dimension und im Sinne der Dunkelheit handeln. Man kann sich das so vorstellen, dass sich jedes einzelne Mitglied der Gemeinschaft mit einer Qualität innerhalb der Gruppe identifiziert. Die 34. *Eigenschaft* hält diese Gemeinschaft der Dunkelheit zusammen. Die Idee oder Ideologie der Gemeinschaft spielt in Bezug auf die 34. *Eigenschaft* keine wesentliche Rolle. Es kann sich dabei sowohl um eine weltliche als auch um eine religiöse Ideologie handeln.

35. *stagnierende Eigenschaft*

Die 35. *stagnierende Eigenschaft* definiert die Jenseitsvorstellungen aller Menschen und Gemeinschaften, die sich mit den *Eigenschaft*en der 8. Dimension identifizieren. Diese Vorstellungen beziehen sich alle auf das Leben auf der Erde. Die Überzeugung, dass die zukünftige Existenz durch die eigene Kontrolle verwirklicht wird oder dass das Leben im Jenseits die Belohnung für das gegenwärtige Leben auf der Erde ist, verhindert jeden Gedanken, der diese Selbsteinschätzung infrage stellen könnte.

36. *stagnierende Eigenschaft*

Hinter jeder *umfassenden Eigenschaft*, die in einer Religion Gott genannt wird, oder hinter jeder *Eigenschaft*, die als geistige Wesenheit einer Ideologie bekannt ist, steht als regulierende Instanz die 36. *stagnierende Eigenschaft*. Man kann sie sich so vorstellen, dass sie alle niederen Dimensionen durchdringt und wie ein geistiges Zelt darüber alles überwacht. Sie beeinflusst die *umfassenden Eigenschaften* im Sinne der männlichen Dunkelheit und die Menschen, diese *Eigenschaften* zu verehren. Durch diese 36. *Eigenschaft* werden alle Menschen auf der Erde gedrängt, sich unter den Einfluss der 8. Dimension zu begeben. Je nach Persönlichkeit, Familienzugehörigkeit und Gemeinschaft sind die Menschen unterschiedlich empfänglich, diesem Drang nachzugeben.

[1] In der Pistis Sophia nennt man die 8. Dimension des Bewusstseins Ort derer der Linken. Man könnte es heute als Ort derer beschreiben, die im Sinne der Dunkelheit handeln. Der Begriff links wird in Verbindung mit der Dunkelheit gebracht. Die 8. Dimension ist der Beginn des individuellen Bewusstseins des Menschen in der Dunkelheit.

[2] Jede Religion oder jede Ideologie, in welcher es darum geht, eine äußere Vorstellung einer Gottheit zu verehren oder sich in seiner Individualität den Wertvorstellungen eines anderen Menschen, der als Heiliger, Prophet oder Guru gilt, nachzueifern, wird von der 8. Dimension beeinflusst. Das Kennzeichen dieser Religionen und Ideologien ist es, dass jede differenzierte Selbsterkenntnis als Mensch abgelehnt oder ignoriert wird.

[3] Die Dämonisierung und Unterordnung der Frau in den Religionen hat als tiefere Ursache die Aufrechterhaltung der männlichen Dunkelheit und damit die Vermeidung einer möglichen differenzierten Selbsterkenntnis.

Die 7. Dimension des Bewusstseins

Die Regulierung des Menschseins und die freiwillige Unterwerfung des Menschen

Die 7. Dimension des Bewusstseins[1] ist die höchste der niederen Dimensionen. Wenn man die höheren Dimensionen nicht kennt und das Bewusstsein nicht verwirklicht hat, ist die 7. Dimension die Grenze der möglichen Entwicklung. Man kann den Durchgang in die höheren Dimensionen, um es bildlich auszudrücken, nur mit dem höheren Bewusstsein durchschreiten.

Ein wesentlicher Unterschied zwischen den niederen und den höheren Dimensionen des Bewusstseins besteht in der Art und Weise, wie diese Dimensionen auf den Menschen einwirken.

Die 1. und die 2. der höheren Dimensionen – das sind die 9. und 10. Dimension – wirken orientierend auf den Menschen. Es gibt keinen Zwang.

Im Unterschied dazu wirken die 7 niederen Dimensionen regulierend.

Menschen im Bewusstsein der 8. Dimension sind absolut überzeugt davon, dass das, was sie glauben, der Wahrheit entspricht. Jede Selbsterkenntnis bezüglich des Menschseins wird als absurd empfunden, da die Ausrichtung beispielsweise ein Lebensstil, eine gesellschaftliche Stellung oder die Vorstellung von einer Gottheit ist. Damit nähert man sich jedoch nicht dem Menschsein, sondern entfernt sich vielmehr davon. Das Bewusstsein der 8. Dimension birgt in sich die Orientierung in die Dunkelheit.

Deshalb braucht es die Regulierung. Gäbe es keine Regulierung, würden die Menschen im Bewusstsein der 8. Dimension verharren und eine Befreiung des Bewusstseins wäre nicht möglich.

In der 7. Dimension gibt es 5 *umfassende Eigenschaften* der Regulierung. Auch sie befinden sich im inneren All eines jeden Menschen.

Die 1. *umfassende Eigenschaft*[2] reguliert auf der Erde das Bewusstsein als Mensch.

Die Normalität, die alle Menschen auf der Erde als Menschen verspüren, hat als Ursache die Regulierung dieser umfassenden Eigenschaft.

Ursprünglich war die 1. *umfassende Eigenschaft* das Bewusstsein der 9. Dimension. Da die Regulierung in den niederen Dimensionen notwendig ist, hat sich die Orientierung der 9. Dimension in die Regulierung innerhalb der 7. Dimension gewendet.

Die 2. *umfassende Eigenschaft*[3] der 7. Dimension bezieht sich auf die Regulierung, der sich ein Mensch freiwillig unterwirft. Diese Menschen geben einem gesellschaftlichen oder religiösen System die Ermächtigung, ihr Leben regulierend und schicksalhaft zu verändern. Durch diese 2. *umfassende Eigenschaft* wird der Wille des Menschen, reguliert zu werden, durchgesetzt.

Ein einfaches Beispiel: Jemand tritt einer Religion bei. Damit unterwirft er sich freiwillig der Regulierung durch die Religion. Diese Regulierung ist real und wird schicksalhaft auf den Menschen einwirken. Was für die meisten Menschen ein Gott oder göttliche Vorsehung ist, ist in Wirklichkeit die *umfassende Eigenschaft* einer der niederen Dimensionen. Von ihr wird der Mensch als ganzer durchdrungen und beeinflusst.

Der Mensch selbst gibt die Ermächtigung, sobald er sich einer Religion unterwirft. Es ist die Regulierung durch eine *umfassende Eigenschaft* im Inneren des Menschen. Die 2. *umfassende Eigenschaft* der 7. Dimension setzt diesen Willen des Menschen um.

Zur Befreiung braucht es die Erkenntnis, dass man umfassend beeinflusst wird. Solange man nicht aus der Religion austritt, wird die Regulierung durchgesetzt.

Sieht eine Religion die Möglichkeit des Austritts nicht vor, so deshalb, um die Menschen ihr ganzes Leben lang zu binden. Das entspricht nicht der Wahrheit der Gesetze der Dimensionen. Möchte man aus der Religion austreten, kann man sich symbolisch von den Gegenständen der Religion trennen und durch eigene Entscheidung gehen.

Aber es sind nicht nur die Religionen. Auch der Staat, die Familie, Gemeinschaften oder eine Gesellschaftsform, der sich Menschen unterwerfen, wirken regulierend. Unterwirft man sich als Mensch einer weltlichen Instanz, erteilt man ihr damit die Erlaubnis, im Sinne dieser Instanz reguliert zu werden. Dabei geht es vor allem um geistige Unterwerfung, etwa dann, wenn man sich mit einem Nationalbewusstsein identifiziert.

Die 1. *umfassende Eigenschaft* reguliert den Menschen im Sinne des Menschseins innerhalb der niederen Dimensionen; die 2. *umfassende Eigenschaft* reguliert den Menschen im Sinne seiner freien Wahl.

Für die Lösung und die Befreiung bedarf es der Erkenntnis beider *umfassenden Eigenschaften.*

Durch die 3. *umfassende Eigenschaft*[4] wird die Zeit als eine vom Raum unabhängige Größe gebildet. Dies ist die Voraussetzung für Veränderung.

Durch die 4. *umfassende Eigenschaft*[5] entsteht der Raum als eine von der Zeit unabhängige Größe.

Die 5. *umfassende Eigenschaft*[6] im inneren All des Menschen ist eines der größten Hindernisse auf dem Weg zur Befreiung.

Sie steht in direkter Verbindung mit dem Leben auf der Erde. Die Identifizierung damit wird von den Menschen als Normalität erfahren. Die Geburt als Mensch in einem physischen Körper, die Lebensphasen und das Altern, die körperlichen und geistigen Interessen sind nur einige Aspekte, die jeder für selbstverständlich hält.

Je normaler die Menschen das Leben auf der Erde erleben, desto stärker ist die Bindung.

Was die 5. *umfassende Eigenschaft* um jeden Preis verhindern will, ist die Erkenntnis des Lichtes der höheren Dimensionen. In jedem Menschen gibt es eine *Eigenschaft*, die die Erinnerung an dieses Licht bewahrt. Es ist das Licht und das Bewusstsein, das alle Menschen suchen. Solange ein Mensch das Licht und das Bewusstsein der höheren Dimension nicht kennt, vermutet er es irgendwo in den niederen Dimensionen.

Der Mensch sucht seine Lebenserfüllung in den Themen des irdischen Lebens. Künstlerische oder philosophische Interessen, berufliche oder familiäre Erfüllung bis hin zu religiösem Eifer sind geistige Bereiche, denen sich Menschen widmen. Hier beginnt die 5. *umfassende Eigenschaft* zu wirken. Der Mensch vermutet Licht oder Erfüllung in diesen Lebensbereichen und gibt sich ihnen hin. Darin besteht die Bindung.

Die Menschen sind überzeugt davon, in diesen Themen ihre Erfüllung zu finden. Das sind die Lichttäuschungen[7] aus der 7. Dimension, wie sie auf der Erde wirken. 4 dieser Lichttäuschungen habe ich in diesem Kapitel aufgeschrieben.

Die 5. *umfassende Eigenschaft* ist bestrebt, die geistige Ordnung des Menschen im Sinne des Lebens auf der Erde zu erhalten. Jeder Versuch, der Erinnerung des höheren Lichtes zu folgen und das Licht der höheren Dimensionen zu suchen und zu finden, stört die Ordnung dieser 5. *umfassenden Eigenschaft*. Auch die Mitmenschen beeinflussen den Menschen dahingehend, in der Ordnung der Lebenswelt zu bleiben. Dies wird als normal empfunden.

Diese 5 *umfassenden Eigenschaften* bilden die oberste Instanz der niederen Dimensionen.

Der Ursprung dieser Lichtwahrnehmung liegt in der 7. Dimension Die mit ihr verbundene Unterscheidung zwischen der Relativität und der Absolutheit durch die subjektive Bewertung betrifft alle Themen des Lebens. Beispiele sind Gefühle, Intellekt, Beziehungen, Wahrnehmung der Umwelt, Einschätzung der persönlichen Entwicklung und vieles mehr. Jeder Mensch trägt diese Differenz als Grundstruktur in sich. Sie bildet eine wesentliche Grundlage für das gesamte Leben.

In der 7. Dimension befindet sich eine 2. Ordnung von 24 *realisierenden Eigenschaften*. Sie realisieren die relative oder absolute Wahrnehmung der Wirklichkeit. Bezugspunkt ist die 7. Dimension.

Das Licht der höheren Dimensionen existiert im Menschen. Dieses Licht ist jedoch in keiner Religion oder Lehre zu finden; es wird vielmehr von unzähligen Glaubensvorstellungen verdeckt.

Die Erinnerung an das Licht der höheren Dimensionen befindet sich in der 24. *realisierenden Eigenschaft*.

Es ist die *Eigenschaft*, durch die man ohne Schranken in die Dunkelheit gelangt, weil man glaubt, dort das höhere Licht zu erkennen.

Die Ordnung der 5 *umfassenden Eigenschaften* der 7. Dimension

1. *umfassende Eigenschaft*

DIE REGULIERUNG DES MENSCHEN - Die höchste Instanz aller 7 niederen Dimensionen ist die 1. *umfassende Eigenschaft* der 7. Dimension. Diese Instanz ist das Bewusstsein der 9. Dimension als *regulierende Eigenschaft* innerhalb der 7. Dimension. Es ist das höchste Bewusstsein der niederen Dimensionen.

Das Leben als Mensch auf der Erde, so selbstverständlich es erfahren wird, ist durch Gesetze bestimmt, die als *Eigenschaften* wirken. Dieses höchste Gesetz der niederen Dimensionen definiert das Menschsein selbst.

Es gibt viele *Eigenschaften*, die das Menschsein selbst betreffen. Unter anderem gehören das niedere Selbst und höhere Selbst der 6. Dimension, die Persönlichkeitstypen der 5. Dimension, die 20 *Eigenschaften* des Mensch-Bewusstseins der 3. Dimension und die *unsichtbaren Eigenschaften* der 2. Dimension dazu. Was für den Menschen in seiner Selbstwahrnehmung als Mensch selbstverständlich und normal ist, hat in Wirklichkeit viele *Eigenschaften* als Ursache.

Alle diese *Eigenschaften* folgen der Vorgabe dieser 1. *umfassenden Eigenschaft*.

Das Hauptmerkmal ist die Regulierung des Menschseins. Jede regulierende Instanz der 7 Dimensionen hat ihre Ursache in dieser *Eigenschaft*.

Reguliert wird das Menschsein selbst, wobei der Maßstab der Regulierung der Mensch in seiner Identifikation mit den niederen Dimensionen ist.

Die Lösung von dieser umfassenden Regulierung gelingt nicht, indem man gegen die Regulierung kämpft, sondern indem man die Regulierung erkennt. Die Regulierung ändert sich mit der allmählichen Verwirklichung des Bewusstseins der 9. Dimension. An ihre Stelle tritt die Orientierung.

2. *umfassende Eigenschaft*

DIE FREIWILLIGE REGULIERUNG DES MENSCHEN - Die 2. *umfassende Eigenschaft* stammt von der 1. *Eigenschaft*. Sie definiert das Gesetz der freiwilligen Regulierung. Es ist der freie Wille des Menschen selbst. Durch seine Entscheidung gibt der Mensch einer *Eigenschaft* die Ermächtigung, regulierend auf ihn einzuwirken.

Die Instanz, die diese freiwillige Regulierung ermöglicht und durchsetzt, ist die 2. *umfassende Eigenschaft* der 7. Dimension.

Die häufigste Form der Regulierung findet sich in den Religionen. Ein Gott einer Religion ist eine *umfassende Eigenschaft*, die man selbst als regulierende Instanz wählt. Es ist eine freiwillige Unterwerfung. Wenn man einer Religion angehört, gibt man dieser *umfassenden Eigenschaft* die Ermächtigung, im inneren All in dieser Weise zu wirken.

Viele Menschen glauben auch an ein allwissendes und allmächtiges Universum als höchste Instanz. Auch hier unterwirft man sich freiwillig der Regulierung.

Gleiches gilt, wenn sich Menschen einem Staat unterwerfen. Unabhängig von der irdischen Gesetzgebung gibt es eine geistige Regulierung durch diese *umfassende Eigenschaft*.

Wenn man sich diesen *Eigenschaften* unterwirft, gibt man dazu die Erlaubnis.

Indem man sie erkennt, löst man sich von der Regulierung. Gleichzeitig erfährt man, dass man sich selbst dem System unterworfen hat.

3. umfassende Eigenschaft

DIE WAHRNEHMUNG DER ZEIT - Die 3. *umfassende Eigenschaft* der 7. Dimension bezieht sich auf die Zeit. Sie definiert die Wahrnehmung der Zeit. Was für den Menschen auf der Erde in seiner Zeitwahrnehmung selbstverständlich ist, wird durch die 7. Dimension bestimmt.

4. umfassende Eigenschaft

DIE WAHRNEHMUNG DES RAUMS - Auch die Wahrnehmung des Raumes hat ihren Ursprung in der 7. Dimension. Was die Menschen auf der Erde als normale Raumwahrnehmung erleben, ist nur auf der Erde selbstverständlich. Diese 4. *umfassende Eigenschaft* definiert diese Wahrnehmung.

5. umfassende Eigenschaft

DIE IDENTIFIZIERUNG MIT DEM GEIST DER ERDE - Diese 5. *umfassende Eigenschaft* gibt im inneren All des Menschen vor, was der geistigen Ordnung im Sinne des Lebens auf der Erde entspricht. Mit welchen Themen man sich beschäftigt, ist für diese *Eigenschaft* nicht wesentlich, solange es der Ordnung entspricht.

Beispiele für diese Ordnung sind die Beschäftigung mit Naturwissenschaften, die Pflege von Kunst, Kultur und Tradition oder die geistige Beschäftigung mit religiösen oder philosophischen Themen. Auch die Suche nach dem Sinn des Lebens im Universum und beschränkt auf das Universum gehört zu den Einflüssen dieser *Eigenschaft*.

Die 5. *umfassende Eigenschaft* gibt dem Menschen die Vorgabe, im Sinne dieses Geistes zu leben. Sie will unbedingt verhindern, dass der Mensch diese Bindung erkennt.

Wenn sich jemand z. B. mit den höheren Dimensionen beschäftigt, dann suggeriert diese *Eigenschaft* dem Menschen, dass dies nicht im Sinne des Lebens auf der Erde ist. Jede Entwicklung, die eine Loslösung vom Geist des Universums zur Folge hätte, versucht diese 5. *Eigenschaft* im Menschen zu unterbinden.

Diese *umfassende Eigenschaft* gehört zu den größten Bindungen des Menschen auf der Erde. Von ihr stammen die Lichttäuschungen in der 3. Dimension.

Die Ordnung der Lichttäuschungen der 5. *umfassenden Eigenschaft*

1. Lichttäuschung

Diese Lichttäuschung der 5. *umfassenden Eigenschaft* der 7. Dimension suggeriert den Menschen, dass die Aufrechterhaltung eines Zustandes auf der Erde Licht sei. Im Grunde genommen ist es die Aufrechterhaltung einer Qualität. Diese Lichttäuschung befindet sich in der 3. Dimension und täuscht den Menschen, indem er meint, die Erhaltung als Licht zu erkennen.

Die bekannteste Form der Aufrechterhaltung ist die Tradition. Traditionspflege ist die Konservierung vergangener Inhalte. Veränderungen, die sich im Laufe der Zeit automatisch ergeben würden, werden bewusst verhindert. Traditionen finden sich bekanntlich in allen Lebensbereichen, angefangen beim Individuum über die Familie bis hin zur Gemeinschaft und Gesellschaft. Es gibt weltliche und religiöse Traditionen, dörfliche Traditionen, internationale Traditionen und so weiter.

Traditionspflege ist die Konservierung eines Zustandes, der durch die Lichttäuschung der 5. umfassenden Eigenschaft als Licht angesehen wird. Durch die Bewahrung des Istzustandes stützt sich der Mensch auf alte Inhalte und verhindert eine innere Entwicklung durch die Zeit. Vor allem wird die Selbsterkenntnis verhindert, indem traditionelle Inhalte als höhere Werte definiert werden, die es zu verwirklichen gilt.

2. Lichttäuschung

Die 2. Lichttäuschung bezieht sich auf die Qualitäten der Ruhe und Stille. Durch sie glauben Menschen, dass innere Ruhe mit Licht verbunden ist. Es geht um diesen inneren Zustand der Ruhe, den man z. B. in Meditationen, wie sie sehr oft praktiziert werden, in sich selbst verwirklichen kann.

Es gibt viele Meditationen und Praktiken, um einen Zustand der Ruhe oder Stille in sich selbst zu erreichen. Vor allem in den Religionen und den verschiedenen esoterischen Lehren findet sich eine Vielzahl von Methoden der Meditation. Wenn Ruhe, Stille oder eine Form von innerer Leere das Ziel der Meditation ist, dann ist es nicht das Licht, das der Mensch in sich verwirklicht, sondern die Dunkelheit.

Diese Formen der Ruhe verhindern Entwicklung. Sie bewegen sich nicht in Richtung höherer Dimensionen, sondern in die entgegengesetzte Richtung.

3. Lichttäuschung

Durch die 3. Lichttäuschung in der 3. Dimension glauben die Menschen auf der Erde, dass das Mitfühlen mit anderen Menschen Licht ist. Hier ist nicht nur das Mitleid gemeint, sondern das Fühlen mit einem anderen Menschen im Allgemeinen. Es handelt sich jedoch nicht um die geistige Eigenschaft Mitgefühl.

Dieses Mitfühlen suggeriert Verständnis, während der Mitfühlende ein oberflächliches Gefühl empfindet. Durch diese Lichttäuschung bestätigen sich die Menschen gegenseitig ihre Oberflächlichkeit. Die Oberflächlichkeit wiederum verhindert ein tieferes Erkennen der Ursachen der Gefühle in den *Eigenschaften* des inneren Alls.

Die Lichttäuschung betrifft vor allem den Mitfühlenden. Er erhält Kraft von seinem Gegenüber und fühlt sich dadurch stärker und lichtvoller.

Diese Art des zwischenmenschlichen Umgangs kann man tagtäglich beobachten, wenn sich z. B. zwei Menschen in einem Café treffen und sich der eine, zumindest scheinbar, auf den anderen einlässt und mit ihm mitfühlt. In vielen religiösen, esoterischen, philosophischen und psychologischen Kreisen findet man diese Art des Umgangs miteinander.

4. Lichttäuschung

Durch die 4. Lichttäuschung fühlen sich die Menschen lichtvoll, wenn sie ein interessiertes, positives und aktives Leben führen. Charakteristisch ist, dass es sich immer um Inhalte des irdischen Lebens handelt.

Man denke z. B. an einen kunstinteressierten Menschen, der Konzerte und Museen besucht, Kulturreisen unternimmt, Bücher liest und eine höhere Bildung besitzt. Auch aktive und gesund lebende Menschen, die Sport treiben und ein positives Leben auf der Erde führen oder aufbauen, unterliegen dieser Lichttäuschung. Es gäbe noch einige Beispiele von fast archetypischen Menschen, die im Sinne dieser Lichttäuschung leben. Auch das aktive und interessierte Leben in der Familie, in der Gemeinschaft oder in der Gesellschaft ist Teil dieser Täuschung.

Allen gemeinsam ist die oberflächliche und ständige Bewegung zwischen oder innerhalb der Lebensthemen und Lebensbereiche der Erde. Dies verhindert eine ernsthafte Auseinandersetzung mit dem Bewusstsein.

Die Ordnung der 24 *realisierenden Eigenschaften* der 7. Dimension

1. *realisierende Eigenschaft*

DIE RELATIVE WAHRNEHMUNG DES LICHTS - Die 1. *Eigenschaft* definiert die relative Wahrnehmung des Lichts. Diese Wahrnehmung hängt davon ab, wo sich jemand befindet. Auf der Erde strahlt die Sonne als hellstes Licht; befindet man sich jedoch in einer höheren Dimension, erscheint einem die Erde als Ort der Dunkelheit. Auf der Erde lebt jemand dann in Verbindung mit dem Licht, wenn er ein grundsätzlich positives Leben führt. Qualitäten, die sich positiv ausdrücken, erscheinen den Menschen als Licht, drücken sie sich negativ aus, als Dunkelheit. Betrachtet man die Qualitäten aus einer höheren Dimension, sind es Gesetze innerhalb der Dunkelheit.

In jeder nächsten höheren Dimension erkennt man die vorherige Dimension als Dunkelheit. Diese relative Wahrnehmung des Lichts besitzen die Menschen bis zur oberen Grenze der 7. Dimension. Die Relativität des Lichts findet erst in der 9. Dimension ihr Ende. Von dort aus erkennt man, dass alle niederen Dimensionen Dunkelheit sind. Erst hier endet die relative Betrachtung und weicht einer Erkenntnis, was Licht und was Dunkelheit ist.

2. *realisierende Eigenschaft*

DIE ABSOLUTHEIT DER EIGENEN WAHRNEHMUNG DES LICHTS - Die 2. *realisierende Eigenschaft* bestimmt, dass die Menschen ihre subjektive Wahrnehmung von Licht als absolut einschätzen. Dies betrifft einerseits die physische Welt und andererseits die Spiritualität. Deshalb wird zum Beispiel die Sonne in vielen Religionen mit den höchsten spirituellen Qualitäten in Verbindung gebracht.

Durch die absolute Einschätzung der eigenen Lichtwahrnehmung fehlt den Menschen die Unterscheidung. Sie unterscheiden das Licht und die Dunkelheit innerhalb ihrer Lebenswirklichkeit und orientieren sich entsprechend. Die *umfassenden Eigenschaften* der Religionen, sie werden Götter genannt, werden als Wesenheiten des höchsten Lichts betrachtet. Auch die spirituellen Meister der Religionen verbindet man mit Licht.

Wären sie in der Lage zu erkennen, dass sie ihre Lichtwahrnehmung absolut einschätzen, obwohl sie relativ ist, würden sie sich von den jeweiligen Überzeugungen lösen.

3. *realisierende Eigenschaft*

DIE RELATIVE WAHRNEHMUNG DER GRÖSSE DER DIMENSIONEN UND UNIVERSEN - Die 3. *realisierende Eigenschaft* definiert die relative Wahrnehmung der Größe der Lebenswelt und damit verbunden der Gesetze. Als Gesetz durchdringt die 3. *Eigenschaft* ausgehend von der 7. Dimension alle niederen Dimensionen.

Lebt jemand zum Beispiel auf der Erde, nimmt er das physische Universum als unendlich großen Raum wahr. Befindet er sich jedoch in der 5. Dimension und blickt auf die Erde, erkennt er, dass sie sehr klein ist. Diese relative Wahrnehmung setzt sich bis zur 7. Dimension fort. Erst dort kann man die Größenverhältnisse richtig einschätzen.

Der 3. *realisierende Eigenschaft* definiert die Größenverhältnisse der niederen Dimensionen. Durch ihre Erkenntnis kann man ausgehend von der 7. Dimension die Veränderungen der Größen der Dimensionen erfahren.

4. *realisierende Eigenschaft*

DIE ABSOLUTHEIT DER EIGENEN WAHRNEHMUNG DER GRÖSSE - Durch die 4. *Eigenschaft* nehmen die Menschen die Erde und damit verbunden das physische Universum als unendliche große Lebenswelt wahr. Es ist für sie der einzige reale Raum. Es beginnt mit der Betrachtung der Erdoberfläche, wenn man zum Beispiel den Horizont als Grenze zu erkennen meint, und führt in der physischen Welt bis zur Betrachtung des Universums, wenn man mit einem Teleskop weit entfernte Galaxien erfasst.

Für die Menschen ist durch die 4. *realisierende Eigenschaft* die Größe und Ausdehnung des Universums absolut und gleichzeitig der einzige reale Raum, der betrachtet werden kann.

5. *realisierende Eigenschaft*

DIE RELATIVE WAHRNEHMUNG DER GEFÜHLE UND EMOTIONEN DER MENSCHEN - Ebenso wie die 1. und die 3. *Eigenschaft* definiert die 5. *Eigenschaft* eine relative Wahrnehmung. Hier handelt es sich um Gefühle und Emotionen. Einerseits geht es um die Stärke und andererseits darum, um welche Gefühle es sich handelt.

Jemand kann zum Beispiel ein Gefühl der Liebe gegenüber einem physischen Gegenstand oder einem Land empfinden. So stark dieses Gefühl auch scheint – vergleicht man es mit einem Gefühl, welches man über die 5. Dimension fühlt, ist es nicht sehr stark. In der 6. Dimension erfährt man wiederum eine andere Art von Gefühlen. Diese Unterscheidung setzt sich bis in die 7. Dimension fort.

Dieses Gesetz birgt die Unterscheidung zwischen allen Gefühlen und Emotionen, die ein Mensch innerhalb der niederen Dimensionen erfahren kann.

6. *realisierende Eigenschaft*

DIE ABSOLUTHEIT DER WAHRNEHMUNG DER EIGENEN GEFÜHLE UND EMOTIONEN - Durch die 6. *realisierende Eigenschaft* erfahren und erleben die Menschen ihre momentanen Gefühle und Emotionen als absolut. Sie identifizieren sich nahtlos mit ihnen, ohne sich infrage zu stellen.

Dadurch vereinigen sie sich mit den jeweiligen Gegebenheiten. Die Heimatliebe wird als absolut erfahren und entsprechend lieben diese Menschen die geistige Qualität des jeweiligen Landes und ordnen sich ihr unter.

Ähnliches geschieht, wenn sich Menschen über ihre Gefühle den Religionen hingeben. Diese Gefühle werden durch die Absolutheit nicht bezweifelt.

7. *realisierende Eigenschaft*

DIE RELATIVE WAHRNEHMUNG VON ZWISCHENMENSCH-LICHEN BEZIEHUNGEN DER MENSCHEN - Die 7. *Eigenschaft* ordnet die Wertigkeit von Beziehungen aufgrund der Grundlage der jeweiligen Beziehung. Familiäre Beziehungen haben zum Beispiel den physischen Körper als Grundlage und spirituelle Beziehungen die Inhalte der religiösen oder esoterischen Lehre, auf welchen sich die Beziehung aufbaut.

Stützt sich die Beziehung innerhalb einer Familie nur auf die Blutsverwandtschaft, nimmt sie eine Position ein, die weit unterhalb von zum Beispiel partnerschaftlichen Beziehungen steht, welche über Qualitäten wie Liebe, Hilfsbereitschaft oder Freundschaft definiert sind.

8. *realisierende Eigenschaft*

DIE ABSOLUTHEIT DER WAHRNEHMUNG DER EIGENEN ZWISCHENMENSCHLICHEN BEZIEHUNG - Die zwischenmenschlichen Beziehungen, welche gelebt werden, stehen im Zentrum der sozialen Kontakte. Dazu gehört vor allem die physische Familie. Warum die Familie oftmals im Zentrum steht, geht auf die Blutsverwandtschaft zurück. Durch die körperliche Nähe innerhalb der Lebenswelt des Körpers ergibt sich die Nähe automatisch dann, wenn jemand ein durchschnittliches Leben führt.

Es ist natürlich ebenso möglich, dass sich jemand einem Freund, einem Vorgesetzten oder einem anderen Mitmenschen nahe fühlt. Gleich bleibt die gegenwärtige Absolutheit in der Wahrnehmung der Beziehung.

9. realisierende Eigenschaft

DIE RELATIVE INTELLEKTUELLE ÜBERLEGUNG DER MENSCHEN - Je nachdem, welche Entwicklungsstufe man in sich verwirklicht hat, verändert sich der Intellekt. Innerhalb der physischen Welt orientiert sich der Intellekt an den physischen Gegebenheiten. Hat jemand zum Beispiel die *Eigenschaften* der 5. Dimension erkannt, verändert sich diese innere Ausrichtung und der Intellekt hat diese Erkenntnisstufe als Orientierung.

Die höchste Orientierung für den Intellekt innerhalb der niederen Dimensionen ist die 7. Dimension und die darin vorkommenden Gesetze und Ordnungen.

10. realisierende Eigenschaft

DIE ABSOLUTHEIT DER EIGENEN INTELLEKTUELLEN ÜBERLEGUNG - Durch die 10. *realisierende Eigenschaft* sind die Menschen der absoluten Überzeugung, dass ihre Form der intellektuellen Überlegung der Wahrheit entspricht. Die vorhandenen Gegebenheiten, die sich immer auf die gegenwärtige Entwicklungsstufe des Menschen beziehen, bilden die Grundlage der intellektuellen Überlegung. Diese Grundlage wird als absolut erfahren.

Die intellektuelle Erkenntnis der physischen Welt unterscheidet sich von Mensch zu Mensch.

11. *realisierende Eigenschaft*

DIE RELATIVE ERZIEHUNG UND AUSBILDUNG DER MENSCHEN - Die 11. *Eigenschaft* bestimmt die Relativität der Erziehung und Ausbildung. Es geht hierbei um jede Form der Beeinflussung von Menschen aus einer höheren Instanz. Das betrifft die Kindererziehung, die schulische und berufliche Ausbildung, die religiöse und spirituelle Schulung und jede weltliche Entfaltung aufgrund einer Ideologie oder Philosophie.

Wer sich im Sinne der 3. Dimension entwickelt, wird eine Ideologie der materiellen Vermehrung und gleichzeitig der Dunkelheit annehmen. Wer das höhere Selbst der niederen Dimensionen in sich ausbilden möchte, agiert in Verbindung mit *Eigenschaften* der 6. Dimension.

12. *realisierende Eigenschaft*

DIE ABSOLUTHEIT DER EIGENEN ERZIEHUNG UND AUSBILDUNG - Durch die 12. *Eigenschaft* ordnen sich die Menschen in das jeweilige System ein und je nach Ausbildungsgrad unter. Diese Bindung ist absolut und wird von den meisten Menschen nicht als Bindung erkannt. Sie fügen sich in die Ordnungen der niederen Dimensionen ein und gleichen Zellen eines größeren Ganzen.

Immer wieder geht damit ein Fanatismus einher, da diese Menschen eine uneingeschränkte Überzeugung ob der Wahrheit der eigenen Ausbildung besitzen. Man muss sich hierbei nur religiösen oder nationalen Fanatismus vorstellen.

13. *realisierende Eigenschaft*

DIE RELATIVE WAHRNEHMUNG DES UMRAUMS DER MEN-
SCHEN - Die 13. *realisierende Eigenschaft* definiert das Gesetz, dass die
Wahrnehmung des Umraums eines Menschen relativ ist. Dies beginnt
bei den Sinneswahrnehmungen und führt zu Formen der Wahrnehmungen des Umraums durch den Geist. Jemand blickt einen Mitmenschen
an und hat nur Augen für die Kleidung. Ein anderer kann die Physio-
gnomie des Gesichts deuten. Das kann so weit gehen, dass jemand einen
Menschen ansieht und seine Persönlichkeit erkennen kann.

Gleiches gilt zum Beispiel für die Natur. Man kann einfach nur Bäu-
me sehen, um die biologischen Vorgänge wissen oder aber das Bewusstsein hinter den Bäumen erkennen.

14. *realisierende Eigenschaft*

DIE ABSOLUTHEIT DER EIGENEN WAHRNEHMUNG DES
UMRAUMS - Wie bei allen Paaren der 24 *realisierenden Eigenschaften* defi-
niert die 14. *Eigenschaft* die Absolutheit der Wahrnehmung des Umraums.
Kaum ein Mensch bezweifelt seine Wahrnehmungen, die sich meist auf
die Sinne beschränken. Es geht hierbei jedoch auch darum, wie zum
Beispiel eine Farbe leuchtet.

Die meisten Menschen sind davon überzeugt und sehen es als selbstverständlich an, dass ihre subjektive Wahrnehmung des Umraums der
Wahrheit entspricht.

15. *realisierende Eigenschaft*

DIE RELATIVE EINSCHÄTZUNG DER PERSÖNLICHEN
ENTWICKLUNG DER MENSCHEN - Innerhalb der niederen Dimensionen gibt es eine schier unendliche Anzahl von Entwicklungsmög-
lichkeiten. Dazu gehören körperliche und handwerkliche Fähigkeiten
ebenso wie spirituelle Entwicklungsstufen. Vor allem in den Religionen

und esoterischen Lehren existieren viele unterschiedliche Entwicklungen, die ein Mensch durchlaufen kann. Zwischen den einzelnen Systemen finden sich unterschiedliche Stufen der spirituellen Entwicklung, deren Differenzen erheblich größer sind als allgemein angenommen.

16. *realisierende Eigenschaft*

DIE ABSOLUTHEIT DER EINSCHÄTZUNG DER EIGENEN ENTWICKLUNG - Die Mönche und Priester der Religionen sind absolut überzeugt davon, dass die Stufe der spirituellen Entwicklung, die sie persönlich und durch ihre Priesterschaft verkörpern, absolut und wahrhaftig ist. Der Gedanke, dass ein Priester einer anderen Religion, unabhängig davon, welcher Name anstelle des Begriffs Priester gewählt wurde, spirituell auf einer vielleicht viel höheren Entwicklungsstufe steht, kommt ihnen nicht in den Sinn.

Daraus schöpfen die Menschen, wenn auch oft ungerechtfertigt, ihr religiöses Selbstbewusstsein.

17. *realisierende Eigenschaft*

DIE RELATIVE EINSCHÄTZUNG DER WIRKUNG DES AGIERENS DER MENSCHEN - Die 17. *realisierende Eigenschaft* betreffend geht es um die Einschätzung der Wirkungen des eigenen Agierens. Dabei kann es sich um physisches Agieren, gesprochene Worte, Gedanken, Gefühle bis hin zu Taten handeln, die den physischen Tod überdauern. Wer zum Beispiel Gesetze bestimmt, Bilder malt, Musik komponiert oder Bücher schreibt, erschafft Wirkungen, die über den Tod hinausgehen.

Eine Handlung in der unmittelbaren Nachbarschaft hat wahrscheinlich nicht so große Wirkungen wie das Gründen eines Staates, der manchmal Jahrhunderte bestehen bleibt.

18. *realisierende Eigenschaft*

DIE ABSOLUTHEIT DER EINSCHÄTZUNG DES EIGENEN AGIERENS - Durch die 18. *Eigenschaft* erfahren sich die Menschen in ihrem Agieren in einer bestimmten Absolutheit. In den meisten Fällen sind sie davon überzeugt, dass ihre Handlungen genau das bewirken, was sie anstreben. Es besteht zum Beispiel ein Unterschied, ob jemand einen sozialen Kontakt mit einer positiven Grundeinstellung unterstützt oder durch negative Gedanken torpediert. Natürlich haben Gedanken eine Auswirkung. Wird ein Gedanke in einer Gruppe intensiv gedacht, beeinflusst er die anderen Menschen.

Die 18. *realisierende Eigenschaft* definiert nicht den Inhalt des Agierens, sondern die absolute Identifizierung damit, ohne real einschätzen zu können, was das Agieren bewirkt.

19. *realisierende Eigenschaft*

DIE RELATIVE EINSCHÄTZUNG DER WIRKUNG DES RAUMS AUF DEN MENSCHEN - Die 19. *realisierende Eigenschaft* definiert die relative Einschätzung der Einflüsse auf einen Menschen durch seinen Umraum. Das betrifft andere Menschen ebenso wie geistige Qualitäten. Je nachdem, welche Entwicklungsstufe ein Mensch verwirklicht hat, wirken zum Beispiel die *Eigenschaften* der Dimensionen unterschiedlich auf ihn ein. Wer sich der *umfassenden Eigenschaft* einer Religion unterwirft, wird andere Beeinflussungen erfahren als eine Person, die sich als Bürger eines Landes definiert.

20. *realisierende Eigenschaft*

DIE ABSOLUTHEIT DER EINSCHÄTZUNG DER WIRKUNG DES RAUMS AUF SICH SELBST - Die meisten Menschen differenzieren nicht zwischen den unterschiedlichen Einwirkungen des Raumes auf unterschiedliche Menschen. Die Erfahrung des Agierens des Umraums ist absolut. Das betrifft andere Menschen ebenso wie die Natur oder

Eigenschaften. Kaum jemand unterscheidet, aus welcher Instanz sich die Einwirkung realisiert. Die Differenzierung, ob zum Beispiel das Handeln eines anderen Menschen, das einen selbst betrifft, von der 4. Dimension, der 5. Dimension, der 6. Dimension oder aus der Dunkelheit beeinflusst wird, ist für die meisten Leute nicht möglich.

Diese Absolutheit hat als Ursache die Einfügung des Menschen in seine gewählte Ordnung, wie es zum Beispiel die Gesetze einer Religion oder eines Landes sind. Wer gezwungen wird, in einem Staat zu leben, dessen Gesetze diktatorisch auf den Menschen einwirken, kann sich innerlich davon lösen. Dann verändern sich auch die Einwirkungen.

21. *realisierende Eigenschaft*

DIE RELATIVE ENTWICKLUNG DER MENSCHEN - Jeder Mensch entwickelt sich anders. Wo der eine für eine Erkenntnis vielleicht einen Tag benötigt, braucht der andere ein Jahr oder gar ein Jahrzehnt. Das hat seine Ursache primär in der Vorgeschichte. Wer bereits vor seiner Geburt im physischen Körper Qualitäten der höheren Dimensionen erkannt hat, wird in der gegenwärtigen Inkarnation nur kurze Zeit brauchen, um sie erneut zu erkennen. Umgekehrt ist es so, dass Menschen, die erstmals damit in Kontakt kommen, einige Zeit brauchen, um sie wirklich zu erkennen.

Vor allem hängt dies davon ab, wie sehr jemand *höhere Eigenschaften* erkennen will.

22. *realisierende Eigenschaft*

DIE ABSOLUTHEIT DER EIGENEN ENTWICKLUNG - Die Menschen erfahren sich in der eigenen Entwicklung als absolut und kommen in den meisten Fällen nicht auf die Idee, diese zu hinterfragen. Wer zum Beispiel einen spirituellen Weg innerhalb einer Religion geht, hinterfragt die Religion nicht, sondern bindet sich an die jeweiligen Vorgaben. Dass es jedoch genau diese Religion oder Lebensphilosophie sein kann – und in den meisten Fällen auch ist –, welche die Entwicklung beschränkt oder verhindert, ist für die meisten Menschen kaum annehmbar.

Die Erfahrung der Absolutheit der eigenen Entwicklung durch die 22. *realisierende Eigenschaft* verhindert diese reale Einschätzung.

23. *realisierende Eigenschaft*

DIE RELATIVE EINORDNUNG DES MENSCHEN - Die Einordnung des Menschen innerhalb der niederen Dimensionen ist grundsätzlich offen. Die 23. *realisierende Eigenschaft* definiert nicht, dass es eine Einordnung innerhalb der niederen Dimensionen geben muss. Grundsätzlich hängt dies von der eigenen Entwicklungsstufe ab. Es ist eine selbst gewählte persönliche Entscheidung, ob man sich mit physischen Inhalten identifiziert und materielle Dinge liebt, sich introspektiv nur oberflächlich erkennt und sich in die Gemeinschaften der physischen Welt einfügt. Daraus ergibt sich die Einfügung in die jeweilige Ordnung.

Der 23. *Eigenschaft* definiert zwischen jedem Menschen und der 7. Dimension eine Verbindung ohne Hindernisse.

24. *realisierende Eigenschaft*

DIE ABSOLUTHEIT DER EIGENEN EINORDNUNG - Auch die Absolutheit der eigenen Einordnung kennt keine Ordnung, in die sich ein Mensch einordnen könnte. Sie ist grundsätzlich offen. Deshalb trägt die 24. *Eigenschaft* die Erinnerung an das Licht der höheren Dimensionen in sich.

Durch diese Erinnerung hat sich die eigene Einordnung verändert, da sich das Licht nicht in der 7. Dimension, der Heimat der 24. *realisierende Eigenschaft*, befindet. Die automatische Bewegung der 24. *Eigenschaft* hat sie unterhalb der 7. Dimension geführt. Der Weg nach oben war ihr verwehrt.

Durch den schrankenlosen Blick der 24. *Eigenschaft* sieht der Mensch die 3. Dimension und die *Eigenschaften* der 3. Dimension. In der Absolutheit der eigenen Einordnung meint der Mensch, dort das hellste Licht zu erkennen.

Durch die Erinnerung an das Licht der höheren Dimensionen kann der Mensch jedoch keine Ruhe finden.

[1] In der Pistis Sophia wird die 7. Dimension des Bewusstseins 13. Äon genannt.

[2] Die 1. *umfassende Eigenschaft* wird in der Pistis Sophia als der unsichtbare Gott beschrieben und ist die höchste Instanz der niederen Dimensionen. Man nennt ihn auch Urvater. Grundsätzlich handelt es sich beim göttlichen Vater immer um ein Bewusstsein verbunden mit einer Dimension.

[3] Die 2. *umfassende Eigenschaft* wird in der Pistis Sophia Barbelo oder Barbelos genannt. Sie wird als die Kraft des unsichtbaren Gottes beschrieben. Diese *umfassende Eigenschaft* reguliert den Menschen nach seiner Wahl.

[4] Die 3. *umfassende Eigenschaft* wird in der Pistis Sophia der 1. dreimalgewaltige Gott im 13. Äon genannt.

[5] Hier handelt es sich um den 2. dreimalgewaltigen Gott im 13. Äon. Die dreimalgewaltigen Götter werden auch als Emanationen des unsichtbaren Gottes bezeichnet.

[6] Die 5. *umfassende Eigenschaft* wird als der 3. dreimalgewaltige Gott bezeichnet und trägt den Namen Authades.

[7] Diese Lichttäuschungen werden in der Pistis Sophia die Emanationen des Authades im Chaos genannt. Übersetzt bedeutet dies, dass es sich um fixe Wertvorstellungen handelt, in denen die Menschen ein höheres Licht oder einen höheren Lebenssinn vermuten.

Die 6. Dimension des Bewusstseins

Das niedere Selbst und das höhere Selbst der niederen Dimensionen

Im letzten Kapitel habe ich die Ordnung der 7. Dimension beschrieben: die Instanzen der Regulierung, die Täuschungen des Geistes und die absolute und relative Betrachtung des Lichtes, der Gefühle und so weiter.

Die Ordnung der 7. Dimension ist die Voraussetzung für die 6. Dimension. Hier erhält jeder Mensch das individuelle Selbst. Dieses Selbst ist die Einfügung des Menschen in die niederen Dimensionen. Es gibt keine Grenze zwischen dem Selbst des Menschen und den verschiedenen *Eigenschaften*.

Im Vergleich dazu ist das individuelle Bewusstsein der 8. Dimension eine in sich geschlossene Einheit. Es ist gewissermaßen undurchdringlich und kann nur als Einheit erfahren werden. Das Selbst der 6. Dimension ist die Voraussetzung dafür, dass man sich in den *Eigenschaften* der Dimensionen erkennen kann. Auch wenn sich viele Menschen auf der Erde mit dem Bewusstsein der 8. Dimension identifizieren, besitzen sie das Selbst der 6. Dimension und damit die Möglichkeit der differenzierten Selbsterkenntnis.

In der 6. Dimension gibt es 12 Raum-Bewusstseine[1]. 6 Raum-Bewusstseine bilden das niedere Selbst, 6 Raum-Bewusstseine das höhere Selbst[2] des Menschen.

Das niedere Selbst ist das natürliche Bewusstsein aller Menschen auf der Erde. Jeder Mensch wird mit diesem niederen Selbst als Baby geboren. Dies geschieht unabhängig von irgendeiner Entwicklungsstufe in einer früheren Inkarnation. Würde jemand aus der 12. Dimension auf der Erde inkarnieren, müsste auch er sein Leben mit dem niederen Selbst beginnen.

Der Unterschied liegt in der Entwicklungsgeschwindigkeit. Jeder hat eine andere Vorgeschichte und kann sich unter anderem in Abhängigkeit davon weiterentwickeln.

Das niedere Selbst beherrscht, wenn man so will, die Universen der 4. und 5. Dimension. Es ist also das individuelle Bewusstsein des Menschen auf der Erde.

Hat ein Mensch in seinem Leben das höhere Selbst in sich verwirklicht, so inkarniert er sich in seinem nächsten Leben normalerweise in der Lebenswelt der 6. Dimension. Dort ist das höhere Selbst das natürliche Bewusstsein des Menschen.

Das 12. Raum-Bewusstsein der 6. Dimension bildet das sogenannte höchste Selbst. Es ist der höchste Bewusstseinszustand innerhalb der niederen Dimensionen. Wenn ein Mensch dies in sich realisiert hat, befindet er sich hierarchisch über der 7. Dimension, aber nicht in Verbindung mit den höheren Dimensionen. In diesem Zustand erfährt er sich nicht mehr über *Eigenschaften*, sondern nur noch über ein Bewusstsein, das hierarchisch über den 7 Dimensionen steht.

Die Schwierigkeit beginnt dort, wo man glaubt, dies sei der höchste Zustand des Menschseins. Das glauben sehr viele Leute.

Es ist für die meisten Menschen nachvollziehbar, dass sie die *Eigenschaften* der Dunkelheit in sich erkennen und sich davon lösen müssen, wenn sie die höheren Dimensionen in sich verwirklichen wollen. Zumindest am Anfang ist es schwierig, innerlich mit der Erkenntnis umzugehen, dass es ebenso notwendig ist, sich vom Licht zu lösen. Was in der 6. Dimension als Licht wahrgenommen wird, ist, betrachtet man es von der 9. Dimension aus, kein Licht.

Es ist wichtig, sich von der Vorstellung des Lichtes des niederen Selbst zu lösen. Dasselbe gilt für das höhere Selbst.

Die Anziehungskraft des höheren Selbst auf den Menschen ist sehr groß. In den Religionen und esoterischen Lehren wird es meist als das höchste Ziel oder der höchste Zustand des Menschen angesehen. Das scheinbare Licht des höheren Selbst blendet die Menschen und es ist nicht leicht, sich davon zu lösen.

Neben den 12 Raum-Bewusstseinen habe ich 36 *verwaltende Eigenschaften* des niederen Selbst und 36 *verwaltende Eigenschaften* des höheren Selbst beschrieben.

In der 6. Dimension ist das Bewusstsein des Menschen an die Unabhängigkeit von der Zeit gebunden. Das bedeutet, dass die Zustände des Selbst als Gegebenheiten existieren und nicht verändert werden können. Das Selbst bewegt sich gewissermaßen frei durch den geistigen Raum, ohne von der Zeit beeinflusst oder verändert zu werden. Diese Unabhängigkeit vermittelt den Eindruck von Freiheit und Unsterblichkeit.

Das höhere Selbst beschränkt sich auf die 6. Dimension und füllt dieses Selbst mit Inhalten, die durch die *Eigenschaften* definiert werden. Schreitet man in der Entwicklung des höheren Selbst voran, distanziert man sich immer mehr von den Dimensionen. Dadurch erreicht man eine Position zwischen den niederen und den höheren Dimensionen.

Dies vollzieht sich jedoch nicht durch die Erkenntnis der inneren Gesetze. Dies würde eine Befreiung von den *Eigenschaften* der Dimensionen bewirken.

Es ist genau die umgekehrte Bewegung. Wenn man die Inhalte der Dimensionen erkennt, bewegt man sich in sie hinein, und wenn man sich von den Inhalten der Dimensionen abwendet, entfernt man sich von ihnen.

In der Lebenswelt der 6. Dimension leben zahlreiche Menschen, die in den Religionen und esoterischen Lehren als spirituelle Meister und Propheten angesehen werden. Für viele ist es unvorstellbar, dass nicht das höchste Selbst oder die Vereinigung mit einer umfassenden *Eigenschaft* der höchste Zustand des Menschseins ist. Durch die Unabhängigkeit von der Zeit empfinden viele das Leben als unendlich.

Um weitergehen zu können, müssten sie sich vom höheren Selbst der jeweiligen Ideologie lösen. Sie müssten sich von der Liebe, dem Glauben und der Hoffnung befreien, die sie für die Gottheiten und Inhalte der Religionen und Lehren halten. Diese Loslösung ist nicht einfach.

Beides, das niedere und das höhere Selbst, sind Zustände der niederen Dimensionen, die den Menschen daran hindern, das Menschsein in seiner wahren Größe zu erkennen. Dazu ist es nötig, beide zu erkennen, sich von ihnen zu lösen und schließlich zu befreien.

Die Ordnung der 12 Raum-Bewusstseine der 6. Dimension

1. Raum-Bewusstsein

Das 1. Raum-Bewusstsein des niederen Selbst bildet die Voraussetzung dafür, dass alle *Eigenschaften* der niederen Dimensionen den Menschen beeinflussen können und der Mensch sich mit ihnen identifiziert. Der Einfluss kommt nicht von außen, sondern aus dem inneren All des Menschen selbst. Das 1. Raum-Bewusstsein schafft die Voraussetzung dafür, dass dies überhaupt möglich ist. Es definiert die Individualität des Menschen, der mit Interesse die äußere Lebenswelt betrachtet.

2. Raum-Bewusstsein

Das 2. Raum-Bewusstsein des niederen Selbst bestimmt, dass jeder Gegenstand, jeder Mensch und jedes Ereignis einen Magnetismus auf den Menschen ausübt. Auch in der Natur oder in einer Stadt haben Berge, Pflanzen, Tiere oder Häuser und Straßen eine magnetische Wirkung auf den Menschen. Je nachdem, wie er sich entscheidet, wendet er sich ihnen zu. Diese Entscheidungen stehen in direktem Zusammenhang mit dem 1. Raum-Bewusstsein. Er folgt den *Eigenschaften* durch den Magnetismus des 2. Raum-Bewusstseins. Da er diese Gesetzmäßigkeiten nicht kennt, interpretiert er seine Entscheidungen als freien Willen.

3. Raum-Bewusstsein

Das 3. Raum-Bewusstsein des niederen Selbst definiert die Betrachtung und Erkenntnis des umgebenden Raumes. Dieses baut auf dem 2. Raum-Bewusstsein auf und hat dieses als Grundlage. Darüber hinaus wird durch das 3. Raum-Bewusstsein des niederen Selbst bestimmt, dass es keine Unterscheidung in der Instanz der Betrachtung und Erkenntnis gibt. Es gibt für das niedere Selbst auf der Erde nur eine einzige Platt-form der Erkenntnis, die alles unterschiedslos vereinheitlicht.

Es wäre z. B. möglich, ein Ereignis aus der Instanz der 5., 6. oder 7. Dimension zu betrachten und darin verschiedene Aspekte zu erkennen. Diese Möglichkeit der Unterscheidung ist dem niederen Selbst durch das 3. Raum-Bewusstsein der 6. Dimension nicht möglich.

4. Raum-Bewusstsein

Durch das 4. Raum-Bewusstsein ist es allen *Eigenschaften* möglich, sich ungehindert durch die 5 Körper des Menschen zu bewegen. Für den Menschen, der sich mit seinem Bewusstsein an der Oberfläche befindet, ist dies nicht wahrnehmbar. Der Mensch selbst wird zum Lebensraum der *Eigenschaften*, die ihn nach Belieben beeinflussen und lenken können.

Die Schwierigkeit besteht darin, das Wirken der *Eigenschaften* überhaupt zu erkennen. Die Menschen werden ständig beeinflusst und sind sich dessen nicht bewusst. Sie haben vergessen, dass es diese innere Beein-flussung durch das niedere Selbst überhaupt gibt.

5. Raum-Bewusstsein

Das 5. Raum-Bewusstsein definiert die oberflächliche Willensentschei-dung. Es bestimmt, dass der Mensch glaubt, die Entscheidungen selbst zu treffen. In Wirklichkeit sind die Entscheidungen Folgen der inneren Formung durch die *Eigenschaften*, die ungehindert im Menschen wirken. Durch das 5. Raum-Bewusstsein ist es den Menschen, die mit dem niederen Selbst eins sind, unmöglich, diesen Zusammenhang des Willens zu erkennen. Ihr Wille ist eine dünne Schicht an der Oberfläche.

Gleichzeitig wirken sie durch das 5. Raum-Bewusstsein auf dieser Oberfläche und können tiefere Schichten in sich nicht berühren. Die *Eigenschaften* werden in ihrer Existenz nicht berührt.

6. Raum-Bewusstsein

Das 6. Raum-Bewusstsein bestimmt das niedere Selbst und ist seine Vollendung. Es bildet eine Hülle um den Menschen, mit der er sich identifiziert und überzeugt ist, selbstbestimmt zu leben. In seinem inneren All schalten und walten die verschiedenen *Eigenschaften*, ohne vom Menschen erkannt und gestört zu werden. Jede angestrebte Entwicklung und Veränderung bleibt an der Oberfläche. Das 6. Raum-Bewusstsein hindert den Menschen daran, die inneren Ursachen in den *Eigenschaften* der Dimensionen zu erkennen.

Es suggeriert, dass es normal ist, sich mit dem niederen Selbst zu identifizieren. Gleichzeitig ist es die Synthese aller Raum-Bewusstseine des niederen Selbst.

7. Raum-Bewusstsein

Das 7. Raum-Bewusstsein ist das 1. Raum-Bewusstsein des höheren Selbst und definiert die Individualität und die innere Beschaffenheit des höheren Selbst des Menschen. Die *Eigenschaften* des höheren Selbst existieren erst ab der 6. Dimension. Durch das höhere Selbst ist der Mensch im Gegensatz zum niederen Selbst nicht Zelle der jeweiligen Dimension, Ordnung, Gemeinschaft oder Lebenswelt. Es steht hierarchisch über den einzelnen Inhalten und definiert sich über Charakteristika, die die jeweilige Gruppe beherrscht.

Man kann sich einen Priester einer Gemeinschaft vorstellen, der die Grundwerte der Gemeinschaft definiert. Auch ein Manager, der die übergeordneten Gebote und Verbote seines Unternehmens definiert, identifiziert sich mit dem höheren Selbst.

8. Raum-Bewusstsein

Das 8. Raum-Bewusstsein bestimmt die Kommunikation und den Umgang der Menschen im höheren Selbst mit den Inhalten der niederen Dimensionen und den Menschen, die in den niederen Dimensionen leben. Wie sie damit umgehen, hängt davon ab, wie ihre Ideologie das Leben der Menschen und die Inhalte der niederen Dimensionen bewertet. Das höhere Selbst der Religionen unterscheidet sich von Ideologie zu Ideologie.

Die Orientierung des höheren Selbst des Menschen ist das personifizierte höchste Selbst. Es definiert den höchsten Umgang des höheren Selbst mit den *Eigenschaften* und Ordnungen der niederen Dimensionen bis zur 7. Dimension.

9. Raum-Bewusstsein

Das 9. Raum-Bewusstsein ist die Selbstbeherrschung des höheren Selbst durch die Wahl der Charakteristika, mit denen sich der Mensch identifiziert. Jedes höhere Selbst hat also unterschiedliche Charakteristika, die nicht nur von der jeweiligen Gemeinschaftsidee, sondern auch von der Person selbst abhängen.

Das 9. Raum-Bewusstsein ermöglicht es dem Menschen, die Charakteristika, die der Ideologie übergeordnet sind, immer weiter zu vervollkommnen. Die Ausrichtung ist wiederum das personifizierte höchste Selbst über der 7. Dimension.

10. Raum-Bewusstsein

Das 10. Raum-Bewusstsein definiert das höhere Selbst an der hierarchisch höchsten Position einer Ideologie oder Religion. Von dieser Position aus beginnt es, die jeweilige Ideologie oder Religion zu verändern. Die *Eigenschaften* des höheren Selbst werden schrittweise neu definiert.

Mit diesem Raum-Bewusstsein identifizieren sich jene Menschen, die z. B. eine Religion reformieren oder eine neue ideologische Strömung innerhalb einer Religion gründen.

11. Raum-Bewusstsein

Das höhere Selbst bildet sich durch das 11. Raum-Bewusstsein unabhängig von einer gemeinschaftlichen Ideologie oder Religion. Es hat sich von diesen befreit, wobei alte Werte in neuer, meist leicht veränderter Form übernommen werden. Dieses höhere Selbst bewegt sich durch die 7 Dimensionen.

Man kann aber nicht sagen, dass es von den niederen Dimensionen befreit ist, denn diese definieren den Raum des eigenen Lebens. Gleichzeitig können sich Menschen, die sich mit diesem Raum-Bewusstsein identifizieren, frei in diesem Raum bewegen.

12. Raum-Bewusstsein

Das 12. Raum-Bewusstsein definiert das höhere Selbst nur noch als ein Bewusstsein, das sich als höchste Instanz der niederen Dimensionen versteht. Es enthält keine Merkmale von Ideologien und Religionen mehr.

Dieses Raum-Bewusstsein ist das personifizierte höchste Selbst, das hierarchisch über der 7. Dimension steht.

Das niedere Selbst

Das personifizierte niedere Selbst

Das personifizierte niedere Selbst herrscht über die 4. und 5. Dimension, indem es das Selbst aller Menschen, die in diesen Dimensionen leben, definiert und beherrscht. Das niedere Selbst ist die Einfügung in der Selbstidentifizierung in einen größeren Raum. Es ist ein separiertes Bewusstsein, welches in der Konfrontation und im Wettbewerb mit dem äußeren Raum steht. Jeder Mensch agiert in seiner eigenen Wirklichkeit und baut eine eigene innere Machtstruktur auf. Bildhaft kann man sich das so vorstellen, dass im inneren All ein Turm der Macht errichtet wird, in welchem die unterschiedlichen Charakteristika dieser Macht ihren Platz einnehmen. In dieser Weise besitzt jeder Mensch einen solchen symbolhaften Turm.

Das niedere Selbst steht in Konkurrenz mit dem höheren Selbst.

Durch das niedere Selbst beschäftigen sich die Menschen in ihrer Einfügung in das physische Leben ausschließlich mit Themen und Lebensbereichen, die sich innerhalb des Universums befinden. Dabei kann es sich um weltliche oder um religiöse Themen handeln. Die höheren Dimensionen werden von den Menschen in ihrer Identifizierung mit dem niederen Selbst geleugnet. Sie sind nicht existent. Es versucht, jegliches Bestreben nach Befreiung mit aller Macht zu unterbinden.

Man kann sich einen Menschen in eins mit dem niederen Selbst als kleines, dunkles Wesen vorstellen, das abgegrenzt von einer höheren Realität ein Leben in der Gefangenschaft der physischen Welt verbringt und nicht erkennt, dass es in der Gefangenschaft lebt. Die Existenz des personifizierten niederen Selbst hängt davon ab, dass ein Mensch unwissend in seinem Gefängnis bleibt.

Dagegen erfahren die Menschen das Leben in eins mit dem niederen Selbst als positiv. Die *Eigenschaften* des niederen Selbst kämpfen gegen jede erdenkliche höhere Erkenntnis, die ein Mensch erfahren könnte. Selbst jede Erwähnung der möglichen Existenz von höheren Dimensionen wird nicht nur verneint, sondern bekämpft.

Deshalb ist das personifizierte niedere Selbst der Feind der inneren Speicherung des Lichts im Menschen durch die 24. *Eigenschaft* der 7. Dimension. Es möchte verhindern, dass die Menschen das Licht der höheren Dimensionen erfahren. Der massive Widerstand vieler Leute im Umkreis von Menschen, welche den Weg in die höheren Dimensionen gehen, stammt vom niederen Selbst.

Das niedere Selbst herrscht über alle *Eigenschaften* der 4. und 5. Dimension. Sie alle agieren im Sinne des niederen Selbst.

Die *aufbereitende Eigenschaft* des niederen Selbst

Diese *aufbereitende Eigenschaft* begrenzt den Menschen vor seiner Verkörperung auf der Erde im niederen Selbst. Dadurch können sie das Licht, welches sich in ihnen befindet, nicht erkennen. Sie haben es vergessen. Es ist das Licht, welches in der 24. *Eigenschaft* der 7. Dimension gespeichert ist. Dieses Vergessen ist die Voraussetzung dafür, dass das niedere Selbst Macht über die Menschen besitzt und die *Eigenschaften* in dieser Weise Einfluss nehmen können. Die Substanz des Bewusstseins des Menschen strömt dem niederen Selbst zu.

In jedem Menschen existiert die Erinnerung an ein Licht der höheren Dimensionen. Würden sich die Menschen daran erinnern oder besser ausgedrückt, würden sie sich dieses Lichts im eigenen Inneren gewahr werden, begäben sie sich sofort auf die Suche nach diesem Licht. Durch diese *aufbereitende Eigenschaft* vergessen die Menschen dieses innere Licht. Das ist der Grund, weshalb sie im niederen Selbst zufrieden sind.

Die Ordnung der 36 *verwaltenden Eigenschaften* des personifizierten niederen Selbst

1. *verwaltende Eigenschaft*

DIE EINBINDUNG IN RAUM UND ZEIT - Die 1. *verwaltende Eigenschaft* definiert die Einbindung des Menschen in Raum und Zeit. Im Leben zeigt sich dies als selbstverständliche Einfügung in diese Gegebenheiten. Grundsätzlich geht es auch um die Bewegung durch Zeit und Raum in eins mit dem niederen Selbst. Durch den Moment der Gegenwart und der räumlichen Identifizierung mit dem physischen Körper begrenzt die *Eigenschaft* die Menschen im niederen Selbst. Gleichzeitig suggeriert sie ein grundsätzlich positives und bestätigendes Lebensgefühl.

2. *verwaltende Eigenschaft*

DIE GEFÜHLE DER LIEBE - Der Lebensbereich der 2. *verwaltende Eigenschaft* ist die Selbstliebe in der Identifizierung mit dem niederen Selbst. Diese Liebe umfasst alle körperlichen und geistigen Lebensthemen, über welche sich diese Gefühle der Liebe ausdrücken können. Diese Liebe bindet das Mensch-Bewusstsein an das niedere Selbst.

3. *verwaltende Eigenschaft*

DIE ORIENTIERUNG IN DIE DUNKELHEIT - Die 3. *verwaltende Eigenschaft* beeinflusst die Menschen im Sinne der Dunkelheit. Dadurch orientieren sie sich automatisch immer im Sinne der Dunkelheit. Bei jeder inneren Fragestellung, was in einer Situation zu tun wäre, greift diese *Eigenschaft* ein und beeinflusst die Menschen in dieser Weise. Bei Geld geht es darum, mehr Geld zu verdienen, bei Auseinandersetzungen kommt Gewalt ins Spiel usw. Letztendlich bewirkt jeder Impuls, der von dieser *Eigenschaft* ausgeht, eine weitere Einbindung in das niedere Selbst.

4. *verwaltende Eigenschaft*

DER KAMPF GEGEN DAS LICHT - Diese *verwaltende Eigenschaft* kämpft aktiv gegen das Licht. Im Menschen zeigt sich dieser Kampf in Charakteristika wie Aggression, Ungeduld, Unwillen oder Herablassung. In dieser Weise reagieren sie auf das Licht in sich selbst wie auch auf das Licht in den Mitmenschen. In diesem Fall richten sich diese Charakteristika auf das Gegenüber.

5. *verwaltende Eigenschaft*

DIE GLORIFIZIERUNG DES NIEDEREN SELBST - Die 5. *verwaltende Eigenschaft* beeinflusst die Menschen im Sinne der Glorifizierung des niederen Selbst. Dies geschieht über *Eigenschaften* und Fähigkeiten des niederen Selbst, die in der höchsten Weise ausgebildet sind. Zu ihnen zählen alle positiven Wesenszüge.

6. *verwaltende Eigenschaft*

DIE VERHERRLICHUNG DER DUNKELHEIT - Die 6. *verwaltende Eigenschaft* bewirkt, dass die Menschen gegenüber dem Umraum innerhalb des Universums eine positive und magnetische Grundhaltung besitzen. Durch diese Haltung können die *Eigenschaften* der Erde und der Dunkelheit ungehindert auf den Menschen Einfluss nehmen. Die Menschen selbst empfinden dies als positive und offene Lebenseinstellung gegenüber anderen, der Natur und dem Universum. Durch diese Grundhaltung entsteht eine Verherrlichung des Umraums.

7. *verwaltende Eigenschaft*

DIE VERHINDERUNG TIEFERER ERKENNTNISSE - Durch die 7. *verwaltende Eigenschaft* bleiben die Menschen mit dem Bewusstsein an der Oberfläche und dringen nicht tiefer, um die dort existierenden Beeinflussungen erkennen zu können. Dadurch ist es den *Eigenschaften* der Dunkelheit möglich, im Unterbewusstsein Einfluss zu nehmen, ohne dass die Menschen die Möglichkeit haben, dies wahrzunehmen.

8. *verwaltende Eigenschaft*

DIE HIERARCHISCHE EINSTUFUNG - Der Einfluss der 8. *verwaltende Eigenschaft* bewirkt, dass das niedere Selbst, welches sich den Menschen als natürliches und selbstverständliches Bewusstsein zeigt, die höchste hierarchische Stellung einnimmt. Auch wenn sich die Menschen dessen nicht bewusst sind, so ist doch für sie das niedere Selbst höher als alle spirituellen und religiösen Vorstellungen. Das gilt auch für alle *umfassenden Eigenschaften*, die sich dem niederen Selbst unterordnen müssen.

9. *verwaltende Eigenschaft*

DAS LICHT DES NIEDEREN SELBST - Die 9. *verwaltende Eigenschaft* definiert das Licht des niederen Selbst, welches die Menschen als höheres Licht wahrzunehmen glauben. Bei diesem Licht handelt es sich meist um innere religiöse oder spirituelle Wahrnehmungen. Es ist jedoch auch möglich, dass Menschen Erscheinungen von spirituellen Persönlichkeiten der Vergangenheit haben, die durch diese *Eigenschaft* initiiert werden. Diese Erscheinungen sind jedoch nicht die jeweiligen Personen, sondern Manipulationen dieser *Eigenschaft*.

10. *verwaltende Eigenschaft*

DER MOMENT DER GEGENWART - Durch die 10. *verwaltende Eigenschaft* können die Menschen den Moment der Gegenwart erfahren. Dieser Moment wird als Erfahrung des Bewusstseins im Jetzt erlebt. Es ist dies das Bewusstsein des personifizierten niederen Selbst. Durch den Augenblick der Gegenwart in eins mit dem niederen Selbst erschafft diese *Eigenschaft* eine direkte Verbindung zu ihrer Personifizierung. Dies wird von den Menschen als ursächliches gegenwärtiges Bewusstsein erlebt.

11. *verwaltende Eigenschaft*

DIE EKSTASE DER SEXUELLEN VEREINIGUNG - Die 11. *verwaltende Eigenschaft* beeinflusst die Menschen dahingehend, in der sexuellen Vereinigung eine höhere Form der Ekstase zu erleben. Ebenso stammt die Idee, in der sexuellen Vereinigung eine höhere Form der Spiritualität zu erkennen, von dieser *Eigenschaft*. Das niedere Selbst eines Menschen vereinigt sich mit dem niederen Selbst eines anderen Menschen. Dieses Zusammenkommen ist die Ursache dieser Form der Ekstase.

12. *verwaltende Eigenschaft*

DIE IDENTIFIZIERUNG MIT DEM KÖRPER - Durch die 12. *verwaltende Eigenschaft* identifiziert sich das niedere Selbst mit unterschiedlichen Aspekten des physischen Körpers. Sie definiert den physischen Ankerpunkt des niederen Selbst. Einher damit gehen unterschiedliche Formen des Wohlgefühls in eins mit dem Körper. Dazu gehört zum Beispiel das Gefühl, das durch die Ausschüttung von Endorphinen entsteht.

13. *verwaltende Eigenschaft*

DIE FREUDE DES NIEDEREN SELBST - Jede Art der Freude des niederen Selbst stammt von der 13. *verwaltende Eigenschaft*. Vor allem ist es die Freude, die Menschen in Gemeinschaft mit anderen Menschen, die sich ebenso mit dem niederen Selbst identifizieren, erleben. Diese Freude ist die gefühlshafte Bestätigung der Richtigkeit des niederen Selbst.

14. *verwaltende Eigenschaft*

DIE POSITIVE ARBEIT - Die 14. *verwaltende Eigenschaft* bewirkt, dass die Menschen in ihrer Identifizierung mit dem niederen Selbst Freude und Befriedigung bei der Verrichtung von physischer Arbeit empfinden. Die Beeinflussung durch diese *Eigenschaft* hat auch zur Folge, dass sich die Menschen in ihrer Identifizierung mit dem niederen Selbst unbewusst und bewusst bestätigt fühlen.

15. *verwaltende Eigenschaft*

DIE ÄUßERE SCHÖPFUNG - Durch den Einfluss dieser *Eigenschaft* betrachten die Menschen den äußeren Raum als getrennt von sich. Gleichzeitig wird dieser Raum als Schöpfung einer Gottheit angesehen, der außerhalb des Menschen als höchste Instanz alles erschaffen hat. Damit verhindert die *Eigenschaft* die Erkenntnis, dass die Ursache allen Seins der Mensch selbst ist und auch die höchste göttliche Instanz als *Eigenschaft* im Menschen existiert.

16. *verwaltende Eigenschaft*

DIE VERHINDERUNG DER ERKENNTNIS DES NIEDEREN SELBST - Die 16. *verwaltende Eigenschaft* verhindert die Erkenntnis, dass es für die Weiterentwicklung des Menschseins eine Befreiung vom niederen Selbst braucht, und suggeriert den Menschen gleichzeitig, sie könnten aufgrund von positiven Charaktereigenschaften in eine höhere

Welt gelangen. Durch diese Verhinderung verbleiben die Menschen in ihrem grundsätzlichen Bewusstsein und bemühen sich, über diese positiven Wesensmerkmale die spirituellen Gebote zu erfüllen. Dadurch befreien sie sich nicht, sondern gelangen von der negativen Ausrichtung einer *verwaltenden Eigenschaft* der 5. Dimension in seine positive Ausrichtung.

17. *verwaltende Eigenschaft*

DIE INITIATIONEN DES NIEDEREN SELBST - Die 17. *verwaltende Eigenschaft* verwaltet die unterschiedlichen Bewusstseinsstufen des niederen Selbst. Dazu kann man sich vorstellen, dass es innerhalb des niederen Selbst 7 Stufen der Entwicklung gibt. Jede dieser Stufen führt den Menschen weiter in die Nähe des personifizierten niederen Selbst, das die höchste Stufe personifiziert. Diese stufenweise Entwicklung geschieht über Initiationen, die über diese *Eigenschaft* laufen und oft über esoterische, religiöse und spirituelle Systeme auf der Erde umgesetzt werden.

18. *verwaltende Eigenschaft*

DIE VERBINDUNG ZUM PERSONIFIZIERTEN NIEDEREN SELBST - Durch die 18. *verwaltende Eigenschaft* stehen die Menschen durch ihr natürliches Bewusstsein, dem niederen Selbst, in ständiger Verbindung zum personifizierten niederen Selbst. Diese Verbindung gleicht aus der Sicht dieser Menschen einem Lichtstrahl, der nach oben führt. Versuchen sie, sich mit der Vorstellung einer *umfassenden Eigenschaft* zu verbinden, und praktizieren sie dies aus dem niederen Selbst, gelangen sie durch die Beeinflussung dieser *Eigenschaft* zum personifizierten niederen Selbst.

19. *verwaltende Eigenschaft*

DIE VERBINDUNG ZUM MENSCHEN - Die 19. *verwaltende Eigenschaft* verbindet das niedere Selbst mit den 5 Körpern. Dadurch identifizieren sich die Menschen automatisch mit dem niederen Selbst. Man kann sich dazu vorstellen, wie sich dieses niedere Selbst über alle 5 Körper des Menschen stülpt und den Menschen dadurch begrenzt.

20. *verwaltende Eigenschaft*

DER AUFBAU VON WIDERSTÄNDEN - Durch die 20. *verwaltende Eigenschaft* bauen die Menschen innere Widerstände dagegen auf, sich vom niederen Selbst zu befreien. So entstehen schon im Vorfeld, wenn sich jemand ernsthaft mit der Befreiung beschäftigt, Widerstände, die ihn daran hindern sollen, dies umzusetzen. Diese Widerstände beziehen sich nicht nur auf die Befreiung von den *verwaltenden Eigenschaften* des niederen Selbst, sondern auf die Befreiung von allen *Eigenschaften* der niederen Dimensionen. Viele Widerstände wirken aus dem Unterbewusstsein.

21. *verwaltende Eigenschaft*

DIE RELATIVIERUNG DER DUNKELHEIT - Durch die 21. *verwaltende Eigenschaft* relativieren die Menschen die Dunkelheit, mit welcher sie sich identifizieren. Das bedeutet, dass die Dunkelheit nicht vermieden, sondern für die Aufrechterhaltung des Lebens als notwendig erachtet wird. Sie wird gefördert, da sie der Entwicklung des niederen Selbst dient. Alle Ordnungen der Dunkelheit bestätigen das niedere Selbst.

22. *verwaltende Eigenschaft*

DIE HORIZONTALE BEWEGUNG - Die 22. *verwaltende Eigenschaft* manipuliert die Menschen, indem sie ihnen suggeriert, dass die Beschäftigung mit verschiedenen Lebensthemen und Lebensbereichen in Verbindung mit dem niederen Selbst Entwicklung beinhaltet. Dadurch wird die Kraft der Suche, die in jedem Menschen existent ist, gelenkt. Anstatt in die Tiefe des Menschseins zu blicken, gelangen immer wieder neue und interessante Themen in den Fokus der Betrachtung.

23. *verwaltende Eigenschaft*

GENIALE FÄHIGKEITEN - Durch die 23. *verwaltende Eigenschaft* haben die Menschen das Bestreben, in einer Beschäftigung – egal welcher – geniale Fähigkeiten zu erlangen. Alle diese Tätigkeiten stammen von den *Eigenschaften*, und setzt ein Mensch seine Energie dafür ein, Genialität zu erlangen, geschieht dies in Verbindung mit den jeweiligen *Eigenschaften*. Die Konsequenz ist, dass die Menschen sich weiterhin mit dem niederen Selbst identifizieren.

24. *verwaltende Eigenschaft*

DIE ZUGEWANDTHEIT ZU ANDEREN MENSCHEN - Diese *Eigenschaft* definiert den grundsätzlichen zwischenmenschlichen Kontakt über das niedere Selbst. Die selbstverständliche Gemeinsamkeit aller Menschen ist das niedere Selbst. Besitzt jemand ein Selbst, welches sich über die höheren Dimensionen definiert, empfinden die Menschen dies als irritierend. Innerhalb des niederen Selbst wird die Zusammengehörigkeit über *Eigenschaften* definiert. Man kann sich das vereinfacht so vorstellen, dass sich Menschen, die ein gewisses Machtbedürfnis haben oder Aktivität lieben oder aber Ruhe und Stille bevorzugen, gegenseitig anziehen.

25. *verwaltende Eigenschaft*

DER KONKURRENZKAMPF ZWISCHEN DEN MENSCHEN - Diese *verwaltende Eigenschaft* schürt den Konkurrenzkampf zwischen den Menschen. Dieser Kampf bewirkt, dass sie sich immer weiter an das niedere Selbst binden. Im Sinne des Lebens auf der Erde z. B. Macht zu besitzen, bedeutet, sich immer mehr an eine *Eigenschaft* und damit an das niedere Selbst zu binden. Durch diesen Kampf stacheln sich die Menschen gegenseitig an, eine bessere Verkörperung des niederen Selbst zu werden. Das beinhaltet physische wie auch geistige Tätigkeiten.

26. *verwaltende Eigenschaft*

DER RÜCKZUG IM NIEDEREN SELBST - Die 26. *verwaltende Eigenschaft* weckt in den Menschen das Bedürfnis, sich im niederen Selbst zurückzuziehen. Einher damit geht eine Abgrenzung gegenüber allen Aspekten des Lebens, die diesen Rückzug verhindern könnten. Durch den Rückzug konzentrieren sich die Menschen auf einen Wesenszug wie zum Beispiel Enthusiasmus, Harmonie oder Mitgefühl und füllen das niedere Selbst damit aus.

27. *verwaltende Eigenschaft*

DIE SELBSTERHÖHUNG - Durch die 27. *verwaltende Eigenschaft* werden die Menschen dazu angehalten, sich selbst zu erhöhen. Durch diese Selbsterhöhung wird den Menschen suggeriert, dass sie sich selbst auf der höchsten Stufe der Entwicklung befinden. In Wirklichkeit bindet sie diese *Eigenschaft* bindet mehr an das niedere Selbst.

28. *verwaltende Eigenschaft*

DIE IDENTIFIZIERUNG MIT DEM INTELLEKT - Die 28. *verwaltende Eigenschaft* manipuliert die Menschen, indem sich das niedere Selbst vor allem auf den Intellekt stützt. Die Identifizierung mit dem Intellekt erfahren die Menschen als ein intellektuelles Leben, in welchem der Verstand und die Intelligenz das Zentrum bilden. Dadurch bleiben die Menschen an der Oberfläche und die *Eigenschaften* können im Inneren frei agieren.

29. *verwaltende Eigenschaft*

DIE VERTRETER DES NIEDEREN SELBST - Durch die 29. *verwaltende Eigenschaft* werden die Menschen selbst zu Vertretern des niederen Selbst und beeinflussen andere Menschen, sich mit dem niederen Selbst zu identifizieren. Dies kann sich im gesellschaftlichen, beruflichen oder im religiösen Leben ausdrücken. Gemeinsam ist ihnen, dass die Mitmenschen angehalten werden, Charakteristika in sich zu entwickeln, die das niedere Selbst stärken.

30. *verwaltende Eigenschaft*

AUSBILDUNG DER PERSÖNLICHEN WERTE - Der Einfluss der 30. *verwaltende Eigenschaft* bewirkt, dass Menschen ihre persönlichen Werte im Leben entwickeln und diese mit anderen teilen wollen. Dabei kann es sich um eine Lebensphilosophie, eine religiöse Aktivität oder einen anderen Lebensbereich handeln. Allen gemeinsam ist, dass sie die Bindung an das niedere Selbst stärken.

31. *verwaltende Eigenschaft*

DIE ANGST VOR DER BEFREIUNG - Durch die 31. *verwaltende Eigenschaft* empfinden die Menschen Angst, sich vom niederen Selbst zu befreien. Die *Eigenschaft* suggeriert ihnen, dass sie den inneren Halt verlieren, wenn sie sich vom niederen Selbst lösen oder befreien wollen. Das kann so weit gehen, dass die Menschen befürchten, psychische und geistige Probleme zu bekommen.

32. *verwaltende Eigenschaft*

DIE JENSEITSVORSTELLUNG DES NIEDEREN SELBST - Die 32. *verwaltende Eigenschaft* beeinflusst die Menschen in ihrer Jenseitsvorstellung. Auch wenn sie je nach Kultur und Religion unterschiedlich ist, ist doch der gemeinsame Nenner die Beibehaltung des niederen Selbst.

Die meisten Menschen kommen gar nicht auf die Idee, dass es für den Aufstieg in eine höhere Dimension ein völlig anderes Selbst braucht.

33. *verwaltende Eigenschaft*

DER GLAUBE AN DAS NIEDERE SELBST - Durch die 33. *verwaltende Eigenschaft* glauben die Menschen an das niedere Selbst. Dies drückt sich so aus, dass religiöse und spirituelle Menschen der Religionen und der esoterischen Lehren, die sich über das niedere Selbst identifizieren, eine besondere Anziehung auf die Menschen haben. Es wirkt ein Magnetismus der Verehrung, dem die Menschen folgen.

34. *verwaltende Eigenschaft*

DER INNERE FRIEDE - Durch die 34. *verwaltende Eigenschaft* empfinden die Menschen in ihrer Identifizierung mit dem niederen Selbst einen inneren Frieden. Dieser Friede verbunden mit Zufriedenheit bewirkt, dass die Menschen das niedere Selbst nicht infrage stellen. Es kann sich dabei um jeden Lebensbereich handeln, in welchem man den Frieden dieser *Eigenschaft* als Teil des Lebens fühlt: der innere Frieden durch die bewusste Einfügung in eine Gemeinschaft oder in die Familie, der Frieden aufgrund der Berufswahl, wenn man den Beruf als Berufung versteht, oder der innere Frieden durch die Annahme und Einfügung in eine Religion. Auch die Vorstellung der Einswerdung der Menschheit als Ziel der Entwicklung hat als Ursache die Beeinflussung durch diese *Eigenschaft*.

35. *verwaltende Eigenschaft*

DAS SELBSTBEWUSSTSEIN DES NIEDEREN SELBST - Die 35. *verwaltende Eigenschaft* beeinflusst die Menschen dahingehend, in Verbindung mit dem niederen Selbst selbstbewusst zu sein. Dieses Selbstbewusstsein kann sich auf alle Lebensthemen oder Lebensbereiche stützen. Dazu gehören materieller Besitz, Wissen oder körperliche oder geistige Fähigkeiten. Gemeinsam ist diesem Selbstbewusstsein, dass die Voraussetzung die Identifizierung mit dem niederen Selbst ist. Die Befreiung vom niederen Selbst wird daher mit dem Verlust des Selbstbewusstseins verknüpft.

36. *verwaltende Eigenschaft*

DIE GOTTESVEREHRUNG DES NIEDEREN SELBST - Durch die 36. *verwaltende Eigenschaft* verehren die Menschen eine *umfassende Eigenschaft* als Gott, den sie sich als Ebenbild des Menschen vorstellen. Dieser Gott identifiziert sich in der Vorstellung ebenso mit dem niederen Selbst. Der Unterschied ist, dass ihm die menschlichen Charakteristika des niederen Selbst in der höchsten Vollkommenheit zugesprochen werden.

Das höhere Selbst

Das personifizierte höchste Selbst

Das personifizierte höhere bzw. höchste Selbst befindet sich zwischen den niederen Dimensionen und den höheren Dimensionen und stellt die höchste mögliche Entwicklungsstufe des Menschseins ohne Zugang zu den höheren Dimensionen dar.

Die Erkenntnis und Erfahrung des höheren Selbst gleicht der Erfahrung eines höchsten Lichtes, das die Charakteristika der Liebe, der Freiheit und der Freude in sich trägt. Gegenüber den anderen Menschen agiert und reagiert das höhere Selbst freundlich und mit großer Güte.

Das höhere Selbst ist die Überwindung der höchsten Instanz der Regulierung durch die 1. und 2. umfassende *Eigenschaft* der 7. Dimension. Dadurch erlangt das höhere Selbst die Befreiung von den niederen Dimensionen und nimmt die Position oberhalb der niederen Dimensionen ein.

Das höchste Selbst herrscht über 6 Raum-Bewusstseine in der 6. Dimension. Das sind das 6. bis zum 12. Raum-Bewusstsein. Sie sind die geistigen Machtfelder der Entwicklung des höheren Selbst.

Das personifizierte höchste Selbst kennt jedoch nicht die *Eigenschaften* der höheren Dimensionen. Es ist die Personifizierung der höchsten Entwicklungsstufe der niederen Dimensionen.

Da das höhere Selbst jede Regulierung überwunden hat, ist sein Bewusstsein keine individuelle Zelle innerhalb eines größeren Raums. Dieses Bewusstsein hat sich darüber hinausbewegt. Gleichzeitig hat es nicht seine Individualität verloren. Es ist gewissermaßen größer geworden. Da alle Regulierungen überwunden wurden – dazu gehören zum Beispiel die Regulierungen der Religionen –, geht das Bewusstsein über die niederen Dimensionen hinaus.

Das höchste Selbst definiert eine Grenze der Entwicklung. Eine weitere Entwicklung ist im Sinne der niederen Dimensionen nicht möglich. Dies hängt nicht mit dem Grad der Selbsterkenntnis des Menschen zusammen, sondern mit seiner Identifizierung mit den *Eigenschaften* des höheren Selbst.

Um sich vom höheren Selbst befreien zu können, braucht es das Wissen um die *Eigenschaften* der höheren Dimensionen. Sie beinhalten die Praxis für die Befreiung des Bewusstseins.

Die Ordnung der 36 *verwaltenden Eigenschaften* des personifizierten höheren Selbst

1. *verwaltende Eigenschaft*

DAS HANDELN IM LICHT - Die 1. *verwaltende Eigenschaft* vermittelt den Menschen das Handeln im Sinne des Lichts des höheren Selbst. Dieses Handeln ist durchdrungen davon, das niedere Selbst zu überwinden. Durch diese *Eigenschaft* helfen die Menschen ihren Mitmenschen. Alle Handlungen haben Liebe und eine Form der unterstützenden Güte als Grundlage. Im Bewusstsein dieser Menschen existiert eine Form der Erwartung, wobei sie niemals auffordernd agieren in dem Sinne, dass sich die Mitmenschen selbst in Richtung des höheren Selbst entwickeln.

2. *verwaltende Eigenschaft*

DIE BETRACHTUNG DES RAUMS - Durch die 2. *verwaltende Eigenschaft* wird der Mensch fähig, den Raum jenseits der Regulierung zu betrachten. Aus der Sicht des höheren Selbst ergibt sich durch die Abwesenheit der Regulierung eine Form der Ruhe. Die *Eigenschaften* der niederen Dimensionen greifen nicht mehr regulierend ein. Dadurch ergibt sich eine unabhängige und höhere Position in der Betrachtung der Geschehnisse im Raum. Es ist dies ein höherer Zustand der Meditation aus dem Bewusstsein des höheren Selbst.

3. *verwaltende Eigenschaft*

DIE DURCHSETZUNG DES HÖHEREN SELBST - Die 3. *verwaltende Eigenschaft* definiert den Wesenszug der Durchsetzung des höheren Selbst auf der Erde. Da die Erde die Lebenswelt des niederen Selbst ist und die Menschen auf der Erde sich damit identifizieren, nimmt das höhere Selbst, hat dies ein Mensch in sich verwirklicht, eine besondere Stellung ein. Dieser Mensch wird von den Mitmenschen als höheres Bewusstsein wahrgenommen. Durch diese *Eigenschaft* kann er sich sein eigenes Bewusstsein betreffend auf der Erde durchsetzen.

4. *verwaltende Eigenschaft*

DAS SICHTBARE LICHT - Durch die 4. *verwaltende Eigenschaft* tragen die Menschen in sich das Licht des höheren Selbst, welches für die *Eigenschaften* der niederen Dimensionen und die *Eigenschaften* der Dunkelheit sichtbar ist. Diese werden davon geblendet und halten Distanz zu diesen Menschen. Die Art der Distanz hängt damit zusammen, mit welchen *Eigenschaften* des höheren Selbst sich die Menschen identifizieren. Je mehr sie sich über diese *Eigenschaften* erfahren, desto weniger agieren sie im Sinne der Dunkelheit. Es geschieht keine Befreiung von der Dunkelheit, aber die Distanzierung davon.

5. *verwaltende Eigenschaft*

DIE VERBINDUNG ZUM PERSONIFIZIERTEN HÖHEREN SELBST - Die 5. *verwaltende Eigenschaft* besitzt die Eigenschaft der Verbindung zum personifizierten höheren Selbst. Dadurch ist das höhere Selbst in seiner höchsten Ausformung als Vorgabe präsent. In den Menschen entsteht dadurch ein meditativer Zustand verbunden mit einer bestimmten Bescheidenheit. Ebenso durchdringt diese *Eigenschaft* den Umraum mit der Kraft des höheren Selbst.

6. *verwaltende Eigenschaft*

DIE EKSTASE IM LICHT - Die 6. *verwaltende Eigenschaft* verbindet den Menschen in seiner Identifizierung mit dem höheren Selbst mit der Kraft der Ekstase im Licht. Bildhaft ausgedrückt kann man sich einen Menschen vorstellen, der mit erhobenen und ausgebreiteten Händen in den Himmel blickt und mit einem ekstatischen Gesichtsausdruck das höchste Selbst preist. Die 6. *Eigenschaft* verbindet den Menschen mit dem Licht des höheren Selbst und macht es für ihn erfahrbar.

7. *verwaltende Eigenschaft*

DIE INNERE STABILITÄT - Die 7. *verwaltende Eigenschaft* verbindet den Menschen mit der Stabilität des höheren Selbst. Für die Menschen ist dies ein inneres Ruhen auf einem festen Halt. Die Qualitäten, die diesem Halt innewohnen, sind eine gewisse Distanz zu den Menschen und damit verbunden eine innere Reserviertheit. Dieser Halt vermittelt eine hierarchisch höhere Position mit dem automatischen Selbstverständnis, dass dies einer höheren Wahrheit entspricht.

8. *verwaltende Eigenschaft*

DER SANFTE EINFLUSS - Die Qualitäten, welche die Menschen durch diese *verwaltende Eigenschaft* in sich wecken und stärken, kann man als sanften und gleichzeitig weichen Umgang mit den Mitmenschen beschreiben. Spricht jemand im höheren Selbst mit seinem Gegenüber, dringt eine sanfte geistige Substanz in das Gegenüber und beeinflusst es im Sinne des höheren Selbst. Die Mitmenschen reagieren zuerst bestürzt, da sie sich tief berührt und auch positiv ermuntert fühlen. Später verhalten sie sich verehrend, sehr respektvoll und devot.

9. *verwaltende Eigenschaft*

DIE BODENBEREITUNG - Der Einfluss der 9. *Eigenschaft* betrifft den physischen Körper und speziell die Reaktion des Umraums auf seine Bewegungen. Man kann es so beschreiben, dass diese *Eigenschaft* den physischen Raum, den jemand im höheren Selbst gehend durchquert, vorbereitet. Es ist eine Prägung durch das Licht des höheren Selbst, als würde jemandem ein geistiger Teppich aus Licht ausgerollt. Dadurch bleibt dieser Mensch im höheren Selbst und lässt sich nicht auf geistige Substanzen der Erde oder der Ordnungen der Dunkelheit ein.

10. *verwaltende Eigenschaft*

DAS AUFSTEIGENDE LICHT - Durch die 10. *verwaltende Eigenschaft* steigt ausgehend von den Füßen Licht im Körper nach oben. Dieser Strom an Licht fließt unaufhörlich und verbindet den Menschen im höheren Selbst mit dem abgegrenzten Bewusstsein des höheren Selbst. Dadurch kann er das Licht der höheren Dimensionen nicht wahrnehmen. Für die Mitmenschen ist dieses Licht als gleichmäßige und dauernd wirkende Kraft aus Licht präsent.

11. *verwaltende Eigenschaft*

DIE DURCHSETZUNGSKRAFT - Durch die 11. *verwaltende Eigenschaft* erhalten Menschen im höheren Selbst ihre Durchsetzungskraft gegenüber den Mitmenschen. Die Durchsetzung betrifft die Qualitäten, mit welchen sich die anderen Leute identifizieren. Durch den Einfluss des höheren Selbst verändern sich negative Qualitäten in Richtung positiver Qualitäten, wobei diese positiven Qualitäten immer dem höheren Selbst entsprechen. Zum Beispiel werden die Qualitäten Liebe oder Aktivität immer von den 36 *Eigenschaften* geprägt, was die Art der jeweiligen Qualitäten beeinflusst.

12. *verwaltende Eigenschaft*

DIE ABGRENZUNG - Die 12. *verwaltende Eigenschaft* bewirkt eine Abgrenzung gegenüber den Mitmenschen. Diese Abgrenzung gleicht einem Schutz, wobei gleichzeitig verschiedene Qualitäten an die Oberfläche treten. Zum Beispiel weckt die 12. *Eigenschaft* ein gewisses Desinteresse gegenüber anderen Leuten. Die Konzentration der Aufmerksamkeit liegt im höheren Selbst. Die Mitmenschen meinen, dass derjenige im höheren Selbst sie in der Selbstverantwortung überlassen will. Es geht jedoch um die Aufrechterhaltung des höheren Selbst.

13. *verwaltende Eigenschaft*

SELBSTBEWUSSTSEIN IM LICHT - Die 13. *Eigenschaft* beeinflusst die Menschen im Sinne eines unverrückbaren Selbstbewusstseins im Licht des höheren Selbst. Dadurch vermitteln sie ihren Mitmenschen eine selbstverständliche Stellung im Licht des höheren Selbst. Ebenso erscheinen sie als Personifizierung höheren Lichts. In den Menschen zeigt sich dieses Licht als innere Strenge, und im Umgang mit den Mitmenschen agieren sie mitfühlend und gütig, wobei beide Qualitäten in Verbindung mit einer erhöhten Stellung gelebt werden. Sie erscheinen dadurch als segnende Meister. Die Überheblichkeit, die diesen Qualitäten innewohnt, wird nicht als solche bemerkt.

14. *verwaltende Eigenschaft*

DIE MACHT DES HÖHEREN SELBST - Durch die 14. *verwaltende Eigenschaft* können diese Menschen jeden anderen Menschen, unabhängig davon, welcher Religion oder esoterischen Lehre er angehört, mit dem Licht des höheren Selbst segnen oder ihn in dieses Licht einweihen. Das höhere Selbst bewirkt, dass sich die Menschen hierarchisch über den Religionen und Lehren erfahren, was auch der hierarchischen Ordnung entspricht. Eine Segnung bedeutet eine Durchdringung und Prägung mit dem Licht; durch eine Einweihung bleiben das Licht und damit verbunden das höhere Selbst im Menschen bestehen.

15. *verwaltende Eigenschaft*

DIE ERKENNTNIS UND SELBSTERKENNTNIS - Die 15. *verwaltende Eigenschaft* vermittelt den Menschen die Fähigkeit, jene inneren Substanzen zu erkennen, die von den *Eigenschaften* der 4. Dimension, der 5. Dimension und so weiter verursacht werden. Sie können allerdings nicht die Ursache der *Eigenschaften* erkennen, sondern nur die sich im Menschen zeigenden Wirkungen. Zum Beispiel sind sie in der Lage, die Begeisterung oder den Zorn zu erkennen, zu welchem andere Leute oder sie selbst fähig sind. Sie können jedoch nicht die jeweilige *Eigenschaft*, die die Ursache dieser Qualität ist, erkennen und sich von ihm befreien. Den Mitmenschen erscheint diese *Eigenschaft* als Fähigkeit, die Menschen zu durchschauen.

16. *verwaltende Eigenschaft*

DIE SELBSTERKENNTNIS IM LICHT - Durch die 16. *verwaltende Eigenschaft* meditieren die Menschen über das Licht und das Bewusstsein des höheren Selbst. Da es in seiner reinsten Form außerhalb der Lebenswelten des Menschseins existiert, wird es als höchstes Licht erfahren. Auch das Bewusstsein nimmt die Stellung des höchsten Bewusstseins ein. In der Meditation erkennen die Menschen, dass sie sich durch dieses Licht von jeder Regulierung wie zum Beispiel vom Karma befreien können. Sie erkennen auch, dass sie selbst aus diesem Licht bestehen. Je mehr sie sich auf das Licht einlassen, desto größer und intensiver werden die Erfahrungen.

17. verwaltende Eigenschaft

SELBSTERKENNTNIS IM RAUM - Die 17. *Eigenschaft* vermittelt den Menschen eine bestimmte Form der Selbsterkenntnis im Raum. Der Raum wird nicht als dualer Gegenpol verstanden, sondern als Teil eines größeren Bewusstseins, welches im Menschen als höheres Selbst in seiner personifizierten Form auftritt. Auch hier bewegen sich die Menschen an der Oberfläche, da die Ursache des Raums nicht erkannt wird.

18. verwaltende Eigenschaft

DAS BEMÜHEN UM DIE QUALITÄTEN - Durch die 18. *verwaltende Eigenschaft* bemühen sich die Menschen, den Qualitäten des höheren Selbst näher zu kommen. Dies sind positive Qualitäten wie Liebe, Ruhe, Harmonie, Standfestigkeit, die jedoch alle in eins mit dem höheren Selbst erfahren werden. Dadurch unterscheidet sich die Liebe des höheren Selbst von der Liebe des niederen Selbst.

19. verwaltende Eigenschaft

DIE VERBINDUNG MIT DEM KÖRPER - Die 19. *verwaltende Eigenschaft* bewirkt, dass sich der physische Körper des Menschen nicht mehr mit dem niederen Selbst identifiziert, sondern mit dem höheren Selbst. Auf der Erde ist es für die Menschen natürlich und selbstverständlich, dass der Körper mit dem niederen Selbst verbunden ist. Ist jemand mit dem höheren Selbst vereinigt, wird diese Verbindung durch diese *Eigenschaft* verändert.

20. verwaltende Eigenschaft

DIE AUSSTRAHLUNG - Durch die 20. *verwaltende Eigenschaft* besitzt der Körper des Menschen in eins mit dem höheren Selbst eine Ausstrahlung durch dieses Licht. Die Mitmenschen erkennen dieses Licht als gelöst von den Bindungen der Dunkelheit auf der Erde. Auf Menschen, die selbst Erlösung und Befreiung suchen, wirkt es deshalb anziehend, da sie eine Distanz zum niederen Selbst, dem normalen Bewusstsein der Menschen auf der Erde, spüren.

21. *verwaltende Eigenschaft*

DIE REFLEXION DES HÖHEREN SELBST - Durch die 21. *verwaltende Eigenschaft* reflektieren die Menschen das höhere Selbst, welches sie in der personifizierten Gestalt als höchstes Ideal anstreben mit der eigenen Personifizierung als höheres Selbst. In diesem Vergleich erkennen sie den Unterschied und streben dem Licht des höheren Selbst zu. Die *Eigenschaft* suggeriert ihnen einen möglichen höheren Zustand des Lichts und der Ruhe im Erreichen des Ziels. Deshalb streben sie mit großer Ausdauer diesem Ziel zu.

22. *verwaltende Eigenschaft*

DER URSPRUNG DES SEINS - Die 22. *verwaltende Eigenschaft* beeinflusst die Menschen dahingehend, dass sie es als Gegebenheit ansehen, dass das höhere Selbst der Ursprung des Bewusstseins, des Lebens wie des ganzen Universums ist. Bildhaft ausgedrückt sehen sie das personifizierte höhere Selbst als einzelnes helles Licht in einem unendlich großen schwarzen Raum. Ausgehend von diesem Licht meinen sie die Entstehung des Universums zu erkennen.

23. *verwaltende Eigenschaft*

DIE EINFÜGUNG DER QUALITÄTEN - Die Aufgabe der 23. *verwaltende Eigenschaft* ist es, die positiven menschlichen Qualitäten in das Licht des höheren Selbst einzufügen. Dadurch verändern sich diese Qualitäten. Diese Veränderung betrifft nicht die Qualitäten an und für sich, sondern die Ursache und Wirkung der Qualitäten. Zum Beispiel werden die Qualitäten Liebe, Glaube, Hoffnung, Wille, Gefühl, Begeisterung, Stille als ursprüngliche Qualitäten des höheren Selbst angesehen, wodurch die Ursache festgestellt wird. Bei der Wirkung geht es darum, dass durch die Lösung des höheren Selbst von den Regulierungen alle diese Qualitäten eine bestimmte Freiheit und Losgelöstheit besitzen. Die Liebe bindet sich nicht oder der Wille ist nicht triebhaft – das sind zwei Beispiele, in welcher Weise sich Qualitäten verändern können.

24. verwaltende Eigenschaft

DIE INNERE VOLLKOMMENHEIT - Die 24. *verwaltende Eigenschaft* definiert im Herzen des Menschen das Licht des höheren Selbst. Dadurch erfahren die Menschen die *Eigenschaften* verbunden mit dem höheren Selbst als *Eigenschaften*, die ihren Ursprung im Herzen haben. Dort erkennen sie das Licht des personifizierten höheren Selbst.

25. verwaltende Eigenschaft

DAS HÖCHSTE SELBST - Die 25. *verwaltende Eigenschaft* suggeriert den Menschen, dass das höhere Selbst das höchste Selbst ist, welches die Menschen erfahren können. Es ist für sie reinstes Licht im höchsten Bewusstsein oder reines Bewusstsein als höchstes Licht. Diese *Eigenschaft* bewirkt auch, dass die Menschen, befinden sie sich mit ihr in Verbindung, die geistigen Substanzen der Erde nicht mehr wahrnehmen.

26. verwaltende Eigenschaft

DAS HANDELN IM HÖHEREN SELBST - Die 26. *verwaltende Eigenschaft* beeinflusst die Menschen dahingehend, dass sie in eins mit dem höheren Selbst handeln. Anderen Leuten erscheinen diese Menschen wie Erlöser, die unberührt von der Dunkelheit der Erde agieren. Die Mitmenschen können das Licht des höheren Selbst wahrnehmen und fühlen.

27. *verwaltende Eigenschaft*

DIE ÜBERZEUGUNGSKRAFT - Durch die 27. *verwaltende Eigenschaft* besitzen die Menschen eine große Überzeugungskraft in Bezug auf das höhere Selbst. Diese Kraft richtet sich danach, dass die Mitmenschen selbst den Weg zum höheren Selbst gehen. Diese *Eigenschaft* gleicht einem Lehrer des höheren Selbst, der die Menschen anleitet, den Weg zu gehen. Steht jemand mit dieser *Eigenschaft* in Verbindung, agiert er im Sinne dieser *Eigenschaft*.

28. *verwaltende Eigenschaft*

DIE SICHT DER WELT - Die 28. *Eigenschaft* lehrt die Menschen, die Welt und das Leben im Sinne des höheren Selbst zu betrachten. Durch diese Form der analogen Definition passen alle Geschehnisse in das geistige Gebäude des höheren Selbst. Die damit verbundenen Ordnungen und Systeme definieren die Dunkelheit zum Beispiel als Hindernis für die Erkenntnis des höheren Selbst. Auch die alltäglichen Lebensbereiche und Lebensthemen werden in Verbindung mit dem höheren Selbst gelebt und betrachtet.

29. *verwaltende Eigenschaft*

DER UMGANG MIT DER DUNKELHEIT - Die 29. *verwaltende Eigenschaft* bewirkt, dass die Dunkelheit und die Ordnungen der Erde und der 5. Dimension bei den Menschen, die einen geistigen Weg im Sinne des höheren Selbst gehen, als einheitliche Masse der Dunkelheit im Hintergrund gehalten werden. Je mehr sich jemand mit dem höheren Selbst identifiziert, desto mehr entfernt sich die Dunkelheit. Gleichzeitig bleibt sie im Hintergrund existent.

30. *verwaltende Eigenschaft*

DER ANTRIEB - Durch die 30. *verwaltende Eigenschaft* werden Menschen, die sich dem höheren Selbst nähern wollen, angetrieben, in diesem Sinne zu agieren. Es gleicht dies einer ständigen Unruhe. Je näher diese Menschen dem höheren Selbst kommen, desto weniger treibt die *Eigenschaft* sie an. Haben sie sich von den geistigen Substanzen der Erde gelöst, zieht sich diese *Eigenschaft* zurück. Anstelle des Antriebs erfahren sie nun eine positive und erregte Bestätigung.

31. *verwaltende Eigenschaft*

ES GENÜGT SICH SELBST - Durch die 31. *verwaltende Eigenschaft* genügen sich die Menschen selbst, wenn sie sich im Bewusstsein des höheren Selbst befinden. Diese *Eigenschaft* suggeriert den Menschen Vollständigkeit in diesem Zustand. Gleichzeitig werden alle Einflüsse, die von außen kommen, abgewehrt. Dadurch bleiben die Menschen mit einem großen Selbstverständnis in diesem Zustand und kommen nicht auf die Idee, es könne sich dabei um eine Abkapselung von *höheren Eigenschaften* handeln.

32. *verwaltende Eigenschaft*

DER FILTER DES LICHTS - Im Gegensatz zur 29. *verwaltende Eigenschaft*, die die Dunkelheit auf Abstand hält, bewirkt die 32. *Eigenschaft*, dass die Menschen in ihrer Identifizierung mit dem höheren Selbst andauernd das Licht vor sich wahrnehmen. Es ist dies die ständige Präsenz des Lichts. Das Licht ist gleichzeitig ein Filter für die Betrachtung der Realität. Dadurch betrachten die Menschen die Geschehnisse der Welt durch die Brille des höheren Selbst.

33. *verwaltende Eigenschaft*

DIE NÄHE ZUM LICHT - Durch die 33. *verwaltende Eigenschaft* kommen die Menschen in der Meditation immer wieder in die Nähe des personifizierten höheren Selbst. Für sie ist es in diesen Momenten der Zustand der vollkommenen Losgelöstheit von den Bindungen der Dunkelheit und der Welt. Sie erfahren diese Nähe als Nähe zum höchsten Gott und das höhere Selbst als einen Ausdruck dieses Gottes. Dass es sich bei der Gottheit in Wirklichkeit um eine *umfassende Eigenschaft* handelt, ist ihnen nicht bekannt.

34. *verwaltende Eigenschaft*

DIE STELLVERTRETER DES PERSONIFIZIERTEN HÖHEREN SELBST - Durch den Einfluss der 34. *verwaltende Eigenschaft* handeln die Menschen als Stellvertreter des personifizierten höheren Selbst. Man könnte sie als Priester des höheren Selbst betrachten. In dieser Funktion lehren sie den Weg des höheren Selbst als Weg des reinsten Bewusstseins jenseits jeder Bindung und als Aspekt des höchsten Gottes. Diese *Eigenschaft* schafft eine Verbindung zum personifizierten höheren Selbst und ist sein Einfluss sehr stark, dann werden diese Menschen zu seinem Sprachrohr. Für die Mitmenschen haben diese Menschen die höchste Stufe der spirituellen Entwicklung erreicht.

35. *verwaltende Eigenschaft*

DAS LICHT IM RAUM - Der Einfluss der 35. *verwaltende Eigenschaft* bewirkt, dass sich die Menschen als intelligentes Licht in einem leeren Raum, der einem leeren Universum gleicht, erkennen. Dieser Zustand entspricht der Position des personifizierten höheren Selbst oberhalb der 7. Dimension. Gleichzeitig vermittelt diese *Eigenschaft* Gefühle der Leichtigkeit und der leisen inneren Freude.

36. *verwaltende Eigenschaft*

DIE VEREINIGUNG MIT DEM HÖHEREN SELBST - Die höchste
Stufe des höheren Selbst ist die Vereinigung mit ihm. Diese Vereinigung
zu verwirklichen, ist die Aufgabe der 36. *Eigenschaft*. Hat jemand diese
Stufe erreicht, dann hat er sich von allen Eigenschaften der niederen
Dimensionen und von jeder Regulierung gelöst. Gleichzeitig ist es ihm
möglich, sich unberührt durch die niederen Dimensionen zu bewegen.

[1] Die 6. Dimension trägt in der Pistis Sophia den Namen 12 Äonen. Die in der 6. Dimension existierenden 12 Raum-Bewusstseine sind die 12 Äonen in ihrer ursprünglichen Bedeutung.

[2] In den Religionen besitzen das niedere Selbst und das höhere Selbst bzw. höchste Selbst unterschiedliche Namen. In der Pistis Sophia heißt das höchste Selbst Jabraoth und das niedere Selbst Sabaoth Adamas. Sie werden dort als Brüder beschrieben. In der Maya-Religion wurde das höhere oder höchste Selbst Hunahpu und das niedere Selbst Xbalanque genannt. In den Überlieferungen werden sie als Heldenzwillinge bezeichnet. In verschiedenen Yoga-Schulen, Vedanta-Schulen und in der hinduistischen Religion kennt man das höchste Selbst als Paramatman und das niedere Selbst als Jivatman. Unabhängig von der Religion befindet sich das höchste Selbst als individuelles Bewusstsein oberhalb der 7. Dimension und unterhalb der 9. Dimension.

Die 5. Dimension des Bewusstseins

Die *Eigenschaften* der Persönlichkeit und des Charakters des Menschen

Durch die *Eigenschaften* der 5. Dimension[1] erhält der Körper der individuellen Eigenschaften – das ist der 4. Körper des Menschen – seinen Inhalt. Es sind diese *verwaltenden Eigenschaften*, die den Charakter und die Persönlichkeit eines Menschen bilden. Die entsprechenden Beschreibungen sind sehr umfangreich.

Ich habe dazu über 500 *Eigenschaften* der 5. Dimension beschrieben. Sie ergeben ein Grundgerüst im Körper der individuellen *Eigenschaften*. Man kann sich das so vorstellen, dass in diesem Körper eines jeden Menschen eine Kraft wirkt, durch die sich die *Eigenschaften* integrieren.

Zwischen den *Eigenschaften* der 5. Dimension und den *Eigenschaften* der anderen niederen Dimensionen gibt es einen grundlegenden Unterschied. Ursprünglich gehörten sie nicht zur 5. Dimension. Sie wurden durch eine innere Instanz des Menschen an die 5. Dimension gebunden[2]. Sie waren ursprünglich *Eigenschaften* des niederen Selbst im inneren All des Menschen. Die 360 *verwaltenden Eigenschaften* gehörten zur Erde, die großen *verwaltenden Eigenschaften* gehörten zum Sonnensystem.

Der Grund dafür ist sehr einfach. Nur so ist es dem Menschen möglich, sich zu verändern. Die *Eigenschaften* der 3. Dimension sind z. B. unveränderliche Größen im Raum. Im Gegensatz dazu bewirkt die Raum-Zeit der 5. Dimension eine ständige Veränderung. Jede Bewegung des Menschen durch die Zeit hat eine Veränderung des Raums als Konsequenz und jede Bewegung durch den Raum ist mit der Veränderung durch die Zeit verbunden[3].

Die *Eigenschaften* des Charakters und der Persönlichkeit wollen wachsen. Dies gelingt, wenn man sich mit der *Eigenschaft* identifiziert. Sie wollen zugleich überleben und sich ins Bewusstsein drängen. Ein einfaches Beispiel dafür ist die Gewohnheit. Wer bestimmte Gedanken immer wieder denkt, wird dazu gedrängt, sie nochmals zu denken. So beginnt die Gewohnheit zu wachsen.

Viele Menschen kennen die grundlegenden Charaktertypen und können selbst einschätzen, ob sie eher cholerisch oder phlegmatisch veranlagt sind. Es gibt fröhliche, melancholische, aktive oder zurückhaltende Menschen. Es ist recht einfach, sich selbst darin zu erkennen und die verschiedenen Charakterzüge bei seinen Mitmenschen zu beobachten.

Sehr viel schwieriger wird es, wenn man die geistigen Ursachen dieser Charakterzüge erkennen will. Diese Ursachen sind in erster Linie die 360 *verwaltenden Eigenschaften* der 5. Dimension. Sie zeigen sich in ihrer inneren Ordnung als neutral, positiv oder negativ[4]. Als geistige Substanzen befinden sich alle 360 *Eigenschaften* im Körper der individuellen Eigenschaften des Menschen.

Man muss wissen, dass diese *Eigenschaften* zugleich Gesetze sind, die jeder Mensch in sich birgt. Ob und wie stark sie jeweils zum Ausdruck kommen, hat viele Gründe. Die grundsätzliche Möglichkeit, im Sinne einer der *Eigenschaften* zu handeln, ist in jedem Menschen vorhanden.

Mit der Geburt im Universum wird der Körper der individuellen Eigenschaften des Menschen durch die 360 *verwaltenden Eigenschaften* geprägt. Diese Prägung kann man nachvollziehen, wenn man die entsprechenden Beschreibungen dazu liest. Ersichtlich wird all dies im persönlichen Horoskop[5].

Zu jeder Beschreibung habe ich den Grad im Tierkreis angegeben. Die 1. *verwaltende Eigenschaft* steht auf 1° Widder in der Ekliptik, die 2. *verwaltende Eigenschaft* auf 2° Widder und so weiter. Wenn in Ihrem persönlichen Horoskop die Sonne z. B. auf 1° Widder steht, ist Ihr Körper der individuellen Eigenschaft von der 1. *verwaltenden Eigenschaft* geprägt. Sie werden sich in der Beschreibung bis zu einem gewissen Grad wiederfinden.

Dasselbe gilt für alle Grade, auf denen der Mond, die Planeten und die Häuserspitzen stehen. Sie müssen Ihr Horoskop nicht im Detail kennen. Drucken Sie es einfach online aus. Dann können Sie die Grade ausfindig machen und in den Beschreibungen in diesem Buch wiederfinden. Wenn Sie sich das Horoskop eines Familienmitglieds ansehen und die Beschreibung lesen, werden Sie seinen Charakter und seine Persönlichkeit erkennen.

Das Vorhandensein einer *verwaltenden Eigenschaft* in Ihrem Horoskop sagt nichts darüber aus, ob sie sich positiv oder negativ ausdrückt. Auch dafür kann es zahlreiche verschiedene Gründe geben.

Zur Befreiung des Bewusstseins bedarf es der inneren Erkenntnis der *Eigenschaften*. Es geht nicht darum, sich negativ ausdrückende *Eigenschaften* in sich positiv ausdrückende umzuwandeln. Dann wäre man weiterhin an die *Eigenschaften* gebunden. Es geht darum, sie in sich selbst zu erkennen. Die Erkenntnis bringt die notwendige Lösung und ist die Vorbereitung zur Befreiung.

Es bedarf der grundlegenden Erkenntnis der Gesetze innerhalb der 5. Dimension. Wenn man darüber meditiert, weiß man, warum man so ist, wie man ist.

Ich möchte betonen, dass es nicht um die bewusste Veränderung der Persönlichkeit geht. Der Charakter und die Persönlichkeit verändern sich durch die fortschreitende Selbsterkenntnis im Sinne der höheren Dimensionen automatisch.

Alle *Eigenschaften* der 5. Dimension sind *verwaltende Eigenschaften*. Wie ein Verwaltungsleiter definieren sie eine *Eigenschaft* und verwalten die entsprechende RaumZeit im Menschen. Durch das Erkennen tritt das Verwalten gleichsam in den Hintergrund.

In der 5. Dimension finden sich zwei unterschiedliche Bereiche. Zum einen gibt es den Bereich der 360 *verwaltenden Eigenschaften*, die die einzelnen Persönlichkeitsmerkmale definieren. Zum anderen gibt es den Bereich der großen *verwaltenden Eigenschaften*. Sie beeinflussen den Menschen wesentlich umfassender. Dies können z. B. Persönlichkeitstypen sein, die als archetypische Schablonen die Persönlichkeit bilden.

Auch diese Eigenschaften sind in jedem Menschen als Grundanlage vorhanden. Man kann sich darin ganz, teilweise oder nahezu gar nicht erkennen.

Auch bei den großen *verwaltenden Eigenschaften* habe ich jeweils die Grade dazugeschrieben. Zum Beispiel wirkt der 1. Persönlichkeitstyp über folgende Grade: 1°–4° Widder; 1°–4° Zwilling; 1°–4° Löwe; 1°–4° Waage; 1°–4° Schütze und 1°–4° Wassermann. Wenn die Sonne, der Mond, ein Planet oder eine Häuserspitze auf z. B. 3° Widder oder 4° Waage steht, dann prägt diese *Eigenschaft* die Persönlichkeit.

In der 5. Dimension gibt es Persönlichkeitstypen, die im Sinne des niederen Selbst eine Form menschlicher Vollkommenheit suggerieren. Ich nenne sie die 15 Menschentypen. Es ist nicht leicht, diese 15 Suggestionen als Bindungen zu durchschauen. Viele Menschen streben danach und versuchen, ihre Persönlichkeit im Sinne der positiven Ausprägung dieser *Eigenschaft* zu entwickeln. Hinter jeder dieser *Eigenschaften* stehen ein Wille, ein Gefühl und ein Verstand, die klar definierbar den Persönlichkeitstyp erklären.

Man könnte diese 15 *Eigenschaften* auch als die 15 vollkommenen Archetypen des niederen Selbst bezeichnen. Menschen, die sich mit der positiven Ausprägung identifizieren, erfahren in der Regel eine hohe Wertschätzung durch ihre Mitmenschen.

Wie bei allen anderen *Eigenschaften* der 5. Dimension sind es Vorgaben, bestehende Gesetzmäßigkeiten, die den Menschen beeinflussen und die Persönlichkeit definieren.

Eine weitere Ordnung von 6 *Eigenschaften* und eine Ordnung von 72 Eigenschaften bilden die Grundlage dafür, wie der Mensch mit seinem Willen handelt.

Jede Form der Willensausübung hat ihre Ursache in diesen insgesamt 78 *Eigenschaften*. Wer darüber meditiert, wird wie bei den anderen *Eigenschaften* immer wieder bestürzt feststellen, dass der vermeintlich freie Wille des Menschen nicht frei ist, sondern *Eigenschaften* folgt, die Gesetzmäßigkeiten der 5. Dimension sind.

Oft sind Menschen versucht, *Eigenschaften* als Wesenheiten zu definieren, die außerhalb des eigenen Seins auf den Menschen einwirken. Sie befinden sich aber nicht außerhalb des Menschen, sie sind alle als personifizierte *Eigenschaften* im inneren All. Wie Platzhalter in der 5. Dimension definieren sie die Persönlichkeit, werden vom Menschen gefördert und durch die Kraft seines Bewusstseins genährt.

Bei allen *Eigenschaften* geht es nicht darum, bestehende *Eigenschaften* zu verändern. Unzählige Menschen bemühen sich, ihren Charakter und ihre Persönlichkeit positiv zu verändern. Dies ist bis zu einem gewissen Grad möglich und, wenn die *negativen Eigenschaften* überwiegen, auch nötig.

Eine wirkliche Veränderung im Sinne der höheren Dimensionen ist mit den Methoden der Transformation aber nicht möglich. Man bewegt sich dann auf der Oberfläche der *Eigenschaften* der Dimensionen. Es ist notwendig, alle drei Ausdrucksformen einer *Eigenschaft* – neutral, positiv und negativ – zu erkennen und sich davon zu lösen. Meistens sind alle drei Ausdrucksformen einer *Eigenschaft* wirksam und wechseln sich ab.

Viele Charakter- und Persönlichkeitsmerkmale haben nicht nur eine, sondern mehrere *Eigenschaften* als Ursache.

Über jede einzelne *Eigenschaft* könnte man ein langes Kapitel oder gar ein Buch schreiben. Die mögliche Vielfalt und zugleich unverwechselbare Individualität jeder einzelnen *Eigenschaft* würde dies durchaus erlauben. Für die Befreiung des Bewusstseins ist dies jedoch nicht nötig. Dazu bedarf es der Erkenntnis des prinzipiellen Gesetzes als abgrenzbarer *Eigenschaft*. Das war mein Anliegen in den Beschreibungen. Wer dies erkannt hat und die dazu nötige Meditation praktiziert, schafft in sich die Grundlage für die Verwirklichung des Bewusstseins der höheren Dimensionen.

Am Ende dieses Kapitels noch ein Vergleich: Für einen Menschen im Bewusstsein der 12. Dimension besteht sein Körper der individuellen Eigenschaften aus allen 12 Dimensionen in ihrer vollkommenen Ausdehnung. Er enthält keine Eigenschaften der niederen Dimensionen, sondern das Licht der Substanzen der Bewusstseine der Dimensionen. Dies ist die höchstmögliche Entwicklungsstufe dieses Körpers.

Die Ordnung der 360 *verwaltenden Eigenschaften* der 5. Dimension

1. bis 30. *verwaltende Eigenschaft*

1. *verwaltende Eigenschaft*

1° Widder - Einen Charakterzug aller 1° Geborenen findet man in der Verbindung von Impulshaftigkeit und Aktivität. Meist geht der aktiven Bewegung ein plötzlicher Moment voraus, der wie der Startschuss für einen Läufer den Beginn einer stetigen Betriebsamkeit markiert. Dieser kurze Moment des Übergangs vom ungeordneten Chaos in geordnete Aktivität ist ein hervorstechendes Merkmal. Wird dieser Impuls erlebt, scheint vom einen zum anderen Moment eine Unmenge Energie vorhanden zu sein. Was zunächst als kurzes und ungeordnetes Aufblitzen unterschiedlicher Ideen erfahren wird, gleicht nun einer Ausrichtung aller Kräfte in eine bestimmte Richtung. Man stelle sich bildlich unzählige Pfeile vor, die alle in verschiedene Richtungen zeigen und nun in einem Augenblick ein gemeinsames Ziel anvisieren.

Die positive Ausrichtung: Durch die positive Ausrichtung widerspricht die Durchsetzung eigener Ansichten nicht den moralischen Werten. Die Sicht des Zukünftigen ist zugleich die Betrachtung der Entwicklung in diese Ordnung.

Die negative Ausrichtung: Durch die negative Ausrichtung der *Eigenschaft* werden eigene Ansichten als allgemeingültig angenommen. Zugleich ist es nicht so wichtig, ob sie inhaltlich der Wahrheit entsprechen oder nicht. Sie werden in einer Art diktatorischer Durchsetzung für gültig erklärt, ob sie analytisch haltbar sind, wird ignoriert. Gleichzeitig rechtfertigen diese Menschen durch ihren angeborenen Scharfsinn den angestrebten Zustand.

2. *verwaltende Eigenschaft*

2° Widder - 2° Geborene haben den Wesenszug der inneren Beweglichkeit. Ihre ruhige Körperhaltung kann hinwegtäuschen, dass sie ihre jeweilige Lebenssituation innerlich äußerst beweglich betrachten. Vor allem geistig agiert der 2° Geborene überaus lebendig. Diese innere Beweglichkeit nimmt auf die gesamte Persönlichkeit Bezug. Das führt dazu, dass diese Menschen den Intellekt betreffend rasch Schlussfolgerungen ziehen können. Auf den Willen nimmt diese *Eigenschaft* insofern Einfluss, als dass schnell Entscheidungen getroffen werden. Vor allem jedoch gestaltet sich der Gefühlshaushalt dieser Menschen überaus lebendig, ja man könnte sagen: abwechslungsreich.

Die positive Ausrichtung: Durch die positive Ausrichtung zeigt sich diese innere emotionale Beweglichkeit als Lebendigkeit, gepaart mit einer gewissen Form des Ernstes. 2° Geborene versprühen in sich ein Feuer, das von anderen Menschen als Selbstbewusstsein wahrgenommen wird.

Die negative Ausrichtung: Diese *Eigenschaft* zeigt sich als ständige innere Spannung. Das Problem hierbei ist, dass es zu keiner Lösung der Spannung durch einen Gefühlsausbruch kommt. Zwar kann es immer wieder zu psychischen Ausbrüchen kommen; sie führen jedoch nicht zu einer Entspannung. Oft kommt es sogar zu einer gegenteiligen Reaktion: Der Betroffene wird immer emotionaler und zorniger. Gleichwohl entlädt sich der Zorn nicht am anderen Menschen, sondern bleibt als Gefühlslage im 2° Geborenen präsent.

3. *verwaltende Eigenschaft*

3° Widder - Menschen im Einfluss der 3. *Eigenschaft* möchten Dinge aufrechterhalten. Dabei kann es sich um Ideen oder um physische Gegebenheiten handeln. Um dies zu erreichen, können sie viel Energie aufwenden. Ein Kennzeichen ist ihre positive Selbstbeurteilung. Ihnen ist wichtig, dass etwas wirklich geschieht und nicht nur darüber geredet wird.

Die positive Ausrichtung: 3° Geborene agieren grundsätzlich mit einer positiven Lebenseinstellung. Ihnen ist eine stetige Aktivität eigen, ohne hastig zu werden.

Die negative Ausrichtung: An die Stelle der positiven Lebensbetrachtung tritt eine äußere und innere Erstarrung. Die Handlungen dieser Menschen werden automatisch und fast unbewusst ausgeführt. Es besteht bei ihnen die Tendenz, immer tiefer in sich zu versinken und das Leben zu vergessen.

4. *verwaltende Eigenschaft*

4° Widder - 4° Geborene sind allgemein freundlich und für andere Menschen sehr zugänglich. Dabei besteht ein großer Unterschied, ob sich beispielsweise ein heterosexueller 4° Geborener einem Mann oder einer Frau zuwendet. Der Grund dafür liegt in einer gewissen Durchgängigkeit in der Zuwendung, die sich von einer normalen Unterhaltung bis hin zur Sexualität erstreckt. Man könnte es auch so ausdrücken, dass die Möglichkeit einer sexuellen Verbindung mit dem Gegenüber als latente Möglichkeit ständig präsent ist. Für 4° Geborene ist dies völlig natürlich und authentisch. Gleichzeitig ist es jedoch so, dass sich nahezu keiner von ihnen dieser Eigenheit bewusst ist. Würde man sie auf diese in ihnen wirkende Substanz hinweisen, wären sie wahrscheinlich schockiert.

Die positive Ausrichtung: Diese Menschen strahlen Lebensfreude aus. Je nach Charakter kann sich dies leise oder auch überschwänglich zeigen. Auch tragen sie eine gewisse Spannung in sich, die sie für viele Leute interessant macht. Sie bezieht sich auf das Geheimnisvolle der genannten Durchgängigkeit, die sie in sich tragen.

Die negative Ausrichtung: Durch die negative Ausrichtung der *Eigenschaft* leben diese Menschen in Verbindung mit der Sexualität in einem Spannungsfeld zwischen Scham und Hemmungslosigkeit. Einerseits unterdrücken sie ihre Natürlichkeit in Bezug auf die Sexualität, andererseits bahnt sich die Hemmungslosigkeit in gewissen Momenten ihren Weg an die Oberfläche. Viele dieser Menschen leben in einer stetigen inneren Unruhe. In den meisten Fällen bezieht sie sich auf das wirtschaftliche Leben im Alltag.

5. *verwaltende Eigenschaft*

5° Widder - Im aktiven Vorwärtsgehen erwarten diese Menschen, dass sich die Dinge, die sie verwirklichen möchten, erfüllen. Durch diese Substanz finden die Erwartungen oft auch Erfüllung, da sich die Grundeigenschaften des Geistes – Glaube, Liebe und Hoffnung – darauf ausrichten. Die genannte Erfüllung bezieht sich auf physische Dinge ebenso wie auf Kontakte mit anderen Menschen.

Die positive Ausrichtung: 5° Geborene sind beliebt und gern gesehen. Sie besitzen einen guten Humor und verhalten sich nicht verletzend. Grundsätzlich haben sie eine positive Lebenseinstellung.

Die negative Ausrichtung: Hier wirkt die *Eigenschaft*, andere Menschen dahingehend zu beeinflussen und zu manipulieren, dass sie die eigenen Erwartungen erfüllen. Es gibt auch Tendenzen zur Besserwisserei. Widersetzt sich jemand einem von ihnen stammenden Ratschlag, können sie ungeduldig werden.

6. *verwaltende Eigenschaft*

6° Widder - 6° Geborene können sich schnell Überblick verschaffen. Diese Schnelligkeit steht jedoch nicht in Zusammenhang mit einer möglichen Raschheit in der Erledigung der anstehenden Arbeit. Es ist vielmehr so, dass jedes einzelne Ding verstandesmäßig erfasst wird; das Tempo bezieht sich ausschließlich auf dieses Erkennen. Daraus ergibt sich in den meisten Fällen eine gewisse Gründlichkeit in der Arbeit. Alles wird in seiner Besonderheit erkannt und in der richtigen Reihenfolge bearbeitet.

Die positive Ausrichtung: 6° Geborene besitzen ein geniales Talent zur Analyse. Jede Situation wird augenblicklich intelligenzhaft erfasst und untersucht. Sie sehen sofort, wie die Einzelteile miteinander in Verbindung stehen.

Die negative Ausrichtung: Durch die negative Ausrichtung wird ausschließlich die eigene Betrachtung und Lösung einer Gegebenheit für richtig gehalten. Alle anderen Sichtweisen werden abgelehnt, ja schon vor dem Aufkommen zurückgewiesen. Dies gleicht einer Verteidigung der eigenen Position. Dabei findet jedes Argument, das diese egozentrierte Betrachtungsweise unterstützt, Verwendung. Je tiefer dieser Mensch mit der negativen Ausrichtung in Verbindung kommt, desto enger wird der Korridor der Empfindung. Die Konsequenz ist ein fortschreitender Rückzug von anderen Menschen.

7. *verwaltende Eigenschaft*

7° Widder - Diese *Eigenschaft* fördert eine große Aktivität. Gleichzeitig agieren 7° Geborene auf vorgegebenen Bahnen. Sie erfüllen das, was die eigenen Überlegungen vorschreiben. Anderen Menschen können sie einerseits sehr zugetan sein, wenn ihre Erwartungen erfüllt werden, andererseits distanziert reagieren, wenn sich jemand bewusst und willentlich außerhalb ihrer Vorstellungen bewegt.

Die positive Ausrichtung: Hier findet sich die Fähigkeit, andere Leute positiv in ein Thema einzuführen. Manche 7° Geborene besitzen das Talent zur Führungspersönlichkeit. Wer sich innerhalb der vorgegebenen Bahnen bewegt oder darin gar die Erwartungen übertrifft, kann von Menschen mit Substanzen dieser *Eigenschaft* im Körper der individuellen Eigenschaften großes Lob erwarten.

Die negative Ausrichtung: Diese Menschen wollen das Leben anderer Menschen bestimmen. Bewegen sich diese nicht innerhalb der Vorgaben, werden sie ausgeschlossen. Innerlich wirkt eine große Kälte gegenüber anderen Menschen.

8. *verwaltende Eigenschaft*

8° Widder - 8° Geborene haben grundsätzlich ein selbstbewusstes Auftreten. Auch wissen sie eine Situation intelligenzhaft einzuschätzen und sind bestrebt, ihre Vorhaben zu verwirklichen. Wenn man mit ihnen spricht oder wenn sie zu etwas aufgefordert werden, haben sie die Eigenart, kurz innezuhalten, wie ein Gegenstand, der in der Luft verharrt. Während dieses Moments vollzieht sich in ihnen eine, man möchte sagen, automatisierte Abwägung, ob sie dieser Aufforderung nachkommen wollen. In den wenigen Sekunden des Innehaltens wird eine Art Abgleichung mit inneren Prägungen vorgenommen. Dabei geht es nicht um eine intelligenzhafte Überlegung, sondern um den Abgleich, ob das äußere Tun der inneren Prägung entspricht.

Die positive Ausrichtung: Die positive Ausrichtung erklärt das erwähnte Selbstbewusstsein. Dieser innere Halt zeigt sich als große Standhaftigkeit. 8° Geborene besitzen viel Stärke und können auf andere Menschen einen bedeutenden Einfluss ausüben. Dieser Einfluss gleicht einer Prägung, als würde das Gegenüber von einer definierten Struktur berührt und geprägt.

Die negative Ausrichtung: Die negative Ausrichtung tarnt sich als Überzeugung. Diese Menschen glauben, in einer positiven Struktur verwurzelt zu sein. Ihr Kennzeichen ist, dass sie andere Meinungen nur oberflächlich annehmen, ihre innere Sturheit bleibt unverändert. Man hat einen absolut von sich überzeugten Menschen vor sich, der nur das gelten lässt, was von ihm selbst kommt. Gleichzeitig richtet er seine Ansichten wie ein Fähnchen im Wind jeweils danach aus, was ihm einen persönlichen Vorteil bringt.

9. *verwaltende Eigenschaft*

9° Widder - Durch die 9. *Eigenschaft* werden die Menschen innerlich dazu angetrieben, eine Arbeit oder ein Vorhaben abzuschließen. Dieser Drang ist stark und führt zu einer ständigen Unruhe ob der unerledigten Angelegenheiten. Deshalb fällt es ihnen auch schwer, sich in Ruhe mit anderen Sachen zu beschäftigen. In einem Gespräch sind sie oft deshalb innerlich abwesend, weil sie sich in Gedanken mit Dingen beschäftigen, die sie noch fertigstellen müssen.

Die positive Ausrichtung: 9° Geborene sind sehr ausdauernd und möchten angefangene Dinge unbedingt zu Ende bringen. Sie arbeiten nicht nur stetig, sondern auch sehr schnell. Gleichzeitig bewahren sie eine gute Stimmung und positive Einstellung.

Die negative Ausrichtung: Durch die negative Ausrichtung wird die Persönlichkeit fahrig und unstet. Das kann sich auch körperlich durch Schweißausbrüche zeigen, da diese Menschen nicht in der Lage sind, angefangene Dinge zu Ende zu bringen. Die *Eigenschaft* bewirkt, dass sie immer nervöser werden. Anderen Leuten gegenüber werden sie ungeduldig. Sie sind innerlich abwesend und hören kaum mehr zu, wenn man mit ihnen spricht.

10. *verwaltende Eigenschaft*

10° Widder - 10° Geborene haben den Wesenszug, in ihren physischen Reaktionen auch dann noch ruhig zu bleiben, wenn die Gefühle Sturm laufen. Dennoch herrscht zwischen dem inneren Erleben und dem äußeren Ausdruck keine Trennung. Nur solange man nicht bewusst agiert, erfährt man diese charakterliche Eigenart als Unterschied zwischen dem emotionalen Innenleben und dem körperlichen Ausdruck.

Die positive Ausrichtung: Hier beginnt sich die wahrgenommene Trennung zwischen der Außen- und der Innenwelt zu verändern. Nun werden diese Menschen emotional als stark, geerdet und wahrhaftig angesehen. Das Gegenüber spürt die starken Gefühle und erkennt gleichzeitig, dass der 10° Geborene sie unter Kontrolle hat. Dieses Erkennen geschieht zumeist unbewusst und wird als Stärke definiert.

Die negative Ausrichtung: Durch die negative Ausrichtung kann es geschehen, dass der 10° Geborene seinen Gefühlen freien Lauf lässt. Die Emotionen beginnen wie ein Sturm unkontrolliert das ganze Innenleben zu beherrschen. Dies geschieht mit positiven wie auch mit negativen Gefühlen. Eine an und für sich positive Freude wird, zeigt sie sich in einer manischen Form, schnell unkontrolliert und bewirkt nichts Gutes. Gleichzeitig bekommt das Umfeld davon nichts mit. Die innerlich erlebte Emotion ist außen nicht sichtbar.

11. *verwaltende Eigenschaft*

11° Widder - In Verbindung mit dieser *Eigenschaft* ist die Machtwirkung dieses Menschen selbstverständlich, unabhängig davon, ob er sich dessen bewusst ist oder nicht. Grundsätzlich gilt: Je unbewusster jemand in Verbindung mit dieser Macht lebt und mit seinen Mitmenschen agiert, desto schwieriger ist der zwischenmenschliche Umgang. Die Mitmenschen spüren diese Macht und Kraft und es kann geschehen, dass sie darauf ihrerseits mit Macht reagieren.

Die positive Ausrichtung: 11° Geborene haben im Blick auf andere Menschen eine große Begeisterungsfähigkeit. Sind sie selbst von etwas überzeugt, drängt es sie, auch ihr Gegenüber davon zu begeistern. Gleichwohl muss man wissen, dass sie durch die positive Ausrichtung der *Eigenschaft* das Gegenüber nicht in seiner Freiheit einschränken.

Die negative Ausrichtung: Hier verwechseln 11° Geborene eine objektive Wahrheit mit einer persönlichen Meinung. Ihren subjektiven Standpunkt zu bewahren, ist für sie wesentlich und entscheidend für ihr Selbstverständnis. Es geht gar nicht so sehr um den Inhalt. Im Mittelpunkt steht die Macht.

12. *verwaltende Eigenschaft*

12° Widder - Die 12. *Eigenschaft* bewirkt, dass sich die Menschen wie selbstverständlich in einer rechthaberischen Position befinden. Gleichzeitig sind sie innerlich aktiv. Diese Aktivität definiert sich über die erhöhte Position, auf der sich 12° Geborene automatisch einordnen. Gegenargumente werden ignoriert oder nicht ernst genommen. Das strahlen sie auch aus; immer wieder wird ihnen von anderen Leuten vermittelt, dass sie in ihren Ansichten nicht automatisch recht haben.

Die positive Ausrichtung: Diese Menschen besitzen große Führungsqualitäten, ohne ihre Mitmenschen davon überzeugen zu müssen. Auch können sie Begeisterung und Einsatzfreude vermitteln. Wie wenige andere sind sie in der Lage, das Gegenüber davon zu überzeugen, bei einem Vorhaben mitzumachen.

Die negative Ausrichtung: Durch die negative Ausrichtung der *Eigenschaft* entsteht in den Menschen eine unveränderliche Position. Gleichzeitig sind sie innerlich aktiv und können sehr ungeduldig werden, wenn sich ihre Ansichten nicht durchsetzen. Vor allem von Menschen, die eine andere Meinung vertreten, wenden sie sich ab.

13. *verwaltende Eigenschaft*

13° Widder - Durch diese *Eigenschaft* haben 13° Geborene den Drang, anderen Leuten Vorgaben zu machen. Aktiv werden diese darauf hingewiesen, wie sie etwas zu erledigen haben. Auch wenn die anderen diesen Vorgaben folgen – 13° Geborene würden es eher als Vorschläge beschreiben –, bleiben sie aktiv und etwas ungeduldig dabei, damit die Arbeit oder das Vorhaben erledigt wird.

Die positive Ausrichtung: Durch die positive Ausrichtung können 13° Geborene die Vorgaben sehr gut erklären. Immer wieder ist das, was sie sagen, auch tatsächlich der beste Weg, etwas zu erledigen. Die positive Ausrichtung bewirkt zudem, dass die Ungeduld, auch wenn sie spürbar ist, zwischenmenschlich als weniger störend erfahren wird.

Die negative Ausrichtung: Diese Menschen bleiben lieber allein, weil es ausgesprochen mühsam für sie ist, ihre Ungeduld zu zügeln, wenn ihre Anweisungen nicht befolgt werden. Der Kontakt zu anderen Menschen ist oberflächlich und man kann 13° Geborenen ansehen, dass sie nicht bei der Sache sind.

14. *verwaltende Eigenschaft*

14° Widder - Spricht man mit einem 14° Geborenen, kann man bemerken, dass er die Aussage seines Gegenübers, bildhaft ausgedrückt, zu einer für ihn verständlichen Wirklichkeit formt. Er wiederholt die Aussage, wobei er sie zugleich zusammenfasst und in einer konzentrierten Form zusammen mit seiner Antwort ausspricht. Etwas nicht zu verstehen, ist für seine Persönlichkeit sehr irritierend.

Die positive Ausrichtung: Der analytische Verstand agiert beweglich und schnell und betont einen einzelnen Punkt.

Die negative Ausrichtung: Durch die negative Ausrichtung befinden sich 14° Geborene in einer abgegrenzten Wirklichkeit des eigenen Seins. Sie agieren beweglich, aktiv und, man möchte auch sagen, lebendig. Ihre Beweglichkeit scheint eine solche Abgrenzung auszuschließen. Betrachtet sich dieser Mensch jedoch genauer, wird er bemerken, dass sich seine Aktivitäten innerhalb dieser abgegrenzten Wirklichkeit abspielen.

15. *verwaltende Eigenschaft*

15° Widder - 15° Geborene sind mit kaum einer Antwort zufrieden. Intuitiv meinen sie zu wissen, dass den meisten Feststellungen die tiefere Erkenntnis fehlt. Viele dieser Menschen haben deshalb die Angewohnheit, immer wieder nachzufragen. „Warum?" und „Wie?" gehören zu den häufigsten Wörtern, die ein 15° Geborener verwendet. Diese Menschen gleichen Wanderern, die immer wieder weiterziehen.

Die positive Ausrichtung: Die positive Ausrichtung fördert die Beschäftigung mit verschiedenen Philosophien. In diesem Einfluss kann man einen Menschen beobachten, der unaufhörlich und mit Interesse forscht, um immer wieder einer nächsten Wahrheit näherzukommen.

Die negative Ausrichtung: Der Einfluss der negativen Ausrichtung dieser *Eigenschaft* ist sehr verbreitet. Ein Kennzeichen ist das Vermitteln einer scheinbaren Zufriedenheit durch eine unvollständige Antwort. Je nachdem, wie sehr die Antwort der Wahrheit des Universums entspricht, findet man hier die Unterscheidung der Intensität der Wirkung. Grundsätzlich ist die *Eigenschaft* bestrebt, den 15° Geborenen mit unvollständigen, falschen oder halbwahren Antworten den Zugang zu tieferem Wissen zu verwehren. Diese Beeinflussung vermittelt, falsche oder halbwahre Behauptungen seien wahr.

16. *verwaltende Eigenschaft*

16° Widder - 16° Geborene spielen mit der Ausübung ihrer Macht auf andere Menschen durch bewusste Zuwendung oder bewussten Rückzug. Indem sie anderen Menschen Sympathie zeigen, erreichen sie das, was sie wollen. Das beginnt bei wohlwollenden Worten und geht bis zur Beeinflussung von Mitmenschen, indem sie mit ihnen flirten. Manchmal kommt es auch dazu, dass andere Leute durch Sex manipuliert werden.

Die positive Ausrichtung: Durch die positive Ausrichtung werden Sympathie oder Zuwendung als Mittel der Machtausübung zugunsten positiver Ziele eingesetzt. Diese Ziele dienen normalerweise der Allgemeinheit oder helfen einem anderen Menschen. Gleichwohl bleibt es eine Ausübung von Macht.

Die negative Ausrichtung: Alle Mittel, die zur Verfügung stehen, werden eingesetzt, um ein Ziel zu erreichen. So setzen durch diese *Eigenschaft* geprägte Menschen bewusst ihren eigenen Körper ein, um andere Menschen zu manipulieren. Wesentlich ist auch das Verleumden anderer Menschen. 16° Geborene geben sich ohne Unterscheidung der Dunkelheit eines Gegenübers hin, um ihr Ziel zu erreichen.

17. *verwaltende Eigenschaft*

17° Widder - Ein Charakterzug aller 17° Geborenen ist eine bestimmte Form des aktiven Zugehens auf andere Menschen. Die Bewegungen sind agil, dem Gegenüber zugewandt und kraftvoll. Gleichzeitig ist das Handeln von einer positiven Erwartungshaltung durchdrungen. Den Grund dafür findet man in einer inneren Grundstimmung im aktiven Handeln. Diese trägt in sich die Ausrichtung nach Harmonie. Unbewusst oder bewusst agiert dieser Mensch immer aktiv in diese Richtung. Einerseits möchte er selbst diese Harmonie erfüllen, andererseits erwartet er dies von seinem Gegenüber. Diese Erwartungshaltung ist oben angesprochen. Durch diese Eigenart bekommt man den Eindruck, die Bewegungen und die Kraft seien irgendwie gebremst. Da der letzte erfüllende Schritt des Handelns eine Erwartung beinhaltet, ist dem 17° Geborenen dies aus der Hand genommen. Nicht er allein kann eine Aktivität innerlich zufriedenstellend vollenden, er braucht dafür eine harmonische Empfindung des Gegenübers.

Die positive Ausrichtung: Hier kann sich ihre Anlage der sympathischen Ausstrahlung entfalten. Man kann diese Menschen als geborene Sympathieträger beschreiben. Gleichzeitig sieht man es ihnen nicht an, dass sie sich um Sympathie bemühen.

Die negative Ausrichtung: In diesem Fall hat man einen ungeduldigen und unleidlichen Menschen vor sich, der nur seine eigene Meinung gelten lässt. Das kann dazu führen, dass er schon im Vorhinein alle Argumente in einer unwirschen und ungeduldigen Art negativ bewertet, bis dahin, dass alle anderen Menschen verächtlich und ungeduldig schnaubend als negativ betrachtet werden.

18. *verwaltende Eigenschaft*

18° Widder - Eine einfache Begegnung mit einem 18° Geborenen mag ein erstes Bild dieser *Eigenschaft* zeichnen. Im Gespräch wird er wie jeder andere Mensch auch etwas beisteuern oder allgemein auf die Aussage des Gegenübers antworten. Die Besonderheit liegt darin, dass der 18°

Geborene seine Aussage als Macht manifestiert. Eine einfache Aussage wie zum Beispiel: „Rot gefällt mir besser", drängt den Gesprächspartner dazu, diese Ansicht ebenfalls anzunehmen. Der 18° Geborene erschafft durch seinen Willen eine Substanz, die magnetisch auf das Gegenüber wirkt.

Die positive Ausrichtung: Durch die positive Ausrichtung erlangt der 18° Geborene die Fähigkeit, sich präzise auszudrücken.

Die negative Ausrichtung: Die negative Ausrichtung möchte sich auf die Empfindung beschränken, die dem reinen Begriff entspricht. Das Wort „Blume" zum Beispiel wird ausschließlich zu einer botanischen Bezeichnung. Dem Versuch anderer Menschen, Worten ein Gefühl einzuhauchen, wird mit Ungeduld und Ärger begegnet. Die Folge ist, dass sich andere Menschen oft überfahren oder nicht verstanden fühlen.

19. *verwaltende Eigenschaft*

19° Widder - 19° Geborene sind emotional, wobei sich ihre Emotionalität fließend entwickelt. Es ist, als seien Emotionen ständige Begleiter in ihrem Leben. Normalerweise kommt es nur selten zum Ausbruch einer unkontrollierten emotionalen Handlung. Vielmehr bleibt der emotionale Pegel, wenn man es so ausdrücken möchte, meist auf dem gleichen Level.

Die positive Ausrichtung: Begeisterung ist eine Eigenschaft in Verbindung mit dieser *Eigenschaft*. Dazu muss man wissen, dass die Menschen diese Empfindung bis zu Begeisterungsstürmen steigern können. 19° Geborene haben die sympathische Eigenschaft, sich für andere und mit anderen Menschen zu freuen.

Die negative Ausrichtung: In diesem Fall steigern sich die Emotionen bis zu einem gewissen Punkt, an dem sie – bildhaft ausgedrückt – plötzlich in sich zusammenfallen. Übrig bleibt ein innerer Zustand scheinbarer Leere. Dieses Gefühl birgt in sich ein Stocken in der Emotionalität.

In dieser Stockung bleibt die Emotion oberflächlich aufrechterhalten und ist gleichzeitig intensiv und vibrierend.

20. *verwaltende Eigenschaft*

20° Widder - 20° Geborene wissen, was sie wollen. Eigentlich stimmt diese Definition nur umgangssprachlich: In Wahrheit müsste man sagen, dass sie genau empfinden, was sie wollen. Es ist in Wirklichkeit ein Gefühl, das sie mit ihrem Willen anstreben. Dieses Gefühl wirkt wie ein Magnet, nach welchem sich der Wille ausrichtet. Aus dieser Widerspruchslosigkeit erwecken sie den Eindruck der Geradlinigkeit in ihrem Tun. Schwierig wird es, wenn sie dazu aufgefordert werden, etwas zu tun, was nicht ihren Empfindungen entspricht.

Die positive Ausrichtung: Durch die positive Ausrichtung sind sie von einer gewissen Authentizität durchdrungen. Sie vermitteln den Eindruck großer Selbstsicherheit, welche sie auch in sich tragen. Gleichzeitig sind sie für Veränderungen offen. Dieses Nichtbeharren auf gegebenen Emotionen zeigt sich als Stärke.

Die negative Ausrichtung: Durch die negative Ausrichtung bekommen Gefühle immer mehr Kraft und eine Lösung wird schwerer. Der Wille folgt unbewusst der Erfüllung einer Emotion. Dadurch bewegen sich 20° Geborene wie Magneten von Situation zu Situation. Jede Begegnung, jeder Gegenstand wirkt bindend.

21. *verwaltende Eigenschaft*

21° Widder - Menschen in Verbindung mit dieser *Eigenschaft* sind aktiv, denken schnell und haben oft ungewohnte Ideen für die Gestaltung des Lebens. Es geht ihnen dabei nicht um unrealistische Ideen, sondern um konkrete Pläne. Auf den ersten Blick scheinen ihre Ideen nicht umsetzbar. Mit der Zeit erkennt man, dass es sich nur um ungewöhnliche Gedanken handelt.

Die positive Ausrichtung: Diese Personen besitzen sehr viel Energie, Tatkraft und Begeisterungsfähigkeit. Sie glauben fest daran, dass sich ihre Vorhaben verwirklichen lassen.

Die negative Ausrichtung: Auch diese Menschen haben viel Energie in sich. Durch die negative Ausrichtung findet diese Energie jedoch kein Ventil, um die Kraft umzusetzen. Daher tragen 21° Geborene eine ständige Aggression und Ungeduld in sich. Immer wieder kommt es zu zerstörerischen Handlungen.

22. *verwaltende Eigenschaft*

22° Widder - 22° Geborene sind innerlich sehr lebendig. Mit großer Selbstverständlichkeit leben sie ihr Leben und machen sich keine Gedanken darüber. Die Lebendigkeit ist ein Teil ihrer Persönlichkeit. Es muss sich dabei nicht um ein aktives Leben handeln; auch ihre inneren Werte empfinden sie als natürlich und denken nicht weiter darüber nach.

Die positive Ausrichtung: Diese *Eigenschaft* definiert die Eigenschaft der inneren Begeisterung bei einer Tätigkeit. Es spielt für diese Menschen keine wesentliche Rolle, ob sie andere Leute für etwas begeistern können. Sie freuen sich darüber, bleiben jedoch bei sich.

Die negative Ausrichtung: Die Lebensgestaltung wird immer enger und es bleibt kein Spielraum für Veränderungen. Auch die Wertvorstellungen werden immer egozentrierter. Durch die Prägung dieser *Eigenschaft* sind diese Personen nicht bereit, Zugeständnisse in ihrem täglichen Leben zu machen.

23. *verwaltende Eigenschaft*

23° Widder - Mit einem 23° Geborenen ein Gespräch zu führen bedeutet — überspitzt ausgedrückt — in den Ring zu steigen. Man kann es als verbale Auseinandersetzung beschreiben; das klingt zwar drastisch, trifft es jedoch ganz gut. Dieser Wesenszug wird als Stärke gedeutet. 23° Geborene streben auf diese Weise nach höheren Erkenntnissen. Auf Empfindlichkeiten anderer Menschen reagieren sie konsterniert.

Die positive Ausrichtung: Menschen in Verbindung mit der positiven Ausrichtung sind Forscher. Produktive Neugierde ist ihnen durch diese *Eigenschaft* in die Wiege gelegt. Dabei muss man wissen, dass das Gebiet der Forschung nicht über das niedere Selbst hinausgehen kann.

Die negative Ausrichtung: Durch die negative Ausrichtung hat jedes Gespräch den Unterton der Provokation und negativen Herausforderung. 23° Geborene ziehen negative Eigenschaften des Gesprächspartners an die Oberfläche, verstärken sie und bringen sie zum Ausbruch. Andere Menschen sind kaum in der Lage, dieser intelligenten und analytischen Betrachtung mit Argumenten etwas entgegenzusetzen. Der dunkle Punkt wird gezielt erkannt und provoziert.

24. *verwaltende Eigenschaft*

24° Widder - Ein charakteristischer Wesenszug eines 24° Geborenen gleicht einem inneren Willen der Regulierung. Diese Menschen tragen den Drang in sich, etwas zu verbessern. Sie sind grundsätzlich korrekt und bemüht, die betreffenden Angelegenheiten in einer zumindest befriedigenden Weise zu erledigen. Man kann sie auch als rechtschaffene Menschen beschreiben. Sich selbst nehmen sie von dieser beschriebenen Regulierung nicht aus. Die Problematik ist die Definition von Korrektheit und Rechtschaffenheit. 24° Geborene definieren sie im Sinne des traditionellen Systems, in dem sie leben, einschließlich der jeweiligen Gesetzgebung.

Die positive Ausrichtung: Allgemein bemühen sich 24° Geborene um die Verbesserung des Lebens im Sinne der Eigenschaften. Viele sind hilfsbereit und haben das Bedürfnis, anderen Menschen beizustehen. Sie bemühen sich nicht nur um physische Verbesserungen; es ist ihnen auch wichtig, dass es ihren Mitmenschen psychisch besser geht.

Die negative Ausrichtung: Durch die negative Ausrichtung wird die Grenze des Gewissens über die jeweilige politische oder religiöse Gesetzgebung markiert und nicht über positives oder negatives Handeln. Auch in einem negativen System denken 24° Geborene, sie arbeiteten rechtschaffen und korrekt an Verbesserungen. In Wahrheit verändern sie alles immer weiter zum Schlechten und sind willfährige Diener der Dunkelheit.

25. *verwaltende Eigenschaft*

25° Widder - Ein Wesenszug aller 25° Geborenen ist die selbstverständliche Manifestierung von dynamischen Gegebenheiten. Dies durchdringt und bestimmt sämtliche Lebensbereiche. Im Gespräch zeigt sich dies oft als auffordernde Haltung gegenüber dem Gesprächspartner. Was eigentlich als Feststellung vorgebracht wird, birgt in sich die Aufforderung, der Gesprächspartner möge in diesem Sinne handeln. Dies geschieht mit einer so großen Selbstverständlichkeit, dass beide diesen auffordernden Charakter in vielen Fällen nicht erkennen.

Die positive Ausrichtung: Durch die positive Ausrichtung dieser *Eigenschaft* erkennt man eine Persönlichkeit, die in ihrer Authentizität sehr ausgebildet ist. Oft stehen 25° Geborene im Mittelpunkt einer Gemeinschaft. Ihre selbstverständliche Form der Selbstbehauptung wird als erstrebenswert angesehen.

Die negative Ausrichtung: Die Unabhängigkeit eines 25° Geborenen stützt sich in Verbindung mit der negativen Ausrichtung auf die Wahrnehmung der Absolutheit dieser Unabhängigkeit. Besitzt er viel Geld und auch Macht, so erfährt sich dieser Mensch als in der materiellen Welt völlig unabhängig und schließt eine Beeinflussung durch höhere Gesetze aus. Da er im Zentrum dieser persönlichen Wahrnehmung von Freiheit steht, wird jeder Einwand als unwahr zurückgewiesen. Die Durchsetzung der subjektiven Wahrheit im Leben und die gleichzeitige Selbstbehauptung gegenüber anderen Personen werden über höhere

Wahrheiten gestellt. Hierbei spielt es keine Rolle, ob andere Menschen dafür leiden müssen.

26. *verwaltende Eigenschaft*

26° Widder - Ein für andere Menschen spürbarer Wesenszug von 26° Geborenen ist ihre Eigenständigkeit. Befinden sie sich in Gesellschaft, verspüren sie nach einiger Zeit das innere Bedürfnis, sich zurückzuziehen. Mit großer Leichtigkeit und Klarheit, ohne gleichzeitig ablehnend zu sein, verabschieden sie sich und gehen. Diese Selbstverständlichkeit in der inneren Eigenständigkeit ist vor allem für gefühlsbetonte Menschen, die sich harmonisch an anderen Menschen orientieren, ein bewundernswerter Wesenszug.

Die positive Ausrichtung: In Verbindung mit der positiven Ausrichtung haben 26° Geborene die Fähigkeit, zwischen Freiheit und innerer Kälte zu unterscheiden. Wer sich dabei schwertut, wird immer wieder versuchen, die innere Kälte durch die Betonung und bewusste Verstärkung emotionaler Charakterzüge zu kompensieren. Problematisch ist, dass diese Menschen dabei wie künstlich erscheinen. Die Emotionalität wirkt aufgesetzt und die meisten anderen Leute erkennen intuitiv, dass diese Gefühle nicht echt sind. Diese Form der Kompensierung betrifft all jene 26° Geborenen, die ihre Gefühlsarmut mit innerer Unabhängigkeit verwechseln.

Die negative Ausrichtung: Durch die negative Ausrichtung schleichen sich, kaum hat sie im Charakter des 26° Geborenen einen Anker gefunden, fast unbemerkt schlechte Gedanken und Gefühle ein. Die Folge ist ein unbewusstes Verbleiben in diesen negativen Energien. Vielleicht erst Minuten später erkennt der 26° Geborene diese Qualitäten in sich und kann häufig nicht erklären, woher sie stammen. Ein Wesenszug durch die negative Ausrichtung ist die Teilnahmslosigkeit.

27. *verwaltende Eigenschaft*

27° Widder - Der zentrale Wesenszug von 27° Geborenen ist ihre Macht der Beeinflussung. Viele sind sich ihrer Ausstrahlung jedoch nicht bewusst. Gewinnen sie ein Bewusstsein ihrer Macht, kann es sein, dass sie gestaltend eingreifen und anschließend loslassen. Auch die aktive Stellungnahme ist ein wichtiger Aspekt ihrer Persönlichkeit. Das Vor- und Zurückgehen gleicht einem Rhythmus. Manchmal neigen sie dazu, vorzupreschen und sich anschließend nervös zurückzuziehen.

Die positive Ausrichtung: Durch die **positive** Ausrichtung besitzen diese Menschen einen **positiven** Einfluss auf ihre Mitmenschen. Dieser Einfluss bewirkt die Annahme der **positiven** Eigenschaften der *Eigenschaften*.

Die negative Ausrichtung: Die negative Ausrichtung fördert destruktive Gedanken und Gefühle. Die Vibration gleicht einem Drängen in eine negative Sichtweise des Lebens. Jede Berührung oder Verbindung mit anderen Menschen wird als negativ empfunden. So entsteht mit der Zeit eine Lebenseinstellung, die alles automatisch als schlecht einstuft. Das Schlechte wirkt als Bestätigung der allgemeinen negativen Sichtweise. Davon wird kein Lebensbereich ausgenommen. Einher damit geht eine unbewusste Suche nach negativen Dingen, die diese Sichtweise bestätigen.

28. *verwaltende Eigenschaft*

28° Widder - Allen 28° Geborenen ist ihre Unabhängigkeit sehr wichtig. Genauer beschrieben ist diese ihnen wichtige Freiheit immer mit einer Bewegung in Richtung Entwicklung verbunden. Ein anderer Begriff, der diese Eigenart gut trifft, ist der Begriff der Eigenständigkeit. Es liegt ihnen viel daran, etwas allein fertigzustellen.

Die positive Ausrichtung: Ein Wesenszug ist ihre positive, mitreißende Art. Andere Menschen fühlen sich motiviert und möchten ebenso aktiv mitarbeiten oder selbst etwas bewirken. Zugleich können sich 28° Geborene absolut frei fühlen. Sie strahlen die Energie der bejahenden Motivation aus, ganz gleich, ob ihnen das bewusst ist oder nicht. Sie sind sehr zurückhaltend darin, andere Menschen aufzufordern, etwas zu tun. Im Hintergrund schwingt die Energie mit, den anderen ihre Freiheit lassen zu wollen.

Die negative Ausrichtung: Ein schwierig zu erkennender Wesenszug ist die Verhüllung positiver Inhalte durch negative Energien. Wie ein dichter Nebel verdecken diese die wahre Bedeutung und verhindern so die ihr implizite positive Ausstrahlung. 28° Geborene in Verbindung mit der negativen Ausrichtung, machen Kleinigkeiten schlecht und verdunkeln positive Dinge und viele von ihnen drängen andere Menschen dazu, etwas zu tun.

29. *verwaltende Eigenschaft*

29° Widder - Die Aktivität der 29° Geborenen hat als Ursache eine im Hintergrund wirkende geistige Substanz. Es scheint, als würden diese Menschen aktiv agieren, wenngleich sie nicht wissen, warum. Immer wieder werden sie von einer Ungeduld durchdrungen, die keinen ersichtlichen Grund hat. Das Vorhaben, ein Ziel zu verwirklichen, gründet in der inneren Aktivität. 29° Geborene sind der Meinung, dieses Ziel sei die Aufgabe in Verbindung mit der Aktivität. Erreichen sie es, müssen sie die Erfahrung machen, dass die Ungeduld weiterhin besteht.

Die positive Ausrichtung: Diese Menschen möchten Visionen in der physischen Welt verwirklichen. Obwohl sie sich der Realität bewusst sind, wollen sie das Positive, so wie sie es sehen, umsetzen. Immer wieder werden sie von bedrückenden Gefühlen ob der Realität auf der Erde berührt.

Die negative Ausrichtung: Durch die negative Ausrichtung werden 29° Geborene von negativen Kräften, die im Hintergrund wirken, beeinflusst. Dadurch kommt es zu Phasen andauernder negativer Gefühle. Innerlich werden sie durch diese *Eigenschaft* in einer ständigen unruhigen Beweglichkeit gehalten.

30. *verwaltende Eigenschaft*

30° Widder - Durch die Prägung der Persönlichkeit durch diese *Eigenschaft* sind 30° Geborene freundlich zu ihren Mitmenschen. Innerlich sind sie in dieser Zugewandtheit sehr lebendig, wenngleich sich dies äußerlich nicht zeigt. Zwischen einem 30° Geborenen und den anderen Leuten wirkt ein gewisser Magnetismus. Deshalb suchen sie die Gesellschaft anderer Menschen.

Die positive Ausrichtung: Durch die positive Ausrichtung sind 30° Geborene gern gesehene Gäste. Sie verstehen es, sich angeregt zu unterhalten.

Die negative Ausrichtung: Diese Menschen meinen zu spüren, dass sie einen starken Magnetismus auf andere Menschen ausüben. Da dies jedoch nicht der Realität entspricht, haben sie ständig das Bedürfnis, andere Leute an sich zu binden. Sie werden aufdringlich und drängen ihre Mitmenschen bisweilen immer mehr in die Enge.

31. bis 60. *verwaltende Eigenschaft*

31. *verwaltende Eigenschaft*

1° Stier - 31° Geborene strahlen eine Kraft aus, die Sympathie einfordert. Viele Menschen können sich dieser Kraft nicht entziehen und finden 31° Geborene aus diesem Grund sympathisch. Unbewusst wissen diese darum und besitzen ein entsprechend selbstbewusstes Auftreten. Ein großes Thema in ihrem Leben ist die Sexualität.

Die positive Ausrichtung: Durch diese Ausrichtung haben diese Menschen ein positives Auftreten. Es ist für sie selbstverständlich, beliebt und gerne gesehen zu sein. Selbst wenn es sich nur um eine lose Bekanntschaft handelt, bleibt die Möglichkeit des gemeinsamen Sex im Hintergrund ständig präsent.

Die negative Ausrichtung: Durch die negative Ausrichtung beginnen 31° Geborene, sofern es sich um Männer handelt, mögliche Sexualpartnerinnen und -partner aktiv zu drängen. Obwohl sie selbst abgehoben agieren können, verlangen sie, dass man sie sympathisch findet.

32. *verwaltende Eigenschaft*

2° Stier - Nicht der entfernte Punkt im Außen wird durch die Bewegung angestrebt. Alles vollzieht sich innerhalb eines bestimmten Raums. Dieser Mensch bleibt äußerlich ruhig, wenngleich man ihm die innere Beweglichkeit gut ansehen kann. Innere Beweglichkeit verbindet sich mit äußerer Unbeweglichkeit. In der Persönlichkeit eines 32° Geborenen zeigt sich dies in unterschiedlicher Weise. Grundsätzlich kann man feststellen, dass sich die beschriebene Ruhe oder Unbeweglichkeit als Form des Abwartens zu erkennen gibt. Diese Eigenschaft hat ihre Ursache darin, dass der 32° Geborene innerlich entscheidet, ob eine neue Information in das eigene Bild der Realität passt oder nicht. Im Grunde gleicht er alle neuen Informationen mit seiner Wirklichkeit ab.

Die positive Ausrichtung: Man kann beobachten, wie dieser Mensch einen neuen Inhalt mit der eigenen vorhandenen Realität abgleicht. Die Verinnerlichung des neuen Inhalts gelingt durch die positive Ausrichtung.

Die negative Ausrichtung: Durch die negative Ausrichtung erweist sich das Thema Macht als schwierig. Die so geprägte Person erkennt oft nicht, dass sie sich anderer Menschen bemächtigt und diese einschränkt. Das Gegenüber nimmt im meist unbewussten Selbstverständnis des 32° Geborenen eine Position innerhalb des eigenen Raums ein. Er agiert mit dem anderen, als wäre dieser ein Teil seines eigenen Körpers. Da er gleichzeitig den Wesenszug der inneren Hingabe auslebt, stuft er sich nicht als bemächtigend ein.

33. verwaltende Eigenschaft

3° Stier - Durch die Prägung dieser *Eigenschaft* sind 33° Geborene äußerlich ruhig. Die *Eigenschaft* bewirkt, dass sie von der jeweiligen Lebenssituation beeinflusst werden. Deshalb besitzen sie die Eigenschaft, sich ganz auf diese einzulassen. Es ist jedoch nicht nur eine gedankliche Beschäftigung, sondern bezieht den ganzen Körper mit ein. 33° Geborene können sich ausdauernd, hingebungsvoll und konzentriert mit einem Thema beschäftigen.

Die positive Ausrichtung: Durch die positive Ausrichtung fördert die *Eigenschaft* die Lösung des jeweiligen Themas. Schrittweise kommen die Antworten an die Oberfläche. Ebenso sind sie die physische Welt betreffend sehr realistisch.

Die negative Ausrichtung: Auch hier werden die Menschen durch die *Eigenschaft* an die jeweilige Situation gebunden. Nun jedoch fühlen sich 33° Geborene innerlich leer und können sich gleichzeitig nicht davon lösen. Viele von ihnen halten den Alltagstrott und die ständigen Wiederholungen im Leben trotz der inneren Leere für notwendig. Manche fordern sogar von anderen Leuten, sich auf gleiche Weise in die Bindung der physischen Beschäftigung zu begeben.

34. *verwaltende Eigenschaft*

4° Stier - 34° Geborene empfinden Freude im Leben auf der Erde. Sie sind grundsätzlich positiv gestimmt und genießen die angenehmen Seiten des Lebens. Diese Form der Freude ist keine luftige Freude, die einen Eindruck von Leichtigkeit vermitteln würde. Sie durchdringt die Menschen körperlich. Auch ist es keine sprunghafte Freude, sondern eine füllige und durchdringende Freude, die nicht der Bewegung bedarf.

Die positive Ausrichtung: Die körperliche Freude wird als sehr positiv angesehen. Man stelle sich einen Menschen vor, der von jemandem ganz bewusst berührt wird, sich dieser Berührung absolut hingibt und gleichzeitig eine tiefe Freude ob dieser Berührung erfährt. Das bedeutet eine sehr große Bindung innerhalb des Universums.

Die negative Ausrichtung: Die negative Ausrichtung verursacht eine vorbehaltlose Hingabe ohne Unterscheidung. Die momentan sich zeigende Substanz ist die Achse der Orientierung. Der 34° Geborene stürzt sich vorbehaltlos und ohne innere Schranken in das Vergnügen und schwelgt darin. Völlerei bedeutet die absolute Hingabe gegenüber einem körperlichen Genuss mit dem gleichzeitigen Übergehen des schlechten Gewissens. Völlerei zwingt den Menschen in die materielle Welt und ignoriert bewusst höhere Werte.

35. *verwaltende Eigenschaft*

5° Stier - Die wesentlichen Lebensbereiche sind das irdische Glück und der Genuss des physischen Lebens. Der 35° Geborene hat die Eigenart, sein Gegenüber immer wieder auf unterschiedliche Dinge in seinem Umfeld aufmerksam zu machen. Während eines Spaziergangs kann dies eine Blume am Wegesrand sein, in einem Restaurant das besondere Gericht oder ein Film, wiederum mit der Betonung auf einem speziellen Spielfilm.

Die positive Ausrichtung: Durch die positive Ausrichtung hat der 35° Geborene nicht den Drang, jemanden auf etwas unbedingt hinweisen zu müssen. Er tut dies, wenn er spürt, dass es dem Gegenüber Freude macht oder aus einer inneren Unbedarftheit. Auch fühlt er sich nicht beleidigt oder zurückgewiesen, wenn das Gegenüber etwas als nicht schön oder erstrebenswert erachtet.

Die negative Ausrichtung: Der Einfluss der Materie steht im Mittelpunkt. Es geht um den Genuss der Materie in all ihren Ausdrucksformen. Selbst Süchte werden als positiv bewertet und als erfüllender Ausdruck des Lebens betrachtet. Diese Menschen sind in einer trotzigen Weise extrem selbstzufrieden. Selbst dann, wenn der übermäßige Genuss ihrem Körper schadet, rücken sie nicht von ihrer Lebensweise ab. Sie möchten nicht akzeptieren, dass die positive Beurteilung des Genusses lediglich dazu dient, eine wahrheitsgemäße Betrachtung des Lebens zu umgehen.

36. *verwaltende Eigenschaft*

6° Stier - Diese Menschen betrachten das Vorhandene und wollen daraufhin Näheres wissen. Immer erfahren sie Neuigkeiten in einer Form, in der sie Hand in Hand mit dem intellektuellen Verständnis ein grundsätzliches Gefühl innerer Befriedigung oder genauer: eines inneren Friedens verspüren, welches von einer leisen Freude begleitet wird. 36° Geborene verfügen über eine angeborene Neugier. Dieser Wesenszug ist niemals aufdringlich oder plötzlich, sondern zeigt sich in einer stetigen und anhaltenden Weise. Wie von einem Magneten werden sie von Inhalten angezogen, die sie tief im Inneren berühren. Erhalten sie die angestrebten Informationen, ziehen sie sich nicht zurück, sondern streben danach, mehr zu erfahren.

Die positive Ausrichtung: Durch die positive Ausrichtung haben 36° Geborene eine große Hingabe zum Wissen und zur Weisheit als innere Eigenschaft in sich. Grundsätzlich kann dies alle Wissensgebiete betreffen. Entsprechend haben sie einen tiefen Respekt vor Menschen mit großem Wissen und betrachten sie nicht selten als persönliche Vorbilder.

Die negative Ausrichtung: Die Problematik liegt in der inneren Selbstverständlichkeit der Erwartungshaltung. Diese ist für 36° Geborene ein völlig normaler Zustand und es bedarf nur eines kurzen Gedankens, um die Macht der Erwartung weiter zu steigern. Die zunehmende Enge führt dazu, dass diese Menschen sich einen eigenen Lebensraum mit klaren Grenzen kreieren, beispielsweise mit Blick auf die Ernährung, den Wohnraum, die Musik, den Umgang mit anderen Menschen und so weiter.

37. *verwaltende Eigenschaft*

7° Stier - Typisch für 37° Geborene ist eine bestimmte Art der gleichnishaften Erklärung. Daraus ergibt sich einerseits eine sehr blumige und lebendige Sprache, andererseits besteht die Gefahr, in diesen Erklärungen missverstanden zu werden. Zusammengefasst kann man die Schwierigkeit, sich verständlich zu machen bzw. nicht verstanden zu werden, als das größte Problem für diese Menschen beschreiben.

Die positive Ausrichtung: 37° Geborene besitzen die Fähigkeit der intelligenzhaften Beschreibung von Gefühlen und Emotionen das Universum betreffend. Die Form der Beschreibung kann direkt über die Sprache oder über einen Lebensbereich geschehen, der dem Menschen nahe ist.

Die negative Ausrichtung: Durch die negative Ausrichtung wird ein persönliches und punktuelles Verständnis als Gesamtverständnis interpretiert. Dabei kommt es dazu, dass der 37° Geborene nur einen Teil erfasst, jedoch annimmt, alles verstanden zu haben. Jeglicher Einspruch wird strikt zurückgewiesen und ruft automatisch einen Konflikt hervor.

38. *verwaltende Eigenschaft*

8° Stier - Diese *Eigenschaft* beeinflusst die Menschen dahingehend, sich ganz einer einzelnen Sache widmen zu können. Es wirkt ein Magnetismus zum jeweiligen Thema, der den 38° Geborenen dort gewissermaßen bindet. In der Anziehung können diese Menschen das Thema zugleich intelligenzhaft gut erfassen. Auch wenn sie sich einer Sache vollkommen widmen, sind sie fähig, in einer positiven inneren Haltung das Umfeld nicht aus den Augen zu lassen.

Die positive Ausrichtung: 38° Geborene können aus dem großen Zusammenhang das Wesentliche erkennen und hervorheben. Die Grundlage der Erkenntnis ist das positive Gefühl, welches dem Verstand die Richtung weist. Durch die positive Ausrichtung leben die Menschen in einer gleichbleibenden positiven Empfindung. Zugleich betrachten sie ausgehend von dieser Empfindung die äußere Gefühlswelt.

Die negative Ausrichtung: Diese Menschen ziehen sich in eine subjektive Gefühlswelt zurück und verteidigen sie vehement gegenüber möglichen Einmischungen. Es scheint, als stünden sie mit dem Rücken zur Wand. Das Gefühl, das sie verteidigen, ist jedoch nicht positiv. Nichtsdestotrotz sind sie der festen Überzeugung, dass es ihnen Halt vermittelt. Aus diesem Grund verharren 38° Geborene in einem negativen Gefühl und schützen es mit aller Kraft und vielen Emotionen vor Veränderungen.

39. *verwaltende Eigenschaft*

9° Stier - Diese *Eigenschaft* verdichtet durch Magnetismus die Liebesempfindung des Menschen gegenüber einem anderen Menschen, einer Tätigkeit oder Eigenschaften. Die 39. *Eigenschaft* bindet durch Liebesempfindung an die Eigenschaften der niederen Dimensionen.

Die positive Ausrichtung: Durch diese Ausrichtung fördert die *Eigenschaft* die positive Verehrung, verbunden mit verdichteten Liebesempfindungen. Die Menschen fühlen sich auf höhere geistige Stufen versetzt. Letztlich ist es eine mit der Vorstellung von Licht verbundene verdichtete Liebesempfindung.

Die negative Ausrichtung: Durch die negative Ausrichtung besitzen 39° Geborene gegenüber der Dunkelheit eine Offenheit, deren Ursache eine willentliche und bewusste Ablehnung der Unterscheidungskraft ist. Es ist eine Form der Gleichmacherei, welche diese *Eigenschaft* den Menschen suggeriert. Dadurch erhält die Dunkelheit einen Zugang zum Menschen.

40. *verwaltende Eigenschaft*

10° Stier - Jemand, der Erde in seinen Händen hält, kommt wohl kaum auf den Gedanken, diese Erfahrung anzuzweifeln. Für ihn entspricht das Fühlen der Erde der Wahrheit. In dieser Weise und mit dieser inneren Ausschließlichkeit ist das Gefühl, das den Teilausschnitt eines größeren Ganzen beschreibt, für einen 40° Geborenen wahr. Auch kommt er nicht auf die Idee, dass dieses intensive Gefühl lediglich einen kleinen Aspekt beschreibt. Es ist nicht so, dass den 40° Geborenen dieses Gefühl trügt; es entspricht nicht selten der Wahrheit. Die Problematik ist vielmehr, dass nur ein einzelner Ausschnitt eines größeren Ganzen substanziell gefühlt wird und jede verstandesmäßige Beurteilung des jeweiligen Themas folglich nur einer Teilwahrheit entspricht.

Die positive Ausrichtung: Durch die positive Ausrichtung stimmen das Gefühl und die Erkenntnis überein und ergänzen sich.

Die negative Ausrichtung: Durch die negative Ausrichtung werden die Gefühle so sehr verdichtet, dass sich das Gefühl nur mehr auf sich selbst bezieht. Durch diesen in sich wirkenden übermäßigen Magnetismus verliert man die Verbindung nach außen, die damit einhergehende Offenheit wie auch die Unterscheidungskraft. 40° Geborene können sich in den Gefühlen vergessen und dadurch den Boden unter den Füßen verlieren.

41. *verwaltende Eigenschaft*

11° Stier - 41° Geborene erschaffen um sich ein Kraftfeld der Beeinflussung anderer Menschen. Diese Qualität besitzen die Menschen durch die 41. *Eigenschaft*, dessen Substanz Macht und Liebe in Verbindung mit dem niederen Selbst ausstrahlt. Dies gleicht einer bewussten Einfügung anderer in das eigene Kraftfeld. Wie bei allen *Eigenschaften* der 5. Dimension fügen sich die Menschen innerhalb der jeweiligen Ordnungen ein.

Die positive Ausrichtung: Andere Menschen werden bewusst beeinflusst, positiv – das heißt in diesem Fall im Sinne der Liebe und Macht des niederen Selbst – zu agieren. 41° Geborene empfinden sich hierarchisch über anderen Menschen stehend und begründen diese Einordnung mit ihrer subjektiven Macht verbunden mit Liebe.

Die negative Ausrichtung: Durch die negative Ausrichtung vermehren sich Substanzen der Annäherung an die Dunkelheit. Dies geschieht deshalb, weil 41° Geborene Einfluss auf andere Menschen nehmen wollen. Sie bedrängen sie, indem sie sich ihnen mit massiven Gefühlen nähern. Diese Gefühle gleichen Wellen, die das Gegenüber überrollen.

42. *verwaltende Eigenschaft*

12° Stier - Diese *Eigenschaft* beeinflusst den Menschen im Sinne einer positiven Selbstdarstellung. Auch hier geht es um Liebe und Macht, wobei diese *Eigenschaft* bewirkt, dass sie sich im Menschen selbst ausdrücken. Dadurch nehmen 42° Geborene eine Position ein, die den anderen

Menschen Respekt und Zuneigung abringt. Grundsätzlich zeigen sich diese Wesenszüge automatisch und ohne Einflussnahme des jeweiligen Menschen, da es sich um Wesenszüge der *Eigenschaft* handelt.

Die positive Ausrichtung: 42° Geborene haben durch die positive Ausrichtung ein positives Auftreten. Sie besitzen ein Selbstbewusstsein, das sich auf ihre eigenen positiven Gefühle stützt. Dadurch erhalten sie Respekt und Anerkennung von ihren Mitmenschen.

Die negative Ausrichtung: Diese Menschen definieren sich über eine große Überheblichkeit. Aus dieser Grundhaltung heraus beurteilen sie alles, was sie umgibt, negativ. Eine positive Bewertung würde den negativen Kreislauf unterbrechen und folglich das eigene Unvermögen aufdecken. Ihre Negativität richtet sich nach innen, auch wenn sie diese Energie nach außen ausstrahlen und weitergeben. Sie sind verkniffen und aggressiv und werden, wenn sich ein anderer Mensch zur Wehr setzt, ausfallend.

43. *verwaltende Eigenschaft*

13° Stier - 43° Geborene sind grundsätzlich konservativ in der Beibehaltung ihrer Meinung. Es ist nur schwer möglich, sie von Dingen zu überzeugen, die nicht ihrer eigenen inneren Struktur entsprechen. Man könnte auch behaupten, dass sie schwer beeinflussbar sind. Mit Ausnahme des Themenkreises Partnerschaft trifft dies für viele 43° Geborene zu. Bildhaft beschrieben zeigt sich dies als unveränderliche Persönlichkeitsstruktur, die sich zu verteidigen weiß. Damit meine ich, dass eine Veränderung der geistigen Substanzen nicht in Betracht gezogen wird.

Die positive Ausrichtung: Viele dieser Menschen leben sehr eigenständig. Ein außenstehender Beobachter könnte meinen, dass es sich um sehr reservierte Menschen handelt. Sie mögen es gar nicht, wenn andere Menschen Einfluss nehmen wollen.

Die negative Ausrichtung: Ein egozentriertes Selbstverständnis ist ein wesentliches Merkmal der negativen Ausrichtung. 43° Geborene sind gegenüber anderen Menschen häufig intolerant und ungeduldig. Grundsätzlich tun sie sich sehr schwer mit Leuten, die eine andere Lebenseinstellung haben. Ihre Reaktionen sind entsprechend barsch oder abweisend. Manche manipulieren das Leben anderer Menschen. Sie verändern das Umfeld derart, dass der Mitmensch gezwungen wird, sich dieser Veränderung anzupassen.

44. verwaltende Eigenschaft

14° Stier - „Was bringt mir das?", „Wie ist mir das von Nutzen?" – das sind typische Gedanken- und Gefühlsmuster eines 44° Geborenen. In gewisser Hinsicht stellen sie sich automatisch ein und man sollte nicht glauben, jeder dieser Menschen sei in einem negativen Sinne berechnend. Ihre innere Reflexion ist vielmehr ein analytisches Abgleichen. Mit dieser intelligenzhaften Betrachtung geht auch die Überlegung einher, ob es überhaupt nötig sei, sich mit einer Sache tiefer zu befassen.

Die positive Ausrichtung: Durch die positive Ausrichtung werden Entscheidungen auch im Sinne der Mitmenschen gefällt.

Die negative Ausrichtung: Die negativen Eigenschaften von 44° Geborenen werden in der heutigen Gesellschaft meist als positiv angesehen. Meist wird die Aufrechterhaltung der gesellschaftlichen Systeme als erstrebenswert erachtet. Es sind dies Eigenschaften der persönlichen Vorteilnahme. Intelligent wird der jeweilige Mensch die allgemeinen Vorteile herausstreichen, jedoch stets aus einer egoistischen Motivation agieren.

45. verwaltende Eigenschaft

15° Stier - 45° Geborene haben eine Nähe zur Materie. Dies kann, muss sich jedoch nicht über materiellen Besitz ausdrücken. Vielmehr steht die Empfindung im Vordergrund, die dieser Mensch in seiner Beschäftigung mit der physischen Materie erfährt. Das gemeinsame Merkmal aller Tätigkeiten ist die punktuelle Hingabe und eine gewisse Form der inneren Zufriedenheit.

Die positive Ausrichtung: Durch die positive Ausrichtung haben 45° Geborene die Fähigkeit, sich hingebungsvoll mit einer definierten Aufgabe zu beschäftigen. Sie besitzen in dieser punktuellen Beschäftigung eine große Ausdauer.

Die negative Ausrichtung: Als Archetypen der negativen Ausrichtung könnte man Börsenmakler und Wettspekulanten nennen, bei denen man den Eindruck hat, ihnen fehle jede Form eines Gewissens und sie erachteten einzig den Gewinn für wesentlich.

46. *verwaltende Eigenschaft*

16° Stier - Ein Wesenszug aller 46° Geborenen ist eine ganz bestimmte Art der Nachgiebigkeit. Bildhaft beschrieben werden sie von einer Energie berührt und geben vorerst nach. Durch diese Berührung beginnt ein Prozess der intelligenzhaften und gleichzeitig gefühlshaften Überlegung. Schließlich kommt der 46° Geborene bezüglich der genannten Berührung zu einer Schlussfolgerung. Erst dann nimmt er die Energie – gleichwohl umgewandelt und dem eigenen Inneren angepasst – in sich auf. Beobachtet man einen solchen Menschen, bemerkt man ein Innehalten. Während dieser Momente verarbeitet er die Berührung.

Die positive Ausrichtung: Diese Menschen können innerhalb einer Situation gut zwischen positiven und negativen Aspekten abwägen. Ihre Unterscheidungskraft stützt sich wiederum gleichzeitig auf den Intellekt und das Gefühl.

Die negative Ausrichtung: Hier ist es wesentlich, die Wirkung überhaupt als negativ zu erkennen. Meistens nehmen 46° Geborene sich als positiv wahr, agieren jedoch nach innen harmonisch, nach außen abgrenzend. Diese Abgrenzung hat ihre Ursache in der Ablehnung einer inneren Veränderung, die ihre eigene Harmonie betreffen würde. Bildhaft kann man sich jemanden vorstellen, der in einer großen Enge lebt, die allermeisten Dinge ablehnt und sich gleichzeitig in dieser Haltung suggeriert, er fühle sich wohl.

47. *verwaltende Eigenschaft*

17° Stier - Durch diese *Eigenschaft* agieren die Menschen manipulativ. Sie setzten Gefühle der Sympathie und Liebe ein, um das zu erreichen, was sie möchten. Es ist dies ein automatisiertes Handeln, dessen Auswirkungen sich 47° Geborene oftmals nicht bewusst sind. Wie selbstverständlich setzen sie ein Lächeln, einen kurzen Flirt oder ähnliche Mittel ein, um die Mitmenschen in ihrem Sinne zu manipulieren. Eine kurze Selbstreflexion würde genügen, diesen Mechanismus durch die 47. *Eigenschaft* der 5. Dimension zu erkennen.

Die positive Ausrichtung: Die Manipulation geschieht hier im Sinne eines harmonischen Miteinander. Die Bewertung der Harmonie ist jedoch subjektiv und nimmt nur selten auf die Harmonieempfindung der Mitmenschen Rücksicht. Es handelt sich um einen Machtmissbrauch mithilfe der positiven Energien von Liebe und Zuneigung. Nehmen 47° Geborene Rücksicht, fühlen sie sich in Liebe mit dem Gegenüber verbunden.

Die negative Ausrichtung: Durch die negative Ausrichtung nehmen diese Personen eine zurückgezogene Haltung gegenüber den Mitmenschen ein. Gleichzeitig empfinden sie Verachtung, Herablassung und Überheblichkeit. Die Problematik ist die Weigerung, sich diese Eigenschaften einzugestehen. Sie geben sich selbst das Recht, negativ zu denken und zu handeln. Durch ihre Überheblichkeit verhindern sie eine Konfrontation mit den Mitmenschen.

48. *verwaltende Eigenschaft*

18° Stier - Wenn 48° Geborene ein starkes Gefühl gegenüber einer Tätigkeit welcher Art auch immer empfinden, wird dieses Gefühl sie wie ein Kraftwerk in Bewegung setzen. Gleichsam im Verborgenen fungiert es für alle Überlegungen wie ein Auslöser, wie eine Kraft, die nicht aufhört zu wirken. Auch im Handeln bleibt das Gefühl die ganze Zeit unverändert bestehen. Es ist mehr ein triebhaftes Agieren, unabhängig davon, ob sich dies positiv oder negativ auswirkt.

Die positive Ausrichtung: 48° Geborene sind sehr realistisch. Diese Besonderheit gründet in der Verbindung von magnetischer Kraft durch das Gefühl und neutraler Überlegung durch den Intellekt. Weiterführende Ideen, gute Vorschläge und ein allgemein kreativer Umgang mit der Grundidee sind die Folge der positiven Ausrichtung.

Die negative Ausrichtung: Die negative Ausrichtung zeigt sich in einer bestimmten Form des Dominierens. Die Vorstellung wird dem anderen übergestülpt und lässt ihm keinen Spielraum mehr. Diese Menschen kümmern sich nicht bewusst darum, wohin sich die Kraft richtet.

49. *verwaltende Eigenschaft*

19° Stier - Eine Eigenschaft aller 49° Geborenen ist ihr feines und differenziertes Gespür. Diese Eigenschaft befähigt sie dazu, in jeder Situation fühlend zu erkennen, ob etwas der Wahrheit entspricht oder nicht. Gleichzeitig wissen sie, was in dieser Situation möglicherweise fehlt oder was zu tun ist, um diese Lücke auszufüllen. Diese Menschen werden oft als kritische Menschen wahrgenommen.

Die positive Ausrichtung: Die *Eigenschaft* in ihrer positiven Ausrichtung bahnt durch den Umstand der Optimierung einer Situation bildhaft ausgedrückt dem Intellekt einen Weg der Erkenntnis. Die positive Ausrichtung fördert das intelligenzhafte Erkennen der jeweiligen Situation in Bezug auf den Mangel und auf die Vervollkommnung.

Die negative Ausrichtung: Im Zentrum der negativen Ausrichtung steht die nörgelnde Kritik. Diese Menschen senden negative Gedanken und Gefühle aus, die ihre Mitmenschen häufig intuitiv spüren. Daher werden 49° Geborene in diesem Fall gemieden. Die negative Ausrichtung verhindert ein verstandesmäßiges Erfassen einer Situation.

50. *verwaltende Eigenschaft*

20° Stier - Diese *Eigenschaft* fördert die innere Hinwendung zu verborgenen Inhalten in allen möglichen Lebensbereichen. Je nach Interessenlage ist dieser Mensch stets bemüht, das Versteckte, das Unsichtbare zu erfassen.

Die positive Ausrichtung: 50° Geborene haben das Gefühl, schon im Vorhinein zu wissen, welche Möglichkeiten sich aus einer Unternehmung oder einer Situation ergeben könnten. Es ist, als würden sie die ihnen jeweils innewohnende erfolgreichste Idee und zugleich das zu erwartende Ergebnis sehen. Durch die positive Ausrichtung sind sie in der Lage, die Idee umzusetzen.

Die negative Ausrichtung: Menschen im Einfluss der negativen Ausrichtung haben oft mit Sinnkrisen zu kämpfen. In diesen Fällen ahnen oder wissen sie um das Potenzial, können sich jedoch nicht dazu aufraffen, sich aktiv zu betätigen. Dieser Umstand macht sie nervös und ungeduldig. Gleichzeitig wissen sie, dass sie selbst schuld sind an der Situation. Für andere Menschen ist dieser negative Wesenszug oft unbegreiflich. Manchmal sehen sie das Ziel in Gedanken schon fast vor sich. Dann vergessen sie die Arbeit, derer es bedarf, um dorthin zu gelangen. Sie meinen, dass eigentlich schon alles geschehen sei.

51. *verwaltende Eigenschaft*

21° Stier - 51° Geborene streben in einer besonderen Weise den Fortschritt an. Diese Eigenschaft zeigt sich in jedem Augenblick des alltäglichen Lebens. Geht dieser Mensch zum Beispiel in die Küche, um sich einen Kaffee zu kochen, erkennt man in seinem Tun ein bestimmtes Drängen, dies fertigzustellen. Dieses Drängen beginnt mit dem Vorhaben und hört erst auf, wenn er den Kaffee trinkt. Ein Kennzeichen dieses Drängens ist es, dass es sich gleichmäßig, ohne Verstärkung oder Verminderung der Kraft zeigt. Es gleicht einem Fahrzeug, das sich in mittlerer Geschwindigkeit fortbewegt. Gleichzeitig erkennt man darin eine gewisse Unerbittlichkeit. Das mag sich innerhalb eines Themas wie der Zubereitung eines Getränks nicht wesentlich auf den Menschen auswirken. Wenn man sich jedoch vorstellt, dass sich dieses mühlenartige Agieren in jedem Augenblick seines Lebens ausdrückt, kann man erahnen, wie sehr das Leben eines 51° Geborenen davon beeinflusst wird. Sie haben ununterbrochen den Drang, etwas abzuschließen.

Die positive Ausrichtung: Diese Menschen sind bestrebt, das, was sie begonnen haben, auch fertigzustellen. Dies geschieht Schritt für Schritt und im Sinne einer gesunden Entwicklung.

Die negative Ausrichtung: Die Beeinflussung geschieht im Sinne der schon existenten Eigenschaften. Diese Menschen sind es gewohnt, alles in sich selbst abzugleichen und alles in Relation zu sich zu bewerten. Kommt nun ein wesensfremder Inhalt oder ein völlig neues Wissen auf sie zu, geraten sie innerlich in einen Zustand der Stagnation. Man kann ohne weiteres behaupten, dass sich dieser plötzliche Stillstand für viele wie ein leichter Schock anfühlt, als wären sie gegen eine unsichtbare Wand gerannt. Durch die Beeinflussung der *Eigenschaft* weiß dieser Mensch nicht, wie er mit den neuen Inhalten umgehen soll.

52. *verwaltende Eigenschaft*

22° Stier - 52° Geborene lieben das intelligente Gespräch über ein definiertes Thema. Ein wesentliches Kennzeichen ist das Gefühl der inneren Hingabe, verbunden mit einem leichten inneren Zustand der Freiheit. In diesem positiven Bewusstsein führen sie das Gespräch und genießen es auch.

Die positive Ausrichtung: Die *Eigenschaft* fördert innerhalb des Universums eine Art der fortschreitenden Intelligenz. Das bedeutet, dass die Argumente des 52° Geborenen sich meist auf den letzten Satz beziehen. Dies gleicht einer sich schrittweise entwickelnden Argumentation. Dabei ist es wichtig, dass diese sukzessive ‚Beweisführung' für ihn selbst wie auch für seine Gesprächspartner nachvollziehbar ist. Dabei bleibt er in Verbindung mit der positiven Ausrichtung freundlich, wenn auch oft eindringlich.

Die negative Ausrichtung: Diese Menschen bauen in sich eine Liebesenergie auf. Zumindest interpretieren sie es als Liebesenergie. Diese emotionale Grundstimmung behält der 52° Geborene bei sich, strahlt sie lediglich aus und bildet damit eine Art gefühlshaften Magneten. Dem Gegenüber wird suggeriert, sich diesem gefühlshaften Zustand anzuschließen. Er dient dazu, dass er der intelligenzhaften Argumentation dieser Person folgt. Im Grunde genommen ist es eine Art der passiven Machtausübung durch eine innere Gefühlshaltung, die der 52° Geborene als grundsätzlich positiv definiert. Er selbst erkennt sich als liebend und hingebend, definiert dies als gut und hält es für selbstverständlich, dass der Mitmensch diese Einschätzung teilt und ihm folgt. Widerspricht der Gesprächspartner, nimmt dieser Mensch eine gefühlshafte Grundhaltung an, welche man als „zurückgewiesen" beschreiben kann. Er gleicht dann einer Person, der, obwohl er sich einem anderen Menschen in Liebe zugewandt hat, von diesem zurückgewiesen wurde. Scheinbar aus dem Nichts entsteht eine völlig gegensätzliche Stimmung.

53. *verwaltende Eigenschaft*

23° Stier - Durch diese *Eigenschaft* agieren 53° Geborene regulierend. Diese Regulierung betrifft sie selbst und ihren unmittelbaren Umraum. Der Maßstab der Regulierung ist die eigene Lebenseinstellung. Sie selbst betrachten die Regulierung als Veränderung hin zum Positiven. Gleichzeitig fördert die Regulierung ihre Zuneigung. Man kann sich vorstellen, wie zum Beispiel ein Elternteil ein Kind reguliert und deshalb mehr Zuneigung empfindet.

Die positive Ausrichtung: Das Wohl der anderen Menschen liegt 53° Geborenen am Herzen. Sie möchten, dass es ihnen gut geht, dass sie gesund sind und so fort. Um das zu erreichen, greifen sie in deren Leben ein und beginnen, die Lebensbereiche der Mitmenschen zu regulieren. Es versteht sich von selbst, dass dies ein Eingriff in die persönliche Freiheit ist. Für diese Menschen ist es nicht einfach, sich diese Einmischung einzugestehen, da sie es, zumindest ihrer eigenen Ansicht nach, nur gut meinen.

Die negative Ausrichtung: Oberflächlich betrachtet kümmern sich 53° Geborene durch die negative Ausrichtung nicht um andere Menschen. Sie gehen unbeeindruckt ihrer Wege und blicken niemanden an. Innerlich und vor allem dann, wenn sie allein sind, tritt jedoch eine große Abneigung an die Oberfläche, die bis zum Hass führen kann. Sie hassen es, die anderen nicht in ihrem Sinne regulieren zu können. Wenn sie Einfluss haben, können sie viel Leid unter den Menschen schüren. Das betrifft vor allem das nähere Umfeld.

54. *verwaltende Eigenschaft*

24° Stier - Diese *Eigenschaft* beeinflusst die Menschen in der Weise, dass sie sich selbst am nächsten sind. Sie sind ständig von der Sorge durchdrungen, irgendetwas könne Einfluss auf sie nehmen. Innerlich verspüren sie die Ahnung, dass es verborgene Kräfte und Mächte gibt, welche die Menschen ungehindert beeinflussen. Das können ein Ort, ein Platz oder auch ein Mensch sein, der subjektiv als negativ wahrgenommen wird. Auch den Einfluss von religiösen Wesenheiten sehen viele dieser Menschen als wahrhaftig an. Die Schwierigkeit liegt darin, dass sie sich oft ausgeliefert vorkommen.

Die positive Ausrichtung: Durch die positive Ausrichtung fühlen sich 54° Geborene positiv begleitet. Das kann allgemein der Glaube an ein agierendes und reagierendes Universum sein, der Glaube an religiöse Kräfte oder an eine gerechte Welt. Diese Suggestionen der 54. *Eigenschaft* bewirken eine Einfügung dieser Menschen in die niederen Dimensionen.

Die negative Ausrichtung: Diese Leute schauen gehetzt um sich und haben dauernd Angst. Im Extremfall schotten sie sich komplett von den Mitmenschen und allen möglichen Einflüssen der Umwelt ab. Auch wenn sich die negative Ausrichtung in dieser Form nur manchmal zeigt, werden 54° Geborene Tendenzen bei sich erkennen können.

55. *verwaltende Eigenschaft*

25° Stier - Diese Menschen sind realitätsbezogen. Gleichzeitig fühlen sie sich frei von jeglicher physischen Bindung. Die physische und manchmal auch die geistige Realität des Universums definieren die gesamte Wirklichkeit. Innerhalb des Universums können sie gut unterscheiden und agieren selbstsicher. Denken sie über die Dimensionen außerhalb nach, befällt sie eine große Unsicherheit. Es fehlt ihnen der Halt der physischen Materie.

Die positive Ausrichtung: Durch die positive Ausrichtung bekommt die geistige Realität des Universums eine immer größere Rolle. In diesen geistigen Gesetzen vermutet der 55° Geborene die Ursache des gesamten Lebens. Das geistige Universum wird zur Heimat. Die anderen Dimensionen existieren außerhalb der eigenen Realität.

Die negative Ausrichtung: Diese Menschen streben danach, dass die physische Materie eine immer größere Rolle in ihrem Leben einnimmt. Das realisiert sich zum Beispiel über materiellen Besitz. Die physische Erde wird ein wesentlicher Lebensbereich und der Fokus immer enger. Ein Gefühl der Erhabenheit erfahren diese Menschen dann, wenn sie sich zum Beispiel in der Betrachtung eines schönen Steins verlieren.

56. *verwaltende Eigenschaft*

26° Stier - 56° Geborene haben die Eigenschaft, sich in den eigenen Vorstellungen zu verlieren. Man kann sich dazu einen Menschen vorstellen, der unbewusst vor sich hindenkt und dessen Gedanken in seiner Innenwelt eine immer größere Rolle einnehmen. Geistig bewegen sie sich in diese Imagination und denken und fühlen die dort existierende geistige Realität. Werden sie in diesen Augenblicken angesprochen, können sie leicht erschrecken. Die Gedanken und Gefühle von diesen Menschen haben große Macht und Kraft.

Die positive Ausrichtung: 56° Geborene lernen, über positive Gedanken auf ihr Leben Einfluss zu nehmen. Zahlreiche Bücher über die Kraft des positiven und schöpferischen Denkens gehen auf die Prägung der Menschen durch diese *Eigenschaft* zurück.

Die negative Ausrichtung: Die Gedanken werden oberflächlich und fahrig. Durch die negative Ausrichtung ist es für diese Menschen schwer, sich zu konzentrieren. Immer dann, wenn sie sich aus dieser Oberflächlichkeit herausbewegen wollen, um sich zu konzentrieren, verlieren sie innerlich den Halt.

57. *verwaltende Eigenschaft*

27° Stier - 57° Geborene haben die Eigenart, ein bestimmtes Thema in ihren Lebensmittelpunkt zu stellen, um das sich dann ihr ganzes Denken, Fühlen und Wollen dreht. Erst wenn die Aufgabe, die mit diesem Thema in Verbindung steht, bis zu einer gewissen Stufe vollbracht wurde, lockert sich ihr Zugang zu diesem Thema. Ein weiterer Charakterzug in diesem Zusammenhang ist ihre Unbeirrbarkeit. Haben sie eine Aufgabe gemeistert, können sie sich ohne zurückzuschauen abwenden und weitergehen. Diese Fähigkeit, ein Thema gut abzuschließen und sich danach nicht mehr zu binden, ist ein wesentlicher Charakterzug dieser Menschen.

Die positive Ausrichtung: In ihrer Art, etwas zu vollbringen, sind sie sehr offen für Einflüsse, bewahren jedoch ihre Unabhängigkeit. Diese Freiheit ist ihnen mehr als alles andere wichtig.

Die negative Ausrichtung: Die Folge der negativen Ausrichtung ist die ständige, meist unbewusste innere Konfrontation mit negativen Energien. Diese Menschen tragen einen Mantel der Unberührbarkeit und weisen alles strikt von sich, was die eigenen Ansichten möglicherweise erschüttern könnte. Diese Abweisung geschieht durch Aggression, Nichtbeachtung oder Abneigung und wird von anderen Menschen unmittelbar und kompromisslos verstanden. Den Grund dieses Charakterzugs findet man in der leisen Ahnung, die alle diese Menschen durchdringt, dass ihre eigene Sichtweise nicht der Wahrheit entsprechen könnte. Hier erkennt man eine große Unsicherheit, die jedoch überzeugend überspielt wird. In einem Gespräch wirken 57° Geborene sehr selbstsicher, zumindest, solange ihnen niemand widerspricht. Dann kann es sein, dass sie sofort und mit Leichtigkeit ihre alten Ansichten verlassen und einen neuen Standpunkt einnehmen, der in der persönlichen Einschätzung richtiger erscheint.

58. *verwaltende Eigenschaft*

28° Stier - Ein typischer Wesenszug aller 58° Geborenen ist ihr Bestreben, ein vollständiges Wissen über eine Tätigkeit oder Sache erlangt zu haben, bevor sie sich praktisch damit beschäftigen. In der Theorie muss es stimmen, damit die Praxis bestehen kann. Diese Form der Vorbereitung ist für jede Beschäftigung, sei sie physisch oder geistig, notwendig. Eine Fähigkeit ist das Erfassen zusammenhängender Strukturen.

Die positive Ausrichtung: Diese *Eigenschaft* prägt die Eigenschaft, sich einer Aufgabe hingeben zu können. 58° Geborene können aus einer großen Selbstverständlichkeit heraus alle Schritte annehmen und der Entwicklung geduldig folgen, ohne dabei die nötigen Aktivitäten zu unterlassen. Diese Hingabe kann man als Zulassen der Entwicklung des Vorgesehenen beschreiben. Da sie um die Entwicklung wissen, bedeutet diese Art der Hingabe Erfüllung.

Die negative Ausrichtung: Dies zeigt sich als Zwanghaftigkeit in der Erfüllung einer Tätigkeit. Diese Menschen opfern ihre Lebenszeit einem Zeitpunkt in der Zukunft. Rastlosigkeit oder Haltlosigkeit können die Folge sein. Über ihnen hängt das symbolische Damoklesschwert des Nichterfüllens einer Tätigkeit. Ihre Angst bezieht sich meist auf die Selbsteinschätzung ihres eigenen Könnens. Oft meinen diese Menschen, etwas nicht zu können oder nicht zu wissen.

59. *verwaltende Eigenschaft*

29° Stier - 59° Geborene besitzen eine Form des Selbstbewusstseins, die sich auf ihr besonderes Auftreten stützt. In diesem Auftreten werden sie unbewusst von ihren gegenwärtigen Gefühlen geleitet. Innerhalb dieser Gefühle gibt es eine Kraft der Entwicklung. Sie findet sich dort automatisch und braucht keinen willentlichen Entschluss. Entwicklung ist der hauptsächliche Grund für das diesen Menschen natürlich zukommende Selbstbewusstsein.

Die positive Ausrichtung: Diese Menschen können stetig arbeiten und sind grundsätzlich bemüht, ihre Arbeit positiv zu erledigen. Manchmal scheint es, als wären 59° Geborene etwas abwesend. In diesem inneren Zustand erfahren sie die Entwicklung ihrer Gefühle. Das geschieht zumeist ohne ihr Wissen.

Die negative Ausrichtung: Diese Personen befinden sich in der Dunkelheit und insgeheim wissen sie das auch. Beschäftigen sie sich mit einem Thema, suggerieren sie sich selbst, außerhalb der Dunkelheit zu agieren. Gleichzeitig ahnen sie, dass dies nicht der Wahrheit entspricht. Die Dunkelheit zeigt sich in Form von negativen Gefühlen gegenüber sich selbst und gegenüber der eigenen Beschäftigung.

60. *verwaltende Eigenschaft*

30° Stier - Durch die Prägung dieser *Eigenschaft* beziehen sich 60° Geborene auf ihre eigene Freundlichkeit, die sie willentlich aufrechterhalten. Zwischen der Freundlichkeit und dem Abgleiten dieser Gefühle liegt ein schmaler Grat. Stützen tut sich diese typische Freundlichkeit auf äußere Gegebenheiten, auf eine Situation oder auf einen Mitmenschen. Gibt es keinen ersichtlichen Grund, freundlich zu sein, versuchen 60° Geborene, diese Gefühlslage künstlich aufrechtzuerhalten.

Die positive Ausrichtung: Es fällt diesen Menschen leicht, die freundliche Stimmung beizubehalten. Durch ihre positive Grundeinstellung können sie immer wieder Gründe für ihre Freundlichkeit finden. Viele 60° Geborene sind zudem hilfsbereit.

Die negative Ausrichtung: Die Gefühle sind destruktiv und negativ. Diese Menschen wollen keinerlei positive Eigenschaften an ihren Mitmenschen ausmachen. Der Grund dafür ist, dass sie sich durch eine positive Sicht der Dinge erschöpft fühlen. Durch die negative Ausrichtung empfinden sie die negativen Gefühle, die sie ohne Anstrengung fühlen können, als das Normale.

61. bis 90. *verwaltende Eigenschaft*

61. *verwaltende Eigenschaft*

1° Zwilling - 61° Geborene sind interessiert, neugierig und möchten aktiv etwas Neues erfahren. Wenn ihnen ein Thema zusagt, sind sie bereit, sich zu engagieren. Normalerweise ist es nicht so einfach, einen 61° Geborenen für eine Sache zu begeistern. Ihr aktiver und forschender Intellekt kann schnell Widersprüche aufdecken. Normalerweise ist es auch so, dass die Impulse vom 61° Geborenen selbst ausgehen und er die Inhalte von sich aus definiert. Das beginnt bei alltäglichen Belangen wie einem Gespräch und führt bis zu philosophischen Inhalten. Wichtig ist ihnen immer der eigene aktive Zugang.

Die positive Ausrichtung: Wenn man sich einen interessierten Menschen vorstellt, der aktiv auf andere Menschen zugeht, im positiven Sinne neugierig ein Gespräch beginnt und dennoch kritisch und intelligent die Dinge hinterfragt, hat man ein gutes Bild von der positiven Ausrichtung.

Die negative Ausrichtung: Durch die Prägung in der negativen Ausrichtung entsteht ein negativ kritisierender Charakter, der nichts gelten lässt. Gleichzeitig verfügt dieser Mensch selbst nicht über das Wissen, das es ihm erlauben würde, die notwendigen Argumente vorzubringen. Es ist schlicht die Ablehnung aus Gründen, die dem Erhalt des niederen Egos, der eigenen Lebensphilosophie bis hin zur politischen Meinung dienen.

62. *verwaltende Eigenschaft*

2° Zwilling - Das Bestreben vieler 62° Geborener ist es, eine Gegebenheit aufrechtzuerhalten. Meist handelt es sich um alltägliche Lebensumstände. Ebenso findet man die willentliche Beibehaltung persönlicher Ansichten. Mit großer Energie können sie eine Meinung vertreten und verteidigen. Die Argumente sind oft nicht inhaltlicher Natur. Sie meinen, auch die persönliche Leidenschaft berechtige einen dazu, seine Meinung nicht ändern zu müssen.

Die positive Ausrichtung: Diese Menschen haben das Talent, ihre persönliche Meinung mit Argumenten zu vertreten, die manchmal weit hergeholt scheinen. Sie üben auch keinen Zwang auf andere Menschen aus und besitzen nicht den Drang, andere von sich überzeugen zu wollen.

Die negative Ausrichtung: Diese Personen vertreten ungeduldig ihre persönliche Meinung. Gleichzeitig glauben sie kaum mehr daran, dass andere Leute ihre Meinung akzeptieren, geschweige denn annehmen. Daraus entsteht ein langsam wachsender Frust.

63. *verwaltende Eigenschaft*

3° Zwilling - 63° Geborene zeichnen sich durch eine typische Form des verstandesmäßigen Denkens aus. Für sie selbst ist das selbstverständlich, erkennen sie es jedoch ausdrücklich, erlangen sie eine größere Freiheit im Geist. Aufgabe eines jeds Menschen auf dem Weg ist es daher, die eigene Art des Überlegens, der Analyse und der intelligenzhaften Schlussfolgerung zu erkennen. Durch diese Selbsterkenntnis erfährt man die Begrenzungen bzw. die Strukturen, in welchen man sich in seinen Überlegungen automatisch und unbewusst bewegt.

Die positive Ausrichtung: Durch die positive Ausrichtung besitzt der 63° Geborene die Kraft des stetigen Fortschritts. Ließe sich dies beobachten, würde man einen Menschen sehen, der innerlich frei in einem bedächtigen Tempo und mit Freude eine Treppe hinaufsteigt, an deren Ende man eine Tür sieht. Es besteht kein Zweifel, dass er diese Tür erreicht. Der Zustand gleicht einer inneren Gewissheit, die sich in der Stetigkeit des Tuns in jedem Moment ausdrückt.

Die negative Ausrichtung: Durch die negative Ausrichtung erkennt man eine gewisse Art der Gleichförmigkeit. Der Schwierigkeit, der sich dieser Mensch beim Erkennen dieser Substanz gegenübersieht, bezieht sich darauf, dass er fest davon überzeugt ist, sich mit der jeweiligen Tätigkeit konsequent und ausdauernd zu beschäftigen. Durch die Beschäftigung wird dem 63° Geborenen suggeriert, sich damit zugleich auch tiefer auseinanderzusetzen. In Wirklichkeit bleibt er jedoch an der Oberfläche und dringt nicht ein. Die Beständigkeit in der Beschäftigung zeichnet das illusorische Bild einer tiefen Verbundenheit.

64. *verwaltende Eigenschaft*

4° Zwilling - Grundsätzlich kann festgestellt werden, dass alle 64° Geborenen über die Anlage einer großen Intelligenz verfügen. Die Besonderheit, die sie auszeichnet, bezieht sich auf ihr inneres Reagieren in Bezug auf ihre Intelligenz. Sie haben nämlich die Eigenart, das intelligenzhaft Erkannte mit einer gefühlshaften Energie zu verbinden, welche den jeweiligen Inhalt in eine ganz bestimmte Schwingung einhüllt. Bildhaft ausgedrückt umschreiben sie den Inhalt mit einem Gefühl, welches neben diesem Inhalt eine gewisse Ästhetik und Schönheit vermitteln soll. Das Erkannte wird von diesem Gefühl derart durchdrungen, dass manchmal nicht mehr die Information im Mittelpunkt steht, sondern die Präsentation.

Die positive Ausrichtung: Alle Menschen im Einfluss der positiven Ausrichtung haben das Talent, Wahrheiten in einer Form zu präsentieren, die dem Gegenüber hilft, diese auch wirklich zu erfassen. Die Form kann unterschiedlich sein, wobei sie eine große Vorliebe für Darstellungen haben.

Die negative Ausrichtung: Im Einfluss der negativen Ausrichtung kommt es zu einer Verdrehung der Hierarchie zwischen Wahrheit und Präsentation. Dieser Mensch ist so darauf fixiert, etwas möglichst kunstvoll darzubieten, dass er nicht darauf achtet, ob seine Darstellungen überhaupt wahr und richtig sind. Hier findet man den selbstverliebten Darsteller der eigenen Vorlieben.

65. *verwaltende Eigenschaft*

5° Zwilling - 65° Geborene gehen auf andere Menschen mit positiven Gefühlen und Gedanken zu. Gleichzeitig wahren sie einen spürbaren Abstand. Man könnte meinen, dass sie in diesem distanzierten Zustand darüber nachdenken. In Wahrheit tasten sie mit ihren Gefühlen das Gegenüber ab. Dieser Vorgang ist ein Kennenlernen. 65° Geborene wollen wissen – oder besser gesagt fühlen –, mit wem sie es zu tun haben.

Die positive Ausrichtung: Durch die positive Ausrichtung der *Eigenschaft* bringen sie ihren Mitmenschen großes Vertrauen entgegen. Sie können sehr schnell Freundschaften schließen und fühlen sich den zuvor noch Fremden in kurzer Zeit sehr nahe.

Die negative Ausrichtung: Die negative Ausrichtung der *Eigenschaft* bewirkt eine äußere und innere Distanz zu den Menschen. Man kann sich dazu jemanden vorstellen, der sich enttäuscht zurückgezogen hat. Diese Grundhaltung bewahren 65° Geborene unabhängig davon, ob sie tatsächlich enttäuscht worden sind oder nicht.

66. *verwaltende Eigenschaft*

6° Zwilling - Die 66. *Eigenschaft* definiert über ihre geistigen Substanzen gewisse Gesetzmäßigkeiten, die eine Auswirkung auf den Intellekt haben. Dieser agiert nicht frei, sondern an die Vorgaben gebunden. Im Grunde beschränkt diese *Eigenschaft* den Menschen in der Weise, dass es diesem nur schwer möglich ist, Überlegungen anzustellen, die über die physische Welt hinausgehen.

Die positive Ausrichtung: Die positive Ausrichtung bewirkt, dass der Mensch über einen Intellekt agiert, welcher die physische Welt in Bezug zu sich selbst und im Sinne des Universums definieren kann.

Die negative Ausrichtung: Die persönliche Betrachtung der Realität wird immer enger. Diese Form des Intellekts orientiert sich an der persönlichen Vorstellung der Wirklichkeit. Der Mensch entnimmt der physischen Realität nur mehr einzelne Punkte, die seine subjektive Enge bestätigen. Dies zeigt sich bei einzelnen Menschen ebenso wie bei ganzen Menschengruppen. Ein Wesenszug besteht darin, dass Ideen, die dem persönlichen Realitätsbezug widersprechen, nicht in die Überlegungen einfließen. Selbst dann, wenn man einen 66° Geborenen direkt darauf hinweist, beeinflusst diese *Eigenschaft* den Menschen dahingehend, sich abzuwenden und die Idee zu ignorieren. Werden die Hinweise immer vehementer vorgetragen, beginnen 66° Geborene ablehnend, ungeduldig und grantig zu reagieren. Das ganze Wesen dieser Menschen ist darauf ausgerichtet, Einwände, die das persönliche Realitätsbild stören könnten, zu ignorieren.

67. *verwaltende Eigenschaft*

7° Zwilling - Durch die 67. *Eigenschaft* besitzen 67° Geborene die Eigenart, dass sie, wenn sie über Geschehnisse nachdenken, parallel dazu ihre Gefühle verändern. In gewisser Weise machen dies alle Menschen. Die Besonderheit dieser *Eigenschaft* ist jedoch die unmittelbare Veränderung der Gefühle und gleichzeitig die Beibehaltung der Distanz.

Die positive Ausrichtung: 67° Geborene können äußere und innere Geschehnisse sehr gut nachvollziehen und anderen Menschen vermitteln. Indem sie darüber nachdenken, erfahren sie die Dinge mit ihren Gefühlen. Die Distanz erlaubt ihnen eine neutrale Beurteilung.

Die negative Ausrichtung: Auch durch die negative Ausrichtung bewahren 67° Geborene Distanz, wobei die Beurteilung in diesem Fall abwertend ausfällt. Sie unterstellen den Mitmenschen, nicht dazu fähig zu sein, eine Sachlage neutral zu beurteilen. In Wahrheit befinden sie sich selbst in einem Zustand der negativen Sichtweise.

68. *verwaltende Eigenschaft*

8° Zwilling - Diese *Eigenschaft* prägt die Menschen im Sinne einer positiven Weltsicht. Grundsätzlich besitzen 68° Geborene eine gute Intuition und spüren ausgezeichnet, wie es ihren Mitmenschen geht. Oft kommt zu dieser Intuition eine gute Unterscheidungskraft in der Betrachtung der Gegebenheit. In Begleitung eines 68° Geborenen hat man das Gefühl, gut aufgehoben zu sein. Alle diese Personen besitzen einen Magnetismus, durch welchen sich ihnen andere Menschen gerne nähern.

Die positive Ausrichtung: Diese Menschen sind hilfsbereit und zugänglich. Durch ihre freundliche Art ist man gerne mit ihnen zusammen. Da sie sich nicht darum bemühen müssen, dass Mitmenschen ihnen näherkommen wollen, verhalten sie sich authentisch und natürlich, was wiederum als sympathischer Wesenszug aufgenommen wird.

Die negative Ausrichtung: Hier zeigt sich der distanzierte Betrachter, der während der Betrachtung die unterschiedlichsten, meist negativen Gefühle durchläuft. Durch die negative Ausrichtung befinden sich diese Menschen in einem abgehobenen Zustand. Gleichzeitig strömt eine Vielzahl von Empfindungen auf sie ein. Intuitiv meinen sie, durch die Distanz geschützt zu sein.

69. *verwaltende Eigenschaft*

9° Zwilling - 69° Geborene haben einen offenen Charakter. Ihre Art, durch das Leben zu gehen, gleicht einem Menschen, der mit offenen Augen und Ohren einen Spaziergang macht und nur darauf wartet, etwas zu sehen und zu hören. Diese Offenheit macht sie sehr empfänglich für äußere Eindrücke jeglicher Art. Dies wird durch den Umstand unterstützt, dass sie überaus empfindsam und sensibel sind. Damit ist jedoch nicht gemeint, dass sie empfindlich oder angerührt auf äußere Einflüsse reagieren. Ihre Empfindsamkeit bezieht sich darauf, dass sie die Dinge einfach spüren. Zugleich durchdringt sie eine gewisse Neutralität. Die feinen Antennen dieser Menschen fühlen sehr viel und bewerten die Dinge nicht.

Die positive Ausrichtung: Diese Menschen haben das Talent zu einer frohen und leichten Lebensgestaltung. Interessiert gehen sie durch den Tag, betrachten alle Dinge mit wacher Neugierde. Sie haben die Fähigkeit, sich nicht in Sachverhalte hineinzusteigern und können sich leicht von unnötigen Dingen lösen.

Die negative Ausrichtung: Durch die negative Ausrichtung kann dieser Mensch zwar seine charakterlichen Fehler erkennen, erachtet es jedoch nicht für nötig, sie auch nur minimal zu ändern. Ihre Intuition und Intelligenz setzen 69° Geborene dazu ein, Argumente, die ihr niederes Ego berühren könnten und eigentlich einen tieferen Gehalt haben, zu entkräften. Ein Wesenszug zeigt sich als eine Form ablenkender und gleichzeitig sprunghafter Intelligenz. Sie haben ein großes Talent, unangenehmen Situationen auszuweichen, indem sie einfach das Thema wechseln oder Dinge gezielt ignorieren. Werden sie mit einem charakterlichen Thema konfrontiert, verniedlichen sie es. Daher nimmt man identische negative Eigenschaften bei diesen Menschen nicht so tragisch wie bei anderen Menschen.

70. *verwaltende Eigenschaft*

10° Zwilling - Eine Eigenschaft ist die Fähigkeit des intuitiven Fühlens in Verbindung mit dem Talent, diese Intuition intelligenzhaft zu erkennen. Die Art der Erkenntnis ist in einer gewissen Weise vergleichend. Das Gefühl, welches der 70° Geborene verspürt, wird mit dem schon vorhandenen inneren Wissen abgeglichen. Dies ähnelt einem intuitiven Abtasten, ob hinsichtlich der neuen gefühlshaften Erfahrung bereits Inhalte vorhanden sind.

Die positive Ausrichtung: Wenn sich ein 70° Geborener mit einem bestimmten Wissensgebiet beschäftigt, so hat er durch diese *Eigenschaft* Zugang zu ihm noch unbekannten Inhalten im Raum. Intuitiv streben diese Erkenntnisse auf ihn zu. Man kann diesen ganzen Vorgang als Wesenszug der Persönlichkeit aller 70° Geborenen beschreiben. Diese Fähigkeit hängt davon ab, inwieweit man es schafft, geistige Substanzen zu fühlen. Die Grundlage ist das bereits verinnerlichte Wissen, welches dem analogen Denken als Referenz dienen kann.

Die negative Ausrichtung: Durch die negative Ausrichtung versperrt sich der 70° Geborene, neue Informationen in Betracht zu ziehen. Er verneint die im Umfeld enthaltenen Informationen und definiert sich selbst als gesamter Raum. Neue und vor allem höhere Inhalte können nicht erfasst werden, da sie abgeblockt werden.

71. *verwaltende Eigenschaft*

11° Zwilling - Man stelle sich einen Menschen vor, der einem Vortrag lauscht. Er verinnerlicht das vermittelte Wissen mit großer Selbstverständlichkeit. Gleichzeitig nimmt er die Art der Vermittlung des Vortragenden in sich auf. Der 71° Geborene gliedert somit nicht nur das Wissen, sondern auch die Form der Vermittlung. Die automatische Identifizierung mit dem Bewusstsein des Lehrenden macht es dem 71° Geborenen leicht, den Lehrstoff zu verstehen, da er zusätzlich zum Wissen die Weise des Verständnisses integriert. Er wiederholt in sich die Form des intellektuellen Verstehens des Vortragenden. Er folgt dessen Spuren des Erfassens.

Die positive Ausrichtung: Der 71° Geborene hat durch die positive Ausrichtung das Talent, jegliches Halbwissen in Bezug auf das Universums zu entlarven. Unwahrheiten kann er nicht ausstehen. Ganz empfindlich reagiert er, wenn er erkennt, dass jemand bewusst lügt.

Die negative Ausrichtung: Durch die negative Ausrichtung kommt es zu dem Umstand, dass ein Wissen vorschnell und ohne Überprüfung angenommen wird. Das Problem ist, dass der 71° Geborene den Eindruck vermittelt bekommt, sein Bewusstsein sei unstrukturiert. Dadurch verspüren viele Menschen Angst. Sie meinen, dass sich das Bewusstsein durch den fehlenden Halt im Ungewissen verliert.

72. *verwaltende Eigenschaft*

12° Zwilling - 72° Geborene machen sich über alle Dinge ihre Gedanken. Dies geschieht automatisch und aus einer großen Selbstverständlichkeit. Auf die Idee, dass andere Menschen dies nicht so praktizieren, kommen sie meist gar nicht. Dieser beschriebene Charakterzug besteht unabhängig davon, ob jemand intelligente oder nicht intelligente Überlegungen anstellt. Es ist damit nur der Automatismus der analytischen Überlegung gemeint.

Die positive Ausrichtung: Diese Menschen zeichnen sich durch ihre hohe Intelligenz aus. Möchte man diese beschreiben, ist es weniger das gute Gedächtnis als die zielgerichtete Überlegung. Befasst sich jemand mit 72° mit einer definierbaren Problematik, wird er mit Sicherheit eine Lösung finden.

Die negative Ausrichtung: Durch die negative Ausrichtung wird die konzentrierte Überlegung durch die unbewusste Überlegung ersetzt. Der 72° Geborene empfindet vorhandene Substanzen, verliert dort die Konzentration und bindet den Verstand an einen begrenzten Raum ohne Zentrum. Oft werden diese Menschen als „nicht geerdet" wahrgenommen. Das hervorstechendste Merkmal der negativen Ausrichtung ist das impulshafte Auftreten negativer Gedanken.

73. *verwaltende Eigenschaft*

13° Zwilling - 73° Geborene besitzen den Verstand, ihre eigenen Interessen durchzusetzen. Ihr Grundgefühl kann man als machtvoll beschreiben, wobei sich diese Macht gleichzeitig mit dem Verstand ausdrückt. Man kann sich dazu jemanden vorstellen, der sich selbst oder einen anderen Menschen vertritt und dessen Worte mit großer Macht ausgesprochen werden. Das Gegenüber muss sich erst überwinden, dem etwas entgegenzusetzen.

Die positive Ausrichtung: Die Mitmenschen meinen, dass ihnen der 73° Geborene entgegenkommt. Grundsätzlich stimmt das, wobei das

Entgegenkommen nur äußerlich ist und nicht den Inhalt zum Beispiel eines Gesprächs betrifft. Das Entgegenkommen dient dazu, den Gesprächspartner zu überzeugen.

Die negative Ausrichtung: Durch die negative Ausrichtung bauen 73° Geborene eine breite Machtbasis auf, die dem Gegenüber – bildhaft ausgedrückt – übergestülpt wird. Gegenargumente werden gar nicht erst angehört, sondern ignoriert. Die eigenen Vorzüge werden laut verbreitet.

74. *verwaltende Eigenschaft*

14° Zwilling - Ein Wesenszug aller 74° Geborenen ist ihre Art, einen Themenbereich intelligenzhaft zu betrachten. Im Grunde haben sie die automatisierte Fähigkeit, die Verbindung zwischen einer einzelnen Idee, die auch für sich präsentiert werden kann, und dem großen Ganzen zu bewahren. Während sich jemand anders immer wieder dazu auffordern muss, den Gesamtüberblick zu behalten, geschieht dies bei 74° Geborenen von selbst. Ihre Kraft richtet sich danach aus, diese Verbindung dauernd zu bewahren.

Die positive Ausrichtung: Durch die positive Ausrichtung besitzen diese Menschen eine bestimmte Form der Bescheidenheit. Sie erkennen den jeweiligen Aspekt und können ihn entsprechend in das Ganze einfügen. Diese Art der Bescheidenheit rührt aus dem tiefen Wissen, dass der Teil genau das ist, was er ist: ein Teil.

Die negative Ausrichtung: Man stelle sich einen Menschen vor, der ein Buch liest und diesem Buch einen Stellenwert einräumt, den es gar nicht hat. Er befindet sich beispielsweise in einer Religionsgemeinschaft und liest das Buch eines geschätzten Mitglieds. Nun geschehen zwei Dinge gleichzeitig. Die Ideen der Religion nehmen den universalen Raum ein und das Buch beginnt, eine wesentliche Rolle darin zu spielen. Eine intelligenzhafte Auseinandersetzung mit dem Inhalt des Buchs ist nicht möglich, da der Raum der analytischen Betrachtung begrenzt wird. Die Möglichkeit, dass eine Religion nur Halbwahrheiten präsentiert, wird von den Gläubigen nicht in Betracht gezogen. Deshalb sind Analysen von Historikern, die selbst der jeweiligen Religion angehören, immer mit Vorbehalt zu lesen. Selbst wenn es der eine oder andere schafft, manche Aspekte frei und inhaltlich unbefangen zu analysieren, werden sein Fühlen und seine innere Haltung gegenüber der Religion immer in der Melodie des Textes mitschwingen. Die zweite Form der Oberflächlichkeit ist die Herausstellung dieses Buchs als wesentliche Wahrheit unabhängig von seinem wirklichen Wert. Dazu folgendes Beispiel aus der Musik: Stellen Sie sich zwei Menschen vor, die jeweils ein Klavierstück auf einer Bühne darbieten. Der erste Musiker spielt eine schwierige Beethoven-Sonate. Der zweite Musiker trägt ein einfaches Übungsstück vor und macht dabei auch noch technische Fehler. Die Zuhörer analysieren nun beide Darbietungen in einer Weise, als ob sie gleichrangig wären. In beiden finden sie gleich viele Fehler wie positive Ausdrucksformen. Sie unterscheiden nicht zwischen den jeweiligen Stücken und Spielern. Diese Gleichmacherei hat als Ursache die egozentrierte Hervorhebung der eigenen Persönlichkeit.

75. *verwaltende Eigenschaft*

15° Zwilling - Durch die Prägung dieser *Eigenschaft* wissen die Menschen recht genau, was sie wollen. Sie identifizieren sich gedanklich wie auch gefühlhaft mit einem Zustand, der jede Abweichung ausschließt. Alle äußeren Tätigkeiten oder Gedanken dienen diesem Ziel. Man könnte meinen, dass sie es innerlich schon erreicht haben, obwohl es noch weit entfernt ist.

Die positive Ausrichtung: Diese Menschen sind in der Lage, sich genau und ausdauernd mit einem Thema zu beschäftigen. Ihr innerer Zustand der ungezwungenen Konzentration auf ein Thema, ohne die Offenheit zu verlieren, erlaubt diese Konsequenz ohne Anstrengung.

Die negative Ausrichtung: Durch die negative Ausrichtung weisen 75° Geborene ausdauernd und ungeduldig auf das jeweilige Thema hin. Sie selbst betrachten es mit Abstand, drängen jedoch darauf, dass andere

Menschen die notwendigen Aufgaben erledigen. Ihr Tun beschränkt sich auf ungeduldige Anweisungen.

76. *verwaltende Eigenschaft*

16° Zwilling - Für alle 76° Geborenen ist das äußerliche Erscheinungsbild ein wichtiger Lebensausdruck. Das darf man nicht mit Oberflächlichkeit verwechseln. Für 76° Geborene ist das äußere Bild immer zugleich ein Spiegel der inneren Befindlichkeit. Ein Charakterzug zeigt sich in der Beurteilung alltäglicher Situationen. In einem Gespräch wird dieser Mensch intelligenzhaft zuhören und argumentieren und gleichzeitig durch die persönliche Harmonieempfindung die eigene Innenwelt gestalten. Der Verstand richtet sich unbewusst in Richtung persönlicher Harmonie aus. Die harmonisch empfundenen Gefühle und Gedanken bilden die Orientierung für die Intelligenz.

Die positive Ausrichtung: In der positiven Ausrichtung haben alle 76° Geborenen ein Talent, mit Leichtigkeit durch das Leben zu gehen. Da zwischen dem äußeren Bild und der inneren Befindlichkeit keine Diskrepanz besteht, spüren auch andere Menschen keinen Widerspruch bzw. keine Reibung. Folglich können sie sich in allen Gesellschaftskreisen mit großer Selbstverständlichkeit bewegen. Diese Durchgängigkeit ist unabhängig davon, wie der 76° Geborene aussieht oder in welchem Stil er sich kleidet. Es sind die innere und die äußere Authentizität, welche diese Fähigkeit mit sich bringen. Das kann zum Beispiel auch bedeuten, dass sich jemand sehr eigenwillig kleidet und sich dennoch harmonisch in eine Gesellschaft einfügt.

Die negative Ausrichtung: Durch die negative Ausrichtung kommt es zu einer Distanzierung zwischen dem 76° Geborenen und den Menschen in seinem Umfeld. Dieser Abstand rührt von dem Bestreben des 76° Geborenen her, seinem Gegenüber zu entsprechen. Er möchte dem anderen Menschen näherkommen, erreicht jedoch das Gegenteil. Die Ursache des Abstandes ist die Disharmonie, die dieser Mensch empfindet, wenn er jemandem innerlich entgegengehen möchte und glaubt, ihm entsprechen zu müssen. Das Gegenüber nimmt dieses Gefühl der Unstimmigkeit – meist unbewusst – auf und reagiert mit Abstand. Gleichzeitig gewinnt er das Gefühl, der 76° Geborene besitze überhebliche und abweisende Charakterzüge. Diese Menschen haben durch die negative Ausrichtung immer wieder eine innere Form der Intoleranz.

77. verwaltende Eigenschaft

17° Zwilling - Diese Menschen gehen freundlich und etwas erwartungsvoll auf andere Leute zu. Sie sind zugleich offen und haben in diesen Augenblicken nicht das Bedürfnis, sich zu behaupten. Die Mitmenschen erkennen dies, reagieren jedoch etwas distanziert. Es scheint, als würden sie nachdenken, was der 77° Geborene von ihnen will. Diese Distanz bleibt längere Zeit bestehen, obwohl sich der 77° Geborene bemüht, sie zu überwinden.

Die positive Ausrichtung: Durch die positive Ausrichtung schwindet die innere Distanz, obgleich ein Abstand bewahrt wird. Manchmal haben die Mitmenschen den Eindruck, der 77° Geborene wolle etwas von ihnen. Durch die positive Ausrichtung sind sie jedoch bereit, ihm den Wunsch zu erfüllen.

Die negative Ausrichtung: Durch die negative Ausrichtung sind 77° Geborene gleichzeitig unterwürfig und provokant. Sie wollen sich den Mitmenschen nähern, befinden sich jedoch in einem negativen inneren Zustand. Die Leistungen anderer Menschen ignorieren sie und verbleiben, wenn sie mit diesen ein Gespräch führen, in dieser provokanten und gleichzeitig devoten Grundhaltung. Sie fühlen sich wissend, was jedoch nicht der Wahrheit entspricht.

78. verwaltende Eigenschaft

18° Zwilling - 78° Geborene haben den Wesenszug der interessierten Betrachtung mit der gleichzeitigen inneren Bereitschaft, sich dem betrachteten Menschen oder Gegenstand zu nähern. Die interessierte Beobachtung steht in Verbindung mit dem Verstand. Was beobachtet wird, wird intelligenzhaft eingeordnet. Die Näherung erfolgt über die Liebe. Diese Offenheit, sich jemandem zu nähern, tragen alle 78° Geborenen in sich. Die letztendliche Entscheidung erfolgt nach einem Abgleich mit den eigenen Wertvorstellungen. Diese können sich auf die Erziehung, die Bildung, das soziale Umfeld, die Kultur und so weiter beziehen.

Die positive Ausrichtung: 78° Geborene fühlen sich erfüllt, wenn sie in einer glücklichen Partnerschaft leben. Im Vordergrund steht für viele die Sexualität. Diese Liebe wollen sie in allen Facetten leben und erfahren sie durch die positive Ausrichtung dieser *Eigenschaft* auch.

Die negative Ausrichtung: Durch die negative Ausrichtung verwechseln 78° Geborene Liebe mit der Bestätigung vorhandener Strukturen. In der Partnerschaft zeigt sich dies dann, wenn der 78° Geborene den Partner nach nur kurzer Zeit nicht mehr interessant findet. Er wird seiner quasi überdrüssig. 78° Geborene fordern eine Wertehaltung ein, welche ihre persönliche Vorstellung ergänzt. Gleichzeitig suggerieren sie dem Gegenüber, dass sich das Leid, das sie empfinden, nur dann lindern wird, wenn der andere ihre Wertehaltung übernimmt. Im Grunde handelt es sich um psychische Erpressung. Parallel zu diesem Wesenszug erkennt man bei diesen Menschen eine große Respektlosigkeit.

79. *verwaltende Eigenschaft*

19° Zwilling - 79° Geborene vereinen drei unterschiedliche Eigenschaften, die sich gegenseitig ergänzen und bedingen. Es sind dies die intelligente Betrachtung, Neugierde und Ausdauer. Wollen sie etwas wirklich wissen oder lernen, geben sie nicht nach, bis sie es erreicht haben.

Bildhaft kann man sich das so vorstellen, dass sie einen unbekannten dunklen Raum betreten und unermüdlich daran arbeiten, dass es Licht wird in diesem Raum. Dieses Licht steht für das Erkennen. Eine nächste Besonderheit bezieht sich auf ihre Neugierde. Wenn der 79° Geborene einen Themenbereich betrachtet, hat das etwas von einem sezierenden

Blick. Dieser dringt bis in die innersten Strukturen und möchte das vorhandene Wissen freilegen und erkennen.

Die positive Ausrichtung: Durch die positive Ausrichtung betrachten die Menschen interessiert die Welt. Sie besitzen Klarheit und Wachheit. 79° Geborene tendieren in Richtung Spannung, können jedoch in der Erkenntnis des Angestrebten sehr gut entspannen.

Die negative Ausrichtung: Durch die negative Ausrichtung wird Spannung für Zerstörung erzeugt. Dieser Mensch fragt nicht nach, um etwas besser erkennen zu können, die Nachfrage hat vielmehr den Zweck, das Gegenüber bloßzustellen. Es ist ein provokatives Nachbohren mit dem Sinn, den Beweis zu erbringen, dass der andere es nicht weiß. Eine negative Eigenschaft ist auch die innere Kälte gegenüber dem Leid anderer Menschen.

80. *verwaltende Eigenschaft*

20° Zwilling - 80° Geborene sind sehr wachsam in ihren Beobachtungen anderer Leute und ihres Umraums. Solange sich zwischen ihren Überlegungen und ihrem Umfeld kein Widerspruch ergibt, handeln sie so, wie man es erwarten würde. Das gilt auch für ihre Empfindungen. Gibt es jedoch Widersprüche, dann stocken sie. Es ist ihnen dann fast unmöglich, im Sinne des Umfeldes zu agieren.

Die positive Ausrichtung: Durch die positive Ausrichtung kommt es zur Übereinstimmung zwischen dem 80° Geborenen und seinem Umfeld. Es ergeben sich kaum Widersprüche und falls doch einmal etwas in ihr Leben tritt, was sie nicht nachvollziehen können, ignorieren sie es, bis es von selbst wieder verschwindet.

Die negative Ausrichtung: Durch die negative Ausrichtung befinden sich 80° Geborene in einem Umfeld, das sie nicht verstehen und welches umgekehrt sie nicht versteht. Dadurch ergeben sich ständig Reibungen, die entweder zu Auseinandersetzung und Streit führen oder zu einem anhaltend spannungsreichen Zustand, den 80° Geborene oftmals als schmerzhaft empfinden.

81. *verwaltende Eigenschaft*

21° Zwilling - Innere Orientierung ist für 81° Geborene eines ihrer wichtigsten Themen. Sie reagieren in jedem Augenblick auf einen mehr oder weniger harmonischen Zustand. Eine Tat oder ein Wort haben für sie immer auch innere Folgen. Einer automatischen Navigation ähnlich richten sich diese Menschen gemäß einer verinnerlichten Orientierung aus. In persönlichen Handlungen zeigt sich dies als großes Bedürfnis nach Erfüllung einer Harmonie. Jede zukünftige Handlung oder jedes Vorhaben wird ohne bewussten Willen danach beurteilt und entsprechend verändert.

Die positive Ausrichtung: Für 81° Geborene ist Gerechtigkeit eines der Grundthemen ihres Lebens. Ungerechtigkeiten, und seien sie auch noch so klein, verursachen ein inneres Unwohlsein, das erst dann gelöst wird, wenn die Gerechtigkeit wieder hergestellt ist. Maßstäbe des Gerechtigkeitssinns sind Kultur, Bildung, Erziehung und so weiter.

Die negative Ausrichtung: „Wer zuerst da ist, mahlt zuerst"; „Den Letzten beißen die Hunde"; „Selbst schuld am Untergang der Firma" – solche Aussagen stehen in Verbindung mit der negativen Ausrichtung und werden ohne Empathie ausgesprochen. Durch die negative Ausrichtung verschiebt sich die Orientierung der inneren Ausrichtung in Bezug auf richtig und falsch. Zugleich werden die innere Sichtweise und dadurch die Beurteilung einer Situation immer enger.

82. *verwaltende Eigenschaft*

22° Zwilling - Menschen mit der Prägung dieser *Eigenschaft* erwarten das Vorgesehene. Als positiv definieren sie das, was sie sich schon gedacht hatten. Dann erfüllen sich die Umstände, die ihrer Meinung nach allgemein zu erwarten waren. Für sie war die Gegenwart vorhersehbar und

Wirkung einer zurückliegenden Ursache. Beispielsweise erreicht derjenige etwas, der arbeitet. Wer nicht arbeitet, wird auch kein Geld verdienen.

Die positive Ausrichtung: Diese Menschen legen die Ursache für eine selbst gewählte Wirkung. Grundsätzlich sind sie sich der Konsequenzen ihres Tuns sehr bewusst. Gleichzeitig agieren sie automatisch vorausschauend. Wie selbstverständlich beziehen sie in ihre gegenwärtigen Handlungen die Zukunft mit ein.

Die negative Ausrichtung: Durch die negative Ausrichtung befindet sich ein 82° Geborener in einem negativen Zustand. Der Grund dafür ist, dass er suggeriert, diesen Zustand schon erwartet zu haben. Recht zu haben in Bezug auf eine frühere Behauptung ist sehr wichtig für diese Menschen. Dafür nehmen sie auch die momentane negative Befindlichkeit in Kauf.

83. *verwaltende Eigenschaft*

23° Zwilling - Ein Merkmal aller 83° Geborenen ist ihr Beharren auf einer subjektiven Lebenswahrheit. Dieser innere Standpunkt wird von diesen Menschen als tiefere Weisheit definiert, die sie in sich zu tragen meinen. Man stelle sich einen Menschen vor, der einen positiven Eindruck vermittelt und gleichzeitig Energie ausstrahlt, als wirke in ihm eine verborgene Kraft. Diese Kraft ist zwar verborgen, im Außen jedoch durch die Haltung des 83° Geborenen insofern erkennbar, als der Betrachter sie erahnt. Im Grunde wird der Mitmensch unbewusst dazu aufgefordert, die Kraft wahrzunehmen. „Erkenne meine innere Weisheit und Du wirst sehen, welchen tiefen Sinn des Lebens ich in mir als Kraft trage", ist die unbewusste und stumme Aufforderung eines 83° Geborenen an seine Mitmenschen.

Die positive Ausrichtung: Durch die positive Ausrichtung sind 83° Geborene grundsätzlich beliebt bei anderen Leuten. Sie strahlen eine gewisse Leichtigkeit aus und werden als positive Menschen wahrgenommen.

Die negative Ausrichtung: Dieser Mensch leugnet sämtliche Möglichkeiten der inneren Erfahrung höherer Wahrheiten jenseits der materiellen Welt. Ein bildhaftes Beispiel ist der abgeklärte, an Kunst interessierte Feuilletonist, der sich in seiner intellektuellen Stellung innerhalb der Gesellschaft zwar selbstironisch betrachtet, sich jedoch gleichzeitig selbst an die Spitze der intellektuellen Gesellschaft stellt.

84. *verwaltende Eigenschaft*

24° Zwilling - Durch die Prägung dieser *Eigenschaft* besitzen 84° Geborene die Eigenschaft, alles als selbstverständlich anzusehen. Diese Prägung ist für andere Leute oft ungewohnt oder irritierend, da sie diese Selbstverständlichkeit keineswegs teilen. 84° Geborene fragen nicht, warum es jemanden so geht, wie es ihm geht, oder warum sich gewisse Umstände so und so entwickelt haben.

Die positive Ausrichtung: Durch die positive Ausrichtung gehen sie automatisch, ohne um die Ursache zu wissen, auf den Grund des gegenwärtigen Befindens eines Mitmenschen ein. Intuitiv erkennen sie frühere Umstände, die zu dieser Gegenwart geführt haben.

Die negative Ausrichtung: Durch die negative Ausrichtung sind 84° Geborene davon überzeugt, dass sie sich aufgrund einer negativen Vergangenheit in einer negativen Gegenwart befinden. Die *Eigenschaft* lässt in der negativen Ausrichtung nur diese Erfahrungen zu. Gleichzeitig befinden sich die Menschen in einem abgehobenen Zustand, in dem sie davon abgehalten werden, die momentane Negativität als solche zu erkennen.

85. *verwaltende Eigenschaft*

25° Zwilling - Ein Wesenszug aller 85° Geborenen ist eine bestimmte Form der Bezug nehmenden Überlegung. Jemand von außen könnte ein Innehalten während des Überlegens bemerken. Es ist, als würde für den 85° Geborenen alles für einen Moment stehen bleiben, einschließlich der Zeit, und er in diesem Moment zu einer Schlussfolgerung durch die vergleichende Überlegung gelangen. Nach diesem Innehalten verläuft wieder alles in seinen normalen Bahnen.

Die positive Ausrichtung: Durch die positive Ausrichtung der *Eigenschaft* besitzen 85° Geborene eine umfassendere Betrachtung des Gegebenen. Bildung ist für sie ein grundsätzliches Lebensbedürfnis; zugleich sehen sie in ihr eine positivere Lebensverwirklichung.

Die negative Ausrichtung: Bezugspunkt der verstandesmäßigen Überlegung ist die Dunkelheit. Entsprechend eng sind alle Unterscheidungen. Die negative Ausrichtung zeichnet sich vor allem durch eine traditionelle Intelligenz aus, die jede positive Veränderung argumentativ überaus intelligent verhindern kann. Dazu kann man sich Ideologen einer leidbringenden Gesellschaftsform vorstellen. Ganz besonders zeigt sich die negative Ausrichtung in Verbindung mit fanatischen religiösen Gruppierungen. Wer es religiös rechtfertigt, anderen Menschen Leid zuzufügen, ist grundsätzlich auf dem falschen Weg.

86. *verwaltende Eigenschaft*

26° Zwilling - Die Besonderheit ist die innere Verknüpfung von Wissen mit Freiheit. Je größer das Freiheitsbestreben, desto stärker das Bedürfnis, zu lernen und zu wissen. Zugleich tragen diese Menschen den Wesenszug des ständigen Drängens in sich, ein einzelnes Ding immer umfassender verstehen zu wollen. Daher rührt ihre Eigenart, sich mit Antworten nicht zufrieden zu geben. Selbst wenn die Frage beantwortet wurde, bleibt innerlich der Drang bestehen, nachzuhaken und weiterzufragen. Viele tragen in sich eine dauernde leise Unzufriedenheit. Dies drückt sich oft als Unruhe aus, etwas vervollständigen zu müssen. Es kommt immer wieder zu Ersatzhandlungen, die dieses scheinbare innere Manko auffüllen sollen.

Die positive Ausrichtung: 86° Geborene haben das Bedürfnis, unabhängig zu sein und sich weiterzubilden. Ebenso sind sie zielstrebig. Das jeweilige Ziel gleicht einem leuchtenden Punkt, welcher unbeirrt angestrebt wird. Trotz der analytischen Nüchternheit fühlen sich viele von unerklärlichen Dingen angezogen.

Die negative Ausrichtung: Diese Menschen haben den Drang, Grenzen zu setzen, die mit der Verweigerung zusammenhängen, Wissen zu vermitteln. Was in Bezug auf Machterhalt durch geheimes Wissen für Gruppen von Menschen gilt, hat auch für den einzelnen Menschen Bedeutung. In der einfachsten Form kann geheimes Wissen auch bedeuten, dass man dem Nachbar nicht erzählt, wo es besseres Obst zu kaufen gibt. Manche glauben, auf alles sofort eine Antwort zu haben. Manchmal weigern sie sich, höheres Wissen anzunehmen, da sie meinen, es schon zu besitzen.

87. *verwaltende Eigenschaft*

27° Zwilling - 87° Geborene sind auf der Suche nach Erkenntnis. Diese dient der eigenen Selbstständigkeit. Hinzu kommt, dass sie sich aus einer großen Selbstverständlichkeit heraus als eigenständige Wesen betrachten. Nur ungern fügen sie sich als Teil in eine Gruppe ein.

Die positive Ausrichtung: Durch die positive Ausrichtung gehen sie sehr kritisch mit neuem Wissen um. Diese distanzierte Betrachtung beruht auf einer natürlichen Unterscheidungskraft in Bezug auf den Inhalt. Im Umgang mit anderen Menschen werden sie deshalb oft als distanziert eingestuft. Hier geht es jedoch nicht um eine innere Reserviertheit, sondern um eine kritische Betrachtung im positiven Sinne.

Die negative Ausrichtung: Hier findet man die Weigerung, höhere Weisheiten anderer Menschen anzunehmen. Es ist nicht so, dass sie ein höheres Wissen nicht erkennen und bejahen würden. Dies geschieht mehr oder weniger ständig. Sie setzen es jedoch nicht um.

88. *verwaltende Eigenschaft*

28° Zwilling - Es scheint, als hätten 88° Geborene auf alles eine Antwort. Dabei geht es nicht darum, ob diese Antwort der Wahrheit entspricht oder nicht. Die Zuhörer haben jedoch den Eindruck, dass diese Menschen versiert antworten und innerlich zu ihrer Antwort stehen. Eine Problematik zeigt sich in der Oberflächlichkeit. Sie erklärt sich im Unterschied zwischen Intellekt und Erkenntnis durch Erfahrung.

Die positive Ausrichtung: 88° Geborene können innerhalb eines intelligenzhaft erklärbaren Themas die diesem Thema innewohnende Entwicklung nachvollziehen; zugleich haben sie einen Zugang zur Ursache dieses Themas. Sie befinden sich bildhaft ausgedrückt in einem abgegrenzten Raum. In diesem ist es ihnen möglich, sämtliche Aspekte zu erkennen, zu erklären und Verbindungen herzustellen. Die Grenze dieses Raums jedoch zu überschreiten, ist ihnen in Verbindung mit dieser *Eigenschaft* nicht möglich.

Die negative Ausrichtung: Viele 88° Geborene besitzen die Eigenschaft, sich mit theoretischen Erkenntnissen zufrieden zu geben. Es ist ihnen nicht einsichtig, warum es nicht genügen sollte, etwas zu wissen. Diese Oberflächlichkeit ist ihnen durch die negative Ausrichtung angeboren. Es kann sein, dass sich der 88° Geborene verhärmt und eigenbrötlerisch verhält. In ihm wächst immer mehr die Meinung, die Menschen wollten die Wahrheit nicht hören. Dementsprechend fühlt er sich verkannt in seinen Fähigkeiten. Eine Folge ist, dass er sich selbst von seinen Mitmenschen immer stärker abkapselt. Auch beginnt er, eine gewisse Form der Überheblichkeit zu entwickeln.

89. *verwaltende Eigenschaft*

29° Zwilling - Diese Menschen befinden sich häufig in einem gedankenversunkenen Zustand. Man könnte sie als verträumt bezeichnen, wobei die Gefühle die gedanklichen Ideen widerspiegeln. Denkt jemand über einen zukünftigen Restaurantbesuch nach, fühlt er sich bereits in diesem Restaurant. Gleiches gilt für zukünftige Stufen der spirituellen Entwicklung. Das bedeutet jedoch nicht, dass diese Menschen diesen Zustand damit erreicht hätten.

Die positive Ausrichtung: Die positive Stimmung dieser Menschen ist darauf zurückzuführen, dass positive Gedanken durch diese *Eigenschaft* von analogen Gefühlen begleitet werden. Die Gefühlslage hängt nicht von den realen Gegebenheiten ab, sondern von den Gedanken.

Die negative Ausrichtung: Durch die negative Ausrichtung verspüren die Menschen eine Haltlosigkeit. Diese ist darauf zurückzuführen, dass den Gedanken keine Gefühle folgen. Anstelle der Gefühle suggeriert die *Eigenschaft* den Zustand der Haltlosigkeit.

90. *verwaltende Eigenschaft*

30° Zwilling - Einen Wesenszug kann man gut beobachten oder reflektieren, wenn man erkennt, dass die Intelligenz und das Fühlen für 90° Geborene in einer ganz besonderen Weise zusammenhängen. Sie neigen dazu, das intelligent zu erfassen, was dem Gefühl nicht widerspricht. Es ist, als würden nur solche Aspekte in Betracht gezogen, die schon als innere Empfindung existent sind.

Die positive Ausrichtung: 90° Geborene haben die Fähigkeit zu einer ausgeprägten intuitiven Intelligenz. Es wirkt auch die Besonderheit, dass diese Menschen unmittelbar Einfluss auf alle Gefühle des Umraums nehmen. Die Einflussnahme geschieht nicht bewusst. Mit ihnen zu streiten, ist schwer, da es eine dauernde positive Einflussnahme auf die eigenen Gefühle gibt. Man wird sozusagen auf die gleiche Seite gezogen.

Die negative Ausrichtung: Durch die negative Ausrichtung versinken 90° Geborene haltlos im Nebel undefinierbarer Gefühle. Es gelingt ihnen nicht mehr, sich auf die Gefühle des Umraums, die man durch die positive Ausrichtung prägt, zu stützen. Wie ein Blatt im Wind wird man von einem Gefühl zum anderen getragen und kann sich nicht wehren. Dabei müssen diese Gefühle nicht negativ sein, sondern können auch neutral oder positiv sein. Das große Problem durch die Prägung dieser *Eigenschaft* ist die Haltlosigkeit.

91. bis 120. *verwaltende Eigenschaft*

91. *verwaltende Eigenschaft*

1° Krebs - 91° Geborene sind sehr gefühlshafte Menschen. Auch wenn sie ruhig erscheinen, sind sie innerlich emotional und bewegt. Ein Kennzeichen ist, dass sie sich von äußeren Gegebenheiten emotional stark beeinflussen lassen. Im Umgang mit anderen Menschen sind sie anfänglich zurückhaltend. Später, wenn sie das Gegenüber besser kennengelernt haben, können sie sich gefühlshaft sehr engagieren und auf die Beziehung einlassen.

Die positive Ausrichtung: Die Gefühle sind, auch wenn sie sich sehr stark ausdrücken können, unter Kontrolle. Damit soll nicht gesagt werden, dass sich Gefühle und Emotionen nicht frei entfalten können. Die Kontrolle bezieht sich darauf, dass die Menschen nicht von den Emotionen bestimmt werden, sondern diese als wesentlichen Teil des Lebens in Verbindung mit den jeweiligen Lebensbereichen erfahren.

Die negative Ausrichtung: Durch die negative Ausrichtung sind die Emotionen im Blick auf ihre Stärke und Ausrichtung ohne Kontrolle. Diese Menschen werden von ihren Emotionen durch das Leben geschoben.

92. *verwaltende Eigenschaft*

2° Krebs - Die Persönlichkeit von 92° Geborenen ist geprägt von einer gewissen Art der stetigen Unruhe. Diese innere, fast schon nervöse Bewegtheit birgt in sich eine Kraft der Erwartung. Es ist so, als würde der

92° Geborene auf das warten, was da kommen mag. Fast schon hoffnungsfroh richtet sich diese innere Spannung dorthin aus, wo sich diese Nervosität in einem erlösenden Ein- und Ausatmen entspannen könnte.

Die positive Ausrichtung: In Verbindung mit der positiven Ausrichtung hat man einen ruhigen Menschen vor sich. Nicht selten haben diese Menschen eine Form des Humors, die sich über ein kräftiges Lachen ausdrücken kann. Viele 92° Geborene tragen in sich eine große Gewissheit. Diese Gewissheit gleicht einem stabilen Charakterzug; sie ist als Eigenschaft der Persönlichkeit grundsätzlich präsent. Daraus folgt ein Selbstbewusstsein, das für sich selbst steht.

Die negative Ausrichtung: Ein Problem der negativen Ausrichtung zeigt sich in der Nervosität. Diese stetige Unruhe ist nun nicht ein dynamischer Faktor der Persönlichkeit, sondern zeigt sich als negativer Wesenszug. Gleichzeitig fehlt dieser Spannung die positive Erwartung, die als vorläufiges Ziel der Spannung einen Sinn gibt. Beobachtet man einen solchen Menschen, wird man diese ständige Nervosität in vielen kleinen fahrigen Bewegungen gut erkennen können. Dazu kommt eine ständige Angst. Viele 92° Geborene sind ängstlich und eine stetige Furchtsamkeit begleitet ihren Alltag. Dazu kommt, dass sie meist nicht wissen, warum sie sich fürchten. Oft können sie ihre Angst keiner Sache zuordnen.

93. *verwaltende Eigenschaft*

3° Krebs - 93° Geborene besitzen eine Form der zusätzlichen und ausdrücklichen Betonung der eigenen Ansicht. In einem Gespräch werden sie nicht nur ihre Ansicht darstellen, sondern diese als manifestierte Gegebenheit mit Absolutheit vertreten. Nur schwer akzeptieren sie Widerspruch. Ihr Tun ist nicht nur die Erfüllung eines Gefühls, auch ihr Wille ist darauf ausgerichtet. Gleichzeitig lieben sie das daraus entstehende Produkt. Ihre Handlungen sind nicht berechnend.

Die positive Ausrichtung: Durch die positive Ausrichtung tragen 93° Geborene den Wunsch in sich, natürlich, authentisch und in ihrem Wesen angenommen zu sein und leben zu können, ohne missverstanden zu werden. Meist erfüllt sich dieser Wunsch durch die positive Ausrichtung.

Die negative Ausrichtung: Durch die negative Ausrichtung dulden 93° Geborene keinen Widerspruch. Um einen Einwand schon im Keim zu ersticken, tragen diese Menschen typischerweise Charakterzüge des Trotzes, des Eigensinns und in der Folge des Beleidigtseins in sich. Sie möchten die gefühlshaften Vorlieben unbedingt durchsetzen. Eigentlich ist die Beschreibung, dass sie dies möchten, nicht ganz richtig. Es ist nicht so, dass sie den Wunsch dazu haben – die Durchsetzung ist ihnen eher eine Selbstverständlichkeit.

94. *verwaltende Eigenschaft*

4° Krebs - Wer einem 94° Geborenen begegnet, kommt in den meisten Fällen nicht umhin, diesen Menschen als sympathisch zu empfinden. Gleichzeitig wird er eine gewisse Anziehung bemerken. Dieser Magnetismus drängt ihn dazu, sich diesem Menschen innerlich zu nähern. Es ist so, als trügen die Mitmenschen eine große Selbstverständlichkeit ob der inneren Nähe zu den 94° Geborenen in sich. Diese innere Nähe ist für sie normal. Umgekehrt ist es so, dass es diese Menschen als natürlich empfinden, als sympathisch, herzlich oder liebenswert wahrgenommen zu werden. Umso größer ist daher auch ihre Irritation, wenn ihnen eine Person begegnet, die abweisend reagiert. Auch wenn sie grundsätzlich damit umgehen können, ist doch diese kurzfristige Irritierbarkeit ein wesentliches Merkmal ihrer Persönlichkeit.

Die positive Ausrichtung: 94° Geborene besitzen eine sehr gute Intuition. Gepaart ist dies mit einer guten Unterscheidungskraft. Ganz besonders hervorgehoben werden muss die Fähigkeit der Liebe und Selbstliebe, zu welcher diese Menschen fähig sein können. Sie sind in einer gewissen Form in sich gekehrt. Gleichwohl bleibt die positive Energie bestehen.

Die negative Ausrichtung: 94° Geborene haben die Tendenz der Selbstverwirklichung im Sinne des physischen Lebens. Viele meinen, sich etwas erfüllen zu müssen, weil man es sich verdient habe. Auch fordern 94° Geborene Sympathie oder Liebe ein.

95. *verwaltende Eigenschaft*

5° Krebs - 95° Geborene neigen dazu, in einer für sie harmonischen Gefühlslage zu verharren. Man kann sich das bildhaft so vorstellen, dass dieser Mensch in einem auf das eigene Sein begrenzten Wohlfühlraum sitzt und aus dieser Position die Umwelt betrachtet. Gleichzeitig ist es so, dass sie sich dieses Umstands nicht bewusst sind. Sie selbst empfinden sich mitfühlend und den Menschen zugewandt. Im Grunde ist es jedoch keine Empathie, sondern ein Wohlbefinden gegenüber sich selbst und der sich daraus ergebenden Freundlichkeit gegenüber anderen. Man kann sogar behaupten, dass sich 95° Geborene sehr oft auf diese Insel des subjektiven Wohlgefühls zurückziehen. Es gleicht einem Weichzeichner, der hier jedoch die Gefühlslage beeinflusst.

Die positive Ausrichtung: Durch die positive Ausrichtung wirkt ein Magnetismus in Verbindung mit der Lebenskraft. Dieser Mensch besitzt im wahrsten Sinne des Wortes den Jungbrunnen in sich selbst. Anstelle der statischen Gefühle in Verbindung mit der negativen Ausrichtung kommt es zu einer großen Lebendigkeit. Hier zeigt sich der typische Humor dieser Menschen.

Die negative Ausrichtung: Diese Menschen verlangen nach Bestätigung durch ihre Mitmenschen. „Ist es nicht so?" oder „Du bist ja der gleichen Meinung, nicht?" sind typische, nach Zustimmung heischende Fragen. Im Grunde erfährt der 95° Geborene auch über die negative Ausrichtung eine dauernde Anziehung der ihn umgebenden Energien. Es ist der Versuch der Kontrolle über Energien, die auf ihn einströmen. Ein weiterer Wesenszug zeigt sich als Abschottung gegenüber äußeren Einflüssen. Diese Menschen möchten sich nicht verändern und die Reaktion ist der Versuch der Abschottung. Das Problem hierbei ist, dass dies oft unbewusst geschieht. Der 95° Geborene erfährt sich ständig in einer mehr oder weniger gleichbleibenden Gefühlslage. Es ist, als habe er sich in sich selbst zurückgezogen.

96. *verwaltende Eigenschaft*

6° Krebs - Ein Kennzeichen aller 96° Geborenen ist ihre nach innen gerichtete Art des Denkens. Werden sie mit neuen Informationen oder einem neuen Wissen konfrontiert, beginnt ein Prozess der Verarbeitung in ihnen. Es ist, als wäre ihre zuvor friedliche Welt von außen erschüttert worden. Dieser Verarbeitungsprozess hat nichts damit zu tun, dass sie das neue Wissen nicht annehmen können oder wollen. Es dauert einfach Zeit, bis sie die Information verarbeitet und, haben sie sie angenommen, integriert haben.

Die positive Ausrichtung: Durch die positive Ausrichtung haben sie die Bereitschaft und den Willen, neues Wissen anzunehmen, auch wenn dies meist unbewusst bleibt. Dadurch können sie innerlich wachsen und sich schnell ein höheres und umfangreiches Wissen aneignen.

Die negative Ausrichtung: Das Wissen dieser Menschen ist nicht konkret, sondern definiert sich über Allgemeinplätze, die dem jeweiligen 96° Geborenen zusagen. Dieses allgemeine und gleichzeitig oberflächliche Wissen wird jedoch als höheres Wissen präsentiert. Die Präsentation gegenüber anderen Leuten ist nicht aufdringlich. Eher wird ein Bild des Wissens etabliert und suggeriert, dass es umfassend sei und tief gehe. Im Grunde ist es eine Täuschung und Selbstlüge.

97. *verwaltende Eigenschaft*

7° Krebs - Ein typischer Wesenszug kann als überlegtes und drängendes Vorwärtsschreiten beschrieben werden. Es gleicht einem Drang, der in sich eine Kraft birgt, welche den 97° Geborenen einen Schritt nach dem anderen gehen lässt. Als würde er von einem Magneten angezogen, drängt es ihn weiter. Gleichzeitig wird jeder dieser Schritte durch eine intelligenzhafte Überlegung gelenkt. Diese Beschreibung bezieht sich in erster Linie nicht auf eine physische Bewegung, wobei diese nicht ausgenommen werden soll, sondern eigentlich auf die Art des Denkens und des Erfassens von Dingen. Ebenso betrifft sie die Form der Herangehensweise an Tätigkeiten und die Vorbereitung dieser Tätigkeiten.

Die positive Ausrichtung: Grundsätzlich sind 97° Geborene sehr intelligent. Sie analysieren und erfassen die Dinge aufbauend. Es ist ihnen selbstverständlich, mit den jeweiligen Grundlagen zu beginnen und mit der nächsthöheren Stufe der Erkenntnis erst dann fortzufahren, wenn der vorherige Teil erkannt worden ist. Gleichwohl wirkt auch hier ein inneres Drängen. Ungeduld empfinden sie vor allem mit sich selbst, wenn sie etwas nicht gleich verstehen.

Die negative Ausrichtung: Durch die negative Ausrichtung sind sehr viele dieser Menschen ungeduldig mit sich selbst. Sie haben die Empfindung, sich selbst zu beschränken. Sie fühlen dies als inneren Konflikt zwischen dem eigenen Willen, etwas zu erkennen, und einem gleichzeitig wirkenden Hemmnis, welches den Raum der Erkenntnis eingrenzt. Man kann einen einsamen Menschen beobachten, der dauernd in Konflikten innerhalb der Familie, mit den Nachbarn und mit Kollegen im Beruf lebt.

98. *verwaltende Eigenschaft*

8° Krebs - 98° Geborene scheinen auf den ersten Blick sehr ruhig. Sie vermitteln auch den Eindruck, den Menschen zugewandt zu sein, und man kann leicht übersehen, dass sie sehr kritisch betrachten und beurteilen, was das Gegenüber spricht und wie es sich gibt. Manche Mitmenschen haben auch das Gefühl, der 98° Geborene würde eine Distanz aufrechterhalten. Die Freundlichkeit bleibt bestehen. Würde man als Mitmensch diese Distanz ignorieren und weiterhin positiv auf den 98° Geborenen eingehen, würde sich der Abstand auflösen.

Die positive Ausrichtung: Durch die positive Ausrichtung sind 98° Geborene hilfsbereit. Sie durchdringt das Bedürfnis, anderen Leuten zu helfen, vor allem dann, wenn diese etwas nicht verstehen. Die erwähnte

Distanz bleibt bestehen. Erkennen sie, dass die Mitmenschen positiv agieren und auf sie reagieren, baut sich die Distanz ab und plötzlich kann in kurzer Zeit eine sehr nahe Beziehung entstehen.

Die negative Ausrichtung: Durch die negative Ausrichtung sind diese Personen nicht in der Lage, die Distanz zu wahren. Sie werden, ohne es zu wollen, in die Nähe gezogen. Um die gewünschte Distanz aufrechtzuerhalten, werden sie unfreundlich und schnippisch. Auch kann es vorkommen, dass sie sich durch die Anziehung in ein negatives Umfeld bewegen und dort eine große Nähe zu Menschen aufbauen, die selbst mit der Dunkelheit in Verbindung stehen.

99. *verwaltende Eigenschaft*

9° Krebs - Ein 99° Geborener sitzt einem Bekannten gegenüber und blickt ihn an. In diesem Moment erfährt er gegenüber sich selbst eine gewisse Distanziertheit. Gleichwohl ist sich kaum einer dieser Personen dieser inneren Distanz bewusst. Die meisten Menschen erfahren dies als harmonische innere Grundstimmung. Die genannte Distanz stützt sich auf ein inneres Wohlbefinden. Identifiziert sich der 99° Geborene mit diesem Wohlbefinden, zeigt sich dies als grundsätzliche Freundlichkeit mit dem gleichzeitigen Bemühen, auf das Gegenüber einzugehen. In Wahrheit agiert der 99° Geborene abgehoben von der eigenen inneren Realität. Die Schwierigkeit liegt darin, dass dieser abgehobene freundliche Zustand als Wirklichkeit definiert wird. Das Gegenüber erfährt diese Eigenschaften als freundliche Zugänglichkeit.

Die positive Ausrichtung: Durch die positive Ausrichtung verändert sich der vorauseilende Gehorsam, den diese Menschen in sich tragen. Sie überlegen und entscheiden sich dann, ob sie einem Mitmenschen zustimmen wollen oder nicht.

Die negative Ausrichtung: Durch die negative Ausrichtung bewirkt diese *Eigenschaft* eine Form der zwanghaften Nachfolge. Auch hier findet man die abgehobene Distanzierung von der Realität. Diesmal zeigt sie sich nicht als Wohlbefinden, sondern als Fixierung auf einen bestimmten Themenkreis. Diese Themen können sich privat oder beruflich zeigen und betreffen alle Lebensbereiche.

100. *verwaltende Eigenschaft*

10° Krebs - Die persönliche Vorstellung von Freiheit ist das Hauptmerkmal der Persönlichkeit aller 100° Geborenen. Sie durchdringt eine Kraft, die man als absolute Überzeugung in Bezug auf die eigene Freiheit beschreiben könnte. Wie bei allen 360 *Eigenschaften* sind es die Selbstverständlichkeit und Natürlichkeit, mit welcher die Kraft dieser *Eigenschaft* aus der Tiefe des Körpers der individuellen Eigenschaften auf den Menschen einwirkt. Gleichsam aus dem Unterbewusstsein suggeriert diese *Eigenschaft* dem Menschen die Vorstellung von Freiheit, ohne dass der 100° Geborene überhaupt bemerkt, dass ihm die Idee seiner Freiheit im Grunde eingegeben wird. Der erste Schritt der Bewusstwerdung besteht darin, zu erkennen, dass es diese unbewusste Vorstellung der persönlichen Freiheit gibt. Das Thema Freiheit ist deshalb so präsent, weil alle Bewegungen ohne Widerstand vonstattengehen. Der 100° Geborene empfindet in seinem Handeln eine große Leichtigkeit und interpretiert dies, denkt er intensiver darüber nach, als Freiheit.

Die positive Ausrichtung: Durch die positive Ausrichtung ergeben sich viele Eigenschaften, welche die Menschen an sich schätzen. 100° Geborene lieben es zum Beispiel, bei Wind und Wetter in der Natur spazieren zu gehen. Manch einer empfindet dies sogar als Abenteuer. Sie können eine große Ausdauer besitzen. Die Voraussetzung ist jedoch, dass sie sich in ihren Gefühlen als nicht eingeschränkt empfinden.

Die negative Ausrichtung: Durch die negative Ausrichtung kommt es zu einer Erhöhung der eigenen Gefühle. Der 100° Geborene gleicht dann einem Herrscher im Raum auf dem Thron der eigenen Gefühle und Emotionen. Er definiert eine Macht im Raum, welche von den anderen anwesenden Menschen verlangt, sich als Untergebene zu verhalten. Kommen sie dieser Macht nach, meinen die Mitmenschen, eine Weichheit zu erkennen. Der 100° Geborene stuft dieses Nachgeben als devote Handlung ein. Diese Menschen nehmen in solchen Situationen eine scheinbar höhere hierarchische Stellung ein. Die Art des Herrschens verlangt von den anderen Menschen eine gefühlshafte Einordnung. Verweigern sie diese Einordnung, kann es dazu kommen, dass 100° Geborene abweisend, kalt und hart reagieren.

101. *verwaltende Eigenschaft*

11° Krebs - Einen typischen Charakterzug aller 101° Geborenen kann man als überraschtes Erkennen bezeichnen. Begreift ein anderer Mensch sein Gegenüber in einem Gespräch eher kontinuierlich und fließend, so zeigt sich dies bei 101° Geborenen in einem Augenblick, wie bei jemandem, der unvorbereitet eine überraschende Nachricht erhält. Dieser innerliche Ruck, der sie im Moment des Begreifens durchfährt, ereignet sich immer wieder und ist eine eigene Form der Aufnahme von Inhalten, die dem Bewusstsein bisher unbekannt waren.

Die positive Ausrichtung: Ein Merkmal wird mit großer Selbstverständlichkeit gelebt. Es geht um eine Form des Umgangs mit der Umwelt. Dazu zählen andere Menschen ebenso wie die Natur, Bücher und Musik. Einerseits ist der Zugang dazu selbstbewusst und aktiv, andererseits betrachten sie die Umwelt gefühlshaft durchdringend. Innerlich erwarten sie eine Berührung von dem Aspekt der Umwelt, den sie aktiv anvisieren. Durch diesen Charakterzug erfahren sie durch die Mitmenschen Anerkennung und es kommt vor, dass immer wieder Leute Rat bei ihnen suchen. Die Leute fühlen sich von einem selbstsicheren Menschen gefühlshaft verstanden.

Die negative Ausrichtung: Durch die negative Ausrichtung stülpen 101° Geborene ihren Mitmenschen ihre eigenen Gefühle über. Wie von einem Schwall Wasser wird das Gegenüber gefühlshaft durchdrungen. Dieser Zugang ist aktiv. Der andere ist meist derart von diesen Empfindungen übermannt, dass er sich kaum wehren kann. Daraufhin baut der 101° Geborene einen Magnetismus auf, der das Gegenüber stetig anzieht. Gleichzeitig nähert sich das Bewusstsein den jeweiligen Empfindungen des Gegenübers. Auch dadurch entsteht eine immer dichtere Bindung.

102. *verwaltende Eigenschaft*

12° Krebs - Ein Kennzeichen aller 102° Geborenen ist, dass sie einerseits sehr nachgiebig, andererseits sehr bestimmend sind. Normalerweise geben sie sich nachgiebig und manch einer ist dann überrascht, wenn sich plötzlich die bestimmende Seite zeigt. Diese hängt davon ab, was dem entsprechenden Menschen wichtig ist. Noch stärker zeigt sie sich, wenn es sich um gewohnte Dinge handelt. Hat jemand etwas jahrelang in seiner gewohnten Weise erledigt und ist von der Richtigkeit überzeugt, kann sich, wird diese Gewohnheit plötzlich bezweifelt, die Macht sehr schnell zeigen.

Die positive Ausrichtung: Durch die positive Ausrichtung sind 102° Geborene sehr von sich und noch mehr von dem, was sie tun, überzeugt. Ruhig und äußerlich nachgiebig können sie anderen Leuten die eigene Überzeugung näherbringen. Gleichzeitig sind sie klar und bestimmend, was den Inhalt betrifft. Dieser wird nur unter großen Widerständen geändert.

Die negative Ausrichtung: Die egozentrierte Macht wird dazu verwendet, Inhalte, die nicht der persönlichen Überzeugung entsprechen, fernzuhalten. Mit großer innerer Nachgiebigkeit folgen sie den gewohnten Mustern und man hat nicht den Eindruck, dass sich hinter der Fassade eine harte Grenze befindet, die sofort hochgefahren werden kann, sollte eine Veränderung der persönlichen Überzeugung als Möglichkeit im Raum stehen.

103. *verwaltende Eigenschaft*

13° Krebs - Ein Merkmal ist die Mischung von Intellektualität und gefühlsmäßiger Wahrnehmung. Man kann sich jemanden vorstellen, der ein Geschehen beobachtet, es automatisch fühlt und gleichzeitig in einer verstandesmäßigen Sprache kommentiert. Durch diese Verbindung empfinden sie sich als sehr selbstsicher und authentisch. Sie gleichen einem Menschen, der vermittelt, dass ihn so schnell nichts überraschen kann. Mit einem Lächeln auf den Lippen betrachten sie das Geschehen; wer auch immer sie beobachtet, hat den Eindruck großer Souveränität und manchmal auch Gelassenheit. Viele Menschen haben zudem einen gewissen Hang zur Ironie. Eher selten zeigt sich dies auch als Selbstironie mit einer Prise Humor.

Die positive Ausrichtung: Der typische 103° Geborene ist niemals um eine Antwort verlegen. Die meisten dieser Menschen haben das Talent, Empfindungen und Gefühle in Sprache zu übersetzen.

Die negative Ausrichtung: Diese Menschen bewahren eine scheinbare Selbstsicherheit, indem sie sich etwas zurückziehen und gleichsam aus dem Hintergrund agieren. Einerseits wissen sie tief in sich, dass sie etwas wahrnehmen, können dies jedoch nicht identifizieren und erklären und verzweifeln an diesem Widerspruch. Viele verstecken sich hinter einer blumigen Sprache. Sehr oft ist diese Sprache reine Show und ohne einem der Wahrheit entsprechenden Inhalt. Dieser wird jedoch in einer intellektuellen Form präsentiert, die eine Inspiration oder einen gefühlshaften Hintergrund suggeriert.

104. *verwaltende Eigenschaft*

14° Krebs - 104° Geborene teilen sich einen Wesenszug, der grundsätzlich mit der Thematik Aufmerksamkeit zu tun hat. Um ein Beispiel zu nennen: Jemand betrachtet einen Gegenstand, der seine Neugier weckt, und fokussiert sich ganz darauf. Nicht selten wird er magnetisch angezogen und nähert sich auch körperlich. Es ist ein wesentliches Merkmal der Persönlichkeit von 104° Geborenen, sich mit ihrem ganzen Sein auf etwas einlassen zu wollen. Wenn sie einem anderen Menschen bei einem Vorhaben helfen, erfährt dieser volle Unterstützung.

Die positive Ausrichtung: Durch die positive Ausrichtung können sie sich ganz einer Sache widmen, ohne sich selbst oder den Überblick zu verlieren. Im zwischenmenschlichen Umgang werden diese Menschen sehr geschätzt, da andere stets das Gefühl haben, dass man sich ihnen ganz widmet. Gespräche mit ihnen können für andere Menschen eine Herausforderung darstellen, da sie gefordert sind, authentisch und wahrheitsgemäß zu sprechen. Der 104° Geborene spürt, wenn das Gegenüber oberflächlich agiert. Oberflächlichkeit im Umgang mit Menschen ist ihnen fremd.

Die negative Ausrichtung: Durch die negative Ausrichtung ist es für diese Menschen schwierig, präsent zu sein. Einem Außenstehenden mag es so scheinen, als bewegten sie sich träumend und abwesend vor sich hin. Ihr Bewusstsein wird immer wieder von inneren und äußeren Gegebenheiten in Beschlag genommen. Wird der 104° Geborene von jemandem in seiner selbstbeobachtenden Verdichtung gestört, erschrickt er meist. Dieses immer wieder eintretende Erschrecken hat etwas mit der Unterbrechung dieser Fixation zu tun.

105. *verwaltende Eigenschaft*

15° Krebs - Durch die Prägung dieser *Eigenschaft* drängen sich diesen Menschen unterschiedliche Themen auf. Um welche Themen es sich handelt, hängt von der Persönlichkeit ab. Kennzeichnend ist, dass sich die Gedanken und Gefühle sehr verdichten und 105° Geborene sich nur schwer von den Inhalten lösen können. Nach einiger Zeit verändert sich das Thema und andere Inhalte drängen sich auf.

Die positive Ausrichtung: Durch die positive Ausrichtung sind 105° Geborene gut in der Lage, sich längere Zeit und konzentriert mit einem einzelnen Thema zu beschäftigen. Auch sind sie fähig, das Thema genau zu analysieren. In Verbindung damit besitzen sie einen guten Verstand. Haben sie sich mit einem Thema beschäftigt, ziehen sie sich von ihm zurück, um einige Zeit später wieder konzentriert daran zu arbeiten. Nach getaner Arbeit können sie sich sehr gut lösen.

Die negative Ausrichtung: An die Stelle der Konzentration tritt eine innere Form der Verhärtung. Diese Menschen sind an ein Thema gebunden, jedoch nicht in der Lage, sich damit zu beschäftigen. Sie nehmen eine harte Position ein, behalten das grundsätzliche Thema ständig im Kopf, scheitern aber daran, sich in einem abschließenden Sinne mit ihm zu befassen.

106. *verwaltende Eigenschaft*

16° Krebs - Ein wesentliches Merkmal der Persönlichkeit aller 106° Geborenen zeigt sich in einer Art der selbstverständlichen Annahme, ihr Umraum befinde sich in Harmonie mit dem eigenen Inneren. Dabei geht es jedoch nicht darum, dass sie sich in ihr Lebensumfeld harmonisch einfügen, sondern dass dieses Umfeld seinerseits harmonisch an ihren Zustand angepasst ist. Man kann sich gut einen Menschen vorstellen, der eine gewisse Harmonie ausstrahlt, was auf der unbewussten Annahme gründet, in Harmonie mit seinem Umfeld zu sein.

Die positive Ausrichtung: 106° Geborene erwarten unbewusst, dass sich andere Menschen ihnen in einer Haltung nähern, die ihrer eigenen inneren Harmonie entspricht. Durch diese automatische Annahme der Übereinstimmung begegnen sie anderen Menschen wie, man möchte fast sagen, untergebenen Verbündeten. 106° Geborene empfinden sich hierarchisch als über dem Umraum stehend.

Die negative Ausrichtung: Durch die negative Ausrichtung begibt sich der 106° Geborene in eine Abwehrhaltung. Er bewertet die äußere Erscheinung der Mitmenschen in irgendeiner Form als negativ. Seine innere Harmonie bleibt unverändert. In einem traditionell geordneten Umfeld verengt sich sein Blickwinkel in Bezug auf das Zulassen anderer Traditionen oder Lebensweisen sowie unterschiedlicher religiöser oder politischer Einstellungen. 106° Geborene erwarten automatisch ein Entgegenkommen der anderen Menschen. Fast auffordernd treten sie in dieser inneren Grundeinstellung anderen Leuten entgegen. Entsprechen diese nicht ihren Erwartungen, reagieren sie ablehnend und oft auch aggressiv.

107. *verwaltende Eigenschaft*

17° Krebs - Der wesentliche Charakterzug ist die aktive Erfüllung eines Gefühls. Dieses Gefühl birgt in sich immer Eigenschaften von Liebe, Empathie, Sympathie oder Anziehung. Zeigt sich bei einem anderen Menschen Macht in irgendeiner Form, reagieren 107° Geborene mit einem Gefühl der Zuwendung. Sie erfüllen diese Macht mit ihrer Vorstellung von Liebe. Anders ausgedrückt ist es für diese Menschen normal, auf die Macht des Gegenübers mit einer inneren liebenden Zuwendung zu reagieren. Dies kann sich als Sympathie oder als sehr starkes Hingezogensein zeigen.

Die positive Ausrichtung: 107° Geborene fühlen sich den Menschen sehr nahe. Meist begegnen sie ihnen positiv und mit dem Gefühl, den anderen nicht verletzen zu wollen. Deshalb sind sie auch sehr vorsichtig im zwischenmenschlichen Umgang. Unbewusst ist ihnen klar, wie stark jemand auf die Macht eines anderen reagieren kann, und möchten auf alle Fälle vermeiden, aufgrund ihrer persönlichen Macht andere Menschen zu verletzen. Vereinzelt kann es deshalb zur Übervorsicht kommen. Auf jegliche Art des Machtmissbrauchs reagieren 107° Geborene sehr stark mit ihren Gefühlen. Dies gilt besonders in Themen wie Harmonie und Gerechtigkeit.

Die negative Ausrichtung: Die negative Ausrichtung zeigt sich immer als unkontrollierte Zuwendung gegenüber Menschen, die in unterschiedlichen Lebensbereichen machtvoll agieren. Das kann so weit gehen, dass sie sogar gegenüber Menschen, die Gewalt ausüben, eine Art Verliebtheit verspüren. Durch die Prägung der *Eigenschaft* provozieren sie einen Machtausbruch bei den Mitmenschen.

108. *verwaltende Eigenschaft*

18° Krebs - Ein Wesenszug ist eine spezielle Art des inneren Wartens. Ein einfaches Beispiel wird diese Eigenart erklären. Wird ein 108° Geborener mit einer Aussage konfrontiert, nimmt er eine abwartende Haltung ein. Er widerspricht dieser Aussage nicht, stimmt ihr aber auch nicht zu – er wartet. Man könnte annehmen, dass er über diese Aussage nachdenkt. Ungeachtet eines intellektuellen Vorgangs geschieht in erster Linie jedoch etwas anderes. Die Aussage muss sich mit einer im Inneren dieses Menschen vorhandenen Position harmonisch vereinigen. Eine Zustimmung erfolgt weniger als Konsequenz einer verstandesmäßigen Erkenntnis denn als Folge einer Liebesempfindung. Man könnte es auch als einen leichten, kurz auftretenden Impuls der Freude beschreiben.

Die positive Ausrichtung: Eine Veränderung ist für diese Menschen einfach. Das Bemühen, sich zu entwickeln und eine bewusste Offenheit gegenüber anderen Lebensweisheiten zu gewinnen, bewirkt automatisch eine Entwicklung innerhalb des Universums.

Die negative Ausrichtung: Durch die negative Ausrichtung tragen diese Menschen eine latente Schwingung der Ablehnung in sich, nicht nur gegenüber anderen Leuten, sondern gegenüber dem ganzen Leben. Der Grund ist, dass sie sich nicht entwickeln wollen. Diese typische Ablehnung, die oft positiv als kritische Lebenseinstellung gedeutet wird, ist in Wahrheit ein Verharren im eigenen Ego.

109. *verwaltende Eigenschaft*

19° Krebs - 109° Geborene haben die Angewohnheit, andere Leute herauszufordern. Meistens geschieht dies mit Worten. In dieser Herausforderung steckt die Aufforderung, den Ansichten des 109° Geborenen zu folgen. Gibt der Gesprächspartner dieser Machtausübung nach, kann sich eine große innere Nähe aufbauen. Gibt er dieser Machtäußerung nicht nach, was häufig vorkommt, reagieren diese Menschen gereizt. In jedem Fall sind sie streitbare Gesprächspartner.

Die positive Ausrichtung: Durch die positive Ausrichtung entsteht ein sehr dynamischer Umgang mit anderen Leuten. Das Gespräch ist für die Mitmenschen immer noch eine Herausforderung, es nimmt jedoch den Charakter eines freundschaftlichen Wettstreits an. 109° Geborene haben Freude daran, ihre Mitmenschen herauszufordern. Dies geschieht freundlich und gleichzeitig dynamisch.

Die negative Ausrichtung: Im Zentrum dieser Ausrichtung steht die Herausforderung und die damit verbundene Provokation. Innerlich ist die persönliche Haltung unverrückbar. Es geht jedoch nicht darum, dass 109° Geborene ihre Ansichten nicht verändern wollen – das ist nur die Konsequenz. Sie wollen in sich überhaupt nichts verändern und ausschließlich das durchsetzen, was sie selbst wollen und sind. Die Herausforderung dient der Herabwürdigung und Diffamierung des Gegenübers, um die eigene Stellung aufrecht zu erhalten.

110. *verwaltende Eigenschaft*

20° Krebs - 110° Geborene bewahren in sich eine relative Ruhe. Da sich diese Ruhe mit einer empfindsamen Schicht von Gefühlen identifiziert, kann die Stimmung plötzlich und sehr schnell emotional werden. Gleichzeitig bewirkt diese *Eigenschaft*, dass 110° Geborene in einer herausfordernden Weise, die sich jedoch hintergründig zeigt, Bestätigungen einfordern. Wird diese Bestätigung nicht erfüllt, kommt es wieder zu emotionalen Ausbrüchen.

Die positive Ausrichtung: Die große Empfindlichkeit wird durch die positive Ausrichtung zu einer Art innerem Sensor. Dadurch erkennen 110° Geborene sehr gut, in welcher Stimmung ihre Mitmenschen handeln und sprechen. Auch wenn die Emotionalität weiterhin ein Aspekt der Persönlichkeit ist, bleibt sie unter Kontrolle.

Die negative Ausrichtung: Durch die negative Ausrichtung entarten die Emotionen. Der kleinste Anlass kann dazu führen, dass 110° Geborene plötzlich emotional werden. Das kann sich zum Beispiel als Aggression oder als Trauer zeigen. Kennzeichnend ist, dass diese Menschen das nicht unter Kontrolle haben. Sie haben auch die Angewohnheit, alles auf sich zu beziehen.

111. *verwaltende Eigenschaft*

21° Krebs - Viele 111° Geborene tragen in sich Charakterzüge, die auf eine fokussierte Bewegung hinweisen. Diese Zielgerichtetheit ist ein wesentliches Merkmal der Persönlichkeit von 111° Geborenen. Die Besonderheit ist die magnetische Unterstützung, welche diese Menschen im Außen erfahren. Das bedeutet, dass die persönliche Vorstellung meist den vorgegebenen Möglichkeiten entspricht.

Die positive Ausrichtung: Durch die positive Ausrichtung verstärken sich die Substanzen der materiellen Bindung durch den Erfolg. Mit diesem Erfolg geht zugleich eine wachsende Bindung innerhalb der Dunkelheit einher.

Die negative Ausrichtung: Durch die negative Ausrichtung erfolgt eine Bindung an schon existente Kraftfelder und Gegebenheiten. Dies kann ein Garten sein, der nicht verändert werden darf, oder ein kleiner Laden, dessen Produkte immer die gleichen bleiben. Vor allem jedoch zeigt sie sich im gewohnten Denken und Fühlen der Menschen. Immer wendet sich die Aufmerksamkeit in Richtung einer Vorgabe. Durch die Prägung der *Eigenschaft* kann man einen Menschen beobachten, der sein Leben völlig an einem anderen Menschen ausrichtet. Er erfährt, wenn man es so ausdrücken will, das Leben über die Zustimmung des Gegenübers. Diese Unselbstständigkeit rührt daher, dass durch die negative Ausrichtung kein persönliches Ziel definiert wird.

112. *verwaltende Eigenschaft*

22° Krebs - 112° Geborene sind zurückhaltend. Ihre Persönlichkeit ist gleichzeitig von Optimismus und Skepsis durchdrungen. Gerne würden sie der positiven Grundhaltung nachgeben. Haben sie Anlass, etwas optimistisch zu beurteilen, kann man diesen Optimismus erkennen. 112° Geborene sind dann den Menschen zugewandt und freundlich. Haben sie Anlass zur Skepsis, durchdringt sie gleichzeitig eine enttäuschte Stimmung.

Die positive Ausrichtung: Durch die positive Ausrichtung schwankt die Stimmung nicht übermäßig zwischen den Gefühlen Optimismus und Skepsis. Grundsätzlich lassen sie den Menschen ihre Freiheit und unterstützen sie dort, wo sie sich selbst damit beschäftigen möchten. Sie sind auch nicht übermäßig enttäuscht, wenn etwas nicht funktioniert.

Die negative Ausrichtung: Nach außen agieren 112° Geborene scheinbar optimistisch. Es ist aber ein aufgesetztes Verhalten. Auch wenn sie innerlich keinen Bezug dazu haben, nicht daran glauben oder überhaupt kein Gefühl dazu haben, setzen sie ihr Vorhaben um. Daher verurteilen sie sich selbst von vornherein zum Scheitern. Irgendwann verschwindet der Optimismus und übrig bleibt eine innere Leere.

113. *verwaltende Eigenschaft*

23° Krebs - 113° Geborene möchten das Gewohnte optimistisch vertreten. Sie verstehen es nicht, wenn sich Menschen von den Werten der Tradition abwenden und sich auf etwas völlig Neues konzentrieren. Sie finden das, was sie selbst als neu und fortschrittlich zu erkennen glauben, in den bestehenden Traditionen. Auch althergebrachte Methoden finden sie gut. Warum soll man etwas verändern, wenn man mit gewohnten Methoden, die altbewährt sind, zum Erfolg kommen kann?

Die positive Ausrichtung: Diese Menschen sind zielorientiert und in ihren Handlungen sehr konzentriert. Sie verorten eventuelle Probleme nicht in der Tradition oder in alten Methoden, sondern in den Menschen, die damit umgehen. In ihrem Weltbild ist es sehr gut möglich, alles zu erreichen und gleichzeitig nicht den Boden der Tradition zu verlassen.

Die negative Ausrichtung: Durch die negative Ausrichtung wird der Fortschritt in der Tradition selbst gesehen. Diese Menschen befinden sich in einem inneren Zustand, der ihnen Fortschritt und Entwicklung suggeriert. In Wahrheit verteidigen sie die Tradition, indem sie behaupten, in ihr seien bereits jeder Fortschritt und jede Entwicklung vorhanden. Es dürfe nichts verändert werden. Vielmehr gelte es, das Vorhandene tiefer zu erkennen.

114. *verwaltende Eigenschaft*

24° Krebs - Diese *Eigenschaft* beeinflusst die Menschen dahingehend, die Gefühle anderer Menschen zu fühlen und diese Gefühle in sich selbst zu bewahren. 114° Geborene tragen in sich einen dauernden inneren Magnetismus der Annahme anderer Gefühle. Dies geschieht meist völlig automatisch und auch unbewusst.

Die positive Ausrichtung: Durch die positive Ausrichtung sehen 114° Geborene das Positive in den Mitmenschen auch dann noch, wenn andere Menschen schon aufgegeben haben. Verbunden mit dieser Sichtweise ist auch das Erkennen der Entwicklungsmöglichkeit.

Die negative Ausrichtung: Die negative Ausrichtung zeigt sich als grundsätzlich negative Beurteilung anderer Menschen. Der typische Charakterzug ist die abfällige Haltung gegenüber anderen. Eine begrenzte Sicht oder Intoleranz beschränkt die Wahrnehmung der Entwicklung. Das Gegenüber wird von der eigenen subjektiven Wertehaltung der Gefühle her beurteilt.

115. *verwaltende Eigenschaft*

25° Krebs - 115° Geborene entscheiden sich für eine Karriere und ein Leben in der Tradition. Aktiv und fleißig streben sie danach, in der Hierarchie innerhalb des traditionellen Systems aufzusteigen. Das betrifft nicht nur den Beruf. In der Nachbarschaft führt das zum Beispiel dazu, dass sie sich engagieren und im Ansehen der Nachbarn steigen. Sie möchten, dass ihr Leben in geordneten und gewohnten Bahnen verläuft. Man darf jedoch nicht meinen, sie scheuten die Herausforderung. Viele 115° Geborene haben ein großes Selbstbewusstsein, da sie sich dessen bewusst sind, einer seit langer Zeit bestehenden Macht zu folgen.

Die positive Ausrichtung: Diese Menschen stellen den Anspruch, eine Führungsrolle innerhalb einer bestehenden Tradition einzunehmen. Sie vertreten sie aktiv nach außen. Innerlich leben sie in eins mit der Tradition und es kommt kein Zweifel auf. Gegenüber der jeweiligen Tradition empfinden sie Gefühle, die man nicht als Liebe, sondern eher als gefühlshafte Nähe verbunden mit einer gewissen Erhabenheit beschreiben könnte. Diese Erhabenheit stützt sich auf die Überzeugung, dass die Tradition der Wahrheit entspricht. Innerlich empfinden diese Menschen, dass sie der Tradition dienen.

Die negative Ausrichtung: Durch die negative Ausrichtung werden 115° Geborene zu Gefangenen ihrer Tradition. Mit dieser verbinden sie sich mit Stolz und versäumen es, sich selbst in irgendeiner Weise zu entwickeln. Als wären sie Bestandteil einer alten Gegebenheit, genügt es ihnen, ihren Platz einzunehmen. Dadurch gelangen sie immer weiter in die Bindung.

116. *verwaltende Eigenschaft*

26° Krebs - Alle 116° Geborenen begleitet die stetige und unausgesprochene Suche nach der Ursache von etwas. Ganz besonders trifft dies zu, wenn ihnen Dinge widerfahren, die sie auf den ersten Blick nicht verstehen. „Warum reagiert jemand so?", „Weshalb geschieht mir dies in der Partnerschaft oder im Beruf in dieser bestimmten Form?", sind sehr typische Fragen für jeden 116° Geborenen. Auch die Art der Ursachenforschung ist eine Besonderheit. Sie geschieht gefühlsmäßig, als würde sich eine unsichtbare Hand in noch nicht sichtbare Regionen vortasten. 116° Geborene sind sehr empfindungsfähig und gleichen einem Seismografen, der kleinste gefühlsmäßige Erschütterungen wahrnimmt.

Die positive Ausrichtung: Durch die positive Ausrichtung wird der Raum der Gefühle größer, gleichzeitig bleiben die Individualität und der Schutz erhalten. Ein wesentlicher Charakterzug ist die verinnerlichte Willensfreiheit in Bezug auf ihre Gefühlsentscheidungen. Auf bewusste wie unbewusste Beeinflussung oder gar Manipulation ihrer Gefühle reagieren sie sehr klar. Die Eigenständigkeit und Unbeeinflussbarkeit ihrer Gefühlszellen haben immer wieder irritierende Auswirkungen auf andere Menschen. Menschen mit 116° können sich entweder ganz abgrenzen oder gar nicht und empfinden in diesen Fällen die Gefühle des Gegenübers gleich in ihrer ganzen Fülle. Meist nehmen sie diese fremden Gefühle als eigene wahr und erleben sie mit. Zwischenstufen gibt es für viele Menschen nicht.

Die negative Ausrichtung: Durch die negative Ausrichtung werden die eigenen Gefühle als absolute Wahrheit erfahren und es besteht keine Möglichkeit der positiven Veränderung von außen, da diese Gefühle unantastbar sind. Die einzige Form der Reflexion ist das eigene Gefühl; andere Wahrheiten werden gar nicht erst in Betracht gezogen, da sie außerhalb der eigenen Wirklichkeit liegen. Die Folge ist eine sich verselbstständigende Form der Selbstbestätigung in der Wahrnehmung. Das enge Gefühlsumfeld nehmen die Menschen zwar intensiv wahr, kommen aber nicht auf die Idee, dass der innere Gefühlsraum wie ein Raum aus Spiegeln immer nur die verschiedensten Varianten der gleichen Gefühle aufzeigt. Sie fühlen sich in einem scheinbar großen Raum gleichzeitig haltlos.

117. *verwaltende Eigenschaft*

27° Krebs - Zwischen 117° Geborenen und einer möglichen besseren Zukunft existiert ein Magnetismus. Diese Zukunft kann der nächste Moment sein oder erst einen Zeitraum viele Jahre später betreffen. Es ist für diese Menschen selbstverständlich, mit positiven Gedanken und einer positiven Grundhaltung in diese Zukunft zu gehen. Entsprechend ist ihr Wesen davon durchdrungen. Obwohl es an Optimismus erinnert, gleicht dies vielmehr einem verwurzelten Vertrauen in das Leben selbst.

Die positive Ausrichtung: Hier wird aus einem statischen Vertrauen ein aktives Handeln für die bessere Zukunft. Im Hintergrund wirkt das Vertrauen, wobei den 117° Geborenen klar ist, dass sie etwas dafür tun müssen. Erfüllt sich die Zukunft in der vorhergesehenen Weise, werden sie ruhig und freuen sich.

Die negative Ausrichtung: Auch durch die negative Ausrichtung empfinden 117° Geborene ein bestimmtes Zukunftsvertrauen. Es ist jedoch oberflächlich. Diese Menschen machen die Augen vor eventuellen Problemen zu und gehen mit einer gespielten positiven Grundhaltung durch das Leben. Die negative Ausrichtung verhindert, dass sie irgendetwas für eine bessere Zukunft tun. Auch wenn sich diese nie erfüllt, haben sie den Zwang, in der oberflächlichen positiven Grundhaltung zu verharren.

118. *verwaltende Eigenschaft*

28° Krebs - Ein Wesenszug aller 118° Geborenen ist ihre grundsätzlich bejahende Lebenseinstellung. Diese äußert sich in jedem Lebensbereich. Es gleicht dies einer vollständigen Durchdringung der jeweiligen Thematik mit positiven und die Meisterung dieser Thematik fördernden Energien. Die Selbstverständlichkeit ihres Tuns lässt viele 118° Geborene diese *Eigenschaft* als normal ansehen.

Die positive Ausrichtung: Durch die positive Ausrichtung zeigt sich eine natürliche Hilfsbereitschaft. Es gehört für diese Menschen zu einem wichtigen Teil ihres Lebens, anderen Leuten zuzuhören, ihnen Aufmerksamkeit zu schenken und wenn nötig zu helfen. Gemeinsam ist allen 118° Geborenen, dass sie kein Lob einfordern. Die Normalität in der Zuwendung lässt sie gar nicht auf die Idee kommen, eine Gegenleistung zu erwarten oder gar zu verlangen.

Die negative Ausrichtung: Durch die negative Ausrichtung verspüren 118° Geborene eine innere Abwendung oder Trennung, wenn sie einem Mitmenschen bewusst seine Willensfreiheit lassen. Diese Menschen leben und wirken in unterschiedlicher Form berechnend und manipulativ. Ein großes Problem in Bezug auf das Erkennen dieser negativen Eigenschaften ist die oft vorhandene, parallel damit einhergehende Leichtigkeit, mit der dieser Wesenszug gelebt wird. Diese Menschen agieren berechnend und nehmen sich gleichzeitig in dieser Negativität ihres Handelns nicht so ernst. Daher kommt es immer auch zu einer Form der Selbstmanipulation. Sie reden sich in einem fort ein, dass die Berechnung ihres Tuns nicht so schlimm sei.

119. *verwaltende Eigenschaft*

29° Krebs - Diese *Eigenschaft* bewirkt, dass der 119° Geborene in einer ganz besonderen Weise den Drang besitzt, etwas verstehen zu wollen. Gleichzeitig darf man jedoch nicht meinen, dass sich ein sich einstellendes Verstehen über die Intelligenz oder den Verstand verwirklicht. Bevor der 119° Geborene zu diesem Punkt kommt, reist er durch eine Vielzahl von Gefühlen. Innerhalb dieser Eindrücke agiert er vorwärtsstrebend. Diese Menschen sind freundlich und besitzen eine leicht distanzierte Zurückhaltung in allen Lebenslagen.

Die positive Ausrichtung: Durch die positive Ausrichtung steht der 119° Geborene seinen Mitmenschen freundlich gegenüber. Einerseits ist er am anderen grundsätzlich interessiert, andererseits macht er sich keine konkreten Gedanken über ihn. Drückt man es bildhaft aus, wirkt vor ihm vielmehr eine Kraft, die das Gegenüber gleichsam abtastet und durchdringt. Würde man den 119° Geborenen dabei beobachten, gewänne man den Eindruck, dass er neugierig und distanziert zugleich ist. Es geht darum, jene Eigenschaften in den Mitmenschen zu suchen und zu finden, durch die eine Entwicklung des jeweiligen Lebensbereichs möglich ist.

Die negative Ausrichtung: Die negative Ausrichtung verneint jegliche Form der Entwicklung. Diese Prägung der *Eigenschaft* hat zur Folge, dass 119° Geborene selbst in ihrem Zustand meinen, eine höhere Form der Entwicklung zu erkennen. Beobachtet man so einen Menschen, vermittelt dieser den Eindruck eines gefühlshaften, denkenden und etwas abgeklärten Philosophen. Das kann auch der Fußballfan sein, der in dieser Grundhaltung ein Spiel ansieht. Das hervorstechende Merkmal der Wirkung der negativen Ausrichtung ist jedoch, dass sich derjenige gar keine

Gedanken macht. Er denkt verstandesmäßig oder intelligenzhaft schlicht nicht nach, sondern gleicht einem gefühlshaften Nebel ohne Verstand. Er verharrt in diesem gefühlshaften Zustand und vermittelt den beschriebenen Eindruck.

120. *verwaltende Eigenschaft*

30° Krebs - Durch diese *Eigenschaft* meinen die Menschen, aufgrund einer feineren Empfindungsfähigkeit beurteilen zu können, was der Wahrheit entspricht und was nicht. Viele bezeichnen diese Ahnungen als Bauchgefühl. 120° Geborene haben dieses feine Gespür und viele verlassen sich darauf. Oftmals zeigt es sich als schwaches negatives Gefühl, welches dann auftritt, wenn etwas für sie nicht stimmig ist. Das Problem ist, dass der Maßstab dieser Form der Medialität die subjektive Empfindung ist. Deshalb ist auch das Bauchgefühl subjektiv.

Die positive Ausrichtung: Durch die positive Ausrichtung erweitert sich die Empfindungsfähigkeit. Maßstab ist nicht mehr nur die persönliche Empfindung. Auch die in der jeweiligen Realität vorhandenen Gegebenheiten werden zum Maßstab. Durch diese *Eigenschaft* besitzen 120° Geborene unter der Voraussetzung der positiven Ausrichtung ein gutes Bauchgefühl.

Die negative Ausrichtung: Die Medialität wird zum Instrument für die Durchsetzung der persönlichen Interessen. Es fühlt sich für diese Menschen dann nicht stimmig an, wenn die eigene Dunkelheit nicht bestätigt wird. Gleichzeitig sind sie absolut der Überzeugung, das eigene Bauchgefühl entspreche der Wahrheit. Immer wieder ist das Problem dieser abgehobenen Sensibilität, dass diese Menschen schrittweise den inneren Halt verlieren.

121. bis 150. *verwaltende Eigenschaft*

121. *verwaltende Eigenschaft*

1° Löwe - 121° Geborene strahlen in all ihrem Tun eine große Selbstverständlichkeit aus. Tief in ihrem Inneren tragen sie einen automatischen Glauben, der unablässig auf die Richtigkeit der eigenen Handlungen ausgerichtet ist. Dieser Glaube an sich selbst wird nicht bewusst eingesetzt, er wirkt als unbewusst verinnerlichter Charakterzug. Dadurch machen sie auf die anderen Menschen einen sehr authentischen Eindruck.

Die positive Ausrichtung: Diese Menschen besitzen eine grundsätzliche Freude am Leben. Diese Lebenseinstellung gleicht einer charakterlichen Grundlage und durchdringt jeden Augenblick ihres Lebens. Ganz besonders spürt man dies an ihrer Freude bei der Arbeit, vor allem dann, wenn es sich um produktive Tätigkeiten handelt. Innere und äußere Bewegung und Veränderung ist für sie Normalität. Dies gleicht einer unbewussten Macht, welche ausstrahlt und andere Menschen im Umkreis automatisch in den Bann zieht. Es ist für Menschen in ihrem Umfeld sehr schwer, sich dieser Macht zu entziehen.

Die negative Ausrichtung: Durch die negative Ausrichtung beschränkt sich die Freude auf die materielle Welt. Diesen Besitz nehmen 121° Geborene als Macht wahr und strahlen dies auch nach außen. Das Bewusstsein hängt sich an die Materie und jede Veränderung wird vermieden. Ebenso beschäftigen sie sich unablässig mit der Vermehrung von Besitz, all ihre Gedanken und Gefühle kreisen nur darum. Jeder kleinste Besitzanteil bekommt Aufmerksamkeit. Die Macht dieser Menschen kennt man sehr gut als Missionierung, sie beschränkt sich jedoch nicht auf religiöse Themen. Jeder Lebensbereich kann Ausdruck dieser Macht sein.

122. *verwaltende Eigenschaft*

2° Löwe - Einen 122° Geborenen zu beschreiben ist gut durch ein Bild möglich. Sein Körper bewegt sich kaum und trotzdem hat niemand den Eindruck von Trägheit. Die Augen wirken wach und betrachten interessiert und trotzdem distanziert, ohne negativ zu wirken, das Geschehen und die Menschen um sie herum. Ihn umgibt eine Aura der Unberührbarkeit. Den Mitmenschen fällt dieser Mensch sofort auf und jeder spürt von ihm ausgehend eine gewisse Souveränität.

Die positive Ausrichtung: 122° Geborene sind sich ihrer selbst bewusst und es fällt ihnen leicht, bei sich selbst zu bleiben. Einen tiefen inneren Frieden finden sie immer wieder, wenn sie allein sind. Diese Zeiten sind für sie sehr wichtig. Einen Charakterzug kann man als Zurückhaltung beschreiben. Diese wirkt jedoch niemals als Rückzug, sondern als machtvolles Ruhen in sich selbst. Beschäftigen sie sich mit irgendetwas, besitzen sie eine beharrliche Aufmerksamkeit, ohne sich innerlich zu verkrampfen. Es ist ihnen möglich, sich mit großem Interesse über lange Zeit einer einzigen Tätigkeit zu widmen.

Die negative Ausrichtung: Durch die negative Ausrichtung sucht der 122° Geborene in den materiellen Genüssen einen Ersatz für die Freude. Die am meisten verbreitete Folge der negativen Ausrichtung ist die übermäßige Konzentration auf das Essen und Trinken. Es gleicht einem Kreislauf der Unruhe, Unzufriedenheit und verzweifelten Suche. Das typische Bild ist jemand, der gierig zu große Schlucke Wein trinkt, zu schnell und zu große Bissen verschlingt, zu laut lacht und mit viel zu lauter und aufdringlicher Stimme Dinge erzählt.

123. *verwaltende Eigenschaft*

3° Löwe - In allen 123° Geborenen wirkt ein ganz besonderer Magnetismus, der sich vor allem im Umgang mit anderen Menschen zeigt. Ihr inneres Streben und ihr Wille sind automatisch darauf ausgerichtet, ein schönes Gefühl zu empfinden. Aus diesem Grund macht diese innere Orientierung sie für andere Menschen so anziehend.

Die positive Ausrichtung: Diese Menschen können eine Führungsrolle in der Gemeinschaft übernehmen. Die Gruppe, ob groß oder klein, folgt ihnen gerne. Auch hier spielt die innere Erwartung eines guten Gefühls die wesentliche Rolle. Die anderen Leute überlassen jemandem mit 123° gerne die Führungsrolle. Sie selbst lieben die Selbstbestimmung und folgen einem anderen Menschen nur dann, wenn die Möglichkeit besteht, durch ihn eine höhere Art von Gefühl zu erfahren. Selbst wenn sie dies erwarten können, geben sie niemals den eigenen Willen ab. Werden die Erwartungen nicht erfüllt, verändert sich in ihnen sofort das Machtgefüge und sie wenden sich ab.

Die negative Ausrichtung: Durch die negative Ausrichtung dient der Wille dem Erhalt harmonischer Gefühle, welche durch die Ausübung einer physischen Tätigkeit entstehen. Hier wird der Mensch süchtig nach diesem Gefühl und wiederholt aus diesem Grund die jeweilige Tätigkeit. In dieser Form entstehen Süchte und Gewohnheiten, aus denen man sich nur schwer befreien kann. Viele haben durch die negative Ausrichtung Probleme mit Süchten.

124. *verwaltende Eigenschaft*

4° Löwe - Eine Eigenschaft ist, dass 124° Geborene ihre jeweilige Tätigkeit lieben müssen. Dies gilt für den Beruf ebenso wie für Hobbys bis hin zu alltäglichen Arbeiten. Sich über längere Zeit mit ungeliebten Aktivitäten auseinandersetzen zu müssen, ist nicht möglich. Dann wird früher oder später eine bewusste Veränderung initiiert. Sind sie dazu gezwungen, etwas über das normale Zeitmaß hinaus zu tun, fühlen sie sich sehr unglücklich. Gerne nehmen sie dann auch schwierige Dinge in Kauf, nur um einen Wandel dieser Situation herbeizuführen.

Die positive Ausrichtung: Es gibt gegenüber Einflüssen von außen keine automatische Abwehr. Es besteht keine Schranke oder Mauer, welche automatisch alles zurückweist. Die Argumente werden betrachtet und mit einer positiven Grundhaltung bewertet.

Die negative Ausrichtung: Durch die negative Ausrichtung wird jegliche Auseinandersetzung mit äußeren Dingen automatisch abgewehrt. Es kommt zu keiner objektiven Beurteilung. Im Grunde kann man diesen inneren Vorgang als Versuch betrachten, die Macht im eigenen Sein zu bewahren. Es gleicht einer unbedingten Kontrolle. Ein guter Vorschlag oder eine gute Idee werden von vornherein abgelehnt, das kann jeden Lebensbereich oder auch einen Charakterzug betreffen. 124° Geborene betrachten diese Anregungen als Eindringlinge und verhalten sich entsprechend.

125. *verwaltende Eigenschaft*

5° Löwe - Ein Wesenszug zeigt sich in der Weise, wie sie auf andere Menschen zugehen. Dies geschieht sehr bestimmt, man könnte meinen forsch und gleichzeitig dem Gegenüber zugewandt. Beherzt geht der 125° Geborene flotten Schrittes auf den Mitmenschen zu und spricht ihn direkt an. Gleichzeitig trägt er in sich eine positive Stimmung gegenüber den Menschen. Durch diese Eigenart sind 125° Geborene grundsätzlich kontaktfreudig und möchten auch andere Menschen kennenlernen. Man könnte sogar meinen, sie verlangten von ihrem Gegenüber, ihnen nun die Dinge mitzuteilen, die sie wissen möchten. Es gibt für sie eine ganz bestimmte Form des zwischenmenschlichen Austauschs. Hierbei geht es oft darum, dass die Mitmenschen der Machtäußerung der 125° Geborenen in diesem Prozess des Kennenlernens folgen. Der andere muss einige Kriterien erfüllen, um bei einem 125° Geborenen positiv anzukommen.

Die positive Ausrichtung: Ein wesentlicher Wesenszug der Persönlichkeit ist ihre Wahrheitsliebe. Es ist ihnen in Verbindung mit der positiven Ausrichtung fremd, Wahrheiten zu unterdrücken. Sie können auch nicht verstehen, dass sich andere Menschen um eine Sache herumdrücken. Man möchte meinen, dass 125° Geborene keine Diplomaten sind. Es stimmt zwar, dass sie ihre eigene Wahrheit vehement vertreten können und auch für sie kämpfen. Sind sie jedoch einmal von einer anderen, umfassenderen Wahrheit überzeugt, können sie ihre Meinung schnell ändern.

Die negative Ausrichtung: Ihre Liebe zu sich selbst braucht die Bestätigung der Macht über sich selbst durch die Annahme der eigenen Wahrheit. Je größer diese Selbstliebe und Selbstbewunderung, desto subjektiver und unvollkommener ist die Wahrheit. Dieses innerliche Geschehen kann man als eine Art der gefühlshaften Selbstbefriedigung betrachten. Gleichzeitig ist es fast unmöglich, einen Menschen vom tatsächlichen Wahrheitsgehalt seiner Meinung zu überzeugen. Eine innere Ansicht zu ändern, erfahren sie als Treuebruch gegenüber sich selbst. Den Grund für die sogenannten Fake News findet man in dieser Selbstlüge.

126. *verwaltende Eigenschaft*

6° Löwe - Vordergründig wollen 126° Geborene eine innere Haltung aufrechterhalten. Vordergründig deshalb, weil man ihr Agieren auf den ersten Blick so interpretieren könnte. Gleichzeitig kann der 126° Geborene, blickt er in sein Inneres, eine ständige sich verändernde Bewegung beobachten. Befindet er sich zum Beispiel in einem Gespräch, fällt einem Beobachter mit großer Sicherheit das wache Interesse auf. Man kann auch erkennen, dass er sich seinen Mitmenschen zuwendet, sie direkt ansieht und anspricht, und man hat den Eindruck, dass er das Gespräch ernst nimmt. Beobachtet man dieses Geschehen jedoch länger, kann man immer wieder folgende Reaktion bemerken. Plötzlich scheint es so, als würde der 126° Geborene für einen kurzen Moment erschrecken. Wahrscheinlich hebt er den Kopf, blickt seinen Gesprächspartner mit einer scheinbar erhöhten Aufmerksamkeit kurz an, bewegt sich, als wollte er etwas von sich abschütteln, und wendet sich ab. Manchmal geschieht es sogar, dass sich der 126° Geborene daraufhin wirklich fast überhastet verabschiedet und geht.

Die positive Ausrichtung: Möchte ein 126° Geborener an sich arbeiten, dann entwickelt sich das Thema wie ein Samen, der austreiben möchte. All dies geht still und leise in ihm vor. Nur selten sprechen sie mit anderen Menschen darüber und wenn es doch geschieht, dann haben sie zu diesem Menschen großes Vertrauen. 126° Geborene besitzen zwei unterschiedliche, man könnte meinen, gegensätzliche Wesenszüge. Einerseits sind sie selbstsicher und präsentieren sich machtvoll. Andererseits können Sie sehr zurückgezogen, manchmal sogar verletzlich scheinen. Dies trifft dann zu, wenn es um Lebensbereiche geht, die ihnen wichtig sind.

Die negative Ausrichtung: Durch die negative Ausrichtung verändert sich die Persönlichkeit. Oberflächlich betrachtet könnte man meinen, dass es gar keinen großen Unterschied macht. Der 126° Geborene präsentiert sich selbstsicher und wortgewandt. Wer jedoch genauer hineinspürt, wird eine gewisse Grobheit bemerken können. Zusammen mit dieser Grobheit spürt man Wesenszüge der Unstetigkeit. Man hat den Eindruck, dass sie sich etwas zu schnell bewegen, etwas zu schnell sprechen und diese Form des fahrigen Agierens durch die genannte Grobheit kompensieren. Im Inneren kann sich keine Idee entwickeln. Jeder Prozess einer charakterlichen Veränderung hin zum Positiven wird unterdrückt. Anstelle eines Samens, der im Sinne der in ihm enthaltenen Idee austreibt, befindet sich in diesen Menschen gleichnishaft ausgedrückt ein dunkler Punkt. Manchmal fallen sie in einen dunklen inneren Zustand der Stagnation.

127. *verwaltende Eigenschaft*

7° Löwe - Ein typischer Wesenszug aller 127° Geborenen ist ihr Verständnis. Ihre Selbstverständlichkeit, diesem Wesenszug im Leben Ausdruck zu verleihen, kann so weit gehen, dass sie sich dessen gar nicht bewusst sind. Sie teilen sich auch den Charakterzug der Vermittlung. Menschen miteinander in Verbindung zu bringen, ist ihnen ein dauerndes, tiefes Anliegen. Haben sie dies geschafft, durchströmt sie eine große Freude.

Die positive Ausrichtung: Diese Art des Verständnisses ist immer zugleich ein positiver Austausch und zeigt sich gegenüber Menschen und der Natur. Voraussetzung ist jedoch Leben; unbelebten Dingen gegenüber haben sie weniger Verständnis. Mit dem Wort Desinteresse ließe sich dies noch besser beschreiben. Ihr gutes Verständnis gegenüber anderen Menschen macht sie zu ausgezeichneten Zuhörern. Zugleich besitzen sie das Talent, die Dinge mit eigenen Augen zu sehen. Im Gespräch mit einem 127° Geborenen fühlt man sich ernsthaft und tief verstanden.

Die negative Ausrichtung: Durch die negative Ausrichtung nehmen sie Dinge wahr, die gar nicht gegeben sind. Hier geht es jedoch nicht um eine falsche Sinneswahrnehmung. Die Wahrnehmung betrifft das Hineindeuten von Gefühlen, Ideen, Gedanken, Wünschen, Charakterzügen und vielen Dingen mehr. Ein weiteres Problem der negativen Ausrichtung ist ein falsch aufgefasstes Verständnis. Jemand in diesem Einfluss lässt sich in die Belange des Gegenübers hineinziehen und geht damit in eine Form des inneren Austauschs. Die Folge ist ein unbewusster, fast schleichender Verlust der Unterscheidungskraft.

128. *verwaltende Eigenschaft*

8° Löwe - 128° Geborene erwarten, dass ihre Mitmenschen ihren Ansichten folgen. Sehr selbstverständlich äußern sie ihre Meinung. Gleichzeitig richten sie ihre Aufmerksamkeit auf ihre Mitmenschen und warten darauf, dass sie bestätigt wird. Erfolgt dies nicht unmittelbar, sprechen sie das Gegenüber an, ob es nicht derselben Meinung sei. Zwischen ihnen und den Mitmenschen wirkt ein Magnetismus, dem 128° Geborene folgen, indem sie die gleiche Meinung einfordern, die sie selbst vertreten.

Die positive Ausrichtung: Diese Menschen besitzen ein gutes Verständnis für ihre Mitmenschen. Sie können sich ihnen ganz widmen, wobei auch bei der positiven Ausrichtung immer eine einfordernde Energie wirkt. Hier zeigt sich diese beispielsweise in der Aussage, dass es dem Gegenüber, wenn es der Einforderung folgt, besser gehe.

Die negative Ausrichtung: Durch die negative Ausrichtung fordern 128° Geborene die gleichen Ansichten ein und wissen zugleich, dass die Mitmenschen dieser Machtausübung nicht nachkommen wollen. Gleichzeitig bauen sie eine Distanz auf und nehmen eine abwertende und abschätzige Haltung ein. Durch diese Haltung bewahren sie ihren Machtanspruch, indem sie es dem mangelnden Charakter der Mitmenschen zuschreiben, wenn diese eine andere Ansicht besitzen.

129. *verwaltende Eigenschaft*

9° Löwe - 129° Geborene strahlen in einer expansiven Weise einen Magnetismus aus. Diese Kraft berührt einen anderen Menschen und bewirkt in ihm, dass er sich dem 129° Geborenen zuwendet. Man kann somit behaupten, dass diese Menschen eine gewisse Anziehung als Wesenszug besitzen. Gleichzeitig wirkt diese Anziehung vor allem dann, wenn der 129° Geborene sich seinem Gegenüber aktiv zuwendet.

Die positive Ausrichtung: Es kann gut sein, dass der 129° Geborene den Mittelpunkt in einer Gemeinschaft bildet. Als dieser Mittelpunkt handelt er jedoch nicht über eine Art der aktiven Machtausübung, sondern bewirkt durch seine Worte und seine Gestik, dass sich die anderen Menschen in dieser Gruppe in einer gewissen Weise magnetisch angezogen fühlen. Man kann bemerken, dass der 129° Geborene seinen Äußerungen, verbal oder über den Körper, eine gewisse Betonung verleiht. Grundsätzlich haben sie die Tendenz, positive Dinge anzuziehen. Es geht darum, einen positiven Umraum zu erschaffen, für andere Menschen zu sorgen oder sich grundsätzlich mit Dingen zu umgeben, die man selbst als positiv einschätzt.

Die negative Ausrichtung: Die negative Ausrichtung bewirkt, dass sich der 129° Geborene immer mehr als Mittelpunkt definiert und diese Position über seine Gefühle und Emotionen auch bestätigt bekommt. Es sind jedoch nicht positive Eigenschaften, die er in sich mehrt, sondern negative. Gleichzeitig steigert sich der Drang, gegen Menschen zu agieren, die seine subjektiven Gefühle nicht bestätigen. Archetypisch beschrieben findet man hier den religiösen Führer einer mafiösen Gemeinschaft.

130. *verwaltende Eigenschaft*

10° Löwe - Obwohl es auf den ersten Blick nicht so scheint, sind 130° Geborene sehr selbstbewusst bzw. wissen sehr gut, was sie wollen. Den Grund, warum man das nicht oder nur schwer erkennen kann, findet man in den weichen und nachgiebigen Wesenszügen, über welche 130° Geborene mit ihren Mitmenschen kommunizieren. Lernt man diese Menschen besser kennen, merkt man schnell, dass sie ihren Willen trotz ihrer scheinbaren Nachgiebigkeit sehr gut durchsetzen können.

Die positive Ausrichtung: Möchte man diese Persönlichkeit archetypisch beschreiben, dann wäre dies der mitfühlende und zugleich strenge Herrscher. Dieser Anspruch ist im alltäglichen Umgang verdeckt. Geht es dem 130° Geborenen jedoch um Prinzipien, die ihm wichtig sind, setzt er seinen Willen durch.

Die negative Ausrichtung: Durch die negative Ausrichtung verlangen 130° Geborene, dass die Mitmenschen im näheren Umkreis ihren Vorgaben folgen. Die Argumente, warum sie dies tun sollen, sind zumeist Wertvorstellungen des täglichen Lebens. Selbst Kleinigkeiten müssen im Sinne ihrer Vorstellungen erfüllt werden. Weigert sich jemand, werden grundsätzliche Diskussionen vom Zaun gebrochen. Es geht dann nicht mehr um die Kleinigkeit, sondern um den scheinbar mangelhaften Charakter des Gegenübers.

131. *verwaltende Eigenschaft*

11° Löwe - 131° Geborene sind sehr machtbewusst. Sie besitzen Macht oder möchten Macht besitzen und agieren überlegt. Haben sie durch welche Umstände auch immer keine Möglichkeit, ihre Macht auszuleben, fühlen sie sich unvollständig. Jedes Fortschreiten in beruflichen oder privaten Lebensbereichen dient zusätzlich zum eigentlichen Sinn dem Erhalt von Macht. Sind sie in der Position, Macht ausüben zu können, leben sie die Ausübung klar und ohne Kompromisse.

Die positive Ausrichtung: Durch die positive Ausrichtung dieser *Eigenschaft* verwirklicht sich die Ausübung der Macht. Es geht diesen Menschen weniger um das Erreichen eines Ziels als vielmehr um das machtvolle Handeln an und für sich. Gegenüber anderen Menschen nehmen sie eine Position ein, welche die Natürlichkeit ihrer Macht als selbstverständlich darstellt. Dient es dem Machterhalt, zeigen sie Empathie oder Strenge. Auch hier geht es nicht um Empathie oder die Strenge, sondern um das Aufrechterhalten der Macht.

Die negative Ausrichtung: Die Macht wird nicht durch das äußere Leben bestätigt oder unterstützt. Deshalb bedienen sich 131° Geborene unterschiedlichster Mittel, um die Ausübung der Macht leben zu können. Das kann Zwang oder in manchen Fällen sogar Gewalt bedeuten. Den Zwang betreffend geht es nur darum, Umstände zu schaffen, die das Gegenüber zwingen, so zu handeln, wie es der 131° Geborene möchte. Agiert er als Elternteil, kommen die Kinder in diesen Zwang, agiert er als Firmenchef die Angestellten oder als Priester die Gläubigen. Kein Lebensbereich ist davon ausgenommen.

132. *verwaltende Eigenschaft*

12° Löwe - Ein Wesenszug aller 132° Geborenen ist es, dass sie, befinden sie sich mit mehreren Menschen in einem Raum, automatisch die höchste hierarchische Position einnehmen. Dies erfolgt automatisch und zeigt sich weniger im Außen denn als prinzipielle Grundhaltung. Gleichzeitig befinden sie sich in einer gewissen Rivalität gegenüber den anderen Leuten. Selbst wenn sie diesen eine Position einräumen, bleibt die eigene Stellung unangetastet. Notfalls wird sie entweder direkt oder indirekt verteidigt. Wer in ihren Herrschaftsbereich eindringt, wird vertrieben oder seine Macht wird eingeschränkt.

Die positive Ausrichtung: Diese Menschen nehmen eine Stellung ein, in welcher ihre automatische Herrschaft durch hilfsbereite Taten bestätigt wird. Diese Hilfsbereitschaft trägt die Prägung der Mildtätigkeit und des Umsorgens.

Die negative Ausrichtung: Durch die negative Ausrichtung wird die Freiheit der Mitmenschen immer weiter eingeschränkt. Was sich als Hilfsbereitschaft tarnt, ist in Wahrheit die immer größere Einschränkung der anderen im engeren Umfeld. Letztlich kann das so weit gehen, dass alles, was die Mitmenschen machen, als negativ eingestuft wird. Gleichzeitig werden sie in ihrer Lebensfreiheit eingeschränkt. Vorwand für diese Einschränkung ist – ganz gleich, ob das stimmt oder nicht – ihre Negativität.

133. *verwaltende Eigenschaft*

13° Löwe - 133° Geborene besitzen den Wesenszug, einen Aspekt eines Themenbereichs zu betonen. Diesen einzelnen Teil erachten sie als wesentlich für das Vorankommen des großen Ganzen und darauf stützt sich auch ihre Macht. In Alltag zeigt sich dies zum Beispiel darin, dass 133° Geborene eine einzelne Zutat eines Rezepts als absolut wesentlich einstufen. Ein Widerspruch wird nicht oder nur schwer akzeptiert.

Die positive Ausrichtung: In dieser Ausrichtung der *Eigenschaft* besitzen die Menschen die Fähigkeit, Einzelaspekte herauszuheben, die wirklich wesentlich und zentral sind. Dadurch sind sie nicht zuletzt in der Lage, komplexe Probleme mit einfachen Mitteln zu lösen.

Die negative Ausrichtung: Diese Menschen stützen ihre Macht auf unwesentliche Dinge. Einerseits wissen sie selbst, dass dieser Aspekt nicht wichtig ist, andererseits verharren sie dennoch in einer oberflächlichen Haltung auf diesem Punkt. Dies gleicht einem, man möchte fast sagen, verzweifelten Erstarren auf diesem Aspekt. Sie können nicht loslassen, auch wenn alle Argumente und jede normale Überlegung dagegensprechen. Die Angst vor Machtverlust ist sehr groß. Das hat zur Folge, dass immer weniger Leute diese Menschen ernst nehmen. Obwohl 133° Geborene so tun, als würden sie etwas Wesentliches beitragen, werden sie nicht mehr beachtet.

134. *verwaltende Eigenschaft*

14° Löwe - Die Persönlichkeit von 134° Geborenen wird von der Grundhaltung durchdrungen, dass sie wissen, was Sache ist. Dabei kann es sich um alle Lebensbereiche handeln. Selbst bei anderen Menschen besitzen sie die Gewissheit, zu verstehen, weshalb sie in dieser Weise handeln, denken oder fühlen. Diese selbstverständliche Grundhaltung hat nichts mit der Frage zu tun, ob sie sie wirklich verstehen oder nicht. Es ist vielmehr ein Gefühl, keine verstandesmäßige Überlegung. Werden sie aufgefordert, dieses Verständnis zu erklären, geraten sie oft in Erklärungsnot und werden sich erst jetzt bewusst, dass sie anderen Leuten suggerieren, etwas zu wissen oder zu verstehen, obwohl es nicht stimmt.

Die positive Ausrichtung: Die positive Ausrichtung bewirkt, dass 134° Geborene tatsächlich sehr viel verstehen und wissen. Das vermitteln sie anderen Menschen, die es auch annehmen. Verstehen oder wissen sie etwas nicht, halten sie sich zurück, auch wenn dieser Zurückhaltung die Energie einer gewissen Haltlosigkeit innewohnt.

Die negative Ausrichtung: Durch die negative Ausrichtung können diese Menschen die Dinge nicht verstehen. Das große Problem ist jedoch, dass die Prägung dieser *Eigenschaft* die Gewissheit mit sich bringt, dies doch zu tun. Durch diesen offensichtlichen Widerspruch, dessen sich viele 134° Geborene durchaus bewusst sind, empfinden sie eine Art hoffnungslose Verzweiflung. Sie wissen auch keinen Ausweg und ziehen sich immer weiter zurück.

135. *verwaltende Eigenschaft*

15° Löwe - Ein Merkmal der Persönlichkeit aller 135° Geborenen ist die Ausprägung ihrer Individualität. Zwischen ihnen und ihren Mitmenschen gibt es, beschreibt man es bildhaft, einen Abstand. Diese Differenz wirkt andauernd und zeigt sich als Grundhaltung des Bewusstseins, im Denken, im Willen und auch in ihrer Wahrnehmung der Umwelt. Von einer separierten Position aus betrachten sie den Umraum, unterscheiden die Dinge und führen ein sehr individuelles Leben.

Die positive Ausrichtung: Auch wenn sie sich in einer separierten Stellung befinden, nehmen sie am Leben teil. Vor allem beeinflussen sie ihren Umraum in ihrem Sinn. Dabei werden sie selbst kaum davon berührt. Grundsätzlich nehmen diese Menschen eine Machtposition ein. Auch wenn sie sich dessen nicht bewusst sind, ergibt sich diese durch die Separierung und zugleich durch die Betrachtung des Umraums aus einer erhöhten Position.

Die negative Ausrichtung: Diese Menschen wollen recht behalten. Der Abstand zwischen ihnen und den Mitmenschen zeigt sich als Unnachgiebigkeit in Bezug auf die persönliche Meinung und Überzeugung. Sie verharren auf ihrem Standpunkt und geben nicht nach. Es ist kaum möglich, einen gemeinsamen Kompromiss zu finden.

136. *verwaltende Eigenschaft*

16° Löwe - Einen Wesenszug aller 136° Geborenen kann man als verinnerlichtes Gefühl beschreiben, mit dem eigenen Wissen und der eigenen Vorstellung richtig zu liegen. Diese automatisierte innere Einstellung durchstrahlt ihr ganzes Wesen. In jeder Begegnung mit anderen Menschen oder Dingen behält ein 136° Geborener diese erhöhte Position bei und alles äußere Sein wird im Vergleich zum persönlichen Wissen durchleuchtet und gewertet. In diesen Menschen finden zwei nur auf den ersten Blick widersprüchliche Charaktereigenschaften zusammen. Erstens verlassen sie sich auf klar beweisbares Wissen. In welcher Form dieser Mensch Wissen überprüft, hat wiederum etwas mit seiner persönlichen Entwicklung zu tun. Zweitens tragen sie in sich einen automatisierten Wesenszug der ständigen intuitiven Wahrnehmung und Überprüfung des jeweiligen Wissens.

Die positive Ausrichtung: Die Macht des Wissens bezieht sich nicht nur auf den Inhalt des Wissens, sondern auch auf die geistige Struktur, auf die sich das Bewusstsein stützen kann. Die Folge ist ein großes Selbstbewusstsein. Jede Form der Rechtfertigung eines Handelns ist ihnen völlig fremd.

Die negative Ausrichtung: Besonders empfindlich reagieren diese Menschen auf die Macht anderer Menschen, die sich auf Wissen beruft. Diese kann sogar als Bedrohung wahrgenommen werden. 136° Geborenen geht es im Einfluss der negativen Ausrichtung immer um Machterhalt. Ihre persönliche Macht stützt sich darauf, recht zu haben. Intuitiv empfinden sie eine große Disharmonie gegenüber höheren Wahrheiten. Dieses Gefühl wirkt immer in der intellektuellen Überprüfung mit und bestätigt die eigenen Entscheidungen. Auch wenn sich diese Menschen stets auf den Verstand berufen und ihre Entscheidung auf diese Weise innerlich rechtfertigen, ist es das Gefühl der Disharmonie, welches die Entscheidung gleichermaßen mitträgt.

137. *verwaltende Eigenschaft*

17° Löwe - Grundsätzlich kann man sagen, dass sich viele 137° Geborene über andere Menschen erfahren. Gleichzeitig sind sie nicht der typische Gemeinschaftsmensch, wie man vielleicht denken könnte. Sie selbst erleben sich in der aktiven Unterstützung innerlich in der gleichen Weise authentisch, wie wenn sie allein sind. Sie wissen um ihren Wert, wobei sie niemals das Bedürfnis haben, dies öffentlich zu unterstreichen oder gar auszunützen. Sehr irritiert können sie reagieren, wenn ein Rat oder eine Hilfe abgelehnt wird. Bisweilen fühlen sie sich dann als ganzer Mensch abgelehnt.

Die positive Ausrichtung: Diesen Menschen ist die Unterstützung anderer Menschen ein in die Wiege gelegtes Grundbedürfnis. Im Grunde ist ihre Hilfe ein aktiver Akt der Liebe. Gleichzeitig erfährt der 137° Geborene im Helfen eine Erfüllung, und zwar durch die Erfahrung einer größeren Vollständigkeit in sich selbst. Er erlebt dann eine Form des höheren Selbstbewusstseins.

Die negative Ausrichtung: Durch die negative Ausrichtung leistet dieser Mensch zwar Hilfe, begrenzt sie jedoch nach seiner eigenen Vorstellung. Das bedeutet, dass mit der Hilfe zugleich eine Richtungsweisung einhergeht. „Ja, ich helfe, jedoch nur so, wie ich es mir vorstelle", lautet die innere Maxime, die jedoch meist unbewusst wirkt. Wehrt sich das Gegenüber, indem es diese Art der Machtausübung nicht länger zulässt, bricht das ganze System zusammen. Manchmal bedeutet dies, dass sich Menschen oft für den Rest ihres Lebens trennen. Normalerweise lässt sich niemand für längere Zeit in dieser Form manipulieren. 137° Geborene schaffen sich eine eigene kleine Welt, die sie dirigieren können. Selbst sehen sie sich stets in einer helfenden Position; in Wirklichkeit ist ihre Hilfe jedoch getarnte Manipulation.

138. *verwaltende Eigenschaft*

18° Löwe - In Verbindung mit dieser *Eigenschaft* geht es um das schweigende Erfüllen einer Erwartung. Der Ablauf ist in diesem Wesenszug immer ähnlich: Betrachtung der Gegebenheit aus einem Bewusstsein, welches grundsätzlich selbstbewusst ist – Beobachtung des Geschehens – Erfüllung der Erwartung durch das Gegenüber – Lösung einer leichten inneren Spannung. Der Magnetismus, der von diesem Wesenszug ausgeht, ist für 138° Geborene nicht einfach zu erkennen. Als verinnerlichter Teil des Ausdrucks ihrer Persönlichkeit durchdringt er das tägliche Leben in jedem Augenblick.

Die positive Ausrichtung: Diese Menschen sind auf eine ganz bestimmte Art introvertiert. Man könnte diesen Wesenszug als Selbstzufriedenheit beschreiben, wobei es tatsächlich um eine Form des inneren Friedens mit sich selbst geht. Die nötigen Dinge werden erledigt; gleichzeitig birgt jede Erledigung ein inneres ‚Einrasten' mit dem Bewusstsein in eine sich erfüllende Gegebenheit. Ein weiterer Charakterzug ist ihre Verlässlichkeit. Etwas Richtiges und Notwendiges zu erfüllen, ganz gleich, um welchen Lebensbereich es sich handelt, ist für sie so selbstverständlich, dass sie es oft gar nicht bemerken.

Die negative Ausrichtung: Viele Menschen im Einfluss der negativen Ausrichtung sind von einem ständigen leichten Unwillen durchdrungen. Dieser Unwille ist zugleich von einer latenten Oberflächlichkeit und Besserwisserei durchsetzt. Nicht selten ist eine abwertende Handbewegung die Folge. Manche Menschen sind nicht oder kaum belehrbar. Die empfundene Natürlichkeit der eigenen Wahrheit ist so selbstverständlich, dass kein positives Gegenargument ernst genommen wird.

139. *verwaltende Eigenschaft*

19° Löwe - Ein wesentlicher Charakterzug aller 139° Geborenen ist eine Form der doppelten Betonung des eigenen Standpunktes. Dieses Tun gleicht einer Hervorhebung durch ein nochmaliges Hinweisen darauf. Zugleich mit dieser bewussten Akzentuierung kommt es zu einer von anderen Meinungen unabhängigen Positionierung der persönlichen Ansicht. Gleichnishaft beschrieben gleicht dieser Mensch jemandem, der eine Statue aufstellt und die ihn umringenden Menschen eigens darauf hinweist. Man könnte vielleicht meinen, dass damit ein Wesenszug der Rechthaberei einhergehe. Dies ist jedoch nicht vorrangig. Es geht nicht so sehr um ein gewolltes inhaltliches Beeinflussen, sondern ausschließlich um die Positionierung der eigenen Macht.

Die positive Ausrichtung: Ein Wesenszug ist die große Glaubenskraft dieser Menschen. In erster Linie zeigt sich dies als Glauben an sich selbst. Viele von ihnen haben ein Talent darin, Anweisungen zu geben. Eine weitere Eigenschaft ist es, dass sie andere Leute unterstützen.

Die negative Ausrichtung: Durch die negative Ausrichtung beobachtet man jemanden, der sich schnell von der Gesellschaft zurückzieht. Der eigene Standpunkt wird nicht verändert, er bleibt in der Enge. Eine Veränderung käme einem Machtverlust gleich und wird deshalb vermieden. Darauf folgt der Rückzug mit einer gleichzeitigen Abkapselung von der Gesellschaft. Der 139° Geborene fühlt sich allein, nicht zugehörig und manchmal auch ausgeschlossen. Letztlich ist dies eine Art der logischen Konsequenz, da der egozentrierte Machterhalt einen Rückzug erzwingt und sich gleichzeitig gegen andere Ansichten abschottet, um so die innere Position aufrechterhalten zu können.

140. *verwaltende Eigenschaft*

20° Löwe - 140° Geborene sind sehr wachsam und beobachten Situationen aus einem inneren Abstand. Die Wachsamkeit lässt auch nicht nach, wenn sie zum Beispiel mit jemandem sprechen oder eine gemeinsame Zeit erleben. Das Bild, das sie sich von ihren Mitmenschen machen, gründet sich auf eine Empfindung während der Beobachtung. Auf dieses Gefühl stützen sie sich und sind nur schwer davon zu überzeugen, dass es vielleicht nicht der Wahrheit entspricht. 140° Geborene haben von sich selbst die Überzeugung, andere Menschen sehr genau einschätzen zu können.

Die positive Ausrichtung: Die positive Ausrichtung bewirkt, dass 140° Geborene die Mitmenschen aufgrund ihrer Empfindsamkeit sehr gut einschätzen können. Gleichzeitig sind sie in der Lage, mit ihnen gut umzugehen, da sie im Umgang grundsätzlich Empathie empfinden. Sind sie davon überzeugt, dass jemand eine schwierige Lebensphase durchmachen muss, um sich entwickeln zu können, lassen sie die damit verbundenen, möglicherweise schwierigen Prozesse zu, ohne sich einzumischen.

Die negative Ausrichtung: Durch die negative Ausrichtung befinden sich diese Menschen in einer Lauerstellung. Agiert jemand negativ, empfinden sie eine innere Bestätigung, handelt jemand positiv, wenden sie sich ab und ignorieren es. Man kann sagen, dass sie darauf lauern, dass ihre Mitmenschen einen Fehler machen.

141. *verwaltende Eigenschaft*

21° Löwe - Der hervorstechendste Wesenszug ist die Sicherheit, welche diese Menschen in bestimmten Situationen ausstrahlen. Die Selbstverständlichkeit dieses Ausdrucks lässt sie diese Eigenart sehr schwer erkennen. Im Grunde geht es um eine Machtausübung, die sich ausschließlich auf das eigene Selbstbewusstsein stützt. Es geht also nicht um ein absichtliches Beherrschen anderer Leute. Die gemeinte Macht bezieht sich auf die innere Sicherheit, die 141° Geborenen innewohnt. Situationen, in denen dieser Wesenszug gleichsam in den Vordergrund tritt, beziehen sich auf Ereignisse in naher oder ferner Zukunft. Es geht um die entschiedene Durchsetzung des Zeitverlaufs. Dies betrifft sowohl das eigene Leben als auch das Leben jener Menschen im Umkreis, die irgendwie in die eigene Zukunft involviert sind.

Die positive Ausrichtung: Viele 141° Geborene haben eine Ahnung des Zukünftigen. Man muss dazu nicht gleich ein Prophet sein, viele Ereignisse in der nächsten Zukunft haben gut nachvollziehbare Gründe. Diese Mischung aus logischer Schlussfolgerung und intuitiver Ahnung lässt sie zukünftige Ereignisse sehr gut voraussagen.

Die negative Ausrichtung: Die negative Ausrichtung macht eng und begrenzt, schließt andere Meinungen aus und versucht, die Kontrolle zu behalten. Auch wenn dies nach außen nicht gezeigt wird, ist es doch eine verborgene Intoleranz. Die negative Ausrichtung bewirkt die aktive Begrenzung des Lebensraums anderer Menschen im Umkreis. Hier zeigt sich der Familiendespot, der von sämtlichen Familienmitgliedern verlangt, dass etwas so zu geschehen habe, wie er es will. Es handelt sich dabei um eine Machtausübung nicht als Reaktion, sondern als ständige Ausstrahlung des eigenen Willens. Im Grunde ist es eine Kraft, der sich das Gegenüber ständig ausgesetzt fühlt. Als würde ihm in einem fort gesagt: „Tue dies, tue das, lass das, usw."

142. *verwaltende Eigenschaft*

22° Löwe - Normalerweise befindet sich der 142° Geborene im inneren Zustand einer gewissen aufmerksamen Neutralität. In diesem Zustand empfindet er sich als wachsam. Auch orientiert er sich nach innen und nicht nach außen. Gegenüber äußeren Einflüssen könnte man annehmen, dass 142° Geborene eine gewisse Unvoreingenommenheit in sich tragen. Dies gilt jedoch nur so lange, bis sie angesprochen werden. Die Unvoreingenommenheit birgt gleichzeitig eine gewisse Kraftwirkung nach innen. Man könnte vereinfacht sagen, dass 142° Geborene gegenüber dem Inhalt unvoreingenommen sind, nicht jedoch gegenüber der Kraft, mit der dieser Inhalt präsentiert wird. So kann es vorkommen, dass sie einen Vorschlag für ein gemeinsames Vorhaben erhalten, mit dem sie auch an und für sich einverstanden sind, es jedoch ablehnen, weil in Verbindung mit diesem Projekt eine Kraft auf sie einwirkt, die sie grundlegend ablehnen. 142° Geborene sind empfindlich gegenüber jeder Einflussnahme von außen.

Die positive Ausrichtung: Durch die positive Ausrichtung ist die Ausstrahlung dieser Persönlichkeit derart, dass sie das Gegenüber positiv beeinflusst. Man könnte sagen, der Gesprächspartner ist in einer gewissen Weise beeindruckt ob des ruhigen Selbstbewusstseins, auf welches sich der 142° Geborene stützt. Diese selbstsichere Ausstrahlung vermittelt gleichzeitig eine Art Souveränität. Man könnte annehmen, dass er in sich ruht, nichts vom Gegenüber verlangt und mit sich selbst in Frieden ist.

Die negative Ausrichtung: Das erste Problem zeigt sich in einer inneren Verhärtung. Es ist dies eine automatisierte Grundhaltung der Persönlichkeit, die sich die ganze Zeit zeigt. Nach außen hin vermittelt der 142° Geborene eine gewisse Unvoreingenommenheit. Mancher meint sogar, dies als Offenheit interpretieren zu können. Beides entspricht jedoch nur sehr oberflächlich betrachtet einer gewissen Wahrheit. Unter der Leutseligkeit verbirgt sich ein harter und unbeeindruckter Kern. Diese negative Eigenschaft rührt von einem tiefen Frust her, der sich auf ein Versagen hinsichtlich der Vermittlung der eigenen Souveränität gegenüber anderen Menschen bezieht. Alle 142° Geborenen teilen den inständigen Wunsch, von anderen Menschen in der eigenen Souveränität geschätzt zu werden. Durch die negative Ausrichtung wird versucht, dieses Ansehen durch Machtausübung durchzusetzen.

143. *verwaltende Eigenschaft*

23° Löwe - Ein Charakterzug aller 143° Geborenen ist eine ganz bestimmte Form des Ehrgeizes. Mit welcher Thematik auch immer sie sich beschäftigen, immer gibt es ein Ziel, das als Zentrum das ganze Denken und Wollen ausrichtet. Solange dieses Etappenziel nicht erreicht ist, streben diese Menschen stetig dorthin. Zugleich findet man in ihrem Charakter den Wesenszug, dass sich das Bewusstsein nur auf diesen bestimmten Bereich konzentriert. Die Welt um die jeweilige Beschäftigung herum ist zwar existent, jedoch unwichtig. Es ist sogar so, dass sie nicht einmal unwichtig ist, sie wird einfach ignoriert. Das Leben sammelt sich ausschließlich in diesem einzelnen Themenbereich.

Die positive Ausrichtung: Diese Menschen besitzen durch die positive Ausrichtung die Fähigkeit der Konzentration auf einen Sachverhalt. Jede Sinneswahrnehmung ist eine in sich geschlossene Erfahrung. Es gleicht einem Hineingehen in eine eigene Welt. Tritt etwas Neues hinzu, wird gewissermaßen der Raum gewechselt und eine neue Welt bindet das

Bewusstsein. Meist geben sich diese Menschen nicht damit zufrieden, etwas einfach nur anzusehen oder anzuhören und sich daran zu erfreuen. Unbewusst streben sie danach, den inneren Kern einer Sache zu erkennen, zu erlauschen und zu begreifen.

Die negative Ausrichtung: Wirkt die negative Ausrichtung, werden persönlich durchschnittliche Handlungen als höhere Leistungen interpretiert. Die Form dieser Selbstlüge ist nicht ganz einfach zu durchschauen, da hier nicht nur eine einzelne Handlung erhöht wird. Vielmehr kommt es zu einer Anhebung der gesamten persönlichen Wertigkeit aufgrund einer Fehleinschätzung der eigenen Tätigkeiten. Im Charakter drückt sich dies als Überheblichkeit aus, welche nicht bewusst nach außen agiert. Dieser Mensch verteidigt sich zumeist auch nicht. Er befindet sich in einem in sich geschlossen System. Kritik prallt ab und wird der Fehleinschätzung des Gegenübers zugeschrieben. Einher damit geht eine freudige Selbstbetrachtung in der Selbstwahrnehmung.

144. *verwaltende Eigenschaft*

24° Löwe - 144° Geborene haben das tiefe innere Bedürfnis, von ihnen geschätzte Werte aufrechtzuerhalten. Dabei möchten sie auch ihre Mitmenschen davon überzeugen. Sie können nicht verstehen, dass jemand das für sie Gute aus der Vergangenheit nicht beibehalten will. Gelingt ihnen die Überzeugungsarbeit, begegnen sie dem Gegenüber in einer wohlwollenden Art. Gelingt die Überzeugungsarbeit nicht, nehmen sie eine wollende Machtstellung ein und zwingen den Umraum, die Überzeugung zu leben.

Die positive Ausrichtung: Diese Menschen gleichen einem positiven Herrscher, der das Vergangene nicht nur schätzt, sondern als Lebensgrundlage definiert. Die Macht dieser Menschen wird oft nicht als Bemächtigung gesehen, da sie immer mit einer gewissen Warmherzigkeit verbunden ist. Gleichwohl darf man sich nicht täuschen lassen. 144° Geborene sind durch die positive Ausrichtung sehr durchsetzungsstark, ohne ihre Macht negativ auszudrücken.

Die negative Ausrichtung: Durch die negative Ausrichtung sind sich 144° Geborene der Werte nicht bewusst. Zwanghaft hängen sie an vergangenen Inhalten und möchten sie durchsetzen. Auf die Frage, warum sie so sehr auf die Tradition bestehen, hätten sie ehrlicherweise keine Antwort. Es gleicht einem Zwang, sie wissen nicht, warum sie in dieser Weise handeln.

145. *verwaltende Eigenschaft*

25° Löwe - Durch die 145. *Eigenschaft* ordnen sich die Menschen in ein hierarchisches System ein. Es ist ein Wesensmerkmal der Eigenschaften, sich hierarchisch über den Menschen zu erkennen. Grundsätzlich kann man sagen, dass die 145. *Eigenschaft* diese Einordnung des Menschen aufrechterhalten möchte. Je nachdem, welches System über eine Religion oder eine esoterische Strömung gepflegt wird, bezieht sich das Agieren der 145. *Eigenschaft* auf die jeweils vorhandene Hierarchie. Im 145° Geborenen erklärt sich dies als Ein- und Unterordnung des Menschen. Man kann es auch so ausdrücken, dass es für diese Menschen selbstverständlich ist, sich geistigen Kräften, die sie als hierarchisch höherstehend zu erkennen meinen, unterzuordnen.

Die positive Ausrichtung: 145° Geborene fühlen sich nicht als in einer devoten Form ergeben und als Untergebene. Sie empfinden sich als Vertreter dieser Hierarchie. Man könnte meinen, dass sich zwischen der Selbsterniedrigung innerhalb des Systems und der machtvollen Vertretung dieses Systems nach außen hin einen Widerspruch ergebe. Das trifft für diese Menschen jedoch nicht zu. Sie betrachten das System, in dem sie leben, als notwendige Gegebenheit.

Die negative Ausrichtung: Viele 145° Geborene haben die Eigenart, anderen Menschen, die sich nicht in die gegebene Ordnung einfügen wollen, herablassend zu begegnen. Sie betrachten sie als realitätsfern. Ein typischer Ausspruch lautet: „Der wird schon sehen, wie es ihm ergehen wird, wenn er sich nicht einfügt!" Gleichzeitig sind sie bereit, innerhalb der eigenen Einordnung in das System negative Aspekte, wie beispielsweise Ungerechtigkeiten, zu akzeptieren. Struktur und Ordnung der Gesellschaft werden als gesetzmäßige, unveränderliche Gegebenheiten betrachtet. Durch die negative Ausrichtung entwickeln sich 145° Geborene in Richtung der Aufrechterhaltung traditioneller Gegebenheiten. Für diese Aufrechterhaltung bedienen sie sich ihrer gesellschaftlichen Macht. Dann werden andere Menschen innerhalb der jeweiligen Gesellschaft unterdrückt.

146. *verwaltende Eigenschaft*

26° Löwe - 146° Geborene sind selbstlos. Ihr Charakter ist von der Eigenart durchdrungen, anderen Menschen etwas zu schenken. Das hat nichts mit der ritualisierten Form des Schenkens anlässlich gewisser Feste zu tun. Das Geben und Schenken ist völlig automatisiert und durchdringt ihre Gedanken, Gefühle und Handlungen in jedem Augenblick. Einher damit geht eine ständige Achtsamkeit, diesem inneren Drang zu folgen. Der Gedanke, anderen etwas Gutes zu tun, ist ein ständiger Begleiter im Leben.

Die positive Ausrichtung: Durch die positive Ausrichtung zeigt sich die Selbstlosigkeit in unterschiedlichen Formen. Hilfsbereitschaft ist für sie so selbstverständlich wie das Amen in der Kirche. Sie ist Teil ihres Lebens und so natürlich wie etwas, was sie für sich selbst zu erledigen haben. Wurde dem anderen Menschen geholfen, gehen sie wieder ihrer Wege. Meist vergessen sie sogar, dass sie Hilfe geleistet haben. Auch in Gesprächen mit anderen Menschen geben sie gerne und selbstlos Rat oder hören einfach nur zu.

Die negative Ausrichtung: Die negative Ausrichtung verhindert ein selbstloses Geben. Dieser Mensch hat immer das Gefühl, weniger zu bekommen als das, was er seiner Ansicht nach verdient. Das führt zu einer wachsenden Unzufriedenheit. Es kann sein, dass der 146° Geborene aus dieser subjektiv empfundenen Ungerechtigkeit heraus übertrieben reagiert und überzogene Preise verlangt. Umgekehrt erwarten diese Menschen, dass für sie alles umsonst ist. Dies zeigt sich darin, dass sie ihre Rechnungen nicht oder erst sehr spät bezahlen. Die Problematik im Erkennen der negativen Ausrichtung ist nicht die fehlende Zahlungsmoral; 146° Geborene sind in diesem Zusammenhang nicht gierig oder geizig. Es hat eine innere Ursache, die in einer gewissen Weise mit ihrer Selbstlosigkeit zusammenhängt. Die negative Ausrichtung verdreht diese Qualität und durch das niedere Ego verlangt der Betroffene diese Eigenschaft nun von anderen Leuten. Unbewusst stellt er sich die Frage, warum er für etwas Selbstverständliches zahlen soll. Da die Unterscheidung fehlt, wird dies auf alle Lebenssituationen ausgeweitet.

147. *verwaltende Eigenschaft*

27° Löwe - Alle 147° Geborenen haben eine sehr aussagekräftige Charaktereigenschaft. Es ist dies ihr Wunsch nach Eigenständigkeit. Diese Eigenart zeigt sich in einer ganz besonderen Weise. Man könnte es so beschreiben, dass sie, wenn sie einer Tätigkeit nachgehen, in sich selbst verankert und ihr Bewusstsein ganz mit dem Tun verbunden ist. Es ist, als würde ein sie umhüllender Kokon sie vor äußeren Einflüssen schützen. Der Grund, weshalb sie diese Form des Alleinseins meist unbewusst wollen und pflegen, ist jedoch nicht Angst oder eine Form der Absonderung von anderen Menschen. Sie wollen sich vielmehr ungestört dem Gefühl hingeben, das durch diese Tätigkeit in ihnen entsteht.

Die positive Ausrichtung: Diese Menschen lieben eigenständige Ideen und lassen sich ihren Individualismus um keinen Preis nehmen. Diese Ideen hängen meist damit zusammen, etwas zu erleben oder zu besitzen. Dabei steht wiederum nicht die Unternehmung oder der Gegenstand im Vordergrund, sondern das gute Gefühl. Typische Wesenszüge sind ihre Unabhängigkeit und ihr selbstverständliches Selbstbewusstsein. Das letztere ist niemals hart oder bedient sich zur Durchsetzung der bewussten Abgrenzung. Es ist vielmehr eine weiche Form des Selbstbewusstseins, die jedoch keinen Zweifel daran lässt, was derjenige möchte. Einer Beeinflussung von außen begegnen Menschen mit 147° eher irritiert, als verstünden sie nicht, warum jemand die persönliche Empfindung stört.

Die negative Ausrichtung: Ein Problem der negativen Ausrichtung ist eine Form der Machtdurchsetzung, die durch ihre direkte Verbindung zu den Gefühlen nicht als solche erkannt wird. Sie zeigt sich indirekt. Ein Beispiel: Eine gemeinsame Unternehmung mit einem 147° Geborenen kann dann schwierig sein, wenn sie von ihm im Grunde als nicht notwendig erachtet wird. Das Ganze ist für ihn dann nicht so wichtig. Wichtig werden gemeinsame Unternehmungen für den 147° Geborenen erst, wenn sie zufällig seinen eigenen Wünschen entsprechen. Dann werden sie unbedingt durchgesetzt und die eigenen Wünsche stehen im Zentrum. Es besteht auch ein Hang zur Eigenbrötelei.

148. *verwaltende Eigenschaft*

28° Löwe - Ein Wesenszug aller 148° Geborenen ist eine verinnerlichte Form der Zurückhaltung. Beobachtet man sie, gewinnt man immer wieder den Eindruck, als würden sie auf etwas warten. Diese Haltung hat bestimmte Gründe, die weniger etwas mit einem bewussten Zurücknehmen zu tun haben. Die Menschen warten vielmehr darauf, dass sich etwas bewegt oder verändert. Ein Kennzeichen ist die Fähigkeit der punktuellen Veränderung, die sich auf das ganze Wesen ausbreitet. 148° Geborene wissen, dass sie nur eine Kleinigkeit bewegen müssen, damit sich die Gesamtsituation verändert. Folglich räumen sie jeder kleinen Geste, jedem Wort von sich oder von anderen einen großen Stellenwert ein. Sie reagieren stark auf kleine Einflüsse von außen, die sie tief berühren können.

Die positive Ausrichtung: Ein Wesenszug ist ihre hohe Intuition in Verbindung mit dem Erkennen des Themas, das verändert werden muss, damit sich die Gesamtsituation verbessert. Besonders zeigt sich dies bei komplexen Aufgaben oder Themen. Einen Charakterzug erkennt man in ihrer Genügsamkeit in Bezug auf Anerkennung. Meist genügt ihnen das Ergebnis, das dann nicht einmal erwähnt werden muss.

Die negative Ausrichtung: Durch die negative Ausrichtung bekommt das Thema Macht eine bestimmende Rolle. Der 148° Geborene wirkt nun bewusst den tieferen Sinn verschleiernd auf einzelne Teilbereiche ein, um die alleinige Kontrolle über den gesamten Bereich zu gewinnen. Diese Menschen werden die Vollender persönlicher Vorstellungen. Auch setzen sie, ohne darüber nachzudenken, unterschiedlichste Ressourcen ein, haben nur persönliche Ziele vor Augen und opfern dafür alle notwendigen Dinge. Einen Aspekt kann man als punktuelle Manipulation beschreiben, die eingesetzt wird, damit persönliche Vorstellungen – meist hängen sie mit Geld und Ruhm zusammen – erfüllt werden.

149. *verwaltende Eigenschaft*

29° Löwe - Die aktive Macht der Sanftmut ist die treffende Beschreibung eines zentralen Wesenszugs aller 149° Geborenen. Wie von einem sanften Magneten angezogen, drängt es die eigenen Gefühle und auch die der anderen Menschen in diese Richtung. Beispielhaft kann man sich vorstellen, dass der 149° Geborene vorschlägt, etwas zu unternehmen. Seine entsprechenden Worte sind von einer großen Macht durchdrungen. Gleichzeitig zeigt sich diese Macht nicht laut oder bestimmend, sie ist leise und trotzdem bestimmend. Je weniger Selbstbewusstsein das Gegenüber hat, desto unbewusster wird er diesem Drängen folgen.

Die positive Ausrichtung: Durch die positive Ausrichtung besitzen 149° Geborene ein großes Selbstbewusstsein. Dieses zeigt sich zurückhaltend und leise, jedoch wie selbstverständlich. Immer wieder kann es sein, dass sie sich dieser inneren Standhaftigkeit gar nicht bewusst sind. Hier hilft die Erkenntnis, dass Selbstbewusstsein nichts mit der Durchsetzung von Macht zu tun hat. Das Bewusstsein stützt sich in diesem Fall auf Wesensanteile der Sanftmut und leisen Bestimmtheit.

Die negative Ausrichtung: Diese Menschen benutzen die Sanftheit zur egozentrierten Machtdurchsetzung. Ein Kennzeichen ist die stets mitlaufende Selbstvergebung. Sie reden sich ein, ihr Umgang mit anderen Menschen sei nicht so schlimm. Sich selbst halten sich für sanft und gefühlvoll und erkennen nicht, dass genau dies die Mittel sind, mit denen sie ihre Macht durchsetzen. Einher damit geht zugleich eine große Empfindsamkeit. 149° Geborene fühlen Widerspruch gegen ihre Macht-durchsetzung sofort. Gegenüber sich selbst zeigen sie sich in der Beur-teilung großzügig und etwas nachlässig. Dieser Wesenszug rührt aus der ständigen oberflächlichen Selbstvergebung. Sie bewirkt, dass Fehler in Bezug auf die Machtdurchsetzung nicht mehr so ernst genommen wer-den, da man sie sich ohnehin gleich wieder verzeiht. Gegenüber anderen Menschen sind sie einerseits kritisch, andererseits rechtfertigen sie ihre eigene Unvollkommenheit durch deren Fehler.

150. *verwaltende Eigenschaft*

30° Löwe - Die Macht, durch welche 150° Geborene agieren, wirkt im Hintergrund. Sie bezieht sich auf ein mögliches positives Gefühl, wenn sich die Macht durchsetzt. Dieses Gefühl ist für den 150° Geborenen die Bestätigung, dass er erfolgreich war. Es geht zum Beispiel um die Zubereitung einer Speise. Der 150° Geborene möchte gewisse Zutaten oder eine Zubereitungsart durchsetzen. Die Machtwirkung ist, man möchte fast sagen, sensibel. Man darf sich jedoch nicht täuschen, sie ist deshalb nicht weniger mächtig. Setzt er sich durch, empfindet er ein po-sitives Gefühl und begegnet dem Gegenüber, das er überzeugt hat, mit eben diesem Gefühl.

Die positive Ausrichtung: Durch die positive Ausrichtung empfindet der 150° Geborene eine gewisse Notwendigkeit, dass er sich mit seiner Macht durchsetzt. Er ist davon überzeugt, dass er im Sinne einer sich dadurch ergebenden Entwicklung handelt. Er meint also, dass es ihm nicht um Macht geht, sondern um Entwicklung.

Die negative Ausrichtung: Durch die negative Ausrichtung versuchen 150° Geborene, ihre Mitmenschen davon zu überzeugen, dass sie recht haben. Das geschieht die ganze Zeit, wie eine ständige Begleitmusik, die mal aufdringlicher und mal zurückhaltender zu hören ist. Der 150° Ge-borene weiß in Wirklichkeit nicht, ob er einer Entwicklung dient. Er handelt aus innerem Zwang.

151. bis 180. *verwaltende Eigenschaft*

151. *verwaltende Eigenschaft*

1° Jungfrau - Ein wesentlicher Charakterzug aller 151° Geborenen zeigt sich in der Durchsetzung ihrer persönlichen Vorstellung. Dabei wissen sie sehr genau, was sie wollen und wie sie ihre Absicht verwirklichen können. 151° Geborene haben die Fähigkeit, ihre Vorstellung nachdrücklich und analytisch zu unterstützen. Ihr Leben gestaltet sich häufig um einen Mittelpunkt. Es fällt ihnen leicht, eine Idee oder Sache ins Zentrum zu rücken und dies als innere Orientierung anzunehmen. Komplizierte Zusammenhänge halten sie meist für vergebene Mühe.

Die positive Ausrichtung: Die positive Ausrichtung zeichnet Menschen durch eine gewisse Einfachheit aus. Diese darf man nicht mit Einfältigkeit verwechseln. Steht zum Beispiel das Wort Nächstenliebe im Zentrum der Aufmerksamkeit, erkennen sie dieses Wort nicht nur als abstrakte Idee, sondern als komplexes Gebilde mit konkreten praktischen Auswirkungen. Ein anderer Mensch würde vielleicht ein philosophisches Gebäude um das Wort Nächstenliebe herum bauen. Auf diese Idee kommt der 151° Geborene nicht. Das direkte und oft auch konkrete innerliche Erfahren einer Idee ist Teil ihres Charakters.

Die negative Ausrichtung: Durch die negative Ausrichtung kommt es zu einer Art der Separierung von der Außenwelt. Der 151° Geborene will nur mehr seine eigenen Machtvorstellungen durchsetzen und grenzt sich nach außen hin intellektuell ab. Die negative Ausrichtung verhindert, dass er sich von guten Ideen positiv beeinflussen lässt. Ein Wesenszug ist das trotzige Beharren auf dem jeweiligen Standpunkt mit einer impliziten Enttäuschung. Auch rechtfertigt sich der 151° Geborene immer wieder.

152. *verwaltende Eigenschaft*

2° Jungfrau - 152° Geborene zeichnen sich dadurch aus, dass sie jede Handlung innerlich reflektieren. Diese ständige Reflexion durch Gefühle und Gedanken ist darauf gerichtet, ob die Handlung der persönlichen inneren Wahrheit entspricht. Fällt die Überlegung positiv aus, steht der Handlung nichts mehr im Wege. Fällt sie hingegen negativ aus, kommt sie nicht zur Ausführung. Je nach innerer Entwicklung ist der Maßstab der Überlegung von ethischen Grundsätzen durchdrungen. Selbst kleine alltägliche Verrichtungen werden reflektiert. Wie Licht von einem Spiegel wird alles Denken zurückgeworfen und einer inneren Überprüfung unterzogen.

Die positive Ausrichtung: Guten Vorschlägen stehen diese Menschen positiv gegenüber. Erkennen sie den Fortschritt, nehmen sie die Vorschläge an und können sie schnell integrieren. Der Entscheidungsprozess braucht jedoch immer etwas Zeit. Daraus resultiert ein typischer Wesenszug, der für andere Menschen nicht so leicht zu verstehen ist. Einerseits denken 152° Geborene schnell und überlegen genau, ob dies oder jenes angenommen wird. Andererseits kommt es deshalb für die Handlung selbst immer wieder zu Verzögerungen.

Die negative Ausrichtung: Der Lebensraum wird durch die negative Ausrichtung immer stärker beschränkt, bis beispielsweise nur mehr die eigene kleine Wohnung als positiver Lebensraum angenommen wird. Einzig in diesem engen und beschränkten Bereich kann der 152° Geborene positive Gefühle empfinden und für sich gute Gedanken haben. Was dieser Mensch subjektiv als leicht empfindet, ist eigentlich weniger Inhalt. Das intelligente Denken wird immer mehr beschränkt, auch wenn er schnell denken kann. Dies empfinden andere Menschen manchmal als Gedanken- oder Einfallslosigkeit. Je kleiner der Raum, desto größer die Harmonie. Wird dieser Mensch mit der äußeren Wirklichkeit konfrontiert, entsteht immer Reibung. Hier entspringt ein Kreislauf des Rückzugs in die immer größer werdende innere und äußere Armut eines beschränkten Lebens.

153. *verwaltende Eigenschaft*

3° Jungfrau - 153° Geborenen sind höfliche Umgangsformen wichtig. Kleine Gesten können eine große Wirkung haben. Im Gespräch mit anderen Menschen achten sie sehr auf Kleinigkeiten. Grobe Umgangsformen mögen sie gar nicht und für viele 153° Geborene sind Höflichkeit und der Wille, die Dinge des täglichen Lebens in eine schöne Form zu bringen, eine Grundeinstellung des Lebens. Eine wichtige Eigenart ist die unbewusste Beeinflussung des inneren Seins durch äußere Kleinigkeiten. Alle diese Menschen sollten sich klar darüber werden, dass sie ständig von zahlreichen Dingen beeinflusst werden. Fahren sie etwa mit der Straßenbahn durch die Stadt, hinterlassen Werbeschilder, Fassaden bis hin zur Kleidung anderer Menschen eine tiefe Wirkung.

Die positive Ausrichtung: Durch die positive Ausrichtung geht der 153° Geborene sehr achtsam und aufmerksam durchs Leben. Er gibt Kleinigkeiten ihren wahren Wert und betrachtet Kunst und Schönheit als große Bereicherung. Frieden findet er in der Betrachtung schöner Dinge.

Die negative Ausrichtung: Durch die negative Ausrichtung gleicht das Agieren des 153° Geborenen einem Automatismus. Man möchte fast sagen, dass er sich wie ferngesteuert bewegt. Es fehlt das Interesse. Dieser Wesenszug des Desinteresses an den Dingen des Lebens ist ein wesentliches Merkmal der negativen Ausrichtung. Fast dumpf bewegen sich diese Menschen durch Raum und Zeit und erfahren das Leben wie einen Einheitsbrei. Sie gleichen jemandem in einem unsichtbaren Käfig.

154. *verwaltende Eigenschaft*

4° Jungfrau - 154° Geborene haben eine genaue Vorstellung von dem, was sie erreichen wollen. Absolvieren sie eine Berufsausbildung, tragen sie schon zu Beginn der Ausbildung das imaginative Bild in sich, in diesem Beruf zu arbeiten. Mit großer Selbstverständlichkeit wissen sie, dass dies so sein wird. Als innere Absicht besteht das Bild bereits und muss nun nur noch in der physischen Welt verwirklicht werden. Dazu bedarf es keiner übermäßigen Willensanstrengung. Ein Wesenszug aller Menschen mit 154° ist es, dass sie immer wieder in ihrer Tätigkeit innehalten und über irgendetwas nachdenken. Das kann auch für kurze Zeit geschehen. Ihre Gedanken schweifen scheinbar ab und kurze Zeit später erfahren sie einen inneren Ruck und setzen ihre jeweilige Tätigkeit fort.

Die positive Ausrichtung: Für diese Menschen kann ein Gedanke einem Samen gleichen, aus dem geistige Ideen wachsen. In diesen Räumen geistiger Vorstellungen halten sie sich gerne auf. 154° Geborene sind interessierte Menschen. Gleichzeitig geht der Hang, Näheres erfahren zu wollen, über ein rein intellektuelles Interesse hinaus. Während man bei einem anderen Menschen eine Befriedigung der Neugierde erkennen kann, bleibt das Interesse eines 154° Geborenen stetig bestehen.

Die negative Ausrichtung: Durch die negative Ausrichtung richtet sich das Interesse nur mehr auf physischen Dinge oder auf Eigenschaften, die dem inneren Geisteszustand die Orientierung nehmen. Orientiert sich der Mensch nur mehr an physischen Dingen, wird er innerlich starr. Erwacht er aus dieser Starrheit, konzentriert er sich erneut darauf, das Ziel zu erreichen. Die innere Vorstellung, was zu tun ist, wird immer ausschließlicher. Orientiert sich das Interesse an Gefühlen und damit zusammenhängend an Kunst oder Esoterik, verliert der Mensch durch die negative Ausrichtung die Orientierung. Die Folge ist eine innere Haltlosigkeit im Gefühl. Das Problem der Unterscheidung liegt hier darin, dass der Raum scheinbar nicht enger wird, sondern eine illusionäre innere Weite behält. Die Gefühle bestätigen sich gegenseitig, Emotionen stehen für sich allein und eine Weisheit wird dann als größere Weisheit empfunden, wenn das Gefühl dichter wahrgenommen wird.

155. *verwaltende Eigenschaft*

5° Jungfrau - Die Persönlichkeit eines 155° Geborenen birgt in sich die gegenseitige Erfüllung intelligenter Annahme und gefühlter Zuwendung. Man könnte in einer gewissen Weise behaupten, dass der 155° Geborene liebt, was er versteht. Man kann dies auch so erklären, dass der Intellekt durchleuchtet und sichtbar macht, was durch das Gefühl angenommen werden kann. Vorstellen kann man sich dazu jemanden, der freundlich und in sich gekehrt einen nachdenklichen Eindruck vermittelt. Gleichzeitig wird man, blickt man etwas genauer hin, nicht umhinkommen, eine leicht ironische Seite zu bemerken.

Die positive Ausrichtung: Es gibt zahlreiche positive Eigenschaften, die 155° Geborene durch diese Verbindung in sich als selbstverständlich leben. Viele von ihnen beschäftigen sich mit philosophischen oder psychologischen Themen. Dies bedeutet nicht, dass sie entsprechende Bücher lesen oder einen spirituellen Weg gehen. Man kann in einem 155° Geborenen den Alltagsphilosophen erkennen, der sich primär mit der inneren Harmonie beschäftigt, die er vor allem anderen als positiv bewertet.

Die negative Ausrichtung: Die negative Ausrichtung der *Eigenschaft* steigert das Konsumverlangen. Die Menschen beginnen Dinge zu kaufen und sich über Autos, das Haus, Schmuck, Schuhe und viele Dinge mehr zu definieren. Je länger der 155° Geborene dies lebt, desto unglücklicher wird er. Manche Menschen versinken durch die Gefühlsorientierung in die Physis im schlimmsten Fall in Depressionen. Emotionen und Gefühle werden immer dichter und nirgendwo scheint es einen Ausweg zu geben.

156. *verwaltende Eigenschaft*

6° Jungfrau - 156° Geborene haben das Talent des Überblicks über ein definiertes Wissensgebiet. Diese Fähigkeit kann man in allen Situationen im Alltag wie in den unterschiedlichsten Lebensbereichen beobachten. Hierbei ist es gar nicht so wichtig, wie ausgebildet das Wissen im speziellen Thema ist. Die Besonderheit und das Augenmerk richten sich auf das Talent des Überblicks. Ein weiterer Charakterzug ist eine Art der selbstverständlichen Annahme, dass andere Menschen verstehen, was sie ausdrücken wollen. Auch mögen sie es, Dinge auszusprechen, welche der Gesprächspartner gedanklich vervollständigen muss.

Die positive Ausrichtung: Durch die positive Ausrichtung tragen sie in sich ein tiefes Selbstverständnis, unvoreingenommen auf andere Menschen zuzugehen. Zugleich verstehen sie andere Menschen und werden umgekehrt auch von ihnen angenommen. Automatisch erkennen sie die wichtigsten Grundzüge des Charakters. Sie verurteilen auch keine anderen Menschen.

Die negative Ausrichtung: Hier meint der 156° Geborene fälschlicherweise, etwas zu verstehen. In Wahrheit erfasst er die Thematik nicht intelligenzhaft, sondern verwechselt den Überblick über ein gewisses Thema mit dem Verständnis desselben. Sehr oft erkennen diese Menschen nicht, dass sie den Inhalt nicht erfassen. Auch in einem Gespräch hören sie gar nicht richtig zu. Zwar weiß der 156° Geborene um das besprochene Thema, die genauen Ausführungen bleiben ihm aufgrund dieser oberflächlichen Betrachtung jedoch fremd. Ein weiterer Charakterzug ist die Rechtfertigung gegenüber sich selbst. Da die negative Ausrichtung das Wissen verhindern möchte, wirkt es so, als nehme dieser Mensch nun an, das Wissen nicht mehr zu benötigen.

157. *verwaltende Eigenschaft*

7° Jungfrau - Ein Charakterzug aller 157° Geborenen ist ihr direkter Zugang zur Sprache. Kaum jemand, der dies nicht selbst erfährt, kann ihre tiefe Empfindsamkeit in Verbindung mit der 157. *Eigenschaft* erfassen. Durch diese Substanz tragen sie tief in sich eine große Berührbarkeit durch Worte. Auch kleine Handlungen, wie das Zurechtrücken eines Kleidungsstückes oder das Ordnen eines Blumenstraußes, haben große Auswirkungen.

Die positive Ausrichtung: Diese Menschen lieben kleine Gesten. Kleinigkeiten bereiten ihnen große Freude. Dennoch ist es sehr wichtig, was man ihnen schenkt. Ein gutes Geschenk wäre beispielsweise eine Blume, die an gemeinsame Erlebnisse erinnert und geschichtlich eine symbolische Bedeutung hat. Je bedeutsamer die Kleinigkeit, desto größer die Freude. Gemeinsam ist ihnen die innere Frage nach dem Sinn der Dinge des Lebens. Sie suchen die Bedeutung der kleinen Dinge in dem intuitiven inneren Wissen, dass sich dahinter oft ein großer Raum der Erkenntnis verbirgt. Klein ist für sie nicht klein, sondern enthält ein ganzes Universum in sich.

Die negative Ausrichtung: Durch die negative Ausrichtung versteht dieser Mensch in einem Gespräch nur einen kleinen Teil der mitgeteilten Information. Die gesamte und damit eigentliche Information nimmt er nicht wahr. Da er dies nicht erkennen kann, kommt es automatisch zu zwischenmenschlichen Irrtümern. Die negative Ausrichtung wirkt immer beschränkend im inneren Verständnis. Auch allgemein grenzt sich der innere Raum des Verständnisses immer weiter ein. Dieser Teil wird dann aufgeblasen und verhindert eine Ausweitung des intellektuellen Verständnisses.

158. *verwaltende Eigenschaft*

8° Jungfrau - Durch diese Prägung haben die Menschen ein grundlegendes Vertrauen in Bezug auf das momentane und zukünftige Leben. Ein typischer Satz eines 158° Geborenen lautet: „Das wird schon alles gut gehen". Einher damit geht eine geistige Grundhaltung, die man als selbstverständliches und verinnerlichtes Vertrauen in das Leben beschreiben kann. Grundsätzlich erwarten sie immer das Gute und normalerweise geschieht es auch. Gleichwohl wundern sie sich nicht darüber. Diese Haltung ist ihnen in einer großen Natürlichkeit in die Wiege gelegt.

Die positive Ausrichtung: Diese Menschen haben einen inneren Automatismus, sich auf die positiven inneren Eigenschaften zu stützen.

Inneren oder äußeren Schwierigkeiten verleihen sie nur so viel Aufmerksamkeit wie unbedingt nötig. Zugleich tragen sie die unerschütterliche Gewissheit in sich, dass alles gut wird. Diese Qualität spüren andere Menschen und fühlen sich in deren Gesellschaft immer positiv aufgenommen.

Die negative Ausrichtung: Durch die negative Ausrichtung kommt es zu einer innerlichen Gleichstellung von positiven und negativen Eigenschaften. Zugleich verdichtet die negative Ausrichtung die schlechten Eigenschaften in der Form, dass sich der 158° Geborene immer mehr daran gewöhnt und keinen Anlass sieht, sie zu ändern. Bleibt der Mensch in diesem Einfluss, beginnt sich die jeweilige schlechte Eigenschaft oder schwierige Lebenssituation immer mehr zu verdichten und es kann darin enden, dass sich diese Menschen selbst aufgeben. Auch wirkt die negative Ausrichtung immer dann, wenn man negative Charaktereigenschaften verharmlost oder ignoriert.

159. *verwaltende Eigenschaft*

9° Jungfrau - Ein Wesenszug der Persönlichkeit lässt sich als eine Art der unbewussten Erwartungshaltung beschreiben. Dazu kann man sich einen Menschen vorstellen, wie er auf einen anderen Menschen zugeht. In diesem Moment erwartet der 159° Geborene nämlich von seinem Gegenüber, dass es sich bewegt und auf ihn zukommt. Bleibt derjenige entgegen dieser inneren Erwartung stehen, reagiert der 159° Geborene mit einer gewissen Irritation. Die unbewusste Gewissheit, dass sich der Mitmensch ebenso auf ihn zubewegt, wird erschüttert. 159° Geborene interpretieren diese innere leichte Erschütterung als Unsicherheit. Nun mag es zutreffen, dass sich dies als Unsicherheit zeigt; die Ursache ist jedoch die Nichterfüllung der Erwartung in Bezug auf das Verhalten der Mitmenschen.

Die positive Ausrichtung: 159° Geborene wissen, dass sie so sind, wie sie sind, und dass dies auch gut so ist. Daraus folgt eine große Selbstverständlichkeit im Umgang mit sich selbst. Sie tragen in sich eine Wertschätzung gegenüber dem eigenen Wissen. Im Gespräch mit anderen Menschen hören sie genau zu. Dabei verlieren sie sich nicht im Gegenüber, sondern bleiben in sich selbst. Es ist ihre selbstverständliche Individualität, die sich nicht aus einer Kraft beweisen muss, sondern einfach so ist.

Die negative Ausrichtung: Durch die negative Ausrichtung gelangen materielle Werte in das Zentrum der Aufmerksamkeit. Diese Menschen beschäftigen sich ausschließlich mit physischen Themen. Alles kreist um die eine Sache und dieses Gedankenkarussell ist nur schwer zu unterbrechen. Vor allem wird den Menschen ein idealer Wert vorgegaukelt, dem keine Realität entspricht. 159° Geborene binden sich übermäßige stark an emotionale Vorstellungen. Es zeigt sich eine charakterliche Grundhaltung, die man als desillusionierte Missstimmung beschreiben könnte. Diese Menschen erwarten nicht mehr, dass ihnen jemand entgegenkommt.

160. *verwaltende Eigenschaft*

10° Jungfrau - 160° Geborene besitzen eine ganz bestimmte Form der Erkenntnis. Beobachtet man sie in diesem Moment, bemerkt man zunächst ein Innehalten. Der Körper ist unbewegt und man hat den Eindruck, der 160° Geborene denke über etwas nach. Diese Phase ist jedoch das Warten auf eine Erkenntnis, die ihm gleichsam eingegeben wird. Im Moment der Erkenntnis streckt sich der Körper, der Gesichtsausdruck hellt sich auf und der 160° Geborene setzt unmittelbar an, seine Erkenntnis, dem anderen mitzuteilen. Man ist versucht, in der Art der Mitteilung etwas Belehrendes zu sehen.

Grundsätzlich bedeutet dies, dass der Art der Erkenntnis von 160° Geborenen eine Entspannungsphase vorangeht.

Die positive Ausrichtung: 160° Geborene sind sehr empfindsam und können jedes noch so feine Gefühl wahrnehmen. Einher damit geht für viele die Begabung, mit einem einzigen Gefühl das innere Wohlbefinden von einem zum anderen Augenblick verändern zu können. Sie empfinden unbewusst die ganze Zeit hindurch Qualitäten und Informationen. Diese Gefühle übersetzen sie dann automatisch in intellektuelles Wissen. Wer fähig ist, unterschiedliche gefühlte Informationen innerlich in eine Sprache zu übersetzen und zugleich zu verknüpfen, kann feinste Ausdrucksformen sprachlich darstellen.

Die negative Ausrichtung: Im Einfluss der negativen Ausrichtung haben 160° Geborene den Wesenszug, zufrieden in ihrer Unwissenheit zu sein. In diesem Ausdruck der Selbstzufriedenheit besitzen sie kaum den Ehrgeiz, höhere Weisheiten oder ein umfassenderes Wissen zu erlangen. Der Wesenszug des dauernden Fühlens bleibt erhalten, nur dreht sich die Hierarchie um. Hier werden plötzlich physischen Informationen und Gegenstände gefühlt. Zum Beispiel werden das Auto, das einen Namen hat, der Fernseher, der mit Freude betrachtet wird, die persönlichen Gegenstände, die in tägliche Rituale eingebunden sind, vom Menschen gefühlt.

161. *verwaltende Eigenschaft*

11° Jungfrau - 161° Geborene haben das Persönlichkeitsmerkmal der nachdrücklichen Bestimmtheit. Sie stützen sich auf die Inhalte, die sie vertreten, und nehmen sich in der Durchsetzung dieser Inhalte in einer hierarchisch höheren Position wahr. Diese Selbstwahrnehmung geschieht automatisch und meist gar nicht bewusst. In dieser Bestimmtheit agieren diese Menschen nicht aktiv in dem Sinne, dass sie einen Standpunkt verteidigen wollen. Ihre Selbstverständlichkeit in der Darstellung ihrer Position ist der Ausdruck dieser Macht. Ein wesentlicher Charakterzug ist ihre Entschlossenheit, etwas Begonnenes auch zu beenden. Dies kann sich auf Kleinigkeiten des täglichen Lebens bis hin zu einer beruflichen Ausbildung beziehen. Immer behalten sie das Ziel im Auge und alle Tätigkeiten im Rahmen dieser Handlung dienen diesem Ziel.

Die positive Ausrichtung: Im Gespräch erkennen 161° Geborene schnell die inhaltliche Ausrichtung und können die Bedeutung gut auf einen Punkt bringen. Auseinandersetzungen sind fruchtbar und bringen gute Ergebnisse. Ein weiterer Wesenszug ist ihr Fleiß. Wenn sie eine Arbeit beginnen, gehen sie akribisch zu Werke, vergessen keine Kleinigkeit und behalten doch das größere Ziel im Auge. Fremd ist ihnen das Verlangen nach Bestätigung.

Die negative Ausrichtung: In Verbindung mit der negativen Ausrichtung wird die Macht über einen unveränderlichen Standpunkt quasi zementiert. Jede Veränderung nehmen sie als Verunsicherung der eigenen Durchsetzung wahr. Anstatt es zuzulassen, die Inhalte zu verändern, versuchen sie, die Machtstruktur aufrechtzuerhalten. Die Folge ist oft, dass sie das Gefühl haben, ihr Selbstbewusstsein würde untergraben. In Wahrheit wollen sie keinen höheren Standpunkt der Betrachtung zulassen. Ein wesentlicher Aspekt ist, dass sich das Bewusstsein so sehr in Einzelaspekten verfängt, dass der Zusammenhang vergessen wird.

162. *verwaltende Eigenschaft*

12° Jungfrau - Ein Charakterzug aller 162° Geborenen zeigt sich in der Identifizierung mit einer einzelnen Sache. Dies kann ein Gedanke, ein Gefühl, eine Handlung oder ein Gegenstand sein. Es geht hierbei weniger um die Sache selbst als um die Eigenschaft der direkten Annahme durch das Bewusstsein. Einher damit geht eine gewisse Inanspruchnahme des Bewusstseins, welche Ablenkung ausschließt. Ablenkungen von anderer Seite werden entweder souverän beiseitegeschoben, ignoriert oder, was häufiger der Fall ist, irritiert zur Kenntnis genommen. 162° Geborenen fällt es schwer, einen Bewusstseinsinhalt zu wechseln. Es wirkt ein Magnetismus, der das Bewusstsein mit dem jeweiligen Inhalt verbindet. Deshalb tun sich viele schwer, innere Ansichten, Meinungen oder Wahrheiten zu ändern.

Die positive Ausrichtung: Die positive Ausrichtung bewirkt, dass 162° Geborene sich in vollem Umfang einer Idee widmen können. Sie konzentrieren sich wie selbstverständlich auf dieses Vorhaben. Daher kann man eine große Zielstrebigkeit voraussetzen. Was sie sich tief im Inneren einmal vorgenommen haben, das verwirklichen sie auch. Entspricht dieses Vorhaben einem höheren Ideal und dauert längere Zeit an, wirkt ein begleitendes Kraftfeld, welches sie immer wieder daran erinnert, was die eigentliche Aufgabe ist. Dabei geschieht dies niemals aufdringlich oder gar fanatisch, sondern gehört zum Leben wie die Befriedigung der täglichen Bedürfnisse.

Die negative Ausrichtung: Die negative Ausrichtung schafft einen Raum mit einer Idee, welche einzig die Aufgabe hat, den Menschen darin geistig möglichst bewegungslos zu machen. Wie ein Hase die Schlange starren 162° Geborene diese Idee an und fragen sich, was sie damit sollen. Meist handelt es sich bei der Idee um eine ganz alltägliche Sache oder Beschäftigung und sie erhält nun eine Aufmerksamkeit, die ihr in keiner Weise zusteht. Im schlimmsten Fall arbeiten diese Menschen wie Roboter vor sich hin.

163. *verwaltende Eigenschaft*

13° Jungfrau - Eine Gemeinsamkeit der Persönlichkeit bezieht sich auf eine ganz bestimmte Form des Erkennens und der Dynamisierung eines einzelnen Aspektes eines großen Ganzen. Gleichzeitig kommt es mit dieser Betonung zu einer umfassenden Veränderung. Man kann sagen, dass 163° Geborene einen Punkt herausstellen, ihm gleichsam Kraft verleihen und dadurch eine umfassende Veränderung erreichen. In einem Gespräch wird der entsprechende Mensch das wesentliche Argument bekräftigen oder in einem Vorhaben den entscheidenden Punkt herausstellen und ihm die nötige Aufmerksamkeit schenken. Es handelt sich um das intelligente Erfassen eines Inhaltes mit der gleichzeitigen Verleihung von Kraft.

Die positive Ausrichtung: Diese *Eigenschaft* zeigt sich als analytische Betrachtung. Diese Menschen beobachten alle Einzelheiten, analysieren sie, fassen sie zusammen und identifizieren sich mit dem Zentrum der Beobachtung. 163° Geborene genießen einfache wiederholte Handlungen. Auf ihre Empfindung wirkt dies beruhigend und haltgebend. Die

Wiederholung einer Arbeit wird nicht als langweilig, sondern als leicht empfunden.

Die negative Ausrichtung: Hier bindet die negative Ausrichtung den Menschen durch die zusätzliche Kraft der Ritualisierung noch mehr in die Physis und die Dunkelheit. Selbst einfache Handlungen wie das Fernsehen oder der Besuch von Theater und Kino werden zu Ritualen. Ein wesentlicher Punkt der negativen Ausrichtung besteht in einer erhöhten Suchtgefahr.

164. *verwaltende Eigenschaft*

14° Jungfrau - Es kann geschehen, dass 164° Geborene wie vor den Kopf gestoßen sind, wenn plötzlich die negative Seite eines anderen Menschen an die Oberfläche tritt. Zunächst können sie es gar nicht glauben, und wenn es sich dann bestätigt, denken sie zwar immer noch nicht negativ über diesen Menschen, gehen aber innerlich auf Abstand. Von diesem Abstand aus betrachten sie ihn fast neutral und analysieren, was hier geschehen sein könnte. Die Selbstanalyse und noch mehr die Analyse anderer Menschen ist ein wesentlicher Charakterzug. Bei einem 164° Geborenen fehlt zugleich jede Form von Anstrengung in Verbindung mit seiner Gründlichkeit.

Die positive Ausrichtung: Durch die positive Ausrichtung haben diese Menschen eine rundum positive Lebenseinstellung. Stehen sie einer Situation gegenüber, betrachten sie die Dinge positiv, haben sie etwas zu tun, gehen sie mit positiven Gedanken ans Werk, und treffen sie einen anderen Menschen, sehen sie automatisch zuerst seine positiven Seiten. Sie kommen oft nicht einmal auf die Idee, dass es auch negative Seiten geben könnte.

Die negative Ausrichtung: Durch die negative Ausrichtung bindet die Analyse den Menschen in die physischen Materie. Hier wird die Dunkelheit zum Maßstab der Analyse. Sie wirkt nicht heilend, sondern manipulierend in Richtung der eigenen Vorstellung von einem höheren geistigen Zustand. Auch die negative Ausrichtung birgt in sich hohe Fertigkeiten der Analyse. Durch diese Art der Analyse verstricken sich die Menschen jedoch in Problemen. Ebenso geht es bei Gesprächen nur darum, Probleme zu wälzen.

165. *verwaltende Eigenschaft*

15° Jungfrau - 165° Geborene wissen im Allgemeinen sehr genau, was, wie und wann sie etwas arbeiten oder unternehmen wollen. Sie tragen in sich eine grundlegende Struktur, was zuerst erledigt gehört und was noch warten kann. Dieser Struktur folgen sie gerne und werden von anderen Menschen für ihr Talent bewundert, die Dinge anpacken zu können und auch sofort zu erledigen. Eine Hausfrau mit 165° ordnet ihren Haushalt perfekt, da es ihr ganz normal erscheint. Jedes Ding hat seinen Platz. Diese Menschen betrachten ihre Beschäftigung nicht getrennt von sich. Sie erkennen im Tun einen Teil von sich selbst. Dinge zu verrichten, die ihnen nicht liegen, ist ihnen sehr unangenehm.

Die positive Ausrichtung: Ein Kennzeichen ist die Wertschätzung des Gegenwärtigen. Mit einer großen Selbstverständlichkeit schätzen 165° Geborene jeden Augenblick hoch ein. Dies zeigt sich auch als Zuneigung zu den kleinen Dingen. Sie können die kleinen Dinge sehr ernst nehmen, weil sie intuitiv um die Auswirkung auf das Ganze wissen. Einen weiteren Charakterzug findet man in einer hohen Wertschätzung gegenüber sich selbst.

Die negative Ausrichtung: Durch die negative Ausrichtung wissen diese Menschen nicht mehr, was nun wichtig ist und was nicht. Unterschiedliche Charakterzüge, die in ihrer Wertigkeit früher vielleicht schon geordnet waren, geraten plötzlich durcheinander. Es kommt zu einer Gleichstellung der Dinge, die sich durch das Fehlen der notwendigen Unterscheidungskraft ausdrückt. Parallel dazu ist die Folge der negativen Ausrichtung eine Art innerer Starre, in welcher sich der betroffene Mensch außerstande sieht, eigentlich einfache Dinge zu regeln. Obwohl er zum Beispiel nur eine Rechnung ausfüllen müsste, erledigt er dies nicht. Diese innere Blockade, eine Ordnung wieder herzustellen, ist eines der Merkmale der negativen Ausrichtung.

166. *verwaltende Eigenschaft*

16° Jungfrau - 166° Geborene tragen in sich einen Charakterzug, den man als Harmoniebestreben im Kleinen beschreiben könnte. Diese Eigenart zeigt sich in allen Lebenslagen als der Versuch, eventuelle Unstimmigkeiten oder subjektiv empfundene unharmonische Zustände, die wie ein Ausschnitt des Ganzen dieses Ganze stören, zu harmonisieren. Immer sind es für diese Menschen einzelne Dinge, die das Große stören können, und entsprechend empfindlich reagieren sie auf Unstimmigkeiten. Sie sind bestrebt, einer höheren Ordnung zu folgen und auch das Umfeld in diese Ordnung einzubeziehen. Hierbei wollen sie nicht missionieren oder manipulieren, sondern nur informieren.

Die positive Ausrichtung: 166° Geborene zeichnet die Fähigkeit aus, in allen persönlichen Bereichen Harmonie zu schaffen. Sind sie für sich allein, besitzen sie die Gabe, zufrieden und auch glücklich zu sein. Die persönliche Gestaltung eines Ortes ist ihnen sehr nahe. Neben der Harmonie muss der Garten oder das eigene Zimmer vor allem auch praktisch gestaltet sein. Sie identifizieren sich jedoch nicht mit dem Ort, sondern halten innerlich einen gewissen Abstand dazu.

Die negative Ausrichtung: Dieser Mensch beginnt sich innerlich so zu verbiegen, dass er selbst ein Teil des umgebenden Raumes wird. Da das Harmoniebedürfnis weiterhin besteht, beginnt ein Prozess der Selbstverleugnung. Die Folge ist fehlendes Selbstbewusstsein, was eigentlich etwas damit zu tun hat, dass sich dieser Mensch immer in die andere Richtung verbiegt. Es sind diese äußeren Umstände, die diesen Menschen beschränken – er ordnet sich unter.

167. *verwaltende Eigenschaft*

17° Jungfrau - 167° Geborene haben die Eigenschaft, Lebensthemen und Gegebenheiten harmonisch zu vereinfachen. Wo andere Leute Probleme zu erkennen meinen, sehen sie in vielen Dingen kein Problem. Sie setzen sich damit auseinander, vereinfachen und erhalten in dieser Weise eine für sie gute Lösung. Auch im Gespräch mit anderen Leuten finden 167° Geborene in den meisten Fällen eine einfache Lösung. Sie sehen viele Dinge im Leben einfach und nicht kompliziert.

Die positive Ausrichtung: Durch die positive Ausrichtung besitzen 167° Geborene die Eigenschaft, selbst komplexe Geschehnisse einfach darzustellen. Sie können dies auch anderen erklären und näherbringen. Dabei bleiben sie freundlich und entgegenkommend.

Die negative Ausrichtung: Durch die negative Ausrichtung agieren 167° Geborene abgehoben. Sie meinen, die Dinge zu verstehen und bleiben in Wahrheit oberflächlich. Auch in diesem Einfluss glauben sie, zu vereinfachen, was nicht der Fall ist. Sie gehen vielmehr über den Inhalt hinweg. Ihre Erklärung nimmt nur allgemein auf das Thema Bezug. Gleichzeitig handeln sie eilig und etwas ungeduldig, um jeden Einwand von vornherein zu unterbinden.

168. *verwaltende Eigenschaft*

18° Jungfrau - Typisch für alle 168° Geborenen ist eine Form der abwägenden Betrachtung. Ein Gegenstand wird intelligenzhaft betrachtet und auf der Basis der harmonischen inneren Prägung untersucht und beurteilt. Diese Übereinstimmung ist von wesentlicher Bedeutung. Immer analysiert der 168° Geborene die vorherrschenden Umstände und bringt sie mit der inneren harmonischen Wertehaltung in Vergleich. Ein weiterer Charakterzug ist die realistische Einschätzung und Umsetzung eines geistigen Inhalts in der Materie. Praktisch veranlagt, wie sie sind, finden sie schnell eine Form der Verwirklichung.

Die positive Ausrichtung: Alles, was sie tun, muss für diese Menschen einen Sinn haben. Nur der Beschäftigung wegen sehen sie nicht ein, etwas zu tun. Sie haben die Neigung, innere Veränderungen durch physische Aktivitäten zu untermauern. Durch positive Änderungen schaffen sie meist Ordnung in ihrem Umfeld. Das kann Ordnung im Raum ebenso wie Ordnung in Beziehungen, im Beruf oder in der Partnerschaft sein.

Die negative Ausrichtung: Durch die negative Ausrichtung wird der Bezug zur materiellen Realität verloren. Sie verhindert eine direkte Konfrontation mit der Wahrheit und veranlasst den Menschen, zu flüchten. In einem Konflikt stellen sich diese Menschen keinem Gespräch, die Dinge werden nicht erledigt, die Rechnungen nicht bezahlt und so weiter. Eine innere Verneinung der realen physischen Gegebenheiten hat zur Folge, dass sich die 168° Geborenen immer mehr einer inneren Traumwelt annähern. Das große Problem dabei ist, dass dies wiederum nicht bemerkt wird. Es herrscht weiterhin die Meinung, in Verbindung mit der Realität zu sein, und Kritik wird vehement zurückgewiesen. Diese Vorstellungswelt ist der materiellen Welt sehr ähnlich, mit der Ausnahme, dass sie nicht der Realität entspricht, sondern der veränderten Einschätzung der physischen Welt. Die innere Harmonie schwebt über dem Boden, was jede Konfrontation verhindert.

169. *verwaltende Eigenschaft*

19° Jungfrau - Wie 169° Geborene andere Menschen einschätzen, hat unter anderem etwas mit deren äußerem Erscheinungsbild zu tun. Treffen sie auf Menschen, die sich vernachlässigen, distanzieren sie sich sehr schnell. Ist ihnen diese räumliche Distanzierung nicht möglich, wie zum Beispiel in einem Lift oder einer Warteschlange, fühlen sie sich sehr unwohl. Die ausschlaggebende Instanz ist die intuitive Erkenntnis, dass äußere Ordnung und Reinheit in einer gewissen Weise innere Ordnung und Reinheit spiegeln. Auch wenn dies manchmal als Eitelkeit oder Überheblichkeit gedeutet wird, geht es an dem verinnerlichten Streben nach Reinheit dieser Menschen vorbei. Ein weiterer typischer Charakterzug ist die innere Achtsamkeit gegenüber sich selbst.

Die positive Ausrichtung: Diese Menschen haben das Talent, ein positives Umfeld zu schaffen. Sie achten sehr auf ihr äußeres Erscheinungsbild. Körperpflege ist ihnen ebenso wichtig wie ansprechende Kleidung und ein gepflegtes Haus oder eine gepflegte Wohnung. Ganz besonders lieben diese Menschen gute Gerüche. Instinktiv wissen sie um den Einfluss der physischen Dinge auf das Empfinden. Im Umgang mit anderen Menschen sind sie höflich, freundlich und achten persönliche Grenzen. Dies ist kein Wesenszug der Zurückhaltung, wie es manchmal scheinen kann, sondern des Respekts der Individualität jedes Einzelnen.

Die negative Ausrichtung: Die negative Ausrichtung erschafft durch Fehleinschätzungen gegebener Umstände und die Konzentration auf negative Dinge einen negativen Raum. Anders ausgedrückt ist das Problem eine übermäßige Beschäftigung mit negativen Charakterzügen oder allgemein schlechten Energien. Durch die begleitende Oberflächlichkeit wird die Negativität nicht bis in das Zentrum wahrgenommen. Das Eingeständnis eines schlechten Charakterzugs geschieht daher nur halb und nicht bis in die eigentliche Tiefe. „Wird schon nicht so tragisch sein", lautet die Selbstrechtfertigung. Ein weiteres Problem ist, dass sich die Menschen an die Dunkelheit gewöhnen.

170. *verwaltende Eigenschaft*

20° Jungfrau - Um diese durch die 170. *Eigenschaft* geformte Struktur der Persönlichkeit gut zu erfassen, ist es hilfreich, sie in ihren Einzelfaktoren zu erklären. Im Beispiel befindet sich der so Geborene in einem Gespräch. Eine vordringliche Reaktion kann man als eine Form des inneren Rückzugs beschreiben. Diese als Rückzug beschriebene Handlung trägt jedoch keine Distanzierung vom Gesprächspartner in sich. Man könnte es so beschreiben, dass sich der 170° Geborene an einen inneren Ort begibt, um über das Gehörte nachzudenken und über eine Antwort zu sinnieren. Zugleich birgt dieser Rückzug eine Form des Schutzes. Der

170° Geborene befindet sich innerlich wie in einem Kokon, der einer wasserabweisenden Substanz gleich, welche nicht benetzt wird. Unbewusst betrachtet er aus diesem Ort das Geschehen und überlegt sich seine Antwort bzw. sein Agieren. Hier muss jedoch gesagt werden, dass all dies meist nicht bewusst geschieht, sondern eine automatische Reaktion darstellt. Gleichwohl kommt es bisweilen zu einem bewussten inneren Rückzug und dem 170° Geborenen ist dann sehr wohl klar, dass er das Geschehen aus einer gewissen Distanz beurteilt.

Die positive Ausrichtung: 170° Geborene haben eine positive Lebenseinstellung. Überkommt sie ein negatives Gefühl, wandelt es sich fast automatisch in ein positiveres Gefühl. Wenn es einem 170° Geborenen schlechter geht, endet diese Selbstbetrachtung manchmal auch in einer inneren Haltung der Gelassenheit in der Art, dass man sich selbst nicht so ernst nimmt. Instinktiv weiß dieser Mensch ganz genau, dass es wieder besser werden wird. Auch identifizieren sich diese Menschen manchmal nicht direkt mit einem Gefühl, sondern betrachten es eher.

Die negative Ausrichtung: Der Kreislauf der Negativität bringt es mit sich, dass ausgehend von einem negativen Gefühl ein weiteres negatives Gefühl empfunden wird. Es gleicht einem Wirbel schlechter Empfindungen, aus welchen wiederum negative Gedanken hervorgehen. Durch die negative Ausrichtung bestätigt sich der Mensch durch eine Schlussfolgerung, welche ihn objektiv betrachtet in einem negativen Gefühlszustand hält, selbst. Oft kommt es zur Resignation, die sich in allen Lebensbereichen erkennen lässt. Statt in die Entwicklung blickt er in einen Zustand unveränderlichen Seins. Da die Kraft der Analyse weiterhin wirkt und den 170° Geborenen nach Erklärungen suchen lässt, verstärkt sich die Erkenntnis der Unbeweglichkeit und lässt ihn zugleich keinen Ausweg finden. Hier kann man sich das Bild eines intelligenten Menschen vorstellen, der resigniert hat. Dieser Zustand gleicht einer Art innerer Hilflosigkeit, wie bei jemandem, der eine Mauer vor sich sieht und vergessen hat, dass er nur durch die Tür gehen muss. Manchmal kann es auch sein, dass mit der Zeit eine unbegründete Traurigkeit entsteht.

171. *verwaltende Eigenschaft*

21° Jungfrau - 171° Geborene haben großes Vertrauen in die Umstände des Lebens und in die Art und Weise, wie sich ihr eigenes Leben weiterentwickelt. Man kann die Aussage „Der nächste Tag wird für sich selbst sorgen" fast schon als ihr Lebensmotto betrachten. Der Glaube, dass sich alles so fügen wird, wie es gut ist, ist ein Wesenszug des Charakters. Eine zusätzliche Ursache ist die Bestätigung dieser Erfahrung im Leben dieser Menschen. Im rechten Augenblick erfährt man eine wichtige Nachricht, verlässt eine Veranstaltung, trifft einen Menschen oder erkennt, dass das äußere Leben einem die Umstände zuspielt, die genau in diesem Augenblick wichtig sind. Auch wenn dies manchmal erst im letzten Augenblick geschieht, hat man doch meistens Glück. Aus dieser Substanz wächst ein Charakterzug, den man als vorauseilende Bestätigung betrachten kann. Obwohl der 171° Geborene noch nicht weiß, wie sich die Situation entwickeln wird, nimmt er das Positive an. Fügen sich die Dinge einmal nicht gut, ist er meist erstaunt.

Die positive Ausrichtung: 171° Geborene haben ein grundsätzlich positives und helles Gemüt. Dieser Wesenszug der Persönlichkeit lässt sie das Leben nicht nur positiv erfahren, sie sind zutiefst davon überzeugt, dass es das Leben gut mit ihnen meint. Und es ist auch so, dass man viele dieser Menschen als vom Glück gesegnet betrachten muss. Die alte Weisheit, dass der, der dem Leben positiv begegnet, umgekehrt auch durch das Leben positiv gesegnet wird, trifft auf viele 171° Geborene zu.

Die negative Ausrichtung: Die negative Ausrichtung bewirkt im Menschen eine Art der rastlosen Suche. Diese große innere Unruhe bezieht sich nicht auf schnelles oder übereiltes Handeln, auch wenn dies möglich ist, sondern auf die Suche nach dem Glück, welches man nicht findet. Dieses Glück ist individuell und kann Erfolg, Geld, eine Partnerschaft, eine Tätigkeit oder alles Mögliche im physischen Leben dieses Menschen bedeuten. Der Umstand, warum er nicht wirklich erfolgreich oder glücklich ist, ist für diesen Menschen unerklärlich und immer wieder versucht er, durch neue Ideen weiterzukommen.

172. *verwaltende Eigenschaft*

22° Jungfrau - Eine Gemeinsamkeit aller 172° Geborenen ist ihre große Unterscheidungsfähigkeit im Blick auf Recht und Unrecht. Sehr genau spüren sie und wissen es auch, wenn ihnen Unrecht geschieht. Dieses Gefühl der Disharmonie kann oft nur dann gemildert werden, wenn das Recht wieder hergestellt wird. Gleichzeitig muss man wissen, dass es sich um eine Form der irdischen Gerechtigkeit handelt. Je nachdem, in welchem ökonomischen, politischen und religiösen System Menschen aufwachsen, haben sie eine unterschiedliche Vorstellung von Gerechtigkeit.

Die positive Ausrichtung: Diese Menschen tragen eine große Klarheit in sich und scheuen sich auch nicht, dies direkt auszudrücken. Ihre Beurteilung entspricht oft nicht den Gesetzen oder gängigen Vorstellungen von Gerechtigkeit. Eine Instanz der eigenen Beurteilung von Gerechtigkeit ist die Freiheit der eigenen Entscheidung. Wird diese von einem anderen Menschen bewusst eingeschränkt oder hat jemand die Absicht, sie einzuschränken, kann die Reaktion sehr klar sein, um solche Verbrechen unmittelbar zu unterbinden.

Die negative Ausrichtung: Wider besseres Wissen lassen sich diese Menschen in die Dunkelheit ziehen. Daraus entsteht ein großer innerer Konflikt, der auch von anderen Menschen kaum verstanden wird. Einerseits befinden sie sich in einer inneren Unsicherheit, andererseits wissen sie, dass dieser Zustand nicht dem eigenen Sein entspricht. Immer wieder sind 172° Geborene der Ansicht, von ihren Mitmenschen nicht anerkannt zu werden. Die negative Ausrichtung fördert die Gewalt im Menschen.

173. *verwaltende Eigenschaft*

23° Jungfrau - Die 173. *Eigenschaft* bewirkt für einen 173° Geborenen immer wieder eine gewisse Form der inneren Stagnation, einem Innehalten ähnlich. Man kann dies beobachten, wenn man einem 173° Geborenen eine Frage stellt. Sein Zögern gleicht dann einer momentanen Erstarrung. Nicht selten ist auch der Körper für kurze Zeit bewegungslos, fast wie eingefroren. Es ist ein Moment der inneren Entscheidungsfindung: Entweder weist sie in Richtung der Entwicklung oder sie verhindert die Entwicklung. Grundsätzlich tragen 173° Geborene eine gewisse Souveränität in sich, welche sich darauf gründet, nicht überrascht werden zu können. Was auch immer geschieht, irgendein inneres System hatte schon vorher eine Art Ahnung davon.

Die positive Ausrichtung: Diese Menschen tragen in sich eine sehr klare Vorstellung bezüglich der eigenen Zukunft. Sie erkennen die Notwendigkeit der Veränderung, die dann auch nicht als schwer empfunden wird. Die positive Ausrichtung bewirkt zugleich eine Schulung der Intuition, die über den Intellekt gewissermaßen übersetzt werden kann.

Die negative Ausrichtung: Die negative Ausrichtung bewirkt eine Form der inneren Dichtigkeit. Die angesprochene, in einer gewissen Weise ausdrücklich leichte Intuition wird durch ein starkes Gefühl ersetzt, welches ein physisches Geschehen unterstützt, das dem 173° Geborenen unveränderbar erscheint. Ein Kennzeichen der negativen Ausrichtung ist zudem die Ausklammerung sämtlicher Formen von mystischer Intuition. Jede Veränderung wird als überaus störend empfunden. Die Reaktionen darauf sind meist hoch emotional und verteidigend.

174. *verwaltende Eigenschaft*

24° Jungfrau - Ein Persönlichkeitsmerkmal ist ihre Durchsetzung, wenn sie sich intensiv mit einem Thema befassen. Man könnte sagen, dass 174° Geborene so lange an einer Sache dranbleiben, bis sie die Lösung oder das entsprechende Ziel erreicht haben. Es spielt hier keine wesentliche Rolle, ob es sich dabei um eine innere Beschäftigung oder um eine äußere Tätigkeit in Verbindung mit anderen Menschen handelt. Ein weiterer typischer Wesenszug ist eine verinnerlichte Haltung der vollständigen Identifizierung des Bewusstseins mit einer Idee. Man kann dies fast als vorläufige Inbesitznahme eines fremden Inhalts beschreiben. Lesen diese Menschen zum Beispiel einen Roman, befinden sie sich unmittelbar im Handlungsgeschehen. Die Welt des Buches wird für diese Zeit zu ihrer Welt. Betrachten sie ein Bild, versinken sie darin und hören sie Musik, können sie darin völlig aufgehen.

Die positive Ausrichtung: Alle 174° Geborenen besitzen die Fähigkeit der konzentrierten Beschäftigung mit einem Thema. Sie können sich in der dafür vorgesehenen Zeit ausschließlich damit befassen und nichts kann sie so schnell davon ablenken. Haben sie die Arbeit beendet, verlassen sie den symbolischen Raum und öffnen sich wieder für andere Beschäftigungen.

Die negative Ausrichtung: Durch die negative Ausrichtung besteht die Gefahr, sich fremdes Eigentum anzueignen. Auch geistige Ideen – Erfindungen, Texte und Melodien – sind Eigentum eines Menschen. Durch die negative Ausrichtung verwischt sich immer mehr die Grenze der Unterscheidung, welches Wissen angelesen ist und welches Wissen selbst entdeckt und erfahren wurde. Dies kann den 174° Geborenen so intensiv beeinflussen, dass er beginnt, wirklich zu glauben, dieses Wissen stamme von ihm selbst. Er verliert die Unterscheidung.

175. *verwaltende Eigenschaft*

25° Jungfrau - Viele Menschen mit 175° können sehr gut im Gehen nachdenken. Wie in einer Meditation bekommen sie neue Ideen und erfahren Antworten auf ihre Fragen. Bei Problemen ist ein Spaziergang die beste Hilfe und es kann gut sein, dass dieser Mensch danach wie ausgewechselt ist. Wer einen 175° Geborenen betrachtet, kann immer wieder ein gewisses Innehalten bemerken. Dies ist keine Trägheit oder Gemütlichkeit. Vielmehr gleicht dieser Zustand einem wachsamen Verharren in der inneren Bereitschaft, mit einer neuen Idee in den Überlegungen weiterzugehen. Erkennen diese Menschen eine neue Wahrheit, wird sie sofort in das alte System integriert.

Die positive Ausrichtung: Es ist schwer möglich, jemanden mit 175° von einer Sache, die logisch nicht erklärbar ist, wirklich zu überzeugen. Diese Logik kann sich auch auf geistige Erkenntnisse beziehen. Neue einzelne Einsichten müssen sich für diese Menschen auf alten Erfahrungen begründen. Sie haben das Talent der intuitiven und schrittweisen Analyse. Im Gespräch mit anderen Menschen sind sie aufmerksam und verfolgen automatisch den roten Faden einer logischen Argumentation. Unlogische Schlussfolgerungen können sie daher gut entlarven.

Die negative Ausrichtung: Der 175° Geborene versucht, eine Sachlage genau zu durchleuchten. Schließlich gelangt er zu einer inneren Schlussfolgerung, die er nun als allgemeingültige Wahrheit zu erkennen meint. Für einen anderen Menschen ist dies jedoch nicht der Fall und der 175° Geborene erntet in dieser Weise ständig Widerspruch. Immer wieder geschieht es, dass das Gegenüber nur intuitiv spürt, dass irgendetwas nicht stimmt. Es hat jedoch keine verstandesmäßigen Argumente, um der Feststellung des 175° Geborenen zu widersprechen. Die Folge ist meist, dass sich das Gegenüber abwendet.

176. *verwaltende Eigenschaft*

26° Jungfrau - Als ein wesentliches Merkmal der Persönlichkeit aller 176° Geborenen kann man eine bestimmte Form der Eigenständigkeit bemerken. Selbstbewusst und bestimmt ist es ihnen möglich, innerhalb einer Gemeinschaft ihre Position zu vertreten. Dabei setzen sie ihren Standpunkt sehr selbstverständlich durch und kaum jemand hat den Eindruck, dass diese Menschen besonders ihre Macht hervorheben wollen. Gleichwohl ist es Macht, durch welche sie ihren Standpunkt einnehmen.

Die positive Ausrichtung: Anderen Menschen vermitteln sie eine große Eigenständigkeit und bestehen auch darauf, dass dies so anerkannt wird. Sie lieben den Umgang mit anderen individuellen Menschen und schätzen das von unterschiedlichen Meinungen geprägte, intelligente Gespräch. Auch gibt es – vorausgesetzt, die Argumente sind wirklich gut – die Bereitschaft, die eigene Ansicht zu ändern. Treffen 176° Geborene hingegen jemanden, der nicht authentisch agiert, wenden sie sich recht schnell ab. Mit Nachläufern können sie nicht viel anfangen. Grundsätzlich sind sie der Ansicht, dass alle Menschen im Körper gleich sind. Sie spüren auch, ob die Psyche einer Person stabil ist.

Die negative Ausrichtung: Die *Eigenschaft* in ihrer negativen Auswirkung bewirkt im Bewusstsein eines 176° Geborenen eine gewisse Form der Haltlosigkeit. Durch die negative Ausrichtung verbindet sich das Bewusstsein mit einer Substanz, die ihm keinen Halt verleiht. Es ist, als verlöre sich das Bewusstsein in der immer dünner werdenden Substanz im Raum.

177. *verwaltende Eigenschaft*

27° Jungfrau - Ein Charakterzug aller 177° Geborenen ist die innere Annahme der Wichtigkeit und Ausschließlichkeit der momentanen Beschäftigung. Betrachtung und Überlegung vollziehen sich zur gleichen Zeit. Auch sind diese Menschen von der Richtigkeit ihres Tuns überzeugt. Alle Handlungen sind von einer großen Natürlichkeit durchdrungen. Was sie als normal erleben, erfahren andere Menschen als große Bestimmtheit. Hier kann es immer wieder zu Missverständnissen kommen. Ihre Entschiedenheit im Tun – ohne inneren Widerspruch – wird immer wieder als Machtausübung gedeutet. Es ist auch wirklich so, dass sich hinter dieser Bestimmtheit Macht und Kraft verbergen. Den mit Gewissheit vorgebrachten Satz „Das ist jetzt zu tun!" empfinden sie als völlig normale Aussage. Meist geschieht dies jedoch nicht als Beeinflussung.

Die positive Ausrichtung: Diese Menschen zeichnet eine große analytische Fähigkeit aus. Sie haben das Vermögen, jeden einzelnen Aspekt zu erkennen, zu untersuchen und intelligenzhaft zu erfassen. Wesentlich ist ihnen die freie Entscheidung zu jeder Zeit und in jeder Lebenslage. Ihre jeweiligen Überlegungen und Tätigkeiten werden sich zu guten Lösungen entwickeln. Zugleich fördert die positive Ausrichtung einen intuitiven Zugang zum Tun, schon bevor eine Überlegung einsetzt.

Die negative Ausrichtung: Die negative Ausrichtung bindet die Aufmerksamkeit an unwichtige Dinge. Daraus resultiert oft ein großer Zeitverlust. Die innere Überzeugung von der Unerlässlichkeit der Tätigkeit wird durch die Analyse bestätigt. Zugleich wird dies als Selbstverständlichkeit erfahren. Eines der größten Probleme ist die absolute Überzeugtheit dieser Menschen bezüglich der Richtigkeit ihres jeweiligen Tuns. Das kann zur Folge haben, dass sie sich über längere Zeit mit völlig unwichtigen Dingen beschäftigen, innerlich jedoch meinen, sich erforderlichen und nötigen Angelegenheiten zu widmen. Argumenten stehen sie in den meisten Fällen ablehnend gegenüber.

178. verwaltende Eigenschaft

28° Jungfrau - Die Persönlichkeit eines 178° Geborenen zeichnet sich durch eine ganz bestimmte Art der Unabhängigkeit aus. Diese Ungebundenheit, die ihm als Wesenszug absolut natürlich innewohnt, wird von den anderen Menschen meist nicht erkannt. Der innere Widerspruch, den sie stattdessen wahrnehmen, bezieht sich auf die scheinbare Diskrepanz zwischen den Eigenschaften Freundlichkeit und Zuwendung auf der einen und Ungebundenheit auf der anderen Seite. Es kann sein, dass jemand nach einem schönen Abend mit einem 178° Geborenen meint, nun einen Freund oder zumindest einen guten Bekannten gefunden zu haben. Auch der 178° Geborene hat einen schönen Abend verlebt. Der Unterschied ist aber, dass er kein inneres Bedürfnis verspürt, sich noch einmal zu melden. Gleichzeitig muss man jedoch wissen, dass er dies in keiner Weise negativ meint. Er kommt gar nicht auf den Gedanken, sich zu melden. Die gemeinsame Zeit wurde in einer schönen Weise verbracht und nun ist es gut.

Die positive Ausrichtung: Diesen Menschen ist eine natürliche Zielstrebigkeit immanent. Sie lässt sich jedoch nicht als Ehrgeiz oder Strebsamkeit beschreiben. Ohne Anstrengung verfolgen sie unbeirrbar ihr persönliches Ziel und lassen sich durch nichts davon abbringen. Obwohl sie für ihr Ziel arbeiten, ist es so, als würden sie sich zurücklehnen und die Aufgabe ohne große Willensanstrengung verrichten können. Voraussetzung für diesen Wesenszug ist, dass sie in dieser Aufgabe auch ein persönliches Ziel erkennen. Dann wirkt diese geistige Substanz in der genannten Form frei und zielorientiert.

Die negative Ausrichtung: Ein Beispiel zur Wirkung der negativen Ausrichtung wird helfen, diese zu verstehen. Jemand hat sich zum Ziel gesetzt, ein Haus zu erwerben. Anfänglich arbeitet er dafür, spart Geld und irgendwann kann er sich das Haus leisten. Dass er zielstrebig vorgeht, die Hindernisse links und rechts gar nicht beachtet und zugleich sehr vorsichtig agiert, ist ein Aspekt seines Charakters. Nun neigt sich immer mehr das Haus und nicht der Mensch selbst in den Mittelpunkt des Bewusstseins. Plötzlich muss das Haus vollkommen sein und das gelingt dem 178° Geborenen nur durch die Vervollkommnung des Gebäudes durch persönliche Arbeit. Jede Kleinigkeit wird beachtet, der Garten bis zum letzten Grashalm sorgsamst gepflegt. Ein Kratzer an der Hauswand kann nun zum Problem werden. Den 178° Geborenen durchdringt, was das Haus betrifft, eine große Angst. Hand in Hand mit dieser tiefen Besorgtheit geht eine Abneigung gegenüber allen Menschen, die möglicherweise Einfluss auf das Haus nehmen könnten. Eine natürliche Folge dieser Sorge sind dann Misstrauen und Ablehnung gegenüber allen Menschen mit einer anderen inneren Haltung. Zugleich, und hier begegnet man einem großen Problem, empfindet sich dieser Mensch als frei und ungebunden. Aus diesem Grund fällt es ihm so schwer, diese Bindung wirklich zu erkennen.

179. *verwaltende Eigenschaft*

29° Jungfrau - In einem Gespräch mit einem 179° Geborenen wird man bemerken, dass dieser einerseits realistisch argumentiert und andererseits auf sein Gefühl hört. Dies zeigt sich als Innehalten, wobei man den Eindruck hat, er spüre intuitiv in sich hinein und gehe ebenso intuitiv auf sein Gegenüber ein. Im nächsten Moment ist man wieder mit dem Realismus konfrontiert. Man gewinnt unabhängig vom Inhalt den Eindruck, ein philosophisches Gespräch zu führen.

Die positive Ausrichtung: Realismus und Intuition widersprechen sich nicht, sondern ergänzen einander. Die Art der Überlegung ist durch die positive Ausrichtung ganz natürlich. Man ist versucht, dies als positiv und gleichzeitig normal zu beschreiben. Es gleicht einem interessanten Gespräch, ohne dass man die Art des Sprechens als abgehoben empfindet.

Die negative Ausrichtung: Durch die negative Ausrichtung wird der Umgang mit anderen Leuten abgehoben und auf eine belehrende Weise überheblich. Von den Mitmenschen verlangt man realistische Argumente, während man selbst fast schon medial agiert. Dadurch verleihen sich 179° Geborene eine Sonderstellung. Sie werden jedoch nicht als unrealistisch betrachtet. Den Mitmenschen wird suggeriert, die Intuition baue auf der Realität auf und sei eine höhere Stufe der Argumentation. Gleichzeitig bewirkt die negative Ausrichtung, dass ein Gespräch, welcher Art auch immer, auf den 179° Geborenen keinen längeren Einfluss hat.

180. *verwaltende Eigenschaft*

30° Jungfrau - In der Persönlichkeit eines Menschen zeigt sich die Substanz von 180° in einer Form der konzentrierten Beschäftigung mit einem Themenkreis. Sehr gerne definieren 180° Geborene ein Thema und können dieses konsequent und analytisch weiterentwickeln. Immer wieder zeigt sich die Verbindung zu dieser Eigenschaft über einen großen Drang dieser Menschen, tiefer zu blicken. Alle 180° Geborenen haben das Bedürfnis, die Gegebenheiten intelligenzhaft erklären zu können. Grundsätzlich lernen sie nichts auswendig. Sie verstehen die Zusammenhänge in einer logischen, aufbauenden Weise und in Analogie zu anderen Dingen. Ein für sie unverständlicher Lernstoff, der nichts mit vergangenen Lernaufgaben zu tun hat, ist oft eine Qual. Wenn hingegen ein weiterführender Stoff studiert wird, der auf altem und schon verinnerlichtem Wissen aufbaut, haben sie die Fähigkeit, sehr schnell zu lernen.

Die positive Ausrichtung: 180° Geborene besitzen einen Wesenszug, der sie in einem fort nach Antworten suchen lässt. Oft gleichen sie einem Wanderer, der von Ort zu Ort zieht, eine Antwort erfährt und trotzdem erfüllt von einer tiefen inneren Unruhe weitergeht. Erst dann, wenn sie etwas als verinnerlichte Weisheit erfahren, durchströmt sie für kurze Zeit eine tiefere Ruhe.

Die negative Ausrichtung: Durch die negative Ausrichtung agieren 180° Geborene in einer ganz bestimmten Form oberflächlich. Sie versuchen nämlich, ohne sich tiefer mit einer Sache zu beschäftigen, tiefere Erkenntnisse bildhaft ausgedrückt zu erzwingen. Manchmal bleiben sie verkrampft an der Oberfläche. Öfters jedoch bestätigen sich Halbwahrheiten gegenseitig; ein tieferer Einblick ist schwierig, weil der 180° Geborene denkt, die Antwort bereits gefunden zu haben. Die Problematik zeigt sich in der vollständigen Identifizierung mit dem Themenkreis, der als Wahrheit scheinbar erkannt worden ist. Durch die Absolutheit des sich Wiederfindens der eigenen Person in der Halbwahrheit dieses Themenkreises bleiben größere Zusammenhänge, höheres Wissen oder tiefere Einblicke verwehrt, weil dieser Mensch mit Sicherheit annimmt, die Wahrheit schon gefunden zu haben.

181. bis 210. *verwaltende Eigenschaft*

181. *verwaltende Eigenschaft*

1° Waage - Ein gemeinsamer Wesenszug aller 181° Geborenen zeigt sich in der Selbstverständlichkeit ihres Tuns. Erledigen sie etwas, dann deshalb, weil dies so geschehen muss. Dieses „Muss" ist jedoch nicht bestimmend oder machtausübend. Es ist im Grunde die Erfüllung einer vergangenen Ursache, auch wenn sich diese Menschen dessen nicht bewusst sind. Das Selbstverständliche ihres Tuns ist somit die letzte Konsequenz eines inneren Vorgangs. Die Problematik zeigt sich insofern, als andere Menschen diese Selbstverständlichkeit als Machtausübung erfahren. Hier prallen zwei völlig unterschiedliche Betrachtungsweisen aufeinander. Was für jemanden mit 181° ganz normal erscheint, erfährt das Gegenüber als Einengung oder sogar Bemächtigung. Für andere Menschen oft unverständlich sind ihre heftigen Reaktionen auf Dinge, die der subjektiven Einschätzung zuwiderlaufen.

Die positive Ausrichtung: Ein Charakterzug von 181° Geborenen ist ihre Fähigkeit, intuitiv hinter die Geschehnisse zu blicken. Dies kann bis an die Grenze der Hellsichtigkeit oder Hellfühligkeit gehen. Im täglichen Leben ertappt man diese Menschen immer wieder dabei, wie sie mit einem Ausdruck der ahnenden Überlegung innehalten. In diesen Augenblicken tastet sich der Geist in die Zukunft und bereitet zukünftiges Geschehen vor. In der Gegenwart tragen sie in sich eine ausgezeichnete Ahnung im Blick auf das, was ihre Handlungen direkt und indirekt bewirken werden.

Die negative Ausrichtung: Durch die negative Ausrichtung kommt es zur unbewussten oder bewussten Manipulation und Machtausübung. Erschwerend kommt hinzu, dass dies nur sehr selten erkannt wird, da es in ihrer persönlichen Ansicht nicht um Machtausübung geht, sondern um das Erfüllen einer Harmonie, die als allgemeingültig betrachtet wird. Daraus entwickelt sich ein enger Charakter, der sich für moralisch integer hält und aus dieser Selbstentschuldigung heraus sein Umfeld nach eigenen Vorstellungen kontrolliert und manipuliert.

182. *verwaltende Eigenschaft*

2° Waage - 182° Geborene sind aktiv bestrebt, ihre Gefühle auszugleichen, anzupassen oder zu korrigieren. Es ist dies ein ständiges Austarieren des inneren Zustands. Bildhaft beschrieben kann man sich eine empfindliche Apparatur vorstellen, die bei jeder Gefühlsregung aus dem Gleichgewicht gerät. Der 182° Geborene muss dieses Ungleichgewicht ausbalancieren. Grundsätzlich sind sie bestrebt, in einem positiven, harmonischen Gefühl mit sich selbst und ihrem Umfeld zu leben.

Die positive Ausrichtung: Durch die positive Ausrichtung gelingt es diesen Menschen, die innere Harmonie aufrechtzuerhalten. Sie sind aktiv und haben das Bedürfnis, Dinge zu unternehmen. Auch im Kontakt mit anderen Leuten sind sie aktiv und interessiert. Eine Beziehung mit einem 182° Geborenen ist abwechslungsreich.

Die negative Ausrichtung: Diese Menschen haben die Schwierigkeit, richtig verstanden zu werden. Obwohl sie sich bemühen, positive Kontakte zu knüpfen, werden sie andauernd falsch verstanden. Eigentlich geht es um das Gefühl, das 182° Geborene durch die negative Ausrichtung ausstrahlen. Sie erschaffen damit keine harmonische Verbindung, sondern grenzen sich ab. Je mehr sie sich bemühen, desto mehr ziehen sich die anderen Leute zurück.

183. *verwaltende Eigenschaft*

3° Waage - Eine prägende Eigenschaft dieser Persönlichkeit bezieht sich auf die Art, etwas zu vollbringen, wobei es grundsätzlich nicht so wichtig ist, um welches Tun es sich dabei handelt. Immer gibt es in diesen Handlungen eine Zweiteilung: einen ersten Teil der Vorbereitung und einen zweiten Teil der Fertigstellung. In der Mitte verändern sich von einem Moment zum nächsten das Handeln und die damit in Verbindung stehende innere Energie. 183° Geborene legen auf diese Zweiteilung, wenn auch meist unbewusst und ohne Wissen um die eigentliche Ursache in dieser Substanz, großen Wert.

Die positive Ausrichtung: Die positive Ausrichtung fördert die Bewusstheit in der Vorarbeit und die entsprechende positive Beeinflussung. Dieser Mensch schenkt der Vorbereitung besondere Aufmerksamkeit. Geht er zum Beispiel in guter Stimmung einkaufen, wird er auch gut gestimmt kochen.

Die negative Ausrichtung: Durch die negative Ausrichtung wird ein 183° Geborener sehr oft mit schlechten Energien konfrontiert, deren Ursprung er einfach nicht orten kann. Es wird ihm verwehrt, die Nahtstelle zwischen der Vorbereitung und der Verwirklichung zu erkennen, um in der Folge die Vorbereitung zu ändern. Daher rührt der Charakterzug, dass ein 183° Geborener oft nicht weiß, warum er schlecht gelaunt ist oder eine grundsätzlich leicht negative Stimmung in sich trägt. Die negative Ausrichtung bewirkt eine Unbewusstheit in der Vorbereitung, damit sich die negative Energie verwirklichen kann. Sie unterstützt auch eine gewisse Form des Zweifels und Selbstzweifels.

184. *verwaltende Eigenschaft*

4° Waage - 184° Geborene haben die Eigenschaft, sich einer Situation oder einem Menschen hingeben zu können. Finden sie jemanden sympathisch, sind sie gerne bereit, ihm die Führungsrolle zu überlassen. Sie selbst bleiben positiv und fühlen sich grundsätzlich wohl. Viele 184°

Geborene lieben das Flirten und auch den Sex. Finden sie hingegen jemanden unsympathisch, möchten sie sich sofort zurückziehen.

Die positive Ausrichtung: Durch die positive Ausrichtung gelingt es 184° Geborenen, die Unterscheidungskraft zu bewahren. Grundsätzlich sind sie positiv, freundlich und haben keine Vorurteile. Sie wissen jedoch, wie weit sie sich auf eine Beziehung einlassen wollen. In einer Beziehung können sie sich ihr ganz hingeben.

Die negative Ausrichtung: Durch die negative Ausrichtung sind diese Menschen auf der Suche, wobei sie selbst nicht genau wissen, wonach sie suchen. Es gelingt ihnen nicht, innere Harmonie zu erfahren. Auch haben sie das Gefühl, sich in der Liebe andauernd für das Falsche zu entscheiden. Da sie auf der Suche nach einer tieferen Erfüllung sind, jedoch keine Unterscheidungskraft besitzen, lassen sie sich viel zu schnell auf Beziehungen ein, die dann meist schlecht enden.

185. *verwaltende Eigenschaft*

5° Waage - Die 185. *verwaltende Eigenschaft* beeinflusst den Menschen im Sinne einer besonderen Art des Entgegenkommens gegenüber anderen Menschen. Grundsätzlich begegnen 185° Geborene ihren Mitmenschen freundlich. Sie bewegen sich aktiv auf sie zu und gleichzeitig bewirkt diese Substanz, dass sie sich in einer zurückgenommenen, man könnte auch sagen hingebenden Position befinden. Zugleich sind sie bestrebt, zwischen sich und den anderen Menschen eine Harmonie aufrechtzuerhalten. Für 185° Geborene ist der Umgang mit Macht nicht einfach. Einerseits geben sie sich ihren Mitmenschen aktiv hin, andererseits fühlen sie sich von ihnen überfallen.

Die positive Ausrichtung: 185° Geborene bewegen sich freundlich und neugierig auf den anderen Menschen zu. Diese Neugier beinhaltet jedoch keine Form der aktiven Erwartung, wie der andere reagieren könnte. Diese Menschen sind vielmehr neugierig auf das, was kommt. Sie öffnen sich und erwarten, dass der Mitmensch auf diese Hingabe reagiert. In dieser magnetischen Haltung nähern sie sich.

Die negative Ausrichtung: Der Wesenszug der Hingabe ist nicht rein passiv, sondern magnetisch-passiv einfordernd. Der 185° Geborene erschafft innerlich eine Macht, die den Mitmenschen drängt, im Sinne dieser Macht zu handeln, zu denken und zu fühlen. Auch hier zeigt sich die negative Ausrichtung insofern, als sie den Menschen dazu antreibt, diese Art der Macht auszuüben.

186. *verwaltende Eigenschaft*

6° Waage - Diese Menschen durchdringt ein starker Wesenszug, durch den sie in einem fort bemüht sind, einem anderen Menschen ein Lachen zu entlocken. Im Gespräch beispielsweise scannt ein inneres System alle möglichen und unmöglichen Antworten. Zahlreiche Erwiderungen entstammen dieser unbewussten inneren Suche und provozieren durch eine ungewohnte Wendung ein Lachen beim anderen Menschen.

Die positive Ausrichtung: 186° Geborene gehen mit einem angeborenen Frohsinn durchs Leben. Eine durchdringende positive Sichtweise lässt sie nicht so schnell zweifeln oder verzagen. Keine Situation wird ernster genommen, als sie in Wirklichkeit ist, und es gibt keine Begebenheit, über die man nicht auch einen guten Witz erzählen und lachen könnte. Viele Menschen mit 186° können über sich selbst lachen. Ein Zeichen der positiven Ausrichtung ist das Einbeziehen der eigenen Person in die Ursache des Lachens oder Frohsinns.

Die negative Ausrichtung: Wer auf Kosten anderer Menschen Witze macht, fördert nicht nur seine eigene, sondern auch dessen Dunkelheit. Ein häufig auftretender Aspekt der negativen Ausrichtung ist die Schadenfreude. Auch hier gibt es sehr viele Stufen, und die negativste Form ist sicher das Lachen, welches sich am Leid anderer Menschen ergötzt.

187. *verwaltende Eigenschaft*

7° Waage - Eine Gemeinsamkeit aller 187° Geborenen ist eine typische Form der Durchsetzung ihres Willens. Hierbei geht es vor allem darum, wie sich jemand selbst dabei fühlt. Für diesen Menschen ist dies kein Behaupten der eigenen Vorstellung, sondern die Erfüllung einer als notwendig erachteten Harmonie. Es gleicht vielmehr einem Ausgleich. Hierbei geht es ganz besonders um die Verbindung zwischen dem Verstand und einer individuellen Harmonieempfindung. Eine Problematik ist die Unterscheidung zwischen einem intelligenten Vorschlag und der harmonischen Einforderung. 187° Geborene haben meist den Eindruck, dass sie lediglich einen intelligenteren Vorschlag machen und sind sich der gefühlshaften Machtausübung nicht bewusst. In ihrer Vorstellung wäre es einfach klug, der Idee zu folgen. Ein typischer Charakterzug ist die Nachgiebigkeit. Spüren sie bei einem anderen Menschen eine fehlende Harmonie, bewegen sie sich oft automatisch dorthin, wo das Gefühl zur Harmonie ergänzt wird. 187° wirkt aus einer Energie des vorauseilenden Gehorsams.

Die positive Ausrichtung: Durch die positive Ausrichtung respektieren diese Menschen den freien Willen. Es entsteht kein Erfüllungszwang. Es ist sogar so, dass andere Leute der guten Idee eines Menschen mit 187° gerne folgen.

Die negative Ausrichtung: Durch die negative Ausrichtung möchten 187° Geborene andere Menschen dazu bewegen, persönliche harmonische Empfindungen der Dunkelheit zu bestätigen. Dies kann nur eine gewisse Zeit lang gut gehen. Früher oder später wird sich das Gegenüber wehren und sich dieser Überstülpung einer fremden egozentrierten Harmonieempfindung widersetzen. Dann kommt es gezwungenermaßen zu einer Entladung und in der Folge zu einer heftigen Auseinandersetzung.

188. *verwaltende Eigenschaft*

8° Waage - 188° Geborene sind Menschen, die gut warten können. In diesem Warten herrscht eine gewisse Spannung, jedoch keine, die in einer Verspannung enden könnte. Es gleicht vielmehr einem geöffneten Kraftfeld, das sich irgendwann erfüllen wird. Die Zeit zwischen der Eröffnung der Spannung und der Lösung durch die Erfüllung wird als notwendig, richtig und lebendig erfahren. Jedoch ist dies eine innere Lebendigkeit, die um eine zukünftige Auflösung weiß. Zu dieser Entspannung kommt es dann, wenn ein Wort, eine Tat oder sonst eine eigene oder fremde Tätigkeit etwas erfüllt. Damit soll gesagt werden, dass diese Entspannung kein Loslassen einer Spannung im herkömmlichen Sinn ist. Es entsteht eine innere Fülle gleich einer Harmonie, die aller Töne bedarf, um vollständig zu klingen.

Die positive Ausrichtung: Durch die positive Ausrichtung der *Eigenschaft* wird das Warten geduldig und lebendig als Notwendigkeit gelebt. Erfüllen sich alle Voraussetzungen, wird die Antwort oder Erwiderung als mächtig deshalb empfunden, weil sie der Wahrheit entspricht. Gleichzeitig bleibt sie harmonisch und rund im Charakter.

Die negative Ausrichtung: Durch die negative Ausrichtung sind 188° Geborene zögerlich und unsicher. Sie meinen, nicht eigenständig und frei agieren zu können, oder besser ausgedrückt, zu dürfen. Immer wieder kommt es zu ungewollten Handlungen. In diesen Augenblicken entscheiden sie sich, dem Warten jäh ein Ende zu setzen, was unpassende Antworten mit sich bringt. Manch einer zieht sich frustriert von anderen Menschen zurück, weil er sich selbst für unfähig hält, mit anderen Leuten eine ganz normale Unterhaltung zu führen.

189. *verwaltende Eigenschaft*

9° Waage - Grundsätzlich bemühen sich alle 189° Geborenen, anderen Menschen positiv gegenüberzutreten. Wie selbstverständlich gehen sie von einer gleichen Reaktion aus, wobei sie diese nicht bewusst erwarten oder verlangen. Es ist in ihnen so angelegt, Positives zu erwarten, wenn Positives ausgestrahlt wird. Dementsprechend irritiert sind sie, wenn die Reaktion nicht dem persönlichen Auftreten entspricht. Erfahren sie Unfreundlichkeit auf eigene Freundlichkeit, durchdringt sie dies bis ins innerste Mark. Ihr ganzes System wird gleichsam durchgerüttelt. Immer haben sie das Bestreben, Vorhandenes abzuschwächen. Absoluten Darstellungen anderer Menschen, seien es positive oder negative, begegnen sie immer regulierend im Sinne von abmildernd.

Die positive Ausrichtung: Alle 189° Geborenen pflegen eine besondere Form der Höflichkeit im Umgang mit anderen Menschen. Dieses Benehmen ist niemals distanziert, im Gegenteil, es ist immer von einer grundlegenden Freundlichkeit durchdrungen, welche dem anderen Menschen entgegenkommt. Ein höfliches und freundliches „Sie" ist ihnen wesentlich lieber als ein plump vertrauliches „Du".

Die negative Ausrichtung: Die negative Ausrichtung ist nicht harmonisierend. Sie betont das Extreme und bringt dieses zur Geltung. Dadurch erfahren 189° Geborene von anderen Menschen nicht positive, sondern extreme Gefühle. Vermittelt ein Polizist in Uniform zum Beispiel Respekt vor dem Gesetz und vergisst die Empathie nicht, kann dies im Einfluss der positiven Ausrichtung entstanden sein. Vermittelt er jedoch Angst, kommt sehr schnell die negative Ausrichtung zum Tragen. Durch die negative Ausrichtung wird eine klare Distanz gegenüber anderen Menschen suggeriert. Diese Distanz schützt jedoch nicht vor negativen Einflüssen – sie verhindert positive Einflüsse. Ganz speziell ausgewählte emotionale Muster werden nach außen getragen.

190. *verwaltende Eigenschaft*

10° Waage - 190° Geborene nehmen sehr leicht Gefühle anderer Menschen wahr. Gleichzeitig lassen sie sich davon infizieren. Sie fühlen sie nicht nur, sondern nehmen sie auch an. Mit der Zeit verinnerlichen sie sie derart, dass sie im Sinne dieser Gefühle reagieren. Es gibt zahlreiche Beispiele im täglichen Leben; wenn etwa am Nachbartisch etwas gegessen wird, haben viele 190° Geborene den Drang, das gleiche Gericht zu bestellen. In ähnlicher Form betrifft dies alle Lebensbereiche. Viele 190° Geborene erinnern sich gerne an vergangene Gefühle.

Die positive Ausrichtung: Dieser Mensch besitzt die Fähigkeit der Unterscheidung zwischen den Gefühlen. Gleichzeitig kann er entsprechend reagieren. Negative Gefühle werden abgewendet, positive Gefühle können je nach Entscheidung bleiben. 190° Geborene befinden sich automatisch in Gesellschaft positiver Menschen. Sie kommen gar nicht in die Gelegenheit, einen negativen Umgang zu pflegen, da die *Eigenschaft* in ihrer positiven Ausrichtung dies von vornherein unterbindet. Beobachtet man einen 190° Geborenen, ist ein charakteristisches Merkmal seine Unauffälligkeit. Irgendwie fügt er sich in die Gruppe ein, ist ein wesentlicher Teil davon, sticht jedoch nicht heraus. Obwohl er kein geborener Anführer ist, übt er einen direkten Einfluss auf die Menschen der Gemeinschaft aus.

Die negative Ausrichtung: Die negative Ausrichtung fördert die Annahme negativer Eigenschaften. Gleichzeitig weiß dieser Mensch, dass es sich nicht um seine eigenen Gefühle handelt, kann sich jedoch immer wieder schwer von ihnen lösen. Selbstzweifel ob der eigenen Gefühlswelt und eine negative Selbstbetrachtung sind sehr oft Leiden eines 190° Geborenen.

191. *verwaltende Eigenschaft*

11° Waage - Eine Eigenschaft aller 191° Geborenen ist ihre Hilfsbereitschaft. Gepaart ist diese Tugend immer mit einem großen Selbstbewusstsein. Stellt man sich einen mächtigen Menschen vor, der aus einer bewussten Entscheidung heraus eine Hilfe initiiert, die sich erfüllen wird, hat man ein ganz gutes Bild von dieser *Eigenschaft*. Mit ihrer Hilfe steht zugleich immer etwas anderes im Mittelpunkt, was möglicherweise den Eindruck vermitteln könnte, es ginge ihnen gar nicht um die Hilfe an und für sich, sondern um das „in den Vordergrund stellen" der eigenen Persönlichkeit. Dieser Eindruck täuscht jedoch in den meisten Fällen. Es ist ihre Art, sich mit großer Durchsetzungskraft für jemanden einzusetzen. Gleichzeitig haben sie in diesem Zusammenhang einen Wesenszug, der gut erkannt werden möchte. Es ist dies der Drang, Probleme anderer Leute zu ihren eigenen zu machen. Hat sich ein 191° Geborener einmal dazu entschieden, jemanden beizustehen, hält ihn so schnell nichts mehr auf.

Die positive Ausrichtung: 191° Geborene verlieren keine großen Worte, wenn es um Hilfe geht. Um den heißen Brei herumzureden, ohne etwas zu bewirken, mögen sie gar nicht. Wenn sie etwas anpacken, dann mit großer Kraft. Hilfe empfinden sie weniger als Gabe gegenüber dem Nächsten denn als Gerechtigkeit. Auch fühlen sie sich an den Bedürftigen nicht gebunden und kommen nicht auf die Idee, dass eine Form der Bindung aufgebaut wurde.

Die negative Ausrichtung: Die negative Ausrichtung hat das Kennzeichen der Bemächtigung in der Problemlösung. Folgendes Beispiel: Der 191° Geborene wird um Hilfe gebeten. Nun kommt es dazu, dass er das Problem gleichsam okkupiert. Er macht es zu seinem eigenen Problem. Das hat zur Folge, dass er gleichzeitig immer auf die jeweilige Situation in diesem Problem reagiert und dem Gegenüber die Entscheidung, man möchte fast sagen, entreißt. Das Gegenüber hat gar nicht mehr die Möglichkeit, aus sich selbst heraus Entscheidungen zu treffen. Diese Form der Machtausübung geht mit der Hilfe Hand in Hand. Eine weitere Konsequenz der negativen Ausrichtung ist die Förderung von Abhängigkeiten.

192. *verwaltende Eigenschaft*

12° Waage - Wer einen 192° Geborenen beobachtet, wird in ihm immer wieder eine positive Aufnahmebereitschaft entdecken. Obwohl sie eine aufnehmende und in der Beobachtung passive Rolle einnehmen, sind sie innerlich sehr aktiv. Ihre Aufmerksamkeit ist in diesen Augenblicken ständig darauf gerichtet, etwas aufzunehmen. Man kann diesen Charakterzug gut als tätige Hingabe in der Erwartung der Erfüllung des durch die Hingabe angestrebten Zustands beschreiben.

Die positive Ausrichtung: Viele dieser Menschen haben sich einen reinen, man möchte fast sagen kindlichen Wesenszug bewahrt. Ihre tätige Hingabe erwartet immer positive Berührungen, eine Bestätigung des Guten und, wenn dies möglich ist, eine Steigerung des Guten. Werden sie in dieser inneren Haltung von äußeren Grobheiten berührt, reagieren sie sofort mit Abwendung. Dies gleicht einem Läufer, der mitten im Lauf unvermutet die Richtung wechselt. Prinzipiell haben sie ein Talent, anderen Menschen Informationen zu entlocken.

Die negative Ausrichtung: Durch die negative Ausrichtung bauen sich diese Menschen aus Angst eine Art Schutz um sich auf. Dieser Schutz wird einer Mauer ähnlich als Macht und statische Größe empfunden. Das stimmt jedoch nicht. Er ist tätige Kraft und entsprechend kostet das Aufrechterhalten dieses Schutzes weiterhin Kraft. In Gesellschaft mit anderen Menschen geschieht dies oft automatisch. Kommen sie anschließend nach Hause, sind sie sehr müde. Diese Müdigkeit ist die Empfindung des Verlustes an Kraft durch den zuvor aktivierten Schutz. Die Verteidigungshaltung ist eine wesentliche Eigenschaft von 192° Geborenen.

193. *verwaltende Eigenschaft*

13° Waage - Eine wesentliche Eigenschaft aller 193° Geborenen ist ihre Art, Gedanken, Gefühle oder weiterführende Handlungen auf schon bestehenden Gegebenheiten aufzubauen. Es gleicht einer chronologischen Beschreibung, in welcher jeder Schritt auf den vorherigen Bezug nimmt. Die Intelligenz dieser Menschen rührt eben genau daher, keinen Aspekt zu vergessen und jede nächste Stufe der Überlegung auf logische Weise weiterzuführen. Dieser Wesenszug einer Chronologie des Intellekts ist für 193° Geborene haltgebend und eine Art zu denken, der sich kaum jemand bewusst ist. Viele flirten sehr gerne. Ein Gespräch empfinden sie nicht oberflächlich, sondern sind ganz in ihrem Element.

Die positive Ausrichtung: Ein wesentlicher Aspekt ist die direkte Reaktion auf Gedanken anderer Menschen. Dies trifft noch stärker zu, wenn sich diese um den 193° Geborenen selbst drehen. Dann schlägt ein innerer Seismograf stark aus. Immer erfolgen daraus eine Berührung und Erschütterung der inneren Harmonie und eine Empfindung als Reaktion. 193° Geborene reagieren überaus feinfühlend auf Überlegungen, die Menschen über sie anstellen. Ein weiterer Wesenszug ist, dass sie genau wissen, was sie wollen. Grundsätzlich leben diese Menschen sehr bewusst und intensiv.

Die negative Ausrichtung: Menschen im Einfluss der negativen Ausrichtung werden von Zweifeln geplagt, was andere Menschen über sie denken. Das Problem ist, dass sich der Zweifel gleichsam selbst erfüllt. Je stärker jemand im Einfluss der negativen Ausrichtung lebt, desto abweisender werden die Menschen auf ihn reagieren. Durch diesen Charakterzug war der 193° Geborene mit seinen Gedanken selbst der Auslöser dieser Situation.

194. *verwaltende Eigenschaft*

14° Waage - Für 194° Geborene ist ihre innere Zufriedenheit im Alltag ein ständiger Begleiter. Für sie ist diese harmonische Empfindung derart selbstverständlich, dass sie ihnen gar nicht auffällt. Wichtig ist allen 194° Geborenen, Zeit mit sich selbst zu verbringen. Allein zu sein ist ihnen ein tiefes Bedürfnis und immer wieder nehmen sie sich dazu die Zeit. Sie können ohne Weiteres über mehrere Tage für sich sein, ohne dass sie den Drang verspüren, unter Menschen gehen zu müssen. Dieser Wesenszug rührt daher, dass sie in diesen Zeiten die innere Harmonie besser spüren oder fühlen. Dies geschieht unbewusst oder auch bewusst.

Die positive Ausrichtung: Durch die positive Ausrichtung erkennt der 194° Geborene, wie sehr er als Sklave seiner eigenen Harmoniebedürftigkeit dieser folgt.

Die negative Ausrichtung: Durch die negative Ausrichtung fühlen 194° Geborene eine Harmonie, welche die Wahrheit mit einer bestimmten Substanz überdeckt. Bildhaft und etwas drastisch ausgedrückt, handelt es sich um eine schleimige, scheinbare Lichtsubstanz, welche die Klarheit und wahrheitsgemäße Betrachtung überdeckt. Dieser Zustand gleicht einer aufgesetzten Harmonie. Der 194° Geborene empfindet dies als positiv harmonisch. Gleichwohl spürt er eine gewisse innere Störung. Im täglichen Leben ist es so, dass diese leise und doch als penetrant empfundene innere Dissonanz auf andere Menschen projiziert wird.

Der 194° Geborene meint, dass ein anderer Mensch, meist jemand im näheren Umkreis, für dieses Gefühl die Verantwortung trägt.

195. *verwaltende Eigenschaft*

15° Waage - 195° Geborene besitzen die Fähigkeit der positiven Zusammenfassung. Aus einer langen Geschichte können sie intuitiv ein emotionales Zentrum herauspicken. Wer diese Zusammenfassung bekommt, weiß, auch wenn inhaltlich wenig gesprochen wurde, worum es in der Geschichte geht. Einher damit geht der Charakterzug, nichts erklären zu wollen. Das kann immer wieder zu Missverständnissen führen. So findet man hier den Grund, weshalb 195° Geborene automatisch annehmen, jeder andere verstünde die sparsame Gestik oder die knappen Worte ebenso umfassend wie sie selbst. Dann kann es immer wieder dazu kommen, dass sie ungeduldig werden. Ihre Eigenart ist es nämlich, dass sie auf ihre kurzen Erwiderungen eine Reaktion erwarten. Im Grunde verlangen sie, dass das Gegenüber den Inhalt verstanden hat, und übersehen oft, dass ihre sparsame Erklärung es vielen Menschen nicht möglich macht, den Stoff zu erfassen.

Die positive Ausrichtung: Durch die positive Ausrichtung haben diese Menschen das Talent, Menschen mit sparsamsten Mitteln zu helfen und zu unterstützen. Sie lieben kleine Gesten und Aufmerksamkeiten, die sie gerne schenken und auch gerne bekommen.

Die negative Ausrichtung: Ein vorrangiger Charakterzug ist eine negative Form der Abgeklärtheit. Diese Menschen drängt es, die Fehler anderer Leute hervorzuheben. Mit unfehlbarer Sicherheit können sie ihren Finger in die Wunde des Gegenübers legen, und statt zu helfen, die Wunde zu heilen, vertiefen sie diese. Durch die negative Ausrichtung ist die Motivation nicht die Verbesserung eines gegebenen Zustands. Die Verstärkung der Negativität genügt sich selbst. Nicht die Hilfe oder die Lösung steht im Vordergrund, sondern die Vergrößerung der schlechten Energie. Die Reaktion der Mitmenschen ist immer negativ.

196. *verwaltende Eigenschaft*

16° Waage - Eine Eigenschaft von 196° Geborenen ist ihre selbstverständliche Annahme, die Mitmenschen zu verstehen. Sie selbst gehen auf sie mit einem Gefühl der Harmonie zu. Automatisch erwarten sie, dass sich die anderen in der gleichen harmonischen Grundstimmung befinden, und aus dieser Erwartung heraus nehmen sie es als gegeben an, sie zu verstehen. Das betrifft die Gefühle, Informationen und allgemein alle zwischenmenschlichen Kommunikationsmöglichkeiten.

Die positive Ausrichtung: Durch die positive Ausrichtung binden 196° Geborene sich nicht an die eigenen Erwartungen. Sie lassen offen, was geschehen kann. Sind sie vom Gegenüber überzeugt, können sie die Dinge annehmen, wobei dies auch in der positiven Ausrichtung ein Prozess ist, der seine Zeit dauert.

Die negative Ausrichtung: Es ist für diese Menschen kaum möglich, andere Dinge anzunehmen. Sie befinden sich in ihrer persönlichen Grundstimmung und haben zu den Gefühlen anderer Menschen eine klare Distanz. Möchten sie sich auf diese zubewegen, prallen sie aufeinander. Umgekehrt können sie Informationen und Gefühle, die zum Beispiel in einem Gespräch ausgetauscht werden, nicht aufnehmen. Auch hier trennt eine symbolische Mauer die beiden Gesprächspartner.

197. *verwaltende Eigenschaft*

17° Waage - 197° Geborene sind in der Lage, auch dann ihre eigene Grundstimmung zu bewahren, wenn sich die Gesellschaft oder der Ort, an dem sie sich befinden, ändert. Betreten sie zum Beispiel ein hektisches Kaufhaus, bleiben sie trotzdem in ihrer persönlichen Harmonie. Auch im Umgang mit anderen Menschen lassen sie sich nicht von deren Emotionen anstecken. Diese Fähigkeit verhindert, dass sie sich mit fremden Gefühlen und Energien identifizieren. Ob sich der 197° Geborene in einer positiven oder negativen Grundstimmung befindet, spielt dabei keine wesentliche Rolle.

Die positive Ausrichtung: Durch die positive Ausrichtung sind 197° Geborene in der Lage, andere Menschen zu beeinflussen. Da sie sich selbst in einer normalen oder positiven Stimmung befinden, kann dies für die Mitmenschen eine Hilfe sein. Diese Hilfe erfahren sie auch dann, wenn der 197° Geborene lediglich anwesend ist, ohne den Willen darauf zu richten, dem anderen zu helfen.

Die negative Ausrichtung: Durch die negative Ausrichtung sieht man einen abgehobenen Menschen vor sich. Abgehoben bedeutet, dass diese Menschen nicht geerdet sind und aktiv der eigenen Vorstellung von Harmonie folgen. Dieses abgehobene harmonische Gefühl ist für viele 197° Geborene ein Fluchtort, um sich nicht mit der Realität konfrontieren zu müssen. Es ist eine Illusion, die die *Eigenschaft* den Menschen durch die negative Ausrichtung vorgaukelt.

198. *verwaltende Eigenschaft*

18° Waage - 198° Geborene haben den Drang, ihre persönliche Harmonie durchzusetzen. Gleichzeitig bewirkt die Prägung dieser *Eigenschaft*, dass die Machtausübung in einer gewissen Weise verborgen und hintergründig geschieht. Diese Menschen agieren nicht direkt, sondern nehmen eine körperliche wie auch geistige Grundhaltung ein, die provoziert, dass das Gegenüber aus sich selbst heraus bewusst die Entscheidung trifft, dieser Machtäußerung zu folgen, oder unbewusst diesen Schritt geht. In beiden Fällen folgen die Mitmenschen der inneren Harmonie des 198° Geborenen.

Die positive Ausrichtung: Durch die positive Ausrichtung agieren 198° Geborene sehr vorsichtig. Sie ahnen, wie sehr sie andere Leute beeinflussen können. Gleichzeitig bleiben sie in einer feinen harmonischen Stimmung.

Die negative Ausrichtung: Durch die negative Ausrichtung kommt es zu einer hintergründigen Machtausübung, die sehr subtil und effektiv ist. 198° Geborene agieren mit Menschen wie Marionettenspieler mit ihren Puppen. Gleichzeitig haben diese Puppen keine Ahnung, dass sie manipuliert werden. In ihrer Sprache und Gestik agieren 198° Geborene sehr bewusst. In jeder Frage, Erwiderung oder Antwort erkennt man – weiß man, worauf man achten muss – eine hintergründige Provokation. Diese bewirkt, dass im Gesprächspartner eine bestimmte Disharmonie erschaffen wird, die er versucht, zu lösen. Normalerweise beginnt er damit, sich durch Rechtfertigungen zu verteidigen. Am Beginn zeigt sich dies nur sehr leicht, wird jedoch mit der Zeit immer ausgeprägter. Die leichten Provokationen des 198° Geborenen bleiben gleich, steigern sich nicht und werden auch nicht emotional. Im Gegensatz dazu reagiert der Gesprächspartner immer emotionaler.

199. verwaltende Eigenschaft

19° Waage - 199° Geborene handeln aktiv beeinflussend und wissen in den meisten Fällen gar nicht, warum. Es geht ihnen meist nicht darum, etwas zu verbessern. Die Veränderung im Außen dient vielmehr der Anpassung. Es geht darum, dass der äußere Zustand an die eigene innere harmonische Befindlichkeit angepasst wird. Im Grunde ist es eine Form der Machtausübung. Für andere Menschen ist es oft nicht leicht, sich gegen diese Beeinflussung zu wehren. Die Problematik zeigt sich nämlich darin, dass auch sie die Machtausübung häufig nicht als negativ erkennen. Meist unbewusst spüren sie den Drang der harmonischen Erfüllung und fügen sich automatisch. In diesem Nachgeben reagieren viele Menschen sehr instinktiv. Durch die Ausbreitung der eigenen Harmonie vergrößert der 199° Geborene seinen persönlichen Umraum.

Die positive Ausrichtung: Der 199° Geborene möchte eine subjektive Harmonie verwirklichen. Diese Harmonie bezieht sich immer auf das, womit er sich gerade beschäftigt. Der Unterschied zu anderen Formen des Erlangens einer inneren Harmonie ist die Art der Verwirklichung. Eine innere Wertschätzung gegenüber sich selbst beschützt 199° Geborene davor, aufzugeben oder zusammenzubrechen.

Die negative Ausrichtung: Durch die negative Ausrichtung findet der 199° Geborene keine Ruhe. Diese innere Unruhe bewirkt Zerstörung.

Die Art der Zerstörung zeigt sich in regelmäßigen Abständen. Im Grunde strebt auch dieser 199° Geborene nach Harmonie; sie wird jedoch niemals erreicht. Kurz bevor er sich womöglich auf einer persönlichen harmonischen Empfindung ausruhen könnte, unterbricht er den Prozess in diese Harmonie und zerstört alle Vorbereitungen. Dadurch zerstören diese Menschen viele, möglicherweise erfolgreiche eigene Vorhaben, bevor sie umgesetzt werden konnten. Viele 199° Geborene mit diesen negativen Persönlichkeitsmerkmalen bedauern sich selbst oder verspüren Selbstmitleid. Das ist oft begleitet von einem unterdrückten Zorn.

200. *verwaltende Eigenschaft*

20° Waage - 200° Geborene tragen eine besondere Art der Spannung in sich. Für sie ist dieser innere Zustand jedoch so natürlich und normal, dass sie ihn nur dann als Spannung identifizieren, wenn sie direkt darauf hingewiesen werden. Man kann sagen, dass diese Spannung ohne Unterlass auf diese Menschen einwirkt. Ein Kennzeichen dieses Wesenszugs ist, dass sie in einer aktiven Weise auf andere Menschen zugehen. Gleichzeitig verbirgt sich in ihnen eine Erwartungshaltung. Die Besonderheit liegt darin, dass sich dieses Erwarten auf die innere Erfüllung einer Harmonie bezieht. Man kann es vereinfacht so ausdrücken, dass der 200° Geborene auf einen Mitmenschen zugeht und von ihm erwartet, dass er seine innere Spannung im Sinne einer Harmonie auflöst. Dieser Wesenszug durchwirkt die Persönlichkeit des Menschen in einer absoluten Weise und mehr oder weniger niemand ist sich dieses Merkmals bewusst. Dies gilt für die innere Spannung ebenso wie für das unbewusste Streben nach der Auflösung der Spannung in einer Harmonie.

Die positive Ausrichtung: Die positive Ausrichtung bewirkt eine Entwicklung. Diese strebt in Richtung einer höheren Harmonie, die der 200° Geborene in sich verwirklichen will.

Die negative Ausrichtung: Auch durch die negative Ausrichtung durchdringt den Menschen eine Erwartungshaltung. Das Streben nach einer höheren Harmonie gerät jedoch völlig in den Hintergrund. Der 200° Geborene erwartet eine bestimmte Antwort. Das einfachste Beispiel ist ein Befehlshaber, der auf einen Befehlsempfänger zugeht und von diesem erwartet, dass er die Befehle ausführt. Der Befehlshaber ist in diesem Beispiel der 200° Geborene in Verbindung mit der negativen Ausrichtung und der Befehlsempfänger der Mitmensch. Im Inneren macht sich eine aggressive Gefühlslage breit. Diese wirkt wie ein ständiges dunkles Vibrieren. Nach außen hin zeigt sich diese aggressive Stimmung in einer gewissen Form zurückhaltend. Trotzdem kommt es immer wieder dazu, dass 200° Geborene sprichwörtlich explodieren. Dann zeigen sich dieser innere Frust und die Enttäuschung in einem plötzlichen Wutanfall. Beides gründet auf dem Glauben, von Menschen in ihrem näheren und weiteren Umfeld immer wieder enttäuscht zu werden.

201. *verwaltende Eigenschaft*

21° Waage - 201° Geborene möchten die Dinge erkennen. Wesentlich ist ihnen, etwas intelligenzhaft verstehen zu können. Dazu haben sie auch die Anlage von dieser *Eigenschaft*. Sie erwarten, dass sich, löst der Verstand eine Aufgabe, gleichzeitig ein harmonisches Gefühl einstellt. Diese Harmonie gleicht dem Einrasten eines Zahnrades in die vorgesehene Lücke. Erst wenn das logische Verständnis mit diesem gefühlshaften Nachlassen der Spannung, welches ganz plötzlich geschieht, einhergeht, haben sie etwas wirklich verstanden.

Die positive Ausrichtung: Verständnis und Harmonie gehen Hand in Hand. Die Eigenart des Einflusses dieser *Eigenschaft* in ihrer positiven Ausrichtung ist, dass 201° Geborene dann eine Harmonie empfinden, wenn etwas mit dem Verstand erkannt wird. Logische Zusammenhänge können sie sehr gut erfassen.

Die negative Ausrichtung: Das Problem bei der negativen Ausrichtung zeigt sich im Verstand ebenso wie beim Gefühl. Abgehobene und unrealistische Ideen werden ernst genommen und fließen in die Überlegungen mit ein. Gleichzeitig bestätigt eine Harmonie, die einem Wunschdenken entspringt, das Ergebnis des Nachdenkens. Dadurch kann es zu keiner Lösung kommen. 201° Geborene wissen, dass sie fähig sind, die Dinge wirklich zu verstehen, gleichzeitig erfahren sie den Einfluss der negativen Ausrichtung. Das ist für viele sehr frustrierend.

202. *verwaltende Eigenschaft*

22° Waage - 202° Geborene sind gleichzeitig interessiert und distanziert. Sie haben den Wesenszug, Situationen oder andere Menschen aus einer Distanz zu betrachten und gleichzeitig zu analysieren. Die Analyse dient dem Verständnis und der Einordnung in ein System. Dabei kann es sich um die physische Welt, um eine Wissenschaft, eine Philosophie oder eine Religion handeln. Gelingt die Einordnung, empfinden 202° Geborene das Nachlassen einer Spannung, die mit dem Interesse einherging.

Die positive Ausrichtung: Durch die positive Ausrichtung entsteht die Eigenschaft, vorhandene Gegebenheiten gut analysieren zu können. 202° Geborene sind neugierig und sehr daran interessiert, die Dinge erkennen zu können. Oft haben sie ein Ziel, das sie erreichen, oder ein Vorhaben, das sie verwirklichen wollen.

Die negative Ausrichtung: Diese Menschen haben einen anderen Menschen oder irgendeine Situation vor sich, können sie jedoch nicht einordnen. Sie wissen nicht, was sie damit machen sollen. Die Reaktion ist, dass sie sich ganz auf den Verstand stützen. Es fehlt aber nicht an der verstandesmäßigen Analyse. Sie sind nicht in der Lage, die Gegebenheiten einzuordnen und können deshalb mit der Analyse nicht viel anfangen.

203. *verwaltende Eigenschaft*

23° Waage - 203° Geborene kontrollieren sich selbst. Sie streben nach vorne und regulieren gleichzeitig, ob dieses Vorwärtsgehen der Realität entspricht und erfolgreich ist oder nicht. Maßstab ist neben der Überlegung vor allem das Gefühl, welches erst dann als harmonisch empfunden wird, wenn die beschriebenen Voraussetzungen erfüllt sind. Ein Kennzeichen aller 203° Geborenen ist ihr Realitätssinn und gleichzeitig das damit verbundene positive Gefühl.

Die positive Ausrichtung: Eine Besonderheit der positiven Ausrichtung ist die Selbstverständlichkeit, mit welcher 203° Geborene Wissen erlangen. Das Gefühl bahnt dem Verstand den Weg, um etwas erkennen zu können. Die Besonderheit besteht darin, dass diese *Eigenschaft* ein harmonisches Gefühl im Menschen hervorruft, wenn etwas im Sinne des jeweiligen Systems der Wahrheit entspricht.

Die negative Ausrichtung: Das Wissen und der Weg, das Wissen zu erlangen, werden immer theoretischer und die Menschen koppeln sich immer weiter von ihren Gefühlen ab. Da das erlernte Wissen trotzdem der Wahrheit des jeweiligen Systems entsprechen kann, ist dies für viele kein negativer Zustand. Gleichwohl muss man wissen, dass die negative Ausrichtung zwar das Erlernen ermöglicht, jedoch nicht das selbstständige Forschen.

204. *verwaltende Eigenschaft*

24° Waage - Eine Gemeinsamkeit aller 204° Geborenen ist die Beständigkeit in der liebenden Zuwendung. Diese Zuwendung haben sie stark verinnerlicht. 204° Geborene sind treu. Dies zeigt sich in einer Partnerschaft ebenso wie in ihrer Treue zu einer Firma, einem Hobby oder zu einem Land. Ein Wechsel in einem Lebensbereich hat meist gute Gründe.

Die positive Ausrichtung: Durch die positive Ausrichtung empfindet der 204° Geborene eine höhere Form der Harmonie. Diese Harmonie zeigt sich nicht als Ausgleich einer bestehenden Situation, die nicht verändert werden darf, sondern als Harmonie zwischen sich selbst und der Entwicklung. Es wird das als harmonisch erkannt und empfunden, was dieser Entwicklung dient. Diese Menschen sind in ihrem Umfeld beliebt und geschätzt. Freundschaften zu schließen, fällt ihnen sehr leicht und oft genug kommen andere Menschen auf sie zu.

Die negative Ausrichtung: Durch die negative Ausrichtung wird Treue mit der unbeweglichen Aufrechterhaltung eines gegebenen Zustandes verwechselt. Dies kann sich in Beziehungen, an Arbeitsstellen und allen Tätigkeiten sowie im Umgang mit Dingen zeigen. Diese Menschen lieben, wenn man es so sagen kann, Qualitäten, die gleich bleiben. Veränderungen im Charakter des anderen werden in einer Partnerschaft durch eine Form des Gefühlsentzugs abgelehnt. Möchte der Partner die Zuwendung zurückgewinnen, muss er sich von der Veränderung lösen und wieder den althergebrachten Gewohnheiten zuwenden.

205. *verwaltende Eigenschaft*

25° Waage - Ein gemeinsamer Wesenszug aller 205° Geborenen ist ihr unbewusstes Streben nach körperlichem Wohlbefinden. Die Unbewusstheit bezieht sich darauf, dass es diesen Menschen weniger darum geht, dem Körper direkt etwas Gutes zu tun. Es ist vielmehr so, dass das körperliche Wohlbefinden indirekt über eine Empfindung erreicht wird. Die Schwierigkeit in der Befreiung von dieser Eigenschaft liegt vor allem darin, dass diese Empfindungen in Verbindung mit dieser Substanz für viele Menschen einen großen Teil der Lebensfreude und allgemein der Wertigkeit des Lebens im physischen Körper ausmachen. Das Problem ist, dass dies – so schön und intensiv man es auch körperlich fühlt – die Bindung in die Physis und in die Dunkelheit stärkt. Diese nahtlosen und schrankenlosen Empfindungen physischer Gegebenheiten haben diese Bindung automatisch zur Folge.

Die positive Ausrichtung: Für 205° Geborene sind intensive Erfahrungen des physischen Körpers sehr wertvoll. Oft nehmen sie eine derart zentrale Position ein, dass den Menschen das Leben deshalb lebenswert erscheint, weil sie das körperliche Dasein in dieser Intensität erfahren können. Sie tauchen mit ihren Gefühlen tief in das physische Wohlbehagen ein, definieren dies als höchst wertvoll und fühlen sich mitten in einem intensiven Moment des Lebens.

Die negative Ausrichtung: Hier geht es um negative Charakterzüge, die positiv bewertet werden. Menschen, die von von dieser Substanz durchdrungen ist, definieren negative Charakterzüge als positive Charakterzüge. Um dies in einem Beispiel zu beschreiben, kann man sich jemanden vorstellen, der träge auf seiner Couch liegt, Bier trinkt, raucht und sich über mehrere Stunden vor dem Fernseher berieseln lässt. Sein persönliches Empfinden erfährt er als positiv. Auch hier zeigt sich dies als Empfindung einer Harmonie mit der physischen Welt und der Dunkelheit. Für sehr viele Menschen gehören diese und ähnliche Lebensbereiche zum Mittelpunkt ihres Lebens. Ein wesentlicher Aspekt der negativen Ausrichtung ist eine Art der zwanghaften Betrachtung der Physis aus dem Standpunkt der persönlichen physischen Harmonieempfindung. Dies betrifft vor allem das persönliche Umfeld des 205° Geborenen.

206. *verwaltende Eigenschaft*

26° Waage - Geht man freundlich auf andere Menschen zu, reagieren auch diese Menschen freundlich. Handelt man zornig, wird das Gegenüber entsprechend zornig antworten. Diese Beispiele ließen sich beliebig fortführen. Für 206° Geborene gilt dies jedoch in dieser Weise nicht. Sie begegnen ihrer Einschätzung nach ihren Mitmenschen freundlich und erfahren Ablehnung. Ein 206° Geborener geht freundlich auf einen anderen Menschen zu. Die erste Reaktion des Gegenübers ist ebenso Freundlichkeit, die sich jedoch langsam in Richtung Distanziertheit verändert. Die anfängliche Freundlichkeit trägt eine gewisse Erwartung der harmonischen Ergänzung in sich. Unbewusst reagieren die beiden Menschen aufeinander. Üblicherweise kommt es zu einer gegenseitigen harmonischen Bestätigung der geistigen Anlage. Der 206° Geborene agiert jedoch ambivalent. Einerseits erwartet er eine freundliche Reaktion und harmonische Ergänzung, andererseits handelt er distanziert. Diese Distanziertheit stellt sich gegen die wechselseitige harmonische Befruchtung in Bezug auf die Gefühle und Emotionen. Es ist diese innere Ambivalenz, die bei den Mitmenschen die beschriebenen Reaktionen hervorruft. Meist unbewusst spüren sie den Widerspruch zwischen Freundlichkeit und Abgrenzung. Diesem für andere Menschen ‚glatten' Charakter werden unterschiedliche Eigenschaften meist negativer Natur zugeschrieben. Nur selten wird dies ausgesprochen. Letztlich trauen sie dem 206° Geborenen viel Negatives zu.

Die positive Ausrichtung: Durch die positive Ausrichtung gelingt es den Menschen, eine gewisse harmonische Individualität zu wahren und auf andere Menschen in dieser Weise zuzugehen. Ebenso gelingt es ihnen, die beschriebene Ambivalenz zwischen Harmonie und Distanz zu meistern.

Die negative Ausrichtung: Durch die negative Ausrichtung erfahren 206° Geborene eine nicht ausgesprochene Geringschätzung von anderen Menschen. Ihre Freundlichkeit wird als Schwäche erfahren. Auch diese Einschätzung der Mitmenschen geschieht meist unbewusst und folgt dem Einfluss der negativen Ausrichtung. Die Geringschätzung, die 206° Geborene häufig erfahren, hat als Grundlage die harmonische Erfüllung der Macht des Gegenübers. Das wird von den anderen Menschen als Schwäche ausgelegt.

207. *verwaltende Eigenschaft*

27° Waage - Grundsätzlich sind 207° Geborene anderen Menschen gegenüber positiv gestimmt. Durch diese Grundhaltung ergibt sich automatisch eine gewisse Freundlichkeit. 207° Geborene wissen jedoch oft nicht, dass sie gleichzeitig in einer bestimmten egozentrierten Weise abgehoben sind. Aus dieser Haltung kommt es dazu, dass sie eine Macht ausstrahlen, über die sie die Begegnung oder das Gespräch kontrollieren. Sehr vielen fehlt die innere Festigkeit in der Persönlichkeit und nachfolgend im Charakter. Das von den 207° Geborenen vermittelte Selbstbewusstsein stützt sich auf die erwähnte unbewusste Abgehobenheit.

Die positive Ausrichtung: Die positive Ausrichtung birgt Eigenschaften der freundlichen Souveränität in Verbindung mit anderen Menschen. Dann ist dieser Mensch in der Lage, Freundlichkeit und Harmonie auszustrahlen, wobei er sich selbst nicht erniedrigt. Gleichzeitig bewahrt der 207° Geborene innerlich seine Freiheit.

Die negative Ausrichtung: Durch die negative Ausrichtung sieht man einen Menschen, der sich selbst erniedrigt und die Selbsterniedrigung von einem Moment zum nächsten selbst entschuldigt. Zu der Erniedrigung kommt es durch das ständige Nachgeben in Bezug auf andere Menschen. Um dieser Harmonie willen richtet derjenige seine innere Gestimmtheit, seine Gefühle und vieles mehr am Gegenüber aus. Der 207° Geborene gewöhnt sich durch die negative Ausrichtung schrittweise an seine Wesenszüge der Selbsterniedrigung. Es kann sogar vorkommen, dass er nur deshalb bewusst Handlungen vollzieht, um einem anderen Menschen, der nichts davon ahnt, eine Harmonie zu vermitteln.

208. *verwaltende Eigenschaft*

28° Waage - Diese *Eigenschaft* suggeriert den Menschen eine gewisse Unabhängigkeit und Freiheit, obwohl sie sehr beeinflussbar sind und oft vorherrschenden Gefühlen nachkommen. Dies gilt vor allem dann, wenn sie der Überzeugung sind, diese Gefühle stünden mit dem Zeitgeist in Verbindung. Es geht dabei weniger um beispielsweise technische Errungenschaften als um ein zukunftsorientiertes Bewusstsein, welches alle 208° Geborenen teilen. Identifizieren sie sich mit diesem Bewusstsein, lassen sie sich sehr leicht von damit verbundenen äußeren Gefühlen beeinflussen.

Die positive Ausrichtung: Durch die positive Ausrichtung sind 208° Geborene in die Entwicklung und den Fortschritt der Menschheit eingebunden. Sie identifizieren sich mit der Gegenwart und orientieren sich an der sich entwickelnden Zukunft. Gleichzeitig besitzen sie eine große Sensibilität. Durch diese spüren sie, wenn diese Faktoren nicht erfüllt werden. Sind die Voraussetzungen gegeben, fühlen sie sich nicht beeinflusst, auch wenn sie ständig unter Beeinflussung stehen. Sind die Voraussetzungen nicht erfüllt, fühlen sie sich andauernd beeinflusst.

Die negative Ausrichtung: Durch die negative Ausrichtung werden 208° Geborene in einem fort beeinflusst. Da dies meist unbewusst erlebt wird, wissen sie nicht, dass sie unablässig gefühlshaften Vorgaben folgen. Gleichzeitig haben sie ein Gefühl der Abgehobenheit, was einerseits als Freiheit, andererseits als Instabilität erfahren wird. Ein Aspekt der negativen Ausrichtung ist, dass sie immer wieder Gefühlswallungen erleben.

209. verwaltende Eigenschaft

29° Waage - 209° Geborene sind sehr empfindsam und empfindlich. Selbst kleinste Veränderungen können sie als Machtausübung fühlen und erkennen. Es ist für andere Menschen oft nicht einfach, Korrekturen, die von jemandem mit 209° vorgebracht werden, richtig einzuordnen. Oft sind es ungewohnte oder neue Gefühle, die das alltägliche Empfinden stören und als subjektive Unordnung wahrgenommen werden. Steht dieser Mensch im Einfluss der positiven Ausrichtung, begrüßt er einen Wandel für die Entwicklung; steht er jedoch im Einfluss der negativen Ausrichtung, möchte er jede Entwicklung verhindern.

Die positive Ausrichtung: Durch die positive Ausrichtung sind diese Menschen zu einer sehr großen Feinheit des Fühlens fähig. Sie sind in der Lage, sie zu spüren, zuzuordnen und mit ihr umzugehen.

Die negative Ausrichtung: Ein übertriebener Ordnungssinn spiegelt eine geistige Härte und Kälte. Der kleinste Schmutzfleck wirkt dann störend auf die Psyche des Menschen. Je stärker der Drang nach übertriebener Sauberkeit und Hygiene, desto stärker ist zugleich die Angst vor subtiler Einflussnahme und Bemächtigung. Somit kann ein übertriebener Ordnungssinn ein Anzeichen dieser speziellen Angst sein. Dasselbe gilt für den 209° Geborenen im Einfluss der negativen Ausrichtung, der unhygienisch lebt oder keinen Sinn für Sauberkeit hat. Dies spiegelt die Akzeptanz dunkler Energien und Gefühle.

210. *verwaltende Eigenschaft*

30° Waage - Der 210° Geborene erwartet eine zukünftige höhere Energie. Man kann sich diesen Mechanismus gut in einem Gespräch vorstellen. Was das Gegenüber erwidert, erhält stets eine stumme Unterstützung ins Positive. Es scheint fast so, als würde der 210° Geborene verzagt darauf warten, dass sein Gesprächspartner endlich die höhere und positivere Antwort gibt. Erfüllt sich dies, beruhigt sich der 210° Geborene. Immer wieder werden diese Menschen als naiv betrachtet. Diese Beurteilung erfolgt nicht generell, sondern punktuell. Die Erwiderung: „Sei doch nicht so gutgläubig, arglos oder naiv", ist eine Floskel, die 210° Geborene in diesen Fällen immer wieder zu hören bekommen.

Die positive Ausrichtung: 210° Geborene besitzen den Wesenszug der positiven Erwartung. Sie sind optimistisch und gleichzeitig realistisch. Beides ergänzt sich und so entsteht ein inneres Lebensgefühl, welches den Menschen froh und freundlich durchs Leben gehen lässt.

Die negative Ausrichtung: Durch die negative Ausrichtung erfahren diese Menschen ständig Widerspruch von anderen Leuten, obwohl sie annehmen, eine positive Sichtweise zu pflegen. Die Folge ist, dass sie in Gesprächen immer unsicherer werden, fast so, als erwarteten sie eine Verneinung, obwohl sie sich als positiv empfinden. Diese subjektiv empfundene Ablehnung ist für sie nicht einfach, da sie keine Erklärung dafür finden. 210° bedeutet immer die persönliche Annahme der positiven Entwicklung, ganz gleich, ob das der Realität entspricht oder nicht. Beobachtet man jemanden im Einfluss der negativen Ausrichtung, kann man diese Unsicherheit ob der zu erwartenden Ablehnung fast körperlich spüren.

211. bis 240. *verwaltende Eigenschaft*

211. *verwaltende Eigenschaft*

1° Skorpion - Ein Merkmal aller 211° Geborenen zeigt sich als innere Beweglichkeit im Denken und Fühlen. Die Problematik hierbei ist, dass dies oft nicht kontrolliert, sondern unkontrolliert geschieht. Man kann sich dazu vorstellen, wie Impulse innerhalb eines begrenzten Raums mit großer Geschwindigkeit schnell hin und her springen. Jeder dieser Impulse birgt den Ansatz einer Idee, ein beginnendes Gefühl, einen aufsteigenden Wunsch oder eine andere momentane geistige Regung. Kaum im Bewusstsein angekommen, springt der Funken weiter und bringt etwas anderes an die Oberfläche. Durch diese Prägung fällt es vielen schwer, einen Gedanken oder eine Idee länger und konzentriert zu behalten, ohne sich ablenken zu lassen.

Die positive Ausrichtung: Stellen Sie sich einen Menschen vor, der ruhig und mehr oder weniger unbewegt dasteht. Gleichzeitig strahlt er eine große Klarheit aus. Obwohl auch Ruhe von ihm ausgeht, besitzt er die Fähigkeit, von einem Augenblick zum nächsten schnell und ohne Hindernis zu agieren, als würde eine Rakete ohne Beschleunigung sofort ihre Höchstgeschwindigkeit erreichen. Die positive Ausrichtung bewirkt einerseits diese äußere Ruhe, andererseits bleibt dieser Mensch im Inneren lebendig und beweglich. Diese innere Bewegung geschieht jedoch kontrolliert und der 211° Geborene hat die Fähigkeit, sie ohne Verlust sofort nach außen zu geben.

Die negative Ausrichtung: Durch die negative Ausrichtung besteht die Tendenz, Mitmenschen öffentlich vorzuführen, und zwar über die Offenbarung ihrer hintergründigen Motivationen. Man kann dies als dauernde Provokation beschreiben. Dazu ein Beispiel: Jemand erzählt irgendetwas aus seinem alltäglichen Leben. In seiner Erzählung erkennt man vielleicht Prahlerei. Der 211° Geborene fungiert wie ein Seismograf hinsichtlich dieser verborgenen negativen Kräfte. Durch die negative Ausrichtung wird er diese einzelnen Punkte immer wieder ruhig und in einer ganz besonderen Weise provokativ ansprechen. Dadurch bringt er sein Gegenüber in Bedrängnis und Verlegenheit. Das Gegenüber wird immer nervöser, der 211° Geborene dagegen vermittelt weiterhin die Energie der Souveränität. Genau das ist es nämlich, was diese Menschen ihren Mitmenschen primär vor Augen führen wollen – ihre eigene Souveränität.

212. *verwaltende Eigenschaft*

2° Skorpion - Beobachtet man einen 212° Geborenen, hat man unweigerlich den Eindruck, dass im Hintergrund eine jederzeit abrufbare Energie schwelt. Er gleicht einem Sprinter, der sich selbst zwingt, langsamer zu gehen, als er eigentlich möchte. Diese gespeicherte Kraft gleicht einer gespannten Feder, die jederzeit aktiviert werden kann oder plötzlich ausbricht. 212° bedeutet immer eine gewisse Kontrolle über die innere Macht und Kraft. Dieser Wesenszug ist für sie selbstverständlich und wird normalerweise nicht als Stärke gedeutet. Für andere Menschen entsteht jedoch oft der Eindruck einer großen Souveränität. Ebenso kann man bei ihnen eine gewisse Introvertiertheit beobachten und nicht selten sind diese Menschen schweigsam. Trotzdem hat man niemals den Eindruck, dass sie sich zurückziehen.

Die positive Ausrichtung: Die positive Ausrichtung bedeutet für alle Menschen einen starken inneren Willen. Wenn sie sich für etwas entschlossen haben, streben sie dies direkt an. Hindernisse werden nicht einmal als solche gesehen. In diesen Fällen kommt die innere Macht und Kraft kontrolliert zum Einsatz. Im Einfluss der positiven Ausrichtung ist es für diese Menschen nicht schwer, etwas Begonnenes abzuschließen.

Die negative Ausrichtung: Durch die negative Ausrichtung vermeidet dieser Mensch jegliche Bewegung in der Annahme, das Ziel sei erreicht. Hier wird ein vorläufiger Zustand als endgültiges Ziel angenommen. Es herrscht die Meinung, die Wahrheit sei gefunden und dürfe nicht mehr verändert werden. Die frei werdende Energie verbindet sich sofort mit der Angst, dieses Ziel zu verlieren. Fremde Ansichten werden dann vehement abgelehnt und jegliche Auseinandersetzung damit vermieden. Das bewusste Verhindern von Bewegung zeigt sich auch insofern, als sich dieser Mensch einem Problem unbeweglich entgegenstellt, damit es sich wieder zurückzieht. Dieser Wesenszug gleicht einem Verharren in der Dunkelheit und ist eine Form der negativen Stagnation.

213. *verwaltende Eigenschaft*

3° Skorpion - 213° Geborene möchten die momentane Gegebenheit erhalten. Das betrifft sämtliche Lebensbereiche. Die Art der Erhaltung zeichnet sich durch mehrere Qualitäten aus, die alle in einen Wesenszug münden. Die erste Qualität definiert sich über einen Willen, der oberflächlich betrachtet sanft die Dinge durchsetzt, die der Erhaltung dienen. Wird der Wille erfüllt, bleibt die Sanftheit bestehen. Wird ihm widersprochen, wird die Kraft der Durchsetzung je nach Widerstand immer stärker; gleichzeitig mehrt der 213° Geborene die negative Substanz in sich, was sich in verbalen oder gestikulierenden Äußerungen zeigen kann. Die zweite Qualität bezieht sich auf den, man möchte sagen, unbewussten und selbstverständlichen Genuss der gegenwärtigen Situation. Der 213° Geborene definiert sich in eins mit dieser Lage. Sie ist deshalb positiv, weil sich dieser Mensch über sie identifiziert. Jede Veränderung wird nahezu als Eingriff und manchmal sogar als Angriff verstanden. Die dritte Qualität, aus welcher sich der oben genannte Wesenszug zusammensetzt, zeigt sich als ein innerer Zustand, in welchem man sich mit der gegenwärtigen Situation abfindet. Dies gleicht jedoch keinem Resignieren, sondern erklärt sich über eine Annahme der jeweiligen Situation. Aus diesen drei Qualitäten ergibt sich ein Wesenszug, der für jeden 213° Geborenen typisch ist.

Die positive Ausrichtung: Alle Menschen in Verbindung mit der positiven Ausrichtung haben die Fähigkeit, bewusst bei einer Sache zu bleiben. 213° Geborene besitzen eine tief verinnerlichte Form von Ausdauer. Tief im Inneren zeigt sich in diesen Menschen der Selbsterhaltungstrieb als unablässige begleitende Energie und Kraft der dauernden aktiven Beschäftigung mit dem Erhalt des Lebens.

Die negative Ausrichtung: Das wichtigste Kennzeichen ist in Verbindung mit der negativen Ausrichtung die Illusion dieser Menschen, etwas bewusst auszuführen. Sehr oft sehen sie sich gleichsam zu, wenn sie etwas vollbringen. Es gleicht einem Tun so nebenbei. Sie sind nicht bei der Sache. Gleichzeitig durchdringt sie die Eigenart, ihr Tun nicht ernst zu nehmen. Obwohl sie meinen, es ernst zu nehmen, wirkt die negative Ausrichtung in der Form, dass der Frucht der Tätigkeit kein Überleben gesichert ist. Hier stößt man auf einen zentralen Punkt der negativen Ausrichtung. Sie erschwert das Überleben – oder anders ausgedrückt: die Selbsterhaltung – durch unterschiedlichste Formen der Unbewusstheit im Tun.

214. *verwaltende Eigenschaft*

4° Skorpion - Die Persönlichkeit dieser Menschen ist geprägt von einer inneren leichten Spannung, die gleichzeitig einen Lösungsweg für eine Entspannung beinhaltet. Die Art der Lösung definiert sich über die Zuneigung. Dieser Wesenszug zeigt sich nicht nur gegenüber anderen Menschen, sondern in jedem Lebensbereich. Selbst alltäglichen Tätigkeiten begegnen 214° Geborene mit einer latenten inneren Spannung, die jedoch dann aufgelöst wird, wenn sie sich dieser Tätigkeit mit einer gewissen Zuneigung zuwenden.

Die positive Ausrichtung: In Verbindung mit der positiven Ausrichtung gibt es eine große Stärke aller 214° Geborenen: ihr intuitives Wissen um die Notwendigkeit der Auseinandersetzung. 214° Geborene sind sehr konfliktfähig. Sie können in einer Auseinandersetzung leidenschaftlich ihre Position behaupten und kämpfen für ihre Meinung. Gleichzeitig sind sie auch dazu bereit, ihre Ansicht zu ändern.

Die negative Ausrichtung: Die negative Ausrichtung kann sich entweder als zu große Nachgiebigkeit oder als künstlich aufgebaute Strenge zeigen, wobei diese immer wieder einbricht und man für kurze Zeit sprichwörtlich alle Zügel schleifen lässt. Die genannte Nachgiebigkeit bezieht sich auf die innere Motivation, etwas zu verändern. „Warum soll ich das machen?", lautet die Frage, die von der inneren Gefühlslage eines leisen Protestes begleitet wird. Sich verändern zu müssen, wird als äußerst mühsam empfunden. Der Grund liegt darin, dass sich 214° Geborene innerhalb der Dunkelheit wohlfühlen. „Das ist gut so", lautet die innere Feststellung, obwohl man sich in der Substanz der Dunkelheit suhlt. Die negative Ausrichtung hat die Wirkung, positive Veränderungen zu verhindern. Die Selbstbestätigung in der Dunkelheit ist eines der großen Themen.

215. *verwaltende Eigenschaft*

5° Skorpion - Ein typisches Wesensmerkmal aller 215° Geborenen ist eine eigene Art der Erwartung, die einem Menschen gleicht, der in dieser inneren Erwartungshaltung positiv gestimmt auf einen anderen Menschen zugeht und in sich eine Energie trägt, die vom Gegenüber eine Erfüllung erwartet. In dieser inneren Gestimmtheit ist dem 215° Geborenen nur selten bewusst, dass er damit eigentlich eine gewisse Macht ausübt, da er sich in einer rundweg positiven Gefühlswelt empfindet. Streng genommen ist es sogar so, dass ihm die Erfüllung seiner Erwartung so selbstverständlich scheint, dass er jede Abweichung davon als zumindest irritierend empfindet. Er reagiert bei Nichterfüllung dann meist irritiert, konsterniert, ja sogar verblüfft und wendet sich in der Folge von den Menschen ab, welche die Erwartung erfüllen sollten. Im Grunde genommen ist er enttäuscht, dass das Gegenüber hier nicht mitmacht, da er es ja nur gut meint. Diese gut gemeinte Machtausübung ist für alle Beteiligten sehr schwer zu erkennen. Konkret stützt sich diese Art der Machtausübung auf die Einforderung eines Liebesgefühls.

Die positive Ausrichtung: Durch die positive Ausrichtung sind 215° Geborene grundsätzlich positive und lebensfrohe Menschen. Sie gehen mit einer guten Energie auf andere Menschen zu und haben ein Talent, Mitmenschen zu helfen und sie zu unterstützen. In einer Gemeinschaft nehmen sie häufig eine gleichsam mütterliche Rolle ein, indem sie gewisse Aufgaben übernehmen.

Die negative Ausrichtung: 215° Geborene empfinden Traurigkeit, wenn ihre Geschenke verschmäht werden. Ihm muss jedoch klar sein, dass ein Geschenk immer selbstlos gegeben werden muss. Er bereitet lediglich die Möglichkeit für die Annahme. Der andere muss es nicht annehmen. Auch wenn viele 215° Geborene dies wissen, reagieren sie dennoch enttäuscht. Die größte Problematik in Verbindung mit der negativen Ausrichtung ist die Bemächtigung anderer Menschen durch eine negative Form der Nächstenliebe. „Wenn Du meine Gabe nicht annimmst, bin ich enttäuscht!" Das ist emotionale Erpressung.

216. *verwaltende Eigenschaft*

6° Skorpion - Im Leben aller 216° Geborenen hat das Ideal als grundlegende Motivation ihres Tuns eine herausragende Stellung. Diese Vorgabe als genereller Antrieb des Lebens kann je nach persönlicher Ausrichtung jeden Lebensbereich betreffen. Grundsätzlich geht es um eine in der persönlichen Einschätzung höhere Idee, welche diese Menschen als innere Orientierung stets in sich tragen.

Die positive Ausrichtung: Durch die positive Ausrichtung handeln 216° Geborene aus einer Motivation, etwas Gutes zu tun. Diesem inneren Pfad des Lebens, welchen man auch als positive Rechtschaffenheit beschreiben kann, zu folgen, ist ein ihnen innewohnender Wesenszug. Oft werden die Gesellschaftsordnung oder eine religiöse Lebensweise als höheres Ideal identifiziert.

Die negative Ausrichtung: Die negative Ausrichtung definiert sich über die subjektive Enge des Ideals. Eine Folge ist die mangelnde Bewusstwerdung der eigenen Enge im Leben. Einher damit gehen ein unbestimmtes Wissen oder eine dunkle Ahnung davon, dass man sich selbst im Leben einschränkt. Die tägliche Routine und die unablässige Gleichheit des Tuns werden viel zu oft nicht erkannt. In manchen Momenten erfährt man einen Lichtblick ob der Langeweile, der man sich dauernd aussetzt. Häufig ist es nicht dieses große Ideal, welches in die völlig falsche Richtung weist. Meistens zeigt sich die negative Ausrichtung in der Enge des täglichen Lebens. Die Erwartungen sich selbst und anderen Menschen gegenüber sind dann die Pfeiler des Gefängnisses, welches man sich selbst errichtet.

217. *verwaltende Eigenschaft*

7° Skorpion - 217° Geborene haben die Gemeinsamkeit, sich in einer ganz bestimmten Form mit einem Thema intelligenzhaft auseinanderzusetzen. Gemeinsam ist ihnen ein Innehalten während der Überlegung, eine Art des meditativen Denkens. Alle erkannten Aspekte werden betrachtet und in die Überlegung einbezogen. Kommen sie schließlich zu einem Schluss, haben sie innerlich ein Gesamtbild nachgezeichnet. Diese Überlegungen zu einem Thema werden nun etwa in einem Gespräch je nach Notwendigkeit der Argumente stufenweise präsentiert. In dieser Argumentationskette baut eine Überlegung auf der anderen auf und alle ergänzen sich wechselseitig. In Gesprächen mit anderen Leuten kommt es oft zu dem Umstand, dass innerlich bereits alle Fragen beantwortet sind.

Die positive Ausrichtung: Sie schätzen und bewundern Menschen mit großem Verstand. Haben sie es mit jemandem zu tun, der aufgrund seines Intellekts viele Fragen beantworten kann, fühlen sie sich innerlich dauernd gefordert, sich zu verändern. Ganz besonders ist ihnen ein intellektueller Forscherdrang gemeinsam.

Die negative Ausrichtung: Auffallend ist es, dass sich diese Menschen unablässig verteidigen. Dies betrifft dann nicht nur ihr Wissen, sondern auch Gefühle, Wünsche und vieles mehr. Alles lässt sich scheinbar durch sich selbst erklären und oft genug wähnen sich diese Menschen in einem funktionierenden Mikroorganismus. Ein weiterer Charakterzug ist die Rechthaberei und es mangelt an Kritikfähigkeit. Manchmal kommt es auch zu einer stillen inneren Rechthaberei. In diesem Fall sind diese Menschen mit einem höheren Verstand konfrontiert und tun nur so, als würden sie dieses Wissen annehmen. Innerlich bleibt alles unverändert. Im schlimmsten Fall prallt oder gleitet jeglicher höhere Verstand einfach ab. Der innere Raum wird immer enger und ein Fortschritt ist dann immer schwerer möglich. Großer Fanatismus kann die Folge sein. Diese Menschen ziehen sich zurück oder umgeben sich nur mehr mit Leuten, die gleiche oder ähnliche Ansichten haben.

218. *verwaltende Eigenschaft*

8° Skorpion - In gewisser Weise reagiert der 218° Geborene auf die Empfindsamkeit und die Empfindlichkeiten seiner Mitmenschen und passt sein eigenes Agieren an. Intuitiv erfährt er innerlich die Art der Empfindung und kontrolliert sein eigenes Handeln über den Intellekt. Diese dauernde Anpassung in Bezug auf andere Menschen ist einem 218° Geborenen derart eingeschrieben, dass ihm dieser Wesenszug in den allermeisten Fällen nicht bewusst ist. Man muss jedoch wissen, dass es dem 218° Geborenen nicht um eine harmonische Anpassung geht. Die Art der inneren Abstimmung im Zusammenhang mit dem Gegenübers gleicht vielmehr einer Rücksichtnahme.

Die positive Ausrichtung: In Verbindung mit der positiven Ausrichtung kommt es zu keiner negativen Reaktion gegenüber anderen Menschen. Stets geht es um Rücksichtnahme und in diesem Zusammenhang um die intelligenzhafte Kontrolle aller eigenen Reaktionen. Selbst besitzen viele 218° Geborene eine besondere Art der Empfindsamkeit. Sie ist veränderlich, je nachdem, mit welchen Menschen sie zu tun haben. Es kann somit sein, dass sie, obwohl es sich um ähnliche Äußerungen handelt, völlig unterschiedlich reagieren.

Die negative Ausrichtung: Durch die negative Ausrichtung besitzt der 218° Geborene die Eigenart, andere Menschen negativ beeinflussen zu wollen. Die Art der Beeinflussung ist jedoch sehr subtil und wird von den Mitmenschen kaum bemerkt. Sie geschieht über die Gedanken und Gefühle, welche willentlich in den Mitmenschen hineinprojiziert werden. Der 218° Geborene möchte in diesen Fällen, dass sein Gegenüber mit negativen Gedanken in Verbindung kommt. Zugleich meint er in einer verdrehten Weise, dass er dabei gerecht handle. Typisch sind zum Beispiel Gedanken der Rache.

219. *verwaltende Eigenschaft*

9° Skorpion - 219° Geborene haben in einer bestimmten Weise den Wesenszug der stummen Herausforderung. Am Beispiel eines Gesprächs kann man das gut erkennen. Der 219° Geborene wird seinem Gegenüber immer wieder herausfordernd begegnen. Dies geschieht mit seinen Worten wie mit seiner Gestik. Sein etwas hochgehobenes Kinn strahlt fast so etwas wie einen stummen Trotz aus, wenn er einer Argumentation seines Gegenübers nicht folgen kann oder will, und entsprechend wird seine Antwort ausfallen. Gleichwohl wird er nicht grantig oder ungehalten. Vielmehr wird er seine Haltung oft gewürzt mit etwas Ironie zum Ausdruck bringen.

Die positive Ausrichtung: Die positive Ausrichtung beinhaltet einen sich selbst ergebenden Schutz. Die 219. *Eigenschaft* ist dafür zuständig, das Bewusstsein in extremen Situationen zu beschützen. Dieser Schutz definiert sich über eine Grundhaltung, die über die magnetische Kraft keinerlei Einflussnahme möglich macht.

Die negative Ausrichtung: „Angriff ist die beste Verteidigung!" Schon bevor sie angesprochen werden, baut sich in ihnen eine Verteidigungshaltung auf. Es ist fast so, als würden sie sich wappnen, um sich verteidigen zu können. Der 219° Geborene erlebt es oft wirklich, dass er angegriffen, gemobbt oder Ähnliches wird. Durch die negative Ausrichtung verstärkt sich gleichzeitig mit der Verteidigungshaltung dieser Wesenszug seiner Persönlichkeit. In Wirklichkeit – und das ist für sehr viele 219° Geborene schwer anzunehmen – wird er nicht auf eine negative Weise angesprochen oder gar gemobbt. Es ist gerade umgekehrt: Seine Mitmenschen wehren sich. Die innere Haltung des vorauseilenden Angriffs ist derart präsent, dass sich andere Leute automatisch verteidigen und schon im Voraus einen Angriff abwehren.

220. *verwaltende Eigenschaft*

10° Skorpion - Die Persönlichkeit aller 220° Geborenen hat die Gemeinsamkeit, etwas besonders hervorzuheben. Der Gegenstand der Aufmerksamkeit kann sich auf alle Lebensbereiche beziehen, angefangen vom einfachen alltäglichen Hinweis bis hin zu Umständen, die wesentlich für das weitere Leben sein können. Der Schwerpunkt dieses Wesenszuges liegt darin, einem definierten Lebensaspekt Kraft zuzuführen.

Die positive Ausrichtung: Menschen im Einfluss der positiven *Eigenschaft* tragen eine große Klarheit in sich. Gleichzeitig wirkt ein automatischer Magnetismus in Richtung positiver Energien. Menschen in Verbindung mit der positiven Substanz haben daher einen grundsätzlich freundlichen Charakter.

Die negative Ausrichtung: Die negative Ausrichtung bewirkt die unbewusste Zuführung von Kraft. Agiert ein Mensch in dieser Weise, bindet er sich an alle möglichen Dinge oder Tätigkeiten. Ihnen fehlt nicht nur die Unterscheidung, ob man diesem Lebensaspekt Kraft zuführen sollte oder nicht, er verhindert von vornherein entsprechende Überlegungen. Der 220° Geborene führt automatisch Kraft zu und bindet sich daran. Schwierig ist in diesem Fall auch der Umgang mit anderen Leuten. Die Mitmenschen erfahren diese Kraftzuwendung vielfach als eine Form der autoritären Bestimmung. Ein weiterer Ausdruck der Beeinflussung durch die negative Ausrichtung dieser *Eigenschaft* ist eine grundsätzlich ablehnende Haltung gegenüber allen Vorschlägen, Ideen, Erwiderungen oder Antworten.

221. *verwaltende Eigenschaft*

11° Skorpion - Einen Charakterzug aller 221° Geborenen kann man als positive Beständigkeit in den unterschiedlichsten Lebensbereichen beschreiben. Hat sich das Bewusstsein dieser Menschen auf etwas Bestimmtes eingestellt, bleibt es daran gebunden und verändert sich verschieden schnell. Erkennt jemand mit 221° den positiven Sinn hinter einer Betätigung, einer Sache, einer Ideologie, also kurz gesagt, hinter irgendetwas im menschlichen Leben und hat es an sich gebunden, hält er daran fest. Alle Menschen durchdringt die grundsätzliche Feststellung, dass man nichts ändern muss, wenn es funktioniert. Da ein weiterer Wesenszug dieser Menschen eine leise innere, für viele fast unmerkliche Freude ist, welche sie zugleich mit dieser Beständigkeit durchdringt, wird eine Veränderung nur durch einen wirklich guten Grund zugelassen oder herbeigeführt. Viele empfinden sich als Teil der Menschheit.

Die positive Ausrichtung: Diese Menschen leben und arbeiten beständig und fühlen sich dabei wohl. Den Grund dieser Freude findet man in der automatischen Wandlung hin zum Besseren. Verborgen im Inneren wissen diese Menschen, dass sie sich wie von selbst weiterentwickeln. Genau das trifft bezugnehmend auf das Universum auch zu, da sich innerhalb der Beständigkeit unablässig etwas verändert.

Die negative Ausrichtung: Die Verbindung zu dieser *Eigenschaft* in ihrer negativen Ausrichtung führt zu keiner Erneuerung. Veränderungen werden nicht initiiert, da es unter anderem kein Einbeziehen aller notwendigen Faktoren gibt. In diesem Fall kommt es zu einer Art stetigem Kreislauf um einen Kern, welcher jedoch unverändert bleibt. Dadurch entsteht lediglich die Illusion einer Veränderung. In Wirklichkeit ist es eine dauernde Verschiebung des Bewusstseins auf einzelne Schwerpunkte. Die Beständigkeit wird durch die negative Ausrichtung in der Unveränderlichkeit der immer wiederkehrenden Handlungen und Gewohnheiten gesehen.

222. *verwaltende Eigenschaft*

12° Skorpion - Ein wesentlicher Charakterzug eines 222° Geborenen ist eine ganz bestimmte Form der Spannung, die in ihrer Eigenart erklärt werden muss. Mit dem Begriff Spannung wird häufig primär eine Form der körperlichen Spannung suggeriert, die hier jedoch nicht grundsätzlich gemeint ist. Gleichwohl darf man sie nicht ausschließen. Die Spannung, die hier gemeint ist, bezieht sich auf einen Wesenszug, der ein inneres Warten auf Erlösung impliziert. Man könnte sogar sagen, dass ein 222° Geborener vor allem dann, wenn er nicht um die Besonderheit dieser *Eigenschaft* als Merkmal seiner Persönlichkeit weiß, sein Leben in einer latenten inneren Spannung verbringt, die eigentlich darauf wartet, in einer bestimmten Form gelöst zu werden. Diese Lösung empfindet derjenige als Form der Erlösung. Die Spannung bezieht sich auf die noch nicht erfahrene Antwort oder das noch nicht gemeisterte Lebensthema. Es ist eine Spannung der inneren Erwartung, die sich für diesen Menschen in der Entspannung als Erlösung anfühlt.

Die positive Ausrichtung: 222° Geborene sind grundsätzlich interessierte Menschen. Sie haben ständig Fragen und suchen ihren Möglichkeiten entsprechend nach Antworten. Diese Dringlichkeit ihrer Suche nach Antworten findet ihre Erklärung in der genannten Erlösung. „Probleme sind da, um gelöst zu werden" – dies könnte man als Wahlspruch aller dieser Personen bezeichnen.

Die negative Ausrichtung: Ein Problem der negativen Ausrichtung ist die latente Spannung, die 222° Geborene erfahren. Es fühlt sich für sie oft so an, als bedürfte es nur mehr eines kleinen Schrittes, um sich aus diesem oft schwierigen Zustand zu befreien. Ebenso wohnt dieser Energie eine, man möchte fast sagen, helle und leichte Vibration inne, die vom Solarplexus aufwärts drängt. Diese Energie reizt zu einer Handlung, die dann nicht selten vorschnell und oberflächlich erfolgt. Das Gefühl der Erlösung ist jedoch nur sehr kurz und gleicht einer Entladung. Man könnte es auch so beschreiben, dass ein 222° Geborener jemandem gleicht, der nach einer Frage lange und erwartungsvoll auf eine Antwort wartet. Dieses Warten verleitet häufig zu erregten Handlungen. Ein anderer Ausdruck der negativen Ausrichtung zeigt sich in einer unerlösten Unbeweglichkeit.

223. *verwaltende Eigenschaft*

13° Skorpion - Die Persönlichkeit eines 223° Geborenen zeichnet sich durch eine bestimmte Art der Selbstständigkeit aus. Möchte man dies bildhaft beschreiben, kann man sich jemanden vorstellen, der sich, nachdem er sich einem anderen Menschen gewidmet hat, auf seinem Stuhl zurücklehnt. Gleichzeitig mit dieser Bewegung zieht sich die Energie vom Gegenüber zurück. Es ist, als ob das Bewusstsein wieder ganz bei ihm selbst bleibt. Im Charakter zeigt sich dies als interessierte Zuwendung und gleichzeitig als Eigenständigkeit. 223° Geborene sind deshalb gute Zuhörer, obwohl sie alles, was sie hören, innerlich überprüfen. Man könnte auch sagen, dass diese Menschen grundsätzlich kritisch sind. Das oben genannte Zurücklehnen ist zugleich der Moment der Überprüfung dessen, was sie vernommen haben. Im Zusammenhang mit diesem Wesenszug geschieht es nur selten, dass das Gegenüber eine sofortige Bestätigung erhält. Für 223° Geborene wäre es sehr ungewöhnlich, etwas Gehörtem sofort zuzustimmen.

Die positive Ausrichtung: Man kann dies so beschreiben, dass zwischen einem 223° Geborenen und seiner Umwelt eine Energie eines höchsten Anspruchs wirkt. Gleichzeitig können nur sehr wenige Mitmenschen diesen erfüllen. Unbewusst jedoch nimmt der 223° Geborene diesen Anspruch als Maßstab seiner Beurteilung in Bezug auf sich selbst und in Bezug auf andere Menschen.

Die negative Ausrichtung: Fast verzweifelt suchen sie nach einem inneren Licht, um welches sie wissen, das jedoch durch die negative Ausrichtung verdeckt wird. Sie gleichen einem in der Dunkelheit nach Licht suchenden. Mancher wird diese Dunkelheit als zweifelnde Zurückgezogenheit bemerken. Gleichzeitig wird es ihm schwerfallen, anderen Menschen positive Eigenschaften zuzusprechen. Die Welt zeigt sich ihm in einem negativen Zustand, der zwar nicht an der Oberfläche, so doch im Untergrund dauernd präsent ist. Die Konsequenz ist, dass sie sich damit arrangieren. Sie nehmen die Dunkelheit als Normalität wahr und an. Auch wenn es ernüchternd klingt, die negative Ausrichtung ist heute in der Gesellschaft etabliert. Hört man die Aussage „Jeder hat eine Leiche im Keller", wäre es nicht überraschend, wenn sie von einem 223° Geborenen in Verbindung mit dieser *Eigenschaft* stammt.

224. *verwaltende Eigenschaft*

14° Skorpion - Ein Charaktermerkmal aller 224° Geborenen ist Zurückhaltung. Jeder neuen Sache begegnen sie mit einem gewissen Abstand und betrachten sie neutral. Zugleich wägen sie ab und versuchen, sich ein Bild davon zu machen. Es bedeutet für 224° Geborene immer einen längeren Prozess, etwas wirklich anzunehmen. Äußere Dinge bleiben zunächst auf Distanz und werden erst dann verinnerlicht, wenn sie als wirklich wahr erkannt werden. Diese Menschen müssen von der Echtheit einer Sache überzeugt sein. Wenn sie dann etwas angenommen haben, wird es ein Teil ihres Lebens. Der innere Prozess der Entscheidung, auch wenn es nur um einen Einkauf geht, ist meist langsam. Sehr leicht neigen diese Menschen dazu, andere Menschen zu imitieren.

Die positive Ausrichtung: Die positive Ausrichtung birgt eine Form der schrittweisen Veränderung und Entwicklung. Nach einer gewissen Zeit, wenn eine Charaktereigenschaft als echt angenommen wird, verinnerlicht der 224° Geborene diese. Dann kommt es zu einer wirklichen Veränderung innerer Strukturen des Charakters. Dieser Prozess geschieht automatisch und beginnt mit der Imitation.

Die negative Ausrichtung: Durch die negative Ausrichtung verwechselt dieser Mensch die Imitation eines Charakterzugs mit einer wahren verinnerlichten Annahme. Vereinfacht ausgedrückt nimmt er von sich an, eine Eigenschaft wie zum Beispiel Klarheit zu besitzen, obwohl er diese nur nachahmt. Jeder kennt die Aussage „Mehr Schein als Sein". Hier nimmt ein passiver Kreislauf der Selbstlüge seinen Anfang, der, obwohl er leicht zu durchschauen ist, von diesen Menschen ignoriert wird.

225. *verwaltende Eigenschaft*

15° Skorpion - Grundsätzlich geht es um eine gewisse Form des Fortschreitens im alltäglichen Leben. Diese innere Bewegungsstruktur stützt sich auf die intelligente Überlegung dessen, was als Nächstes kommen mag. Der nächste Schritt wird gleichsam schon im Vorhinein überlegt. In dieser Hinsicht gleichen sich alle 225° Geborene. Zwei Möglichkeiten, wie sich das zeigen kann: Im ersten Beispiel geht derjenige einen Schritt voran und weiß, was ihn erwartet. Es gleicht einer wohldurchdachten Aktion. Im zweiten Beispiel weiß er nicht, was ihn erwartet. Gleichwohl wurden alle möglichen Konsequenzen, die er durch den nächsten Schritt ziehen müsste, für ein Weitergehen schon zuvor in Betracht gezogen. Die Überlegungen gleichen einer Abwägung, ob man es wagen könnte. Ungeachtet dessen durchdringt ihn eine gewisse Art der Spannung. Sie gleicht dem inneren Kribbeln, wenn man unbekanntes Terrain betritt und nicht genau weiß, was einen erwartet, obwohl man sicher ist, alles bedacht zu haben. Diese anhaltende leise Spannung, die ebenso erwartungsvoll ist wie vorsichtig, ist ein ganz typisches Kennzeichen für den Charakter dieses Menschen.

Die positive Ausrichtung: Ein Wesenszug dieser Menschen ist ihr Wagemut. Würden mehrere Leute vor einem unheimlichen Wald stehen und niemand sich trauen, ihn zu betreten, wäre es wahrscheinlich der 225° Geborene, der den ersten Schritt wagt. Warum er dies tut, hat weniger etwas mit einer mutigen Handlung an und für sich zu tun als vielmehr mit dem Reiz der Spannung. Sobald er nämlich die ersten Schritte hinter sich hat, gleicht er einem halbgespannten Bogen, jederzeit bereit, ganz in die Spannung zu gehen. Meist ist er sich gar nicht bewusst, dass er mutig handelt. Eigentlich empfindet er sich als sehr wach und aufmerksam. In diesen Lebensmomenten fühlen sich 225° Geborene nämlich vor allem als eines: lebendig.

Die negative Ausrichtung: In der negativen Ausrichtung zeigt sich ein Wesenszug, den man vereinfacht als Spannung ohne Fortschritt beschreiben könnte. Der Unterschied ist jedoch, dass Spannung nicht als Anreiz erkannt wird, sondern als Belästigung. Möchte derjenige eigentlich lebendig in Unbekanntes fortschreiten, so hindert ihn die negative Ausrichtung daran. Die dadurch auftretende negative Spannung tritt an die Stelle der positiven Spannung durch das Entdecken.

226. *verwaltende Eigenschaft*

16° Skorpion - 226° Geborene definieren sich über eine harmonische Selbstempfindung. Dies geschieht grundsätzlich unabhängig von der jeweiligen Situation. Selbst in unangenehmen Momenten erfahren sie eine Form der inneren Harmonie. Daraus ergibt sich ein schwieriger Wesenszug. Sie finden sich nämlich durch diese momentane harmonische Empfindung mit der jeweiligen Situation ab. Durch die Verbindung mit dieser *Eigenschaft* ist es möglich, im subjektiven Leben Harmonie zu erfahren. Vergleicht man drei Lebensformen, befindet sich der Verbrecher am tiefsten in die Dunkelheit verstrickt. Der durchschnittliche Mensch nimmt die nächste Stufe und der kulturell interessierte Mensch gemessen an der geistigen Reife die höchste Stufe ein. Eine subjektive Harmonie empfinden alle drei Menschen.

Die positive Ausrichtung: Durch die positive Ausrichtung der 226. *Eigenschaft* erfahren diese Menschen höhere Zustände der Harmonie. Dieser Einfluss bewirkt eine dauernde Entwicklung der persönlichen Harmonie.

Die negative Ausrichtung: Für viele 226° Geborene ist es nicht einfach, sich aus unangenehmen Lebenssituationen zu befreien. Befinden sie sich zum Beispiel schon über längere Zeit in einer leidvollen Beziehung, besteht die Gefahr, dass sie innerhalb dieses Leids eine Form des harmonischen Wohlgefühls empfinden. Hat sich derjenige über längere Zeit mit der negativen Ausrichtung identifiziert, kommt es zu sehr schwierigen Eigenschaften. Diese Menschen empfinden eine Form der inneren Harmonie, wenn ihnen Leid zugefügt wird.

227. *verwaltende Eigenschaft*

17° Skorpion - Das Bestreben, harmonische Erfüllung zu finden, kann man als einen wesentlichen Charakterzug aller 227° Geborenen beschreiben. Dieses Bestreben gleicht einer Suche nach jenen fehlenden Teilen, die das Bestehende in Richtung Harmonie vervollkommnen. Einerseits ist damit ein Hinzufügen neuer Aspekte zum Zweck der Vervollkommnung gemeint, andererseits geht es ganz wesentlich um eine Veredelung des Bestehenden.

Die positive Ausrichtung: Ein Wesenszug dieser Menschen ist ihr Talent zur Aufmunterung. Befindet sich ein Bekannter in einer schwierigen Lebensphase, wird er versuchen, ihm die schönen Dinge seiner gegenwärtigen Lebenssituation näherzubringen. Auch hier geht die Tendenz dahin, die Situation nicht gänzlich zu verurteilen, sondern ihr eine schönere, edlere Betrachtung und folglich Empfindung abzugewinnen.

Die negative Ausrichtung: Durch die negative Ausrichtung kommt es zu Problemen. Als erstes soll das typische, viel zu lange Verharren in negativen Situationen genannt werden. Dieses Ausharren hat jedoch eine Ursache, die gut erkannt werden kann. Es ist der Drang, im Bestehenden das Schöne und Edle zu erkennen und – darin liegt der eigentliche Akzent der *Eigenschaft* – zu empfinden. Zunächst einmal versuchen sie, dies in ihrer momentanen Lebenslage zu erkennen. Dabei ist es für sie nur schwer zu begreifen (dies geschieht zumeist unbewusst), dass in einer gegebenen Situation nichts Edles aufzufinden sein soll. Zusätzlich haben sie den Drang, die Situation, so grob sie sich in der Realität auch zeigen mag, zu veredeln. Möchte man ein Bild in Verbindung mit der negativen Ausrichtung zeichnen, erkennt man darin einen Menschen, der in einem dunklen und negativen Umfeld versucht, dieses durch einige persönlich Einrichtungsgegenstände zu verschönern. Seine eigentliche Aufgabe bestünde selbstverständlich darin, das gesamte negative Umfeld zu verlassen. Aus dieser Eigenart ihres Charakters heraus halten sich viele Menschen für hilfsbereit und aufopfernd. Aufgrund einer unvollständigen Selbstbeurteilung erkennen sie sich selbst als jemanden, der in einer negativen Lebenssituation verharrt, und beurteilen dieses Verharren als eine Form der Selbstaufopferung.

228. *verwaltende Eigenschaft*

18° Skorpion - Die Persönlichkeit eines 228° Geborenen befindet sich in einer ganz bestimmten Weise in einem Zustand zwischen leichter Spannung und Entladung dieser Spannung. Die Balance kann rasch in Richtung Entspannung zeigen. Diese Entladung kann sich zum Beispiel in einem plötzlichen Lachen äußern. Ein Außenstehender könnte den Eindruck gewinnen, als warte ein 228° Geborener geradezu darauf, dass sich diese leichte innere Spannung endlich in einem Lachen entladen kann. Eine andere Auswirkung erkennt man, wenn der 228° Geborene in einem Gespräch in einer Gruppe plötzlich und unvermittelt etwas sagt. Es ist nicht so, dass er bewusst mit einem überlegten Satz zum Gespräch beitragen möchte. Der Ausspruch gleicht vielmehr einer Entladung. Reagieren die anderen Menschen darauf leicht verwundert, so deshalb, weil dieser Beitrag in einer gewissen Form einen Abschluss bildet. Innerhalb der Gruppe entsteht durch die Wortmeldung des 228° Geborenen die Energie der Beendigung des Gesprächs. Meist fangen sich alle Beteiligten und nach kurzer Zeit wird das Gespräch wieder aufgenommen. Der 228° Geborene ist jedoch etwas irritiert ob der Stockung des Gesprächs. Gleichzeitig sieht er selbst darüber hinweg und lenkt sich sofort ab.

Die positive Ausrichtung: 228° Geborene bauen ein Kraftfeld auf, welches sich automatisch durch das Gegenüber ergänzen möchte. Es gleicht einer inneren Weichenstellung des Gegenübers. Die Aufmerksamkeit liegt unbewusst darauf, Harmonie und Ergänzung zu erfahren.

Beobachtet man ihn in einem Gespräch, wird man nicht umhinkönnen, eine gewisse spannungsvolle, vielleicht sogar prickelnde Erwartungshaltung zu bemerken. Im 228° Geborenen entsteht während des Gesprächs eine positive Spannung, die meist von einem gewissen Humor begleitet wird.

Die negative Ausrichtung: Durch die negative Ausrichtung wird der zwischenmenschliche Kontakt dadurch erschwert, da sich die innere Kraft der Erwartungshaltung als immer größer werdende Spannung aufbaut. Diese Eigenart ruft eine Abstoßung des 228° Geborenen gegenüber dem anderen Menschen hervor, einem Ball gleich, der vom Boden wegspringt. Eigentlich möchte man dem Anderen näherkommen, erlebt jedoch das Gegenteil. Dies wird immer als Zurückweisung empfunden. Der 228° Geborene erfährt durch diese Abweisung eine Art inneren Schock. Seine Haltung des Bedürfnisses nach Ergänzung und Harmonie bleibt bestehen, kann sich aber durch die negative Ausrichtung nicht verwirklichen. Manchmal wird die Ablehnung dann als Missverständnis gedeutet. Diese innere Selbstentschuldigung bringt jedoch nur für kurze Zeit Erleichterung. Da sie nicht den Kern der Sache trifft, kommt es kurze Zeit später zu ähnlichen Erfahrungen.

229. *verwaltende Eigenschaft*

19° Skorpion - 229° Geborene sind expansiv orientiert. Das bedeutet, dass sie aktiv auf ihr Gegenüber zugehen. In dieser Zugewandtheit sind sie erwartungsvoll und offen. Gleichzeitig schwingt im Hintergrund und von diesen Menschen unbemerkt ein ganz bestimmter Wesenszug mit. Dieser tritt dann stärker an die Oberfläche, wenn der 229° Geborene mit seinem Gegenüber ein Gespräch beginnt. Zunächst scheint alles positiv und alltäglich zu sein. Gleichzeitig beginnt sich in beiden Menschen eine gewisse Spannung aufzubauen. Diese zeigt sich meist nur leicht und ist für einen 229° Geborenen normal. Es würde ihn verwundern, wenn jemand auf die Idee käme, ihm diese Eigenschaft als Eigenheit vorzuführen. Die Kraft steigert sich in einer gewisse Weise. Die Art der Steigerung zeigt sich dabei nicht als Anwachsen der Spannung, sondern in einer anderen Weise. Im Laufe des Gesprächs beginnt sich im 229° Geborenen fließend eine Art der Enttäuschung auszubreiten. Es ist, als würde er im Laufe des Gesprächs immer stärker vom Gespräch enttäuscht. Es ist jedoch nicht der Inhalt des Gesprächs, um den es diesen Wesenszug betreffend geht. Die langsam wachsende Ablehnung rührt vielmehr daher, dass innerhalb des Gesprächs nicht das erreicht wird, was diesen Menschen als tieferes Streben eingeschrieben ist: das Streben nach Entspannung.

Die positive Ausrichtung: Viele Menschen haben ein großes Potenzial an Energie, die sich insofern zeigt, als dass derjenige immer bestrebt ist, vorwärtszugehen. Das bezieht sich nicht nur auf den physischen Körper, wobei man auch hier die drängende Bewegung erkennen kann. Gleichwohl muss man hier unterscheiden. Die Bewegung ist eigentlich nicht schnell, sondern in einer durchschnittlichen Geschwindigkeit unaufhaltsam. Wie angetrieben durch einen inneren Motor agiert man manchmal schneller und manchmal langsamer. Um etwas als rein positiv zu betrachten, bedarf es für die meisten 229° Geborenen der inneren Überwindung einer Schwelle. Beobachtet man dies, sieht man förmlich das Bemühen, sich über die Schwelle zu bewegen.

Die negative Ausrichtung: Befindet sich derjenige in einer näheren Verbindung zur *Eigenschaft* in ihrer negativen Ausrichtung, begibt er sich immer weiter in die Dunkelheit der subjektiven Betrachtung. Nun jedoch dreht sich die Beurteilung um. Eine negative Situation wird nun als positiv beurteilt. Wird zum Beispiel einem anderen Menschen Leid zugefügt, wird der 229° Geborene dieses Leid mit einer positiven Sichtweise verbinden. Vielleicht erwähnt er, der andere habe selbst Schuld oder es werde ihm eine Lehre sein. Er fühlt sich nicht schwer oder irgendwie in Richtung Dunkelheit gedrängt. Diese Leichtigkeit täuscht darüber hinweg, dass es sich trotzdem um eine negative Betrachtung handelt.

230. *verwaltende Eigenschaft*

20° Skorpion - Ein Wesensmerkmal aller 230° Geborenen findet man in ihrer Art des Suchens nach Antworten. Die Besonderheit liegt darin, dass sie mit allen Antworten, welche sie erlangen, immer nur vorläufig zufrieden sind. Diese vorübergehende Ruhe, welche sie durch die jeweilige Antwort in sich spüren, wird recht bald wieder durch eine beginnende leichte Spannung abgelöst. In dieser Spannung kann man beobachten, dass zwar die bereits gegebene Antwort akzeptiert wird – vorausgesetzt, sie entspricht der Wahrheit –, gleichwohl wird die Vollständigkeit der Antwort infrage gestellt. Die Art, wie 230° Geborene dies infrage stellen, bleibt unausgesprochen. Intuitiv ahnen sie jedoch, dass hinter dem erfahrenen Wissen ein Bereich existiert, in welchem Antworten in einer viel umfassenderen Weise gegeben werden können.

Die positive Ausrichtung: Die positive Ausrichtung zeigt sich als höhere Form der Ruhe. Dann haben sich 230° Geborene auf den Weg gemacht, Antworten zu finden. Das kann jedes Wissensgebiet betreffen.

Die negative Ausrichtung: Kommt es dazu, dass 230° Geborene über längere Zeit zu keiner Antwort oder Erlösung dieser Spannung gelangen, werden sie immer unruhiger und nervöser. Die negative Ausrichtung zeigt sich insofern, als dass diese Menschen immer mürrischer werden. Dies erkennt man unter anderem als einen ständig vorhandenen Unmut. Man kann jedoch nicht sagen, dass sich diese innere Stimmung konkret gegen irgendetwas richtet. Sie ist einfach nur da und die meisten 230° Geborenen wissen selbst nicht, warum sie dauernd so mürrisch und latent unfreundlich sind. Durch das anhaltende Aufrechterhalten kommt es bei vielen 230° Geborenen zu Eigenschaften der Spöttelei und des Hohnes. Dies zeigt sich jedoch nicht laut im Außen, sondern leise im Innen. Verbunden ist dies meist mit einer gewissen Überheblichkeit.

231. *verwaltende Eigenschaft*

21° Skorpion - Eine Eigenschaft aller 231° Geborenen bezieht sich auf eine besondere Fähigkeit, sich mit einem einzelnen Thema gut befassen zu können. Man könnte dieses Talent als allgemeine Fähigkeit beschreiben, was aber für diese Substanz nicht zutrifft. Voraus geht nämlich die Auswahl des Themas und die damit verbundene Art einer ausdauernden und auf einen positiven Ausgang gerichteten Beschäftigung.

Die positive Ausrichtung: Dieses Erkennen der Möglichkeit, der Entschluss, sie zu verwirklichen, die Konzentration auf nur dieses Thema und die Ausdauer, es letztendlich zu realisieren, ist Ausdruck der positiven Ausrichtung. Ein hervorstechendes Merkmal aller 231° Geborenen ist ihre Form der methodischen Hilfsbereitschaft. Wer im engeren Freundeskreis jemanden hat, kann sich recht sicher sein, dass ihm dieser Mensch in schwierigen Lebenssituationen helfen wird, einen Ausweg zu finden.

Die negative Ausrichtung: Durch die negative Ausrichtung strebt der 231° Geborene in die Dunkelheit. Das Problem wird nicht gelöst, sondern entweder verstärkt oder durch ein anderes Problem ersetzt. Gleichzeitig behauptet der 231° Geborene, er besitze die Lösung, und drängt das Gegenüber, diesen Lösungsweg zu gehen. Sie wollen anderen Menschen den eigenen Willen aufzuzwingen. Das Problem hierbei ist, dass der 231° Geborene absolut der Überzeugung ist, dass er recht hat. Der Glauben an die Richtigkeit der eigenen Ansicht durchdringt nicht nur den 231° Geborenen – er kann auch das Gegenüber so durchwirken, dass auch er sich dieser Ansicht anschließt. Vor allem jedoch ist es die dauernde und unaufhaltsame Beeinflussung während des Tuns. Derjenige gleicht einem überfürsorglichen und gleichzeitig despotischen Elternteil, welches jeden Schritt des Kindes nicht nur überwacht, sondern lenkt und das Tempo bestimmt. 231° Geborene sind jedoch der Ansicht, dass sie anderen Menschen nur helfen. Sie kommen gar nicht auf den Gedanken, dass sie in dieser Weise bemächtigend agieren. In manchen Momenten jedoch, wenn sie den Tunnel selbst als Illusion erkennen, ahnen sie ausschnitthaft ihr problematisches Vorgehen. Ein weiterer Aspekt der negativen Ausrichtung ist es, einem anderen Menschen nicht die Zeit für die eigene Entwicklung zu geben. Für den 231° Geborenen geht es viel zu langsam und dauernd versucht er, dem Gegenüber den Weg zu weisen.

232. *verwaltende Eigenschaft*

22° Skorpion - Wer sich eine Gruppe von Menschen vorstellt, die sich mit einer fast aussichtslosen Situation beschäftigen, wird einen 232° Geborenen daran erkennen, dass dieser sich zu Wort meldet und den anderen einen Ausweg vorschlägt. Dieser Wesenszug ist allen diesen Menschen sehr selbstverständlich, wobei sich viele nicht bewusst sind, dass sich darin ein großes Talent verbirgt: die Fähigkeit der Problemlösung. Eine selbstverständliche Charaktereigenschaft bezieht sich auf eine Form des Denkens. Dieses Denken birgt in sich oft die automatische Annahme, alltägliche Begegnungen und Situationen repräsentierten Gegebenheiten, die einer Problemlösung bedürfen. Grundsätzlich geht es jedoch um gar kein Problem; es ist einfach nur eine Begebenheit.

Die positive Ausrichtung: Ein Wesenszug der positiven Ausrichtung ist es, dass sie fast nie einen Menschen oder eine Situation als verloren verurteilen. Immer sehen sie noch einen Ausweg oder eine Möglichkeit, etwas zu verbessern. Viele können gut mit Druck umgehen. Manchmal ist es sogar so, dass sie eine Herausforderung deshalb gerne annehmen, weil diese eine entsprechende Spannung in sich birgt, was eine gute Erledigung der Arbeit automatisch nach sich zieht.

Die negative Ausrichtung: Durch die negative Ausrichtung geschieht es dem 232° Geborenen, dass er eine gewisse Form der Realitätsverleugnung in sich kultiviert. Man ist versucht, diesen Wesenszug als oberflächlich zu charakterisieren, wobei angemerkt werden muss, dass er sich als solcher ausdrücken kann, jedoch nicht muss. Letztendlich geht es ihm darum, dass ein Status quo unveränderlich bleibt und sich nicht positiv verändert. Eine weitere schwierige Eigenschaft im Ausleben der negativen Ausrichtung ist die fruchtlose Beschäftigung mit Problemen.

233. *verwaltende Eigenschaft*

23° Skorpion - Das zentrale Thema aller 233° Geborenen ist Macht. Da sie diese Macht normalerweise nicht bewusst einsetzen, kann man es als erste und wichtigste Aufgabe dieser Menschen betrachten, sich mit diesem Thema auseinanderzusetzen. Ihre Form der Ausstrahlung und automatischen Ausübung von Macht folgt dem Einfluss dieser *Eigenschaft* und erfolgt meistens unbewusst. Deshalb sind viele 233° Geborene höchst verwundert, wenn man sie mit diesem Thema konfrontiert. Sie sind sich dieser Beschaffenheit ihrer Persönlichkeit durch die Bindung zur 233. *Eigenschaft* meist nicht bewusst. Die Erkenntnis, wie sich dies in ihrem Charakter ausdrückt, ist sehr wichtig. Die Mitmenschen fühlen sich gedrängt zu folgen. Das jeweilige Machtgebilde entsteht durch die automatisierte Manifestierung des eigenen Willens.

Die positive Ausrichtung: In Verbindung mit der positiven Ausrichtung verharrt der 233° Geborene nicht unveränderlich auf seiner Idee und bemächtigt sich dadurch auch nicht seines Gegenübers. Im Willen dieses Menschen bleibt der Vorschlag bewusst veränderlich.

Die negative Ausrichtung: Dieser Zustand der negativen Verharrung durch die negative Ausrichtung ist die Folge eines Willens, der diesen negativen Zustand anstrebt. Der Wille folgt Gewohnheiten und die größte Gewohnheit ist, wenn man es so ausdrücken möchte, der eigene Charakter und die eigene Persönlichkeit. Durch 233° werden die subjektiven Wesenszüge manifestiert und als unveränderlich angenommen.

234. *verwaltende Eigenschaft*

24° Skorpion - Ein Charakterzug für alle 234° Geborenen ist eine bestimmte Art der Integration von außen erhaltener Impulse in die eigene innere Ordnung. Dies ist zunächst unabhängig davon, ob dieser Impuls in Form einer Information oder einer Inspiration das Bewusstsein erreicht. Immer ist die Einfügung in ein schon bestehendes Wertgebäude der wesentliche Ausdruck der Persönlichkeit. Man kann diesen Wesenszug als analytischen Vergleich beschreiben. In der Selbstbetrachtung verstehen sich alle 234° Geborenen so, dass sie einen tieferen Sinn des Lebens leben. Man möchte es so ausdrücken, dass sie von einer Persönlichkeitsstruktur durchdrungen sind, die von sich das feste Bild hat, hinter die auf den ersten Blick sichtbare Sinnhaftigkeit des Lebens zu blicken. Diese Selbstwahrnehmung kann sich auf jedes Wissensgebiet oder jede Beschäftigung beziehen.

Die positive Ausrichtung: Die positive Ausrichtung birgt die Fähigkeit der intelligenten Analyse. Es ist sogar so, dass 234° Geborene innerlich den großen Drang verspüren, nicht verstandene Informationen so lange zu analysieren, bis sie zu einer Lösung gelangen. Sie drängen immer weiter in Richtung Antwort und sind von diesem Drang erst dann befreit, wenn sich die Kraft ihrer Analyse in der Erkenntnis entlädt.

Die negative Ausrichtung: Im Einfluss der negativen Ausrichtung glaubt der 234° Geborene an die persönliche Wahrheit, er ist buchstäblich überzeugt von ihr. Die Beschränkung durch die negative Ausrichtung bezieht sich weniger auf die existierende Wahrheit als vielmehr auf den Umgang mit ihr. Die als wahr empfundene Ordnung wird als Werkzeug der Analyse verwendet. Es ist gleichsam ein Analysevorgang der lediglich schon vorhandenen, in die subjektive Überzeugung passenden Inhalte. Eine Entwicklung ist nicht möglich, da sich die Analyse im Kreis dreht. Die neuen Erkenntnisse spiegeln bereits vorhandene Inhalte in einer neuen Ordnung wider. Das gleiche wird in einer anderen Form noch einmal erschaffen. Ein weiterer Ausdruck ist die Einbeziehung von oberflächlichen Informationen in die Analyse.

235. *verwaltende Eigenschaft*

25° Skorpion - Man stelle sich vor, wie jemand einem 235° Geborenen in einem Gespräch von persönlichen Problemen erzählt. In seiner Antwort wird dieser Mensch eine Problemlösung einbauen. Dies wäre noch nichts Ungewöhnliches. Gleichzeitig aber schwingt in seiner Antwort eine Spannung mit, einem inneren Druck ähnlich, dem sich das Gegenüber plötzlich ausgesetzt fühlt. Der 235° Geborene übt in seinen Erwiderungen automatisch Druck aus, den seine Mitmenschen wahrnehmen. Natürlich geschieht dies zumeist unbewusst. Dieser Wesenszug zeigt sich nicht nur in einem Gespräch über Probleme, wo ein Drängen in Richtung Lösung nachvollziehbar wäre. Er zeigt sich in jedem Moment des Lebens.

Die positive Ausrichtung: Im Umgang mit sich selbst übt der 235° Geborene einen gewissen Druck aus. Durch die nach innen gerichtete Kraft und Macht drängt es ihn, die jeweils als Spannung erfahrene Situation aufzulösen. Daraus ergibt sich, dass diese Menschen – oft nicht gerade zimperlich mit sich selbst – ein Problem mit großer Kraft angehen und lösen. 235° Geborene können, wenn es die Situation verlangt, etwas mit Stärke und Ausdauer erledigen und eine Sache selbstbewusst anpacken. Wird das Problem gelöst, fühlen sie sich innerlich klar, ohne Spannung und authentisch. In dieser Authentizität, die innerlich keinen Widerstand hervorruft, fühlen sie sich deshalb gut, weil sich ihre Vorstellung von Wahrheit umgesetzt hat. 235° steht nämlich auch mit einer gewissen Form von Regulierung in Verbindung.

Die negative Ausrichtung: Unter dem Einfluss der negativen Ausrichtung meint der 235° Geborene, seine subjektive Wahrheit als alleinige Wahrheit zu erkennen. Ebenso drängt es ihn, diese persönliche Wahrheit durch Druck in anderen Menschen zur Erfüllung zu bringen. Gepaart mit dem Druck, den der 235° Geborene auf sein Gegenüber ausübt, entsteht eine schwierige und negative Situation. Der Andere wird in die Vorstellung des 235° Geborenen gedrängt, da sich dessen Spannung nur so lösen kann.

236. *verwaltende Eigenschaft*

26° Skorpion - 236° Geborene teilen einen besonderen Wesenszug: Ihr Bewusstsein und ihr Wille sind darauf ausgerichtet, Lösungen zu finden. Grundsätzlich betrifft dies alle Lebensbereiche, wobei 236° Geborene eine besondere Vorliebe dafür haben, Lösungen im Bereich des Heilens zu verwirklichen. Man kann sich dies so vorstellen, dass der 236° Geborene mit einem Problem konfrontiert wird, die darin enthaltene Disharmonie oder Spannung erkennt und sich durch eine mögliche Lösung harmonisiert bzw. entspannt. Die Art der Lösung ist oft ziemlich intelligent. Es gilt auch, dass diese Menschen die Anlage besitzen, sehr intelligent handeln zu können.

Die positive Ausrichtung: Man kann sich dazu einen Menschen vorstellen, der große schöpferische Kraft besitzt. Er gestaltet aktiv sein Leben und sein berufliches Weiterkommen. Auch hat er das Talent, Probleme zu lösen, welche das Weiterkommen behindern.

Die negative Ausrichtung: Der Unterschied liegt darin, dass es hier nicht darum geht, eine Lösung zu finden, sondern einen begrenzten Raum als frei zu definieren. Durch die negative Ausrichtung gibt die *Eigenschaft* dem Menschen ein, er sei frei in seinem schöpferischen Agieren oder könne dies sein, obwohl er sich in einem unfreien Zustand befindet. Sein Handeln entspricht nicht seiner inneren Wahrheit. 236° Geborene suggerieren anderen Menschen eine gewachsene Persönlichkeit, führen jedoch ein durch und durch oberflächliches Leben. Dieses Bild hält er oft für lange Zeit aufrecht. Die negative Ausrichtung dieser *Eigenschaft* bewirkt, dass die innere Distanziertheit gegenüber der eigenen Wahrheit häufig lange bestehen bleibt.

237. *verwaltende Eigenschaft*

27° Skorpion - Die Persönlichkeit eines 237° Geborenen wird in einer Weise geprägt, die man in einer gewissen Hinsicht als rechtschaffen bezeichnen könnte. „Das gehört sich so", lautet ein Ausspruch, der ohne weiteres von einem 237° Geborenen stammen könnte. Unsere Gesellschaft ist durchdrungen von Normen, die für das gemeinsame Leben in der Beurteilung der Menschen unabdingbar sind. Es geht hierbei um eine menschlich selbsterschaffene Ordnung des Zusammenlebens. Es geht jedoch nicht um eine Gesetzgebung in Bezug auf Verbrechen und Strafe, sondern um wesentliche Eckpunkte des Verhaltens. 237° Geborene meinen, den Wesenszug der großzügigen Loyalität zu besitzen. Das stimmt nicht, da auch hier die Begrenzung der physischen Ordnung als innerer Orientierungspunkt gilt. Gleichzeitig – und das ist wesentlich – meinen sie, sie seien absolut frei, großzügig und tolerant. In diesem Gedanken- und vor allem Gefühlsgebäude bewegen sie sich.

Die positive Ausrichtung: Die positive Ausrichtung definiert die Erfüllung der gesellschaftlichen Normen. In der europäischen Welt gehören unter anderem folgende Dinge dazu: möglichst ein Eigenheim, ein Auto, eine Ausbildung, ein angesehener Beruf, die notwendigen Versicherungen, eine Form des zur jeweiligen Zeit üblichen Zusammenlebens und manches mehr. Diese Eckpunkte werden als Ordnung interpretiert, damit ein positives Leben möglich ist.

Die negative Ausrichtung: In Verbindung mit der *Eigenschaft* in ihrer negativen Ausrichtung ergeben sich Wesenszüge der Persönlichkeit, die den Menschen völlig in die Physis einbinden wollen. Im Grunde genommen findet man diese Substanz als allgemein anerkannte Substanz in der Gesellschaft. Es geht darum, dass der Mensch in die physische Ordnung derart eingebunden wird, dass er darum kämpft, innerhalb der materiellen Welt eine höhere Stellung einzunehmen. Diese Form des gemeinschaftlichen Lebens verlangt eine völlige Identifizierung mit den physischen Normen, um schlicht überleben zu können. Hier findet man zum Beispiel das Geld als höchstes Gut des Lebens, welches zu erlangen vor allen anderen Dingen zu erstreben sei.

238. *verwaltende Eigenschaft*

28° Skorpion - Alle 238° Geborenen besitzen einen Charakterzug, den man allgemein ausgedrückt folgendermaßen beschreiben könnte: Sie streben immerfort nach Verschönerung der Gefühle. Dies ist ein wesentlicher Antrieb für Bewegung und Veränderung in ihrem Leben. Auch wenn dies meist unbewusst geschieht, gleicht es einem Automatismus, welcher in allen Lebenssituationen seinen Ausdruck findet. Wer spazieren geht, wählt die Route, welche die schöneren Gefühle hervorruft, wer ein Restaurant besucht, handelt ebenso. Man kann diesen Mechanismus auf alle Dinge ausweiten. Daraus erkennt man auch prinzipiell die große Wertigkeit, die Gefühle für diese Menschen haben.

Die positive Ausrichtung: Ihr inneres Wertesystem ist durchdrungen davon, welche Gefühle empfunden werden können. Ein ruhiger Mensch mit lichtvollen Gefühlen steht in der Wertskala ganz weit oben. Leute mit großen Gefühlsschwankungen, die sich auch als Emotionen äußern können, werden meist mit innerem Abstand betrachtet. Die nach außen strahlende Ruhe, die mit 238° einhergeht, wird von anderen Menschen nicht als statische Unbeweglichkeit empfunden. Im Inneren zeugen unterschiedliche Gefühle von einem lebendigen Suchen nach Entwicklung. Wer von diesen Menschen eine Frage gestellt bekommt, sieht sich einer Lebendigkeit gegenüber, die von positiver Erwartung und Freude ob der Antwort erfüllt ist.

Die negative Ausrichtung: Die Schwierigkeit im Erkennen der negativen Ausrichtung ist, dass sich Menschen in **diesem** Einfluss nicht bewusst sind, dass es um die Wandlung von Gefühlen geht. Das hat seinen tieferen Grund darin, dass sie sich grundsätzlich wohlfühlen, dies in einer gewissen Stetigkeit erfahren und somit nicht den Eindruck von sich selbst haben, sie hätten Probleme mit dem Fühlen. Die innere Selbstdiagnose muss daher darauf gerichtet sein, die Lebendigkeit des Fühlens zum Maßstab zu nehmen und nicht den Umstand, ob man überhaupt fühlt. Erkennt man, dass man selbst mit einem mehr oder weniger unveränderten Gefühl lebt, befindet man sich im Einfluss der negativen Ausrichtung. Der typische Ausdruck ist das unveränderliche, starre Empfinden eines immer gleichen Gefühls.

239. *verwaltende Eigenschaft*

29° Skorpion - Die Schwierigkeit der Selbsterkenntnis in Verbindung mit dieser Substanz liegt in der Selbstverständlichkeit der Regulierung innerer Gefühle, Empfindungen und Emotionen. Dazu ein alltägliches Beispiel: Ein 239° Geborener wendet sich einem anderen Menschen zu. Ganz automatisch beginnen sich die Gefühle in einer gewissen Weise zu ordnen. Es ist, als würde er sich mit einem Gefühl umhüllen, welches dann seine charakterliche Grundhaltung prägt. Dieses Gefühl ist nämlich gewissermaßen ausgleichend. Das bedeutet, dass der 239° Geborene diese Substanz betreffend eine Form der gefühlshaften Ruhe ausstrahlt. Man möchte dies mit einem Gewand aus Watte vergleichen, das ihn unsichtbar umhüllt und jede Berührung von außen abschwächt.

Die positive Ausrichtung: Durch die positive Ausrichtung sieht man einen Menschen, der offen und in einer entgegenkommenden Weise freundlich und gleichzeitig selbstbewusst anderen Menschen gegenübertritt. Er lässt sich nicht irritieren, auch wenn das Gegenüber eine völlig andere Meinung vertritt.

Die negative Ausrichtung: Die negative Ausrichtung zeichnet ein ähnliches Bild. Der 239° Geborene möchte dieses Auftreten suggerieren und spielt in einer gewissen Weise diese Form des zwischenmenschlichen Umgangs nach. „Spielen" deshalb, weil ihn gleichzeitig schon der kleinste Widerspruch innerlich irritiert. „Spielen" jedoch vor allem deshalb, weil er sich innerlich selbst nicht glaubt. In den meisten Fällen will er darüber hinwegsehen, kann jedoch gleichzeitig die innere Irritation nicht verbergen. Ein wesentlicher Ausdruck der negativen Ausrichtung zeigt sich in einer stoischen Gleichgültigkeit.

240. *verwaltende Eigenschaft*

30° Skorpion - Möchte man den Charakter eines 240° Geborenen in einem Satz beschreiben, würde folgende Formulierung einen wesentlichen Aspekt treffen: Eine Grundlage für die intelligenzhafte Überlegung ist das jeweils wahrgenommene eigene Gefühl. Gleichwohl hat dieser Wesenszug eine sehr komplexe Ursache. Grundsätzlich haben 240° Geborene eine überaus feine und empfindliche Gefühlswahrnehmung. Sie haben die angeborene Fähigkeit, feinste geistige Substanzen über das Fühlen wahrzunehmen. Gleichzeitig kommt es zu einer Form der intelligenzhaften Überlegung innerhalb dieses Fühlens. Man kann sagen, das Gefühl ist die Basis der Überlegung. Dabei geht es nicht um Gefühle, die von außen auf das Innere einströmen, sondern um solche, die in einem selbst wachgerufen werden. Diese Gefühle können durch Impulse oder Anregungen von außen entstehen oder aber das eigene Agieren zur Grundlage haben.

Die positive Ausrichtung: Menschen im Einfluss der positiven Ausrichtung zeichnen sich durch Lebendigkeit aus. Ihre intelligenten Überlegungen vollziehen sich sehr schnell und bleiben immer in einem gewissen Zusammenhang mit dem jeweiligen Thema. Nicht sprunghafte Gedanken sind Ausdruck dieser *Eigenschaft*, sondern schnelle, fließende Überlegungen.

Die negative Ausrichtung: Durch die negative Ausrichtung kommt es zu einer Begrenzung der eigenen Überlegungen und Schlussfolgerungen. Das Gefühl wird unbewusst als Raum der Orientierung des Intellekts definiert. Dieser Raum ist je nach Ausprägung der Persönlichkeit dementsprechend klein. Je größer der Einfluss der *Eigenschaft* in ihrer negativen Ausrichtung, desto kleiner der Raum und desto begrenzter die Überlegungen. Auch kommt es zu einer gewissen Intoleranz in Bezug auf die Überlegungen anderer Menschen. Diese Eigenschaft rührt daher, dass sich die meisten ihrer eigenen Überlegungen sicher sind. Sie meinen mit absoluter Überzeugung, richtig zu liegen.

241. bis 270. *verwaltende Eigenschaft*

241. *verwaltende Eigenschaft*

1° Schütze - Um einen ersten Eindruck von der Persönlichkeit 241° Geborener zu bekommen, muss man sich bewusst machen, dass ein solcher Mensch immer bestrebt ist, etwas willentlich zu verbessern. Zumindest meint er, dass er etwas verbessert. Ob dies wirklich zutrifft, hängt vom Einfluss der *Eigenschaft* ab. In Bezug auf ein wichtiges charakterliches Merkmal kann man sagen, dass 241° Geborene eine latente Unruhe in sich tragen. Diese bezieht sich meistens auf eine nicht erledigte Arbeit im Alltag oder Beruf. Es ist für sie sehr wichtig, die Dinge zu erledigen. Unaufgeräumte Lebensbereiche wollen sie rasch in Ordnung bringen. Ansonsten fühlen sie sich sehr unwohl.

Die positive Ausrichtung: Durch die positive Ausrichtung stehen nicht mehr die täglichen Verrichtungen im Mittelpunkt, sondern das Streben nach Fortschritt. Das kann jeden Lebensbereich betreffen. Der 241° Geborene hat in sich eine klare hierarchische Ordnung etabliert und lebt auch nach ihr.

Die negative Ausrichtung: Die negative Ausrichtung zeigt sich als Drang, Dinge in einer gewissen Weise beibehalten zu wollen. Ein 241° Geborener definiert zum Beispiel Gartenpflege als Fortschritt unter der Perspektive des jeweils begrenzten Ausschnitts des Jahreskreises, den er einzig für real ansieht. Obwohl es ein Kreislauf ist, der sich jedes Jahr wiederholt, begreift er die Aussaat im Frühjahr als Fortschritt, das heißt, ein Ausschnitt des Kreislaufs wird als allgemeiner Fortschritt definiert. Gleichzeitig überdeckt diese Tätigkeit bis zu einem gewissen Punkt den

Drang der inneren Entwicklung. Die meisten Menschen haben nach getaner Arbeit oder nach der notwendigen Erledigung der Aufrechterhaltung eines Kreislaufs den inneren Eindruck von Zufriedenheit. Die Menschheit definiert heute die negative Ausrichtung als positiv.

242. *verwaltende Eigenschaft*

2° Schütze - 242° Geborene befinden sich immer wieder in einem abgehobenen inneren Zustand. Man kann sich dazu jemanden vorstellen, der ein Telefongespräch führt und sich diesem Gespräch ganz widmet. Gleichzeitig befindet er sich in einer Distanz zur Realität des Umraums, als würde er sie nicht richtig wahrnehmen. Im Gespräch agiert er drängend, man könnte auch sagen hektisch, und versucht den Gesprächspartner immer wieder, von seiner Ansicht zu überzeugen. Nach dem Gespräch kommt er wieder in der Realität an, die ihn umgibt.

Die positive Ausrichtung: Durch die positive Ausrichtung besitzen 242° Geborene eine klare Meinung, die sie auch nach außen hin vertreten. Dabei handeln sie aktiv und drängend. Lässt sich das Gegenüber nicht überzeugen, ziehen sie sich auf ihren Standpunkt zurück. Sie distanzieren sich jedoch nicht. Es kann sein, dass sie einige Zeit später mit der gleichen Kraft das gleiche Gespräch noch einmal führen.

Die negative Ausrichtung: Auch diese Menschen handeln drängend. Dabei kommen sie jedoch zu keinem Ergebnis. Sie bleiben an der Oberfläche, sind rastlos und hektisch, können jedoch nichts umsetzen. Manchmal flammt eine Idee auf, die nach kurzer Zeit wieder verlischt.

243. *verwaltende Eigenschaft*

3° Schütze - Ein Lebensthema von 243° Geborenen ist die Veränderung, wobei es ihnen in den meisten Fällen um Verbesserungen geht. Ob sich eine Situation verbessert oder nicht, hängt stark von den persönlichen Vorlieben, Gewohnheiten und Vorstellungen ab. Was für den einen eine Verbesserung ist, kann für den anderen das Gegenteil bedeuten. Diese *Eigenschaft* zeigt sich beispielsweise im Umstellen von Möbeln, wenn der 243° Geborene der Ansicht ist, dass dies die Wohnsituation verbessert. Es kann sich jedoch auch um eine erweiterte Ausbildung handeln, um die beruflichen Möglichkeiten zu steigern.

Die positive Ausrichtung: Durch die positive Ausrichtung der *Eigenschaft* kommt es immer zu Verbesserungen für den 243° Geborenen. Diese sind subjektiv und können alle Lebensbereiche betreffen.

Die negative Ausrichtung: Dieser Einfluss der *Eigenschaft* verhindert Verbesserungen, auch wenn 243° Geborene meinen, dass sie etwas dafür tun. Es bleibt bei den Vorhaben, die jedoch nicht umgesetzt werden. Am Beginn kann man halbherzige Versuche beobachten, die aber schnell wieder aufgegeben werden. Ein Kennzeichen ist, dass diese Menschen immer wieder über Veränderungen sprechen, jedoch nichts davon verwirklichen können.

244. *verwaltende Eigenschaft*

4° Schütze - 244° Geborene haben den Wesenszug, ein höheres Ideal anstreben zu wollen. Zu dieser Vorstellung fühlen sie sich sehr hingezogen. Durch die 244. *Eigenschaft* erfahren sie in der Vorstellung, ein bestimmtes Ideal erreichen zu wollen, ein Gefühl des Friedens. Diese Erfahrung einer lichten und nach oben strebenden Zufriedenheit hängt von der Liebe ab, die dieser Mensch zu seinem Ideal empfindet. Ein Kennzeichen des Einflusses dieser *Eigenschaft* ist, dass jemand, sofern er seine Ideale liebt, automatisch dorthin strebt. Gleichzeitig empfindet er diesen tiefen Frieden, der nicht statisch auf eine Gegebenheit bezogen ist, sondern eine Entwicklung in sich birgt.

Die positive Ausrichtung: Durch die positive Ausrichtung haben 244° Geborene den Wesenszug der Fürsorglichkeit. Im Grunde ist es eine Art, den Frieden zu bewahren. Selbstlosigkeit ist eine Qualität, die dem Teilen innewohnt. Teilen wiederum ist eine Voraussetzung für Frieden.

Die negative Ausrichtung: Durch die negative Ausrichtung zeigt sich eine Form der Selbsterniedrigung. Die Problematik ist der Wesenszug des vorauseilenden Gehorsams. Die negative Ausrichtung bewirkt, dass diese Menschen nicht selbstlos, sondern berechnend teilen. Die Motivation dafür kann Konfliktscheue sein, aber auch Berechnung. Ein typisches Kennzeichen ist, dass sich die Liebe zur Tradition verstärkt, wenn plötzlich andere Traditionen näherkommen. Es entsteht der Drang zur Verteidigung der eigenen traditionellen Werte.

245. *verwaltende Eigenschaft*

5° Schütze - Ein wesentlicher Charakterzug aller 245° Geborenen ist die innere Ausrichtung auf ein Ziel. Dieses Ziel kann grundsätzlich jeden Lebensbereich betreffen. Dabei geht es nicht so sehr um das Erreichen des Ziels, obwohl dies natürlich wichtig ist. Durch die Definition eines Ziels wird dem Leben selbst vielmehr eine Orientierung gegeben. Es geht somit um die Zeit und den Weg vom guten Vorsatz, ein Ziel erreichen zu wollen, bis zum Ziel selbst. Durch diesen Weg erhält der 245° Geborene eine innere Struktur. Wird das Ziel dann erreicht, empfindet er Glück. Gleichzeitig wird die Erfüllung des Ziels als Selbstverständlichkeit genommen. Viele dieser Menschen sind immer wieder von einer leichten Ungeduld durchdrungen. Dieser Wesenszug rührt daher, dass im alltäglichen Tun kein Ziel definiert wird. Im Grunde sind sie nicht wirklich ungeduldig, sie erfahren sich ohne Ziel vielmehr als unbeweglich und statisch. Diese Starre ist der eigentliche Grund ihrer Ungeduld, sie wollen die Unbeweglichkeit überwinden.

Die positive Ausrichtung: Ein Persönlichkeitsmerkmal vieler 245° Geborenen ist ihre Stetigkeit im Tun. Der Ausspruch: „Der Weg ist das Ziel", könnte gut von einem 245° Geborenen stammen. Im Grunde ihres Herzens sind diese Menschen auf der Suche nach dem Glück.

Die negative Ausrichtung: Durch die negative Ausrichtung sind 245° Geborene von einer permanenten unglücklichen Stimmung durchdrungen. Eigentlich wissen sie selbst nicht, warum es ihnen nicht gut geht.

Es ist auch nicht so, dass man sagen könnte, es ginge ihnen wirklich schlecht. Es geht ihnen nur nicht gut. Dieser latente Zustand ist für 245° Geborene eine große Belastung. Immer wieder wollen sie diese innere Befindlichkeit abschütteln, fallen jedoch trotzdem wieder zurück.

246. *verwaltende Eigenschaft*

6° Schütze - 246° Geborene zeichnen sich durch einen Wesenszug aus, den man als vorausschauend und zugleich erkennend beschreiben könnte. Immer sind ihre Gedanken darauf gerichtet, zukünftige Dinge vorzubereiten. In einer inneren Balance zwischen Intuition und Wissen werden Handlungen vollzogen, welche die nächste Tür für ein Weiterkommen im jeweiligen Thema öffnen. Durch diesen Charakterzug besitzen 246° Geborene das Talent, komplexe Planungsabläufe zu organisieren. Im alltäglichen Leben zeigt sich dies als Konzentration auf die nächste Handlung. Die innere Aufmerksamkeit ist in einer großen Ausschließlichkeit darauf gerichtet.

Die positive Ausrichtung: Alle 246° Geborenen besitzen eine gefestigte Moral. Diese wurde vor allem durch die Erziehung und das soziale Umfeld geprägt. Etwas zu tun, was der eigenen Moral widerspricht, kommt für sie nicht infrage. Beim Erreichen des Ziels lässt der innere Zug nach vorne nach und sie kommen in der Gegenwart an. Die Gegenwart erleben sie als verdienten Abschluss. Positive Vorbereitung und neutrale Erfüllung wechseln sich ab.

Die negative Ausrichtung: Immer wieder vergessen 246° Geborene im Zuge der Willensdurchsetzung ihre Empathie und ignorieren ihre Vernunft. Selbst kleine alltägliche Handlungen werden in dieser Form durchgesetzt. 246° Geborene werden Tendenzen, berechnend zu handeln, erkennen können. Für Ziele, die sie unbedingt erreichen wollen, können sie ihr Gewissen komplett ausschalten.

247. *verwaltende Eigenschaft*

7° Schütze - Folgendes Beispiel für die Persönlichkeit eines solchen Menschen: Der 247° Geborene verrichtet eine alltägliche Tätigkeit, er bereitet beispielsweise das Abendessen vor. Nun ist es so, dass während der Zeit der Zubereitung das fertige Gericht in seiner Vorstellung bereits existent ist. Das gilt auch für die Situation des gemeinsamen Mahls, für Gesprächsinhalte während des Essens und viele Dinge mehr. Schafft ein 247° Geborener im Haus oder in der Wohnung Ordnung, ist das innere Bild nicht nur das aufgeräumte Haus, sondern auch die Empfindung, die er in einer sauberen Umgebung verspürt. Ähnlich wäre es auf einer Reise. Innerlich kann sich der 247° Geborene sehr gut die Gefühle ausmalen, die er haben wird, wenn er am Ziel ankommt.

Die positive Ausrichtung: Mit großer Selbstverständlichkeit können sich diese Menschen vergangene Situationen im Geiste wieder vor Augen führen oder sich ein zukünftiges Geschehen vorstellen. Ein weiterer Wesenszug ist ihre große Imaginationskraft. Es ist für 247° Geborene eine Leichtigkeit, Bilder zu imaginieren oder sich Klänge vorzustellen.

Die negative Ausrichtung: In Verbindung mit der negativen Ausrichtung ist es das größte Problem, dass 247° Geborene die Notwendigkeit des disziplinierten und konsequenten Arbeitens zurückweisen. Das Talent, Gegebenheiten in der Zukunft oder im Raum intelligent erfassen und analysieren zu können, birgt durch die negative Ausrichtung die Eigenschaft, diese Imaginationen als Realität sehen zu wollen. Das kann so weit gehen, dass ein 247° Geborener zum Beispiel sein Studium abbricht und nichts auf die Wege bringt. Dann hat man einen intelligenten Menschen vor sich, der nichts realisiert hat, weil er sich nicht eingestehen kann, dass ihm die Disziplin fehlt. Eine weitere schwierige Eigenschaft bezieht sich auf eine gewisse Rücksichtslosigkeit im Umgang mit anderen Menschen.

248. *verwaltende Eigenschaft*

8° Schütze - Einen wesentlichen Charakterzug aller 248° Geborenen kann man als direkte Verbindung zwischen Fühlen und intelligenzhaftem Denken beschreiben. Diese Nahtstelle bewirkt eine ganz bestimmte Form der gegenseitigen Einflussnahme. Man kann sich das so vorstellen, dass sich zunächst das Gefühl vortastet und im Anschluss die Überlegung einsetzt, wie bei einem Menschen, der sich vorsichtig vorwärtsbewegt, weil er den Boden nicht sieht. Eine Fußspitze tastet sich vor und der zweite Fuß folgt nach. Aus diesem Grund machen 248° Geborene auf andere Leute den Eindruck, achtsam und bedacht, ja manchmal sogar ängstlich zu handeln und zu sein.

Die positive Ausrichtung: Alle 248° Geborenen sind empfindsam gegenüber jeder Art von Gefühlen. Es gibt auch eine bestimmte Form des Hervorrufens von Gefühlen durch verstandesmäßige Überlegungen. Überlegt sich jemand mit 248° irgendetwas, wird er erst dann eine Entscheidung treffen, wenn er durch das Gefühl bestätigt wird.

Die negative Ausrichtung: Die negative Ausrichtung öffnet unbewusste Gefühle, die dem Menschen fremd sind. Dies gleicht dem Treiben eines führerlosen Bootes in unruhigem Wasser.

249. *verwaltende Eigenschaft*

9° Schütze - Einen für alle 249° Geborenen völlig selbstverständlichen Wesenszug kann man gut beschreiben, wenn man einen solchen Menschen in einem Gespräch beobachtet. Seine Grundhaltung gegenüber dem Gesprächspartner ist grundsätzlich positiv und gleichzeitig das Positive erwartend. Diese innere Einstellung bezieht sich auf die Antworten des anderen während des Gesprächs. Der 249° Geborene sendet unbewusst ein Gefühl aus, das den Gesprächspartner unterstützen soll. Man kann sich dieses Gefühl als positive Wegbereitung für die Erwiderung vorstellen. Der 249° Geborene hilft dem Gegenüber bei der Antwort, indem er ihm ein Gefühl vorgibt, das ihm diese Antwort erleichtern soll. Man stelle sich dazu einen Menschen vor, der während eines

Spaziergangs den mitwandernden Kollegen immer wieder darauf aufmerksam macht, welcher nächste Schritt gut für ihn wäre. Dadurch warnt er ihn zum Beispiel vor einem Unfall oder aber er engt das Leben seines Mitmenschen ein.

Die positive Ausrichtung: Ein typischer Charakterzug dieser Menschen ist ihr Beschützerinstinkt. Dieser zeigt sich sanft, vorausschauend und den nächsten Augenblick bereitstellend. Wenn man sich jemanden vorstellt, der einem Blinden durch sanfte Berührungen und Korrekturen den Weg weist, damit er sich nicht verletzt, hat man ein gutes Bild. Einher damit geht, dass 249° Geborene einen guten Überblick über die Situation haben, in der sie sich befinden. Ein weiterer Wesenszug ist ihre Hilfsbereitschaft.

Die negative Ausrichtung: Durch die negative Ausrichtung empfindet der 249° Geborene seine Enge als individuelles Sein. Die ausschließliche und selbstverständliche Annahme der Wahrheit der eigenen Einschätzung schafft eine Art Kokon, der keine Einflüsse von außen zulässt. Eine Öffnung wird dann sogar als Verallgemeinerung verstanden. Diese Menschen gleichen einer Person, die bewusst eine Sackgasse gewählt hat, am Ende der Straße vor der Mauer steht und nicht mehr weiterweiß. Die Problematik hierbei ist, dass sie dennoch davon ausgehen, den einzig richtigen Weg gewählt zu haben. Jeder Einfluss von außen wird abgelehnt.

250. *verwaltende Eigenschaft*

10° Schütze - Ein Merkmal der Persönlichkeit aller 250° Geborenen ist es, Dinge und Geschehnisse der physischen Welt auf eine Stufe zu heben, die ihnen eigentlich nicht zukommt. Dies können zum Beispiel Ernährung oder Sport sein. Häufig geschieht dies auch bei Künsten. Immer wenn ein Mensch in die Kunst über längere Zeit einen spirituellen Ersatz hineininterpretiert, wirkt ausgehend von der physischen Welt ein stetiger Magnetismus. Auch Sinneserfahrungen gehören dazu. Vor allem das Essen und Trinken wird von vielen Menschen zelebriert.

Die positive Ausrichtung: Durch die positive Ausrichtung nimmt der 250° Geborene eine höhere hierarchische Stellung gegenüber den physischen Magnetismen ein.

Die negative Ausrichtung: Dazu ein Beispiel: Ein 250° Geborener hat es sich angewöhnt, abends vor dem Fernseher Salzgebäck oder Süßigkeiten zu naschen. Es muss sich dabei nicht um große Mengen handeln. An einem Abend nimmt er sich vor, einmal nichts zu naschen. Wie üblich setzt er sich abends gemütlich hin. Aus einem plötzlichen oder momentanen Impuls heraus, greift er wieder zu seinem Naschzeug. Es gibt auch die Tendenz, alle möglichen Vorhaben, die sie im Alltag verwirklichen wollen, nicht umsetzen zu können.

251. *verwaltende Eigenschaft*

11° Schütze - Ein Wesensmerkmal aller 251° Geborenen ist ihre Überzeugungskraft. Diese stützt sich darauf, dass sie sich selbst mit dem jeweiligen Inhalt stark identifizieren. Im Grunde glaubt der 251° Geborene an das, was er sagt. Gleichzeitig vermitteln diese Menschen immer wieder eine missionarische Energie. Manch einer mag den Eindruck gewinnen, dass 251° Geborene ihre Gesprächspartner unbedingt überzeugen, ja bekehren möchten. Grundsätzlich geht es ihnen um Entwicklung, was von anderen Menschen immer wieder falsch verstanden wird. Der Grund, warum es zu Missverständnissen kommen kann, bezieht sich auf die Art des Gesprächs. Überspitzt ausgedrückt könnte man es so beschreiben, dass 251° Geborene ihre Meinung dem Gegenüber als Herausforderung präsentieren.

Die positive Ausrichtung: Ein Charakterzug ist ihre typische Lebendigkeit. Auch wenn sie immer wieder still verharren, gleichen sie doch einer leicht gespannten Feder, die nur darauf wartet, in Aktion zu treten. Viele Menschen vermitteln ein großes Selbstbewusstsein. Darin verbirgt sich die Eigenschaft der Selbstbeherrschung. Man erblickt einen Menschen, der scheinbar mühelos über den profanen Dingen steht. In vielen Situationen ist dies auch tatsächlich der Fall.

Die negative Ausrichtung: Durch die negative Ausrichtung kommt es zu großen Unsicherheiten. Das Selbstbewusstsein hängt nämlich davon ab, ob der 251° Geborene eine höhere Position gegenüber anderen Leuten einnimmt. Hat er die Macht, über alle zu bestimmen, wirkt er sehr souverän. Manchmal hat man den Eindruck, dass dieser Mensch die bildhaft gewordene Karikatur eines Herrschers darstellt. Viele 251° Geborene werden ihre Unsicherheit bemerken, wenn sie sich in einer untergeordneten Position befinden. Zusätzlich wirkt die Kraft der missionarischen Durchsetzung. Man kann sich dies so vorstellen, dass der 251° Geborene dem anderen seine Macht überstülpt und erwartet, dass dieser zustimmt. Diese Erwartungshaltung ist völlig selbstverständlich und folgt als automatischer Wesenszug. Bejaht das Gegenüber schließlich den präsentierten Inhalt, vermittelt der 251° Geborene Zufriedenheit. Es ist sogar so, dass er Lob für seinen guten Vorschlag erwartet.

252. verwaltende Eigenschaft

12° Schütze - Eine Eigenschaft aller 252° Geborenen ist ihr innerer Antrieb, der als eine Art drängende Kraft definiert werden kann. Oft zeigt sich diese Kraft als nicht bestimmbare Unruhe und Bestreben, etwas zu arbeiten, irgendwohin zu gehen oder eine Unternehmung zu starten. Oft wollen sie diese Arbeit gar nicht verrichten, sondern haben nur der Kraft des Drängens nachgegeben und dann meist eine Tätigkeit gewählt, die ihrer Persönlichkeit am nächsten ist. Das Problem für viele dieser Menschen ist jedoch, dass das innere Drängen damit nicht aufhört – die Kraft nimmt nicht ab. Der ständig anhaltende innere Ansporn bleibt – und schon sucht sich der 252° Geborene eine neue Tätigkeit. Manchmal ahnt er schon, dass auch diese neue Unternehmung nicht befriedigend sein wird.

Die positive Ausrichtung: Einen Charakterzug teilen alle Menschen mit 252°: eine hohe Loyalität gegenüber Menschen, privat wie beruflich, aber auch gegenüber Religionen, Idealen oder Traditionen. Die Ursache dieser Loyalität ist eine vermutete und daher unsichtbare Größe hinter den genannten Dingen. Auch der Umstand, dass sich viele Menschen mit 252° an einem höher gestellten Menschen orientieren, hat diese Besonderheit als Ursache. Die positive Ausrichtung verbindet Bewegung immer mit Fortschritt. Auch wenn das Ziel persönlich nicht definiert werden kann, birgt die Bewegung ein tiefes verinnerlichtes Streben nach Verbesserung.

Die negative Ausrichtung: Der negativen Ausrichtung sind das unbekannte Drängen und Streben als Eigenschaften eingeschrieben. Diese Menschen sind oft sehr rastlos und suchen in einem fort nach Vergrößerung ihres materiellen Egos. Das Bild des hungrigen Börsenmaklers, der keine Ruhe findet und nur im Erreichen großer Besitztümer einen kurzen Ort der unbefriedigenden Ruhe findet, ist eine Möglichkeit des Ausdrucks dieser Substanz. Im Charakter zeigt sich dies als kranker Ehrgeiz oder als Gier ohne Maß und Ziel. Der Vergrößerung der materiellen Besitztümer wird jegliche Ethik untergeordnet. Immer ist eine Problematik diese unbestimmte innere Gier ohne eigentliches Ziel.

253. verwaltende Eigenschaft

13° Schütze - Es gibt die Persönlichkeit von 253° Geborenen betreffend einen hervorstechenden Wesenszug: ihre felsenfeste Überzeugung, ein höchstes Ideal zu vertreten. Hierbei darf man jedoch nicht meinen, dass es sich dabei um Eigenschaften wie Empathie oder Weisheit handle. Sie sind vielmehr davon überzeugt, selbst die Personifizierung eines höchsten Ideals zu sein. Das Besondere ist hierbei, dass diese Menschen sich dessen gar nicht bewusst sind. Die Substanz von 253° vermittelt ihnen diese Art der unbewussten Selbstüberzeugung. Somit ist diese unterbewusste Machtwirkung eine der wesentlichen Eigenschaften.

Die positive Ausrichtung: Durch diese Ausrichtung entwickelt sich der 253° Geborene in einer positiven Weise weiter. Grundsätzlich trägt er die oben genannten Merkmale der Persönlichkeit in sich, wird damit jedoch in Verbindung mit anderen Menschen in einer bejahenden zwischenmenschlichen Weise umgehen.

Die negative Ausrichtung: In Verbindung mit dieser Ausrichtung zeigt sich eine Lebenswirklichkeit bei diesen Menschen, die in einer negativen Weise absolut ist. In dieser Absolutheit beeinflussen sie über diese Macht ihre Mitmenschen. Vor allem die Menschen in ihrer unmittelbaren Nähe haben oftmals sehr darunter zu leiden. Im Grunde bedeutet dies, dass einzig ihre persönliche Lebenswirklichkeit, die sie unbewusst als höchstes Ideal definieren, eine für sie positive Berechtigung besitzt. Sie bewerten ihr eigenes Leben, ihr eigenes Tun und ihre eigene Einstellung grundsätzlich als positiv. Ernten sie Lob oder eine Bestätigung, reagieren sie entsprechend positiv.

254. *verwaltende Eigenschaft*

14° Schütze - Ein Charakterzug aller 254° Geborenen ist ihr Selbstverständnis in Bezug auf einen Ausgleich zwischen Geben und Nehmen. Vollbringt der 254° Geborene für jemanden eine Leistung, empfängt er, möchte man die Art des Annehmens beschreiben, den Lohn dafür einerseits wie selbstverständlich und andererseits fast in Form eines höheren Rituals. Meist unbewusst spüren diese Menschen, dass der Lohn die Leistung des Gegenübers ist. Sie sind dafür auch nicht dankbar im Sinne von unterwürfig dankbar. Diese natürliche Klarheit leben sie auch dann, wenn sie für eine empfangene Leistung ihrerseits etwas geben. Bedankt sich das Gegenüber vielleicht überschwänglich, sind sie ob der für sie unstimmigen Dankbarkeit eher irritiert. Dieses Selbstverständnis kann man vielleicht so erklären, dass niemand auf die Idee kommt, dankbar dafür zu sein, dass das Becken voll wird, wenn er es mit Wasser füllt. Natürlich wird es angefüllt, man füllt es ja. Würde man jemanden beobachten, der so verquer reagiert, wäre man zu Recht irritiert. Diese Art der Irritation ist gemeint.

Die positive Ausrichtung: Der 254° Geborene ist sich des Empfangens oder Gebens immer bewusst. Es durchdringt ihn das Bedürfnis des Ausgleichs. 254° Geborene wollen keine Schulden haben; ist dies aus welchen Gründen auch immer der Fall, fühlen sie sich nicht geerdet. Es ist, als würde ihnen ein innerer Halt oder eine Struktur fehlen. Dies trifft auch zu, wenn andere Leute Schulden bei ihnen haben.

Die negative Ausrichtung: Im Charakter zeigt sich die negative Ausrichtung als innere Kälte, die immer dann an die Oberfläche tritt, wenn eine Leistung angenommen wird, ohne selbst etwas dafür zu tun. Diese Menschen haben in der Partnerschaft wie auch in zwischenmenschlichen Beziehungen das Gefühl, übervorteilt zu werden. Immer meinen sie, etwas zu tun, ohne etwas zu bekommen. Sie selbst empfinden dies als Ungerechtigkeit. Innerlich zeigt es sich als Drang dazu, Dinge einzufordern.

255. *verwaltende Eigenschaft*

15° Schütze - 255° Geborene haben die Eigenschaft, nach Informationen zu suchen und sie auch zu bekommen. Oft sind es nur einzelne Aspekte, die ein Gesamtbild vervollständigen. Zum Beispiel haben sie bei der Vorbereitung einer Wanderung das Bedürfnis, sich einzelne Informationen über das Wetter, die notwendige Kleidung und Verpflegung, die Anreise oder über eventuelle Besonderheiten des Weges zu besorgen. Auch Weiterbildung und Bildung sind ein generelles Thema.

Die positive Ausrichtung: Durch diesen Einfluss der *Eigenschaft* besitzen 255° Geborene den Wesenszug, ihr zukünftiges Leben zu planen. Dabei möchten sie die Planung, so gut es ihnen möglich ist ,vorbereiten und umsetzen. Der Drang nach Perfektion betrifft weniger das zukünftige Leben selbst als die Umsetzung des Plans für das Leben, das man vor Augen hat.

Die negative Ausrichtung: Die negative Ausrichtung hat die Konsequenz, dass die Menschen scheinbar ständig nach angeblich notwendigen Informationen suchen. Diese Suche ist jedoch sehr oberflächlich. Vor allem aber wird sie nur ganz oberflächlich definiert. Alle möglichen Themen, die mit dem Grund der Suche kaum etwas zu tun haben, werden oberflächlich betrachtet. Auch kommt es nicht zur Umsetzung des Vorhabens.

256. *verwaltende Eigenschaft*

16° Schütze - 256° Geborene haben die Eigenschaft, in einer besonderen Weise auf ihre Mitmenschen zuzugehen. Sie agieren aktiv. Gleichzeitig passen sie sich in ihren subjektiven Gefühlen an die Mitmenschen an. Das Gegenüber hat deshalb die Wahrnehmung, jemand mit einer ähnlichen Stimmung und Gefühlslage komme aktiv auf es zu. Je nachdem, um welche Art der Begegnung es sich handelt, passen sich 256° Geborene so an, dass es ihnen zum Vorteil gereicht.

Die positive Ausrichtung: Die positive Ausrichtung bringt es mit sich, dass die Mitmenschen für 256° Geborene zusätzlich Sympathie empfinden. Dadurch erreichen diese in den meisten Fällen das, was sie wollen.

Die negative Ausrichtung: Die negative Ausrichtung bewirkt, dass sich 256° Geborene andauernd bemühen, von den Mitmenschen positiv wahrgenommen zu werden. Das gelingt ihnen jedoch nicht. Die Leute haben das Gefühl, irgendetwas stimme nicht, und wenden sich ab, obwohl sie keinen konkreten Grund dafür nennen können. Die Ursache dieses diffusen Gefühls bei den Mitmenschen ist die innere Oberflächlichkeit der 256° Geborenen.

257. *verwaltende Eigenschaft*

17° Schütze - Ein Wesenszug der Persönlichkeit eines 257° Geborenen zeigt sich als grundsätzliches Mitfühlen dessen, was anderen Menschen geschieht. Hierbei geht es nicht um Empathie als positiven Wesenszug, sondern um die Tätigkeit des Mitfühlens an und für sich. Bildhaft kann man sich vorstellen, wie sich ein 257° Geborener einem anderen Menschen nähert, dessen Gemütszustand gefühlshaft erfährt und sich innerlich dieser Gefühlslage des Gegenübers anpasst. Wie eine Waagschale verändert der 257° Geborene seine innere Harmonie im Sinne der Harmonie des Gegenübers. Nicht wenige wissen um die Problematik ihrer veränderlichen Harmonie und ihrer Unbewusstheit in dieser Sache. Trotzdem ist es für sie schwer, im entsprechenden Augenblick das eigene Handeln zu verändern. Erschwerend für das Erkennen dieser Problematik kommt hinzu, dass viele 257° Geborene in guter Absicht handeln.

Die positive Ausrichtung: 257° Geborene sind prinzipiell idealistisch in ihrem Tun. Um welche Ideale es sich dabei handelt, spielt für die grundlegende Einstellung keine wesentliche Rolle.

Die negative Ausrichtung: Durch die negative Ausrichtung haben 257° Geborene den schwierigen Wesenszug der ständigen Anpassung und strahlen dies auf die sie umgebenden Menschen aus. Durch die beständige Unterordnung tun sich viele im Leben schwer. Die Differenz zwischen den wahrhaften Leistungen eines 257° Geborenen und der mangelnden Anerkennung ist für viele ein großes Problem. Im Grunde wissen sie nicht, wie sie agieren sollen. Sie haben nämlich die Überzeugung, dass sie sich, fügen sie sich nicht in dieser Weise harmonisch ein, selbst verraten.

258. *verwaltende Eigenschaft*

18° Schütze - 258° Geborene besitzen als Wesenszug das Einfordern einer Entspannung. Vereinfacht kann man dies so beschreiben, dass sie die Menschen in ihrem Umkreis auffordern, die Spannung, die sie selbst in sich tragen, zu lösen. Es gleicht dies einer inneren Erwartung von Erlösung, die sie von außen einfordern. Dieser Wesenszug ist den meisten Menschen unbekannt. Gleichzeitig wird es kaum einem 258° Geborenen schwerfallen, ihn in sich zu erkennen. Als einfachstes Beispiel kann man sich vorstellen, wie dieser Mensch einem anderen eine Frage stellt. Nachdem die Frage, wenn man es so ausdrücken möchte, den Fragesteller verlassen hat, verharrt dieser in einer leichten Spannung. Man kann auch beobachten, dass sich ein 258° Geborener ab diesem Augenblick weniger bewegt. Die Spannung beinhaltet zugleich einen Magnetismus, der auf den Gesprächspartner einwirkt und in dem man die genannte Aufforderung nach Erlösung findet. In diesem Beispiel würde Erlösung dann eintreten, wenn das Gegenüber die Frage zur Zufriedenheit des 258° Geborenen beantwortet hat.

Die positive Ausrichtung: Die dieser Substanz innewohnende Aufforderung nach Erlösung kann sich verwirklichen, wenn der Gesprächspartner eine Antwort gibt, die eine nächste höhere Stufe der inneren Harmonie und Entspannung erfüllt.

Die negative Ausrichtung: Die negative Ausrichtung bewirkt die Suche nach Erlösung am falschen Ort. Die Erlösung oder Entspannung bezieht sich hierbei nicht auf eine höhere Erkenntnis, sondern auf die Erfüllung einer Harmonie, welche der Dunkelheit entspricht. Die kurzfristige Erfahrung dieser niederen Harmonie gilt für den 258° Geborenen als Bestätigung der eigenen Ansicht. Es ist jedoch so, dass sich nach kurzer Zeit erneut eine innere Spannung ergibt, die nach Erlösung oder Entspannung sucht, und der Einfluss der *Eigenschaft* wird dem 258° Geborenen erneut eine kurzfristige Befreiung von dieser Spannung in der Dunkelheit suggerieren.

259. *verwaltende Eigenschaft*

19° Schütze - 259° Geborene sind permanent in Bewegung. Innerlich verspüren sie ständig den Drang, sei es im Alltag während der Hausarbeit, in der Freizeit oder im Beruf, etwas zu tun. Dadurch fühlen sie sich lebendig. Das Leben verbinden diese Menschen aus einem ganz besonderen Grund mit Bewegung: Sie bekommen, auch wenn ihnen dies meist nicht bewusst ist, innerlich durch Bewegung automatisch Kraft. Zugleich verbinden sie diese automatisch mit positiver Veränderung. Um es konkreter auszudrücken, ist diese Bewegung immer mit einer Form der Tätigkeit oder Arbeit verbunden. Die Menschen verändern etwas auf der Erde. Bewegung um ihrer selbst willen, wie zum Beispiel Sport, ist davon ausgenommen. Verbunden ist dieser Wesenszug der ständigen Beschäftigung stets mit der inneren Vorstellung von Weiterentwicklung. Die Prägung durch diese *Eigenschaft* impliziert für viele Menschen die Idee, dass es durch physischen Tätigkeiten zu inneren Veränderungen kommt. Werden sie daran gehindert, etwas zu tun, können sie sehr unruhig werden.

Die positive Ausrichtung: Wirklich verinnerlicht haben 259° Geborene etwas erst dann, wenn sie es selbst erleben oder erledigen. Der grundsätzliche Charakter eines solchen Menschen wirkt auf alle anderen Menschen beeinflussend. Haben sie einen positiven Charakter, werden diese innerlich positiv berührt und in diese Richtung verändert.

Die negative Ausrichtung: Es gelingt diesen Menschen sehr leicht, im Gegenüber Veränderungen gemäß der persönlichen Vorstellung zu bewirken. Dies beginnt beim stummen Verlangen und endet beim bewussten Machtmissbrauch. Im schlimmsten Fall werden Menschen bewusst oder unbewusst kontrolliert. 259° Geborene sind persönlich beleidigt, wenn die eigenen Wünsche im Außen nicht erfüllt werden. Auch sind sie dann irritiert oder abweisend und betrachten das Gegenüber als illoyal.

260. *verwaltende Eigenschaft*

20° Schütze - 260° Geborene haben den Drang, einzelne Dinge bis hin zum Leben selbst, tiefer verstehen zu wollen. Ihre Grundhaltung gleicht einer unausgesprochenen Frage, die latent im Raum schwebt. Deshalb haben die Mitmenschen immer wieder das Gefühl, etwas erklären zu wollen. Eine andere Möglichkeit ist, dass sie den 260° Geborenen auffordern, die Frage, die ihn beschäftigt, zu formulieren. Viele 260° Geborene sind introvertiert.

Die positive Ausrichtung: Durch die positive Ausrichtung dieser *Eigenschaft* erhalten 260° Geborene ihre Antworten. Gleichzeitig eröffnen sich dadurch neue Fragen und neue geistige Räume, die verstanden werden wollen. In dieser fortlaufenden Beschäftigung fühlen sie sich gefordert und deshalb wohl.

Die negative Ausrichtung: Durch den Einfluss dieser *Eigenschaft* meinen die Menschen, nach Antworten zu suchen. In Wahrheit befinden sie sich in einem, man möchte sagen, leeren Raum. In diesem Raum herrscht ein Magnetismus in Richtung der Antwort und der Erkenntnis. Durch die herrschende Oberflächlichkeit kann die Antwort jedoch nicht gefunden werden. Viele 260° Geborene geben sich der Illusion hin,

Antworten zu finden. Ihre Introvertiertheit vermittelt den Mitmenschen einen nachdenklichen Eindruck.

261. *verwaltende Eigenschaft*

21° Schütze - Eine Gemeinsamkeit aller 261° Geborenen ist eine besondere Art von Zielstrebigkeit, die mit innerer Freude verbunden ist. Es ist, als würden sie schon während des Weges die tiefe Befriedigung vorwegnehmen, das Ziel zu erreichen. Daher rührt ihr Wesenszug, gerne auf etwas hinzuarbeiten. Ob diese Tätigkeit mit einem Handwerk zu tun hat, die tägliche Laufstrecke betrifft, sich auf die Zubereitung eines guten Essens bezieht oder mit der beruflichen Arbeit zusammenhängt, hat diese Gesetzmäßigkeit betreffend keine Auswirkung. Immer geht es um ein aktives Tun, dem ein Ziel innewohnt.

Die positive Ausrichtung: 261° Geborene haben Freude in der Verrichtung einer Arbeit, die einem höheren Ziel dient. Deshalb können sie freudvoll arbeiten. Voraussetzung ist für sie jedoch, dass die Arbeit einen erkennbaren Sinn hat. Auch wenn 261° Geborene eine gewisse Schnelligkeit und Lebendigkeit im Handeln in sich tragen, kann sich ihre Begeisterung auch ruhiger ausdrücken. Unabhängig vom Tempo sind die Begeisterung und das Glücksgefühl gleichbleibende Merkmale.

Die negative Ausrichtung: Die wesentliche Problematik der negativen Ausrichtung bezieht sich auf das allgemeine Vermeiden von Tätigkeiten, die Freude und inneres Glück bringen könnten. Dieser Mensch kommt erst gar nicht dazu, sich glücklich zu fühlen. Er verspürt vielmehr Frust und eine ganz bestimmte Form der inneren Enttäuschung, die als unstet und beweglich erfahren wird. Die negative Ausrichtung vermittelt eine Empfindung der Mühsamkeit der Arbeit.

262. *verwaltende Eigenschaft*

22° Schütze - 262° Geborene sind lebendige Menschen, die darauf ausgerichtet sind, dass sich die einzelnen Aspekte des Lebens in einer positiven und verdienten Weise entwickeln. Sie möchten zudem für das, was sie investieren, entsprechend belohnt werden. Bei dem, was sie einbringen, kann es sich auch um eine Ausbildung oder um eine intensivere geistige Beschäftigung handeln. Sie erwarten dann, dass der geistige Lohn entsprechend der Intensität der Arbeit vergütet wird. 262° Geborene besitzen daher einen darauf fokussierten Gerechtigkeitssinn.

Die positive Ausrichtung: Durch die positive Ausrichtung erhalten 262° Geborene den gerechten Lohn für ihren Einsatz. Das kann alle Lebensbereiche betreffen. Selbst in sozialen Kontakten oder in der Partnerschaft zeigt sich die Wirkung dieser *Eigenschaft.*

Die negative Ausrichtung: Durch die negative Ausrichtung geschieht das Gegenteil. Diese Menschen haben den Eindruck, nichts auf den Boden der Realität oder in die Umsetzung bringen zu können. So sehr sie sich auch bemühen, so vergeblich war und ist der Einsatz für ein Vorhaben. Die negative Ausrichtung bewirkt zudem, dass die Bemühungen am falschen Ort geschehen.

263. *verwaltende Eigenschaft*

23° Schütze - Ein Wesenszug aller 263° Geborenen zeigt sich als Selbstzufriedenheit. Es scheint, als wären diese Menschen völlig überzeugt davon, in jeder einzelnen Lebenslage im Recht zu liegen. Es geht hier um die innere Grundhaltung dieser Menschen. Man kann es auch so ausdrücken, dass der 263° Geborene in jeder Lebenslage so tut, als wäre er im Recht. Es gleicht einer unbeeinflussbaren Selbstüberzeugung. Gleichwohl ist diese Selbstüberzeugung nicht so sehr davon abhängig, ob man wirklich die notwendigen Voraussetzungen besitzt.

Die positive Ausrichtung: Die positive Ausrichtung bewirkt, dass der 263° Geborene ein Suchender ist. Er will sich entwickeln, gleichzeitig besitzt er die Eigenschaft, jeden Schritt der Entwicklung kritisch zu hinterfragen.

Die negative Ausrichtung: Fast schon automatisch ist der 263° Geborene gedrängt, sich als Wissenden zu präsentieren. Er kann nicht nur sich selbst, sondern auch seine Mitmenschen davon überzeugen, über die entsprechenden Fähigkeiten zu verfügen. Dabei tarnt er sich als zurückhaltend-bescheiden und suggeriert zugleich, ein höheres Wissen zu besitzen.

264. *verwaltende Eigenschaft*

24° Schütze - Die Persönlichkeit eines 264° Geborenen wird in einer sehr feinen und durchdringenden Form geprägt. Viele dieser Menschen definieren sich in ihrem grundsätzlichen Sein in einer Selbstverständlichkeit, die keinen inneren Widerspruch aufkommen lässt. Ein wichtiges Kennzeichen ist diese innere Widerspruchslosigkeit. Beschäftigen sie sich mit einem Thema, stehen sie meist mit ihrem ganzen Sein dahinter. Der Grund dafür ist die tiefe Annahme der Richtigkeit des eigenen Tuns. Der Zweifel, ob das, was man gerade tut, auch richtig ist, kommt selten auf. Die wesentliche Motivation all ihrer Gedanken, Gefühle und Handlungen ist es, ihr Gleichgewicht aufrechtzuerhalten.

Die positive Ausrichtung: Diese Menschen sind von einer positiven Lebenseinstellung durchdrungen. Im Alltag zeigt sich dies in einer automatisierten positiven Betrachtung der jeweiligen Gegebenheit. Es gibt keine Situation, in der sie nicht noch Hoffnung schöpfen. Tief in ihrem Inneren wissen sie, dass sich die Dinge, auch wenn sie manchmal schwerfallen, wieder zum Guten wenden werden.

Die negative Ausrichtung: Durch die negative Ausrichtung erblicken 264° Geborene in ihren Handlungen und ihrem Charakter nichts Fehlerhaftes. In welcher Lebenssituation auch immer sie sich befinden, sie fühlen sich meist gut und im Einklang mit ihrer Welt. Diese Lebenseinstellung richtet sich rein nach innen und geht automatisch davon aus, dass sich die Menschen im Umfeld dieser Einstellung anpassen. Das eigene Empfinden und seine Durchsetzung im Außen ist diesen Menschen so wichtig, dass sie diese über die Freiheit des Willens der anderen Menschen stellen.

265. *verwaltende Eigenschaft*

25° Schütze - 265° Geborene tragen in sich meist unbewusst eine ständige positive Erwartungshaltung, welche sich im Inneren abwartend-erwartend und nach außen hin verlangend-erwartend zeigt. Wer jemanden mit 265° beobachtet, der fragend durch den Raum blickt, kann sich ziemlich sicher sein, dass diesem Blick die beschriebene Erwartungshaltung innewohnt. Maßstab der Beurteilung des zu Erwartenden ist die eigene Moral und Ethik.

Die positive Ausrichtung: Eine Charaktereigenschaft der positiven Ausrichtung kann man als ein ständiges Suchen nach Fortschritt und Weiterentwicklung beschreiben. Welche Beschäftigung auch immer diese Menschen lieben, sie streben meist unruhig nach Entwicklung. Wird jedoch die Grundvoraussetzung für Fortschritt im Zusammenhang mit dieser *Eigenschaft* nicht erkannt, bleibt es bei einem stetigen Wechsel der Schwerpunkte in der Beschäftigung. Die Voraussetzung für den Fortschritt wird durch diese *Eigenschaft* über das Schweigen definiert.

Die negative Ausrichtung: Durch die negative Ausrichtung steigert sich der Drang, den sich durch das Schweigen steigernden Fortschritt durch das Aussprechen zu unterbinden. Sich dagegen zu wehren, ist für viele Menschen sehr schwer. Meist tarnt sich dies als Mitteilungsbedürfnis. Unter dem Mantel des konstruktiven Austauschs lässt sich das Schweigen mit etwas weniger schlechtem Gefühl durchbrechen. Eine Auswirkung der negativen Ausrichtung zeigt sich als automatisches Erwarten des Schlechten.

266. *verwaltende Eigenschaft*

26° Schütze - Ein wesentlicher Charakterzug aller 266° Geborenen ist, dass sie ein tiefes Bedürfnis nach Authentizität in sich tragen. Diese Eigenschaft zeigt sich in einer besonderen Form. Erstens ist sie nach innen orientiert. Man kann dies gemeinhin als Wahrhaftigkeit gegenüber sich selbst beschreiben. Zweitens ist dieser Wesenszug niemals aufdringlich oder bestimmend. Er tritt sehr sanft auf. In dieser leisen Ausdrucksweise gleicht er einer leichten und zugleich klaren Überprüfung der inneren Wahrheit. Authentisch zu sein bedeutet für 266° Geborene immer, der inneren Wahrheit zu entsprechen. Ein typischer Wesenszug ist die gewohnheitsmäßige Überprüfung gegebener Umstände. Hierbei wird nicht nur ein Aspekt betrachtet, sondern alle bekannten Informationen werden zusammengetragen und bewertet.

Die positive Ausrichtung: Durch die positive Ausrichtung wissen 266° Geborene intuitiv, dass sie in sich selbst den Maßstab der Beurteilung tragen. Ebenso ist es ihnen selbstverständlich, anderen Menschen ihre eigene Individualität zu lassen.

Die negative Ausrichtung: Das größte Problem, welches durch die negative Ausrichtung auftritt, ist die Verrohung des Gewissens. Es muss nicht das abgestumpfte Gewissen eines Menschen sein, der anderen bewusst Leid zufügt. Ein innerer Abstieg beginnt schon viel früher. Je besser man dies erkennt, desto besser kann man dem entgegenwirken.

267. *verwaltende Eigenschaft*

27° Schütze - Wer einen 267° Geborenen beobachtet, wird nicht umhinkönnen, ein gewisses waches Interesse in Bezug auf sein Umfeld zu bemerken. Man kann es als einen Charakterzug der neugierigen Offenheit gegenüber unbekannten Inhalten beschreiben. Dadurch ergibt es sich, dass viele Menschen ein großes Allgemeinwissen besitzen. Dieses Wissen ist gleichzeitig in einer gewissen Weise oberflächlich, wobei anzumerken ist, dass dieses Teilwissen deshalb nur an der Oberfläche kratzt, weil für eine tiefere Beschäftigung oft die Motivation fehlt. Vereinfacht ausgedrückt genügt dem 267° Geborenen meist ein allgemeiner Überblick. Ausnahmen sind Themenbereiche, die ihn wirklich beschäftigen. Dann wandelt sich der Charakter in Verbindung mit dieser Substanz in eine gewisse Leichtigkeit, die gepaart mit einem wissenden Ernst einen entsprechenden Wesenszug der Persönlichkeit ausmacht. Im Charakterzug der Offenheit wird man eine gewisse Reserviertheit bemerken.

Die positive Ausrichtung: In einem Gespräch mit einem 267° Geborenen wird man am Ende erkennen, dass er sich leicht vom Gesprächspartner lösen kann. Ging es noch vor wenigen Minuten vielleicht um persönliche Probleme, gelingt es ihm dennoch, sich bildhaft ausgedrückt umzudrehen und vom Inhalt des Gesprächs auch in Verbindung mit den Gefühlen zu lösen. Jede Form der Arbeitserleichterung nehmen sie gerne und bereitwillig an.

Die negative Ausrichtung: Der typische Satz lautet nun „Das geht mich nichts an" und meint damit die innere Reserviertheit gegenüber dem Leid anderer Menschen. Die grundsätzlich positive Prägung der Persönlichkeit in Bezug auf die Selbstverantwortung wandelt sich nun in eine ablehnende Haltung gegenüber anderen Menschen, verbunden mit einer gewissen Mitleidlosigkeit. Im Zentrum der negativen Ausrichtung steht ein Wesenszug, der sich auf eine innere Reserviertheit gegenüber sich selbst bezieht. Die erwähnte Oberflächlichkeit zeigt sich vor allem dann, wenn schon erste Erklärungen als tiefe Erkenntnisse angenommen werden.

268. *verwaltende Eigenschaft*

28° Schütze - 268° Geborene haben als gemeinsames Wesensmerkmal, dass sie zu wissen meinen, was gut für sie ist. Dies betrifft im Prinzip alle Lebensbereiche, von den alltäglichen Entscheidungen bis hin zum spirituellen Weg. Vor allem haben sie die Eigenart, das, was sie als Wahrheit erachten, als absolut zu definieren. Diese innere Überzeugung durchdringt sie wie ein Machtfeld. Normalerweise ist es so, dass sie gar nicht auf die Idee kommen, dass ihre momentane Überzeugung falsch sein könnte. Auf den ersten Blick gleicht es einem unumstößlichen Glaubensinhalt.

Die positive Ausrichtung: Die positive Ausrichtung bewirkt, dass sie sich, kommen Sie mit einer höheren Wahrheit in Verbindung, gut von der bisherigen Überzeugung lösen können. Man könnte es so beschreiben, dass sie sich von einer absoluten Überzeugung in die nächste absolute Überzeugung entwickeln. Nun nimmt die nächste, im positiven Sinn höhere Überzeugung diese unumstößliche Position der persönlichen Wahrheit ein.

Die negative Ausrichtung: Durch die negative Ausrichtung der *Eigenschaft* verändert sich die Überzeugung in Bezug auf die persönliche Wahrheit. Grundsätzlich kann man sagen, dass sie sich verstärkt. Es kommen jedoch noch weitere Eigenschaften dazu, welche Merkmal der negativen Ausrichtung sind. Da der 268° Geborene eine fast schon krampfhafte Überzeugung ob der persönlichen Wahrheit vertritt, beginnt er sich von der Realität schleichend zu entfernen. Dies zeigt sich merkmalhaft als Wesenszug der Abgehobenheit. Beschreibt man dies bildlich, scheint es, als bewegte sich dieser Mensch in einer dünnen und starren Struktur. Diese Struktur steht für die persönliche Überzeugung. Kommt er nun mit höheren Wahrheiten in Verbindung, bewirkt die negative *Eigenschaft*, dass der 268° Geborene mit allen Mitteln versucht, an seiner persönlichen Überzeugung festzuhalten. Er meint oft auch aus Angst, den inneren Halt zu verlieren und diesen nur in der persönlichen Überzeugung finden zu können. Er beginnt sich gegenüber den höheren Wahrheiten zu verteidigen.

269. *verwaltende Eigenschaft*

29° Schütze - Eine Eigenschaft von 269° Geborenen ist ihr Fixiertsein auf einen zukünftigen oder räumlich entfernten Punkt. Dabei kann es sich um ein natürliches Ereignis, ein herbeigeführtes Geschehen, ein längeres Projekt, ein Treffen mit anderen Leuten oder um einen anderen Ort handeln. Ihre Fixierung auf diesen Punkt bestimmt das gegenwärtige Handeln.

Die positive Ausrichtung: Durch die positive Ausrichtung handelt es sich bei dem zukünftigen oder räumlich entfernten Punkt um ein realistisches Ziel, das sich in der Gegenwart schrittweise verwirklicht. Der gegenwärtige Moment wird als Teil der Fertigstellung des entfernten Punktes betrachtet.

Die negative Ausrichtung: Unrealistische Ziele werden angestrebt, wobei sich die Menschen in diesen Zielen verlieren. Dadurch leben sie nicht mehr in der Gegenwart, sondern in der oberflächlichen Ausrichtung auf diesen Punkt. Die gegenwärtigen Arbeiten dienen nicht mehr der Fertigstellung, sondern dem Aufrechterhalten einer Illusion.

270. *verwaltende Eigenschaft*

30° Schütze - 270° Geborene sind optimistisch und ausdauernd. Wenn sie an eine Sache oder an einen Menschen glauben, sind sie zudem loyal und treu. Der Grund dafür ist, dass sie an eine Entwicklung glauben, die ihrer Ansicht nach möglich ist und verwirklicht werden kann. Den Grund für eventuelle Schwierigkeiten in der Entwicklung sehen sie bei sich selbst und nicht im äußeren Geschehen oder in einer anderen Person.

Die positive Ausrichtung: Durch die positive Ausrichtung schenkt der 270° Geborene seine Loyalität der richtigen Person. Sie zahlt sich aus, da diese Person das nötige Fachwissen besitzt. Durch diese Eigenschaft entwickeln sich 270° Geborene weiter und können ihr Ziel in einer positiven Weise erreichen. Viele besitzen einen nicht zu erschütternden Optimismus.

Die negative Ausrichtung: Die negative Ausrichtung bewirkt, dass diese Menschen sich nicht zu entwickeln vermögen, da sie eine Sache nicht tiefer verstehen oder Belehrungen nicht umsetzen können. Oft liegt es nicht an mangelndem Können, sondern am oberflächlichen Verständnis. Sie bewahren sich eine Loyalität gegenüber der Dunkelheit. Durch dieses blinde und naive Vertrauen binden sich 270° Geborene an die Dunkelheit.

271. bis 300. *verwaltende Eigenschaft*

271. *verwaltende Eigenschaft*

1° Steinbock - Einen gemeinsamen Charakterzug aller 271° Geborenen könnte man als eine Form der gebremsten Vorwärtsbewegung beschreiben. In Bezug auf ihr verhaltenes Handeln in allen möglichen Lebensbereichen sind sich auch 271° Geborene nicht klar, sofern ihnen überhaupt bewusst ist, warum sie in dieser Weise agieren. Mancher 271° Geborene bekommt immer wieder die Aufforderung von anderen Menschen, endlich mehr Tempo zuzulegen. Vereinfacht erklärt wirkt im 271° Geborenen stetig eine Kraft, die ihn in eine Verbindung mit der Ursache seines Tuns bringen möchte. Sie fragen sich in einem fort, warum etwas so ist, wie es ist.

Die positive Ausrichtung: 271° Geborene haben meist ein tiefes Verständnis für den Verlauf des Lebens. Beobachten sie, dass anderen Menschen Schicksalsschläge widerfahren, verbleiben sie dennoch in der für sie typischen Ruhe. Tief innerlich meinen sie zu wissen, dass alles Geschehen einen tieferen Grund hat. Daher reagieren sie häufig nicht so, wie andere Menschen es vielleicht erwarten.

Die negative Ausrichtung: In Verbindung mit der negativen Ausrichtung tragen viele 271° Geborene den Wesenszug des Fatalismus in sich. Schicksalsergeben fügen sie sich jeder Situation, ohne sich daraus befreien zu wollen. Das führt dazu, dass sie sich der Dunkelheit ergeben. „Es ist alles vorbestimmt", oder „Ich kann nichts dagegen unternehmen", sind typische Floskeln von 271° Geborenen in Verbindung mit der negativen *Eigenschaft.*

272. *verwaltende Eigenschaft*

2° Steinbock - Alle 272° Geborene teilen sich eine Eigenschaft, welche sich wesentlich auf ihre Persönlichkeit auswirkt: der Wesenszug Macht. Betritt jemand mit einer unverkrampften Selbstsicherheit einen Raum voller Menschen und alle drehen sich nach ihm um, kann es gut sein, dass man einen 272° Geborenen sieht. Sein lockeres Auftreten stützt sich innerlich auf eine feste Struktur. Die Mitmenschen wissen um die diesem Menschen innewohnende Macht oder erahnen sie zumindest. Sie ist nicht aufgesetzt, sondern ein natürlicher Ausdruck der Persönlichkeit.

Die positive Ausrichtung: Die positive Ausrichtung erfüllt den Charakter dieser Menschen mit einer Authentizität, die niemals künstlich aufgebaut werden muss, sondern sich ganz natürlich in die Persönlichkeit einfügt. 272° Geborene strahlen eine selbstverständliche Autorität aus. Dieser Wesenszug ermächtigt sie dazu, in allen Bereichen in der materiellen Welt Führungspositionen einzunehmen. Dies geschieht meist wie von selbst, da die Menschen in ihrem Umfeld ihre Autorität anerkennen.

Die negative Ausrichtung: Die negative Ausrichtung richtet sich auf den Erhalt des Status quo. An die Stelle der Beweglichkeit tritt eine gewisse Form der nervösen Verkrampfung. Anders ausgedrückt meint der 272° Geborene, eine innere Starrheit verleihe ihm Selbstbewusstsein. Diese typische Starrheit ist häufig Ausdruck einer unbestimmten Angst vor dem Verlust des Selbstbewusstseins. Die negative Ausrichtung wirkt nun insofern, als jemand immer starrere Muster annimmt und diese als Ausdruck persönlicher Macht begreift. Er meint zu erkennen, dass ihm dies Selbstbewusstsein verschafft. Die damit einhergehende Machtausübung hat zur Folge, dass auch andere Menschen diese Inhalte mit ihrem Bewusstsein nachzeichnen und sie so am Leben erhalten.

273. *verwaltende Eigenschaft*

3° Steinbock - 273° Geborene sind grundsätzlich positive Menschen. Sie haben ein grundlegend offenes Gemüt und gehen in dieser positiven Grundhaltung auf andere Menschen zu. Dies geschieht aktiv; gleichzeitig schaffen sie damit in einer ganz bestimmten Weise eine neue Situation.

Die positive Ausrichtung: Dazu folgendes Beispiel: Ein 273° Geborener sieht in einer Gesellschaft jemanden, den er gerne kennenlernen möchte. Nach einem anfänglichen Abwarten und Überlegen wird er sich aktiv und positiv auf das Gegenüber zubewegen. Während dieser Wartezeit geschieht es übrigens häufig, dass der 273° Geborene den anderen fortwährend anblickt, weniger fixierend als vielmehr wahrnehmend und gedankenvoll. Tritt er nun vor den anderen Menschen hin, hat er in sich für sich selbst und die ganze Situation eine eigene Energie erschaffen. Diese Energie ist grundsätzlich positiv, erwartungsvoll und dem Gegenüber zugewandt. Meist folgen dann einige offene und vorurteilsfreie Worte und möglicherweise Fragen. In dieser Form wird ein Gespräch begonnen.

Die negative Ausrichtung: Die negative Ausrichtung birgt das Verlangen positiver Zustimmung. Grundsätzlich besteht die Problematik darin, dass der 273° Geborene sein eigenes Tun auch in Verbindung zur negativen Ausrichtung als positiv bewertet. Eine Bestätigung wird als positiv, ein Widerspruch dagegen als negativ definiert. „Wie kann jemand dies nicht als lichtvoll oder gut oder schön erkennen?", fragen sich die 273° Geborenen konsterniert. Nun kommt es dazu, dass das Gegenüber eine Haltung der Ablehnung einnimmt. Der Andere baut gleichsam einen Schutzwall auf, um nicht in den Einfluss zu geraten. Auch das geschieht unbewusst. Wenn Eigenschaften den anderen Menschen einengen, beschränken sie seinen freien Willen und sind als negativ zu bewerten.

274. *verwaltende Eigenschaft*

4° Steinbock - 274° Geborene haben das Talent, sich Menschen zu nähern, welche die eigene Entwicklung in bestmöglicher Weise unterstützen. Meist geschieht dies unbewusst und der 274° Geborene weiß gar nicht, dass er gerade mit einem Menschen ein Gespräch führt, der ihm durch den im Hintergrund wirkenden Austausch in seiner Entwicklung hilft.

Die positive Ausrichtung: Ein Mensch in Verbindung mit der positiven Ausrichtung kann nur schwer enttäuscht werden, weil er nur Verbindungen mit Menschen eingeht (damit sind alle sozialen und vor allem partnerschaftlichen Beziehungen gemeint), welche diese Voraussetzungen erfüllen. Der 274° Geborene lässt sich auf eine nähere Beziehung, die ihm nicht guttut, gar nicht erst ein. Das ist der Grund für sein Talent, in Beziehungen nicht enttäuscht zu werden.

Die negative Ausrichtung: Die Problematik der negativen Ausrichtung besteht darin, dass die eigene, durch die Tradition geprägte Wertehaltung die höchste hierarchische Stellung einnimmt. Dadurch kommt es zu einer egozentrierten Selbsteinschätzung. Dies ruht auf einer scheinbaren und als positiv bewerteten inneren Ruhe. Der 274° Geborene nimmt sich selbst als, man möchte fast sagen, liebevoll wahr und drängt das Gegenüber in eine eng abgesteckte Welt persönlicher Vorlieben und Abneigungen. Nur das wird als wahr erkannt und wie selbstverständlich als höhere Wahrheit angenommen, was der eigenen geistige Beschaffenheit entspricht.

275. *verwaltende Eigenschaft*

5° Steinbock - Man könnte sagen, dass das physische und geistige Agieren eines 275° Geborenen mit Liebe verbunden sind. Das bewirkt eine besondere Art der Bindung. Der Gedanke eines 275° Geborenen manifestiert sich durch die mit ihm verbundenen Gefühle, und im gleichen Moment entsteht eine starke Bindung zu diesem Gefühl. Man könnte in diesem Zusammenhang sagen, dass diese Menschen verliebt in die eigenen Gefühle und Emotionen sind.

Die positive Ausrichtung: Obwohl sie eine starke Bindung gegenüber den eigenen Gedanken und Gefühlen in sich tragen, birgt diese Substanz zugleich einen Wesenszug der Freiheit. Es ist der positiven Ausrichtung immanent, dass diese Menschen sich als frei definieren. Gemeint ist damit die Freiheit gegenüber anderen Menschen.

Die negative Ausrichtung: Die große Problematik der negativen Ausrichtung ist die Verwechslung von Liebe und Bindungen, die aufgrund ihrer Intensität für Liebe gehalten werden. Ein 275° Geborener hat oft eine starke Bindung zu einem Elternteil oder zu einem ihm nahestehenden Menschen, der meist unbewusst zum Ideal verklärt wird.

276. *verwaltende Eigenschaft*

6° Steinbock - Ein gemeinsamer Wesenszug aller 276° Geborenen ist ihr automatisiertes Streben, das, worum es jeweils geht, intelligenzhaft zu erfassen. Wie umfangreich oder banal es auch immer sein mag: Der Verstand setzt sich sofort damit auseinander. Je besser etwas analysiert und verstanden wird, desto wohler fühlen sich diese Menschen. Daraus ergibt sich, dass diese Menschen sich immer dann unsicher fühlen, wenn sie etwas nicht verstehen.

Die positive Ausrichtung: 276° Geborene haben durch die positive Ausrichtung das Talent, den Überblick zu bewahren. Sie können sich mit einer Thematik auf mehreren Ebenen zugleich befassen, sie mit dem Verstand verbinden und zu einer konzentrierten Lösung bringen. Damit ist schon ein sehr großes Tätigkeitsfeld genannt. Jeder Lebensbereich wird davon durchdrungen und alles miteinander verbunden. Eine Eigenschaft ist der Wissensdurst dieser Menschen.

Die negative Ausrichtung: In Verbindung mit der negativen Ausrichtung geht es nicht um eine Erweiterung des Verstandes. Mit einer verinnerlichten Selbstverständlichkeit nimmt dieser Mensch vielmehr an, dass auch das Gegenüber nur jene intelligenzhaften Analysen in das Gespräch einfließen lässt, die dem 276° Geborenen sowieso schon immanent sind. Daraus ergibt sich das innere Konstrukt einer Selbstsicherheit, die jeden Kontakt mit jemandem, der dies durchbrechen könnte, von Anfang an vermeidet. 276° Geborene wollen mit niemandem in Kontakt stehen, der intelligenter ist als sie.

277. verwaltende Eigenschaft

7° Steinbock - Immer wieder kann man 277° Geborene in einer nachdenklichen Haltung beobachten. Gleichzeitig haben sie einen ernsthaften Gesichtsausdruck, ohne in irgendeiner Weise streng zu sein. Es ist, als würden sie über etwas nachdenken, was sich entwickelt und genau so auch entwickeln muss. Ein Beispiel dazu: Ein Mensch im Einfluss der 277. *Eigenschaft* der 5. Dimension beobachtet einen ihm nahestehenden Menschen, der sich durch persönliche Probleme immer weiter in seiner eigenen Dunkelheit verstrickt. In dieser Beobachtung ahnt, ja weiß der 277° Geborene intuitiv schon im Voraus, wie die ganze Sache enden wird.

Die positive Ausrichtung: Durch die positive Ausrichtung agieren 277° Geborene aus einer inneren Haltung der Wertschätzung. Hier zeigt sich die Prägung der Ernsthaftigkeit als Wertschätzung gegenüber anderen Menschen. Gleichzeitig versuchen sie, den Augenblick zu schätzen.

Die negative Ausrichtung: In Zusammenhang mit der negativen Ausrichtung fällt eine Besserwisserei auf, die sich auf eine bestimmte Form der Schicksalsgläubigkeit bezieht. „Der wird schon noch sehen", denken sich 277° Geborene. Auch hier sprechen sie ihre Ahnung nicht aus. Im Grunde genommen geben sich 277° Geborene sehr zurückhaltend. Diese Zurückhaltung ist jedoch keineswegs vornehm, wie es allgemein heißt, sondern hat etwas mit Rückzug zu tun. Derjenige versucht dadurch, sich von jeder intelligenten Auseinandersetzung zu distanzieren. Das Geschehen wird als schicksalhaft definiert und jede Form der Unterscheidung als Unwissenheit zurückgewiesen. Man kann eine Art überheblichen Fatalismus finden.

278. *verwaltende Eigenschaft*

8° Steinbock - Die 278. *Eigenschaft* formt die Persönlichkeit eines Menschen in einer Weise, die man als einfühlsam und distanziert zugleich beschreiben kann. 278° Geborene sind sehr nachdenkliche Menschen. Dieser Wesenszug wird von einer gewissen Introvertiertheit begleitet, wobei sie sich in diesen Momenten des Nachdenkens wohlfühlen und als gewissermaßen ruhig, harmonisch und innerlich zurückgezogen erfahren.

Die positive Ausrichtung: Der beschriebene Aspekt der Einfühlsamkeit wird von einer inneren Ruhe begleitet. Man kann ohne weiteres behaupten, dass diese Menschen eine hohe Fähigkeit darin besitzen, die Gefühle anderer Menschen in sich selbst zu spüren. Ein 278° Geborener befindet sich zum Beispiel in Gesellschaft eines anderen Menschen und trinkt zusammen mit ihm einen Kaffee. Intuitiv weiß der 278° Geborene, wie es dem Gegenüber geht. Dieses intuitive Fühlen realisiert sich automatisch und ohne inneres Zutun. Der 278° Geborene erfährt dies nicht nur gefühlhaft, sondern kann auch erklären, in welcher Stimmungslage sich sein Gegenüber befindet.

Die negative Ausrichtung: Die negative Ausrichtung fördert einen inneren Vorgang, mit der Folge, dass der 278° Geborene in sich unablässig einen Wesenszug auslebt, in dem es ausnahmslos um die gefühlshaften Empfindungen und Stimmungen anderer Leute geht. Diese werden zu seinem einzigen Lebensinhalt. Schwierig ist dies auch deshalb, weil sie automatisch annehmen, alle anderen Menschen agierten ebenso. Die Welt eines 278° Geborenen ist daher eine auf die jeweilige Gefühlslage beschränkte Weltsicht. Man kann sich dies wie einen winzigen Raum vorstellen, in dem man sich ständig im Kreis bewegt.

279. *verwaltende Eigenschaft*

9° Steinbock - Das Wort Selbstverständlichkeit vermittelt einen ersten Eindruck des Charakters. Damit soll angezeigt werden, dass ein 279° Geborener mit größter Natürlichkeit seine eigenen Vorstellungen als wahr annimmt. Dieses charakteristische Selbstbewusstsein stützt sich auf jene Eigenart dieser *Eigenschaft*, die in dem Satz „Das ist halt jetzt so" und der gleichzeitigen Annahme dieser Situation zum Ausdruck kommt. 279° Geborene begegnen anderen Menschen häufig auf einer ebenbürtigen Ebene.

Die positive Ausrichtung: 279° Geborene haben durch die positive Ausrichtung das Talent, sich in allen möglichen Lebenssituationen ausgezeichnet zurechtzufinden. Auch dann, wenn sie von einer Begegnung oder Gegebenheit überrascht werden, fassen sie sich sehr schnell und agieren in einer Form, die von einem Beobachter als selbstbewusst erkannt wird. Gleichzeitig birgt 279° eine Entwicklung innerhalb des Selbstbewusstseins in sich. Das bedeutet für den Charakter desjenigen, dass er in der selbstverständlichen Annahme der Situation unbewusst um eine Verbesserung weiß.

Die negative Ausrichtung: Ein Charakterzug der negativen Ausrichtung der *Eigenschaft* ist die Akzeptanz der eigenen Halb- oder Unwahrheit. Ein Beispiel: Ein 279° Geborener erkennt, dass er in einer bestimmten Sache unrecht hatte. Diese Unwahrheit hat er jedoch gegenüber seinem nächsten Umfeld immer vertreten und massiv verteidigt. Nicht selten ist es daher zum Streit gekommen. Seine Reaktion, nachdem er sein Unrecht erkannt hat, ist aber nun nicht, wie man vielleicht annehmen könnte, Reue und die Korrektur der Ansicht, sondern im Gegenteil ein leicht trotziges Beharren auf seinem angeblichen Recht, unrecht haben zu dürfen. Nicht selten reagiert er mit Angriff und verlangt durch die negative Ausrichtung nach der Bestätigung, sehr wohl einen Anspruch darauf zu haben, die Unwahrheit vertreten zu dürfen.

280. *verwaltende Eigenschaft*

10° Steinbock - Ein gemeinsamer Wesenszug aller 280° Geborenen ist der gesunde Wechsel zwischen positiver Spannung in Form von Konzentration und Entspannung. Sie haben das tiefe, wenn auch zumeist unbewusste Anliegen, ihr Leben nach wiederkehrenden Rhythmen zu gestalten. Tag und Nacht, Arbeit und Freizeit, Beschäftigung und Pause, Pflicht und Kür, Wachen und Schlafen sind Beispiele dieses in die Natur eingeschriebenen rhythmischen Wechsels. Wichtig ist ihnen dabei die Regelmäßigkeit und die sich dadurch ergebende Übersichtlichkeit und Vorhersehbarkeit. Immer sind sie bestrebt, sich das Leben nach diesem Rhythmus einzuteilen. Ein Wesenszug zeigt sich als momentanes Verharren vor einem Gegenstand oder im Nachdenken über ein Thema. In diesen Momenten gleicht die Empfindungswelt dieser Menschen einer Pattsituation zwischen Konzentration und Entspannung. Es scheint, als könnten sie sich nicht entscheiden. Erst nach einiger Zeit kommt wieder Bewegung ins Spiel.

Die positive Ausrichtung: Gerne beschäftigen sie sich konzentriert mit einem Thema. Diese Fähigkeit der konzentrierten Beschäftigung kann man als eines ihrer großen Talente betrachten. Die inhaltliche Thematik spielt keine entscheidende Rolle. Haben sie eine Zeit lang gut gearbeitet, fühlen sie sich sehr wohl. Während der Phase der Entspannung nach einer anstrengenden Tätigkeit durchdringt alle 280° Geborenen große Zufriedenheit.

Die negative Ausrichtung: In der Persönlichkeit des Menschen zeigt sich die negative Ausrichtung in Form eines inneren Stillstandes und Unbeweglichkeit. Trotzdem haben diese Menschen die Erwartung, dass etwas geschieht. Diese innere Unruhe lässt sie den Umstand der Hemmnis nur schwer erkennen. Eine große Problematik zeigt sich in dem ständigen krampfhaften Bemühen, alle Dinge ja richtig zu machen. Viele 280° Geborene denken auch, dass sie Dinge erhalten oder erfahren können, ohne etwas dafür zu tun.

281. *verwaltende Eigenschaft*

11° Steinbock - Ein wesentlicher Charakterzug aller Menschen durch die Prägung der 281. *Eigenschaft* ist das Bemühen um Verbesserung. Ausgangspunkt dieser Veränderung zum Guten ist ein gegebener Zustand, der sich auf die Vergangenheit stützt. Sie wollen nicht das Neue oder Revolutionäre, ihr Anliegen ist es, gegebene Umstände in sich zu ändern. Ein besonderer Wesenszug von 281° Geborenen ist so selbstverständlich, dass er ihnen gar nicht auffällt: die ständige Bezugnahme auf das eigene vergangene Tun.

Die positive Ausrichtung: Die Menschen lieben es, ihr Leben zu bereichern und zu verbessern. Entwicklung bedeutet für sie immer auch eine Steigerung der Lebensqualität. Selbst Kleinigkeiten spielen eine große Rolle und verbessern den allgemeinen inneren Zustand. Kauft sich ein 281° Geborener beispielsweise ein schönes Bild, gleicht die ganze Handlung von der ersten Betrachtung über die Entscheidungsfindung und den Kauf bis hin zum Aufhängen des Bildes nahezu einem zeremoniellen Akt, der bewusst erlebt wird. Der Raum, in dem sich dann das Bild befindet, wird danach bewusst als schöner oder lebenswerter empfunden. Typisch für sie ist der Satz: „Wenn man etwas will und sich bemüht, kann man es auch schaffen."

Die negative Ausrichtung: Ein Ausdruck der negativen Ausrichtung zeigt sich im Umgang mit negativen Lebenssituationen. Nicht die negative Situation wird verändert, sondern die eigene Einschätzung ihr gegenüber. Ein Beispiel: Jemand erwirbt ein Möbelstück. Objektiv betrachtet ist es unpraktisch, außerdem entspricht es nicht seinem Geschmack. Anstatt dieses Möbel wegzugeben, zwingt er sich zu der Einstellung, das Stück sei praktisch und schön. Das kann sich auch im Umgang mit anderen Menschen oder beruflichen Gegebenheiten ausdrücken. Es ist dies ein Zwang zur Schönfärberei und gleichzeitigen inneren Verbiegung der eigenen Wahrheit. Ein weiteres Problem in diesem Zusammenhang ist, dass die ursprüngliche Einschätzung des Möbelstücks fast vergessen wird, was einer dauernden inneren Störung gleicht, die als selbstverständlich hingenommen wird.

282. *verwaltende Eigenschaft*

12° Steinbock - Die Mitmenschen denken, dass 282° Geborene immer derselbe sind und sich nicht verändern, bis sie zu einem bestimmten Zeitpunkt plötzlich erkennen, dass sie denselben, aber doch zugleich einen völlig anderen Menschen vor sich haben. Der 282° Geborene selbst erlebt diese Entwicklung Schritt für Schritt mit. Für ihn ist dieser Prozess nichts Besonderes, im Gegenteil, er empfindet ihn als normal und ganz natürlich. Umso mehr ist er dann überrascht, wenn ihn ein Bekannter, Freund oder gar ein Familienmitglied damit konfrontiert, dass er plötzlich ein ganz neuer Mensch sein soll. Diese Differenz zwischen der Selbstwahrnehmung eines 282° Geborenen und der Wahrnehmung durch sein Umfeld ist sehr typisch.

Die positive Ausrichtung: In Verbindung mit der positiven Ausrichtung tragen 282° Geborene eine Macht in sich. Diese stützt sich auf eine stetige innere Veränderung in Richtung Entwicklung. Die positive Ausrichtung bewirkt, dass eine gewisse Offenheit gegenüber dem Unbekannten im Menschen wirkt und dieser immer wieder, sei es durch Geistesblitze oder tiefere Erfahrungen, zu größeren Einsichten gelangt.

Die negative Ausrichtung: 282° Geborene beginnen durch die negative Ausrichtung eine Wirklichkeit vorzuspielen, die es gar nicht gibt. Das bedeutet, dass sie anderen Menschen einen heilen und positiven Charakter vorspielen. In ihnen kann es jedoch ganz anders aussehen.

283. *verwaltende Eigenschaft*

13° Steinbock - Eine Eigenschaft von 283° Geborenen zeigt sich als Haltgebung durch das Sehen. Beobachtet man jemanden, wird man feststellen, dass sich in dem Augenblick, in dem er etwas für längere Zeit betrachtet und damit festhält, zugleich unbewusst eine Struktur bildet. Das Bewusstsein bekommt eine haltgebende Basis. Diese Basis ist jedoch nicht passiv ruhend, sondern aktiv wirkend. Sie bildet die Grundlage für zukünftige Handlungen.

Die positive Ausrichtung: Der 283° Geborene ist durch die Verbindung zu dieser *Eigenschaft* in der Lage, den Charakter seines Gegenübers zu empfinden. Dies geschieht meist automatisch. Wer sich beobachtet, wird erkennen, dass ihn zugleich mit dem optischen Bild ein innerer Eindruck erfasst. Meist ist es eine Mischung von Emotionen, Informationen und vielen anderen Dingen. Grundsätzlich haben sie den jeweiligen persönlichen Bereichen entsprechend eine gute Intuition.

Die negative Ausrichtung: Die Folge der negativen Ausrichtung ist die automatisierte Selbsteinschätzung in Bezug auf die ausschließliche Wahrnehmung der Umwelt über die Sinne. Nicht selten haben Menschen in diesem Einfluss die Ansicht, nicht fühlen, empfinden oder intuitiv wahrnehmen zu können. Durch die negative Ausrichtung bemühen sie sich, ihre Umgebung möglichst nicht zu verändern. Eine weitere Folge ist auch, dass die Schönheit in der Kunst nicht geachtet, ja sogar als überflüssig betrachtet wird.

284. *verwaltende Eigenschaft*

14° Steinbock - Jede Antwort, die 284° Geborene bekommen und nach einigen Überlegungen möglicherweise annehmen, gleicht einer vorläufigen Beruhigung. Die angesprochene Ruhe erfüllt sich nur sehr zögerlich. Meistens bleiben sie in dem beschriebenen Zustand des Strebens nach einer Antwort. Körperlich kann man dies insofern beobachten, als dass sie im Moment der Antwort und in den Momenten der Abwägung bewegungslos verharren, wobei die damit verbundene Kraft der Bewegungslosigkeit weniger einer Erstarrung gleicht als vielmehr einer weichen Substanz, die sich nicht bewegt. Für andere Menschen ist dieser Wesenszug manchmal nicht einfach zu verstehen. Dies betrifft vor allem Situationen, in denen es darum geht, dass der 284° Geborene von einer Sache überzeugt werden soll.

Die positive Ausrichtung: Man kann einen 284° Geborenen als Suchenden beschreiben, der den Zustand des Suchens als Wesenszug in sich trägt. Durch die positive Ausrichtung gelangen sie oft zu einem umfassenderen oder sehr oft auch exakteren Wissen. Zufrieden mit ihrem Wissen sind sie jedoch nur äußerst selten.

Die negative Ausrichtung: Die Problematik der negativen Ausrichtung zeigt sich in einer Art der Oberflächlichkeit. Anstelle der Kraft der stetigen Suche nimmt ein Wesenszug diesen Platz ein, den man als beiläufige Ablehnung beschreiben könnte. Wird er mit einer neuen Sachlage konfrontiert, reagiert er in dieser oberflächlichen Weise. Die Reaktion selbst, die auch humorvoll oder selbstironisch ausfallen kann, steht nicht im Zentrum der negativen Ausrichtung. Sie ist nur das Mittel der Ablehnung einer neuen oder höheren Wahrheit. Im Zentrum steht die grundsätzliche Ablehnung, dass es überhaupt eine höhere Wahrheit gibt. Wird er nämlich vehementer aufgefordert, sich mit der Sachlage intensiver und verinnerlichter zu beschäftigen, beginnt sich die Reaktion zu verändern. Er wird dann plötzlich ungehalten, forsch und oft auch grantig.

285. *verwaltende Eigenschaft*

15° Steinbock - Wie bei vielen anderen *Eigenschaften* auch, liegt die Schwierigkeit im Erkennen der Wesenszüge im Augenblick des Erlebens. Da die meisten Menschen dies unbewusst aus einer absoluten Selbstverständlichkeit leben, kommen sie gar nicht auf die Idee, diesen speziellen Wesenszug bewusst zu erkennen. Ganz besonders muss die Unbewusstheit und Automatisierung im Agieren in Verbindung damit hervorgehoben werden. Man stelle sich vor, wie ein 285° Geborener einem Vortrag lauscht. Das Talent der analytischen Betrachtung, welches sich diese Menschen teilen, lässt sie die Thematik gut erfassen. Gleichzeitig entsteht eine Form der Filtrierung des Gehörten. In einer verinnerlichten Selektion wählt er unbewusst einen einzelnen Punkt heraus, welcher das Zentrum in der Analyse einnimmt. Gleichzeitig strömt diesem einzelnen Aspekt des Themas Kraft zu. Aus diesen Gründen nimmt der gewählte Themenausschnitt eine hervorstechende Stellung ein, welche er, und hier kommt es zum springenden Punkt, in einer objektiven Betrachtung niemals einnehmen würde.

Die positive Ausrichtung: Grundsätzlich haben Menschen durch den Einfluss der 285. *Eigenschaft* in ihrer positiven Ausrichtung die Fähigkeit, den Einfluss eines einzelnen Aspektes auf das große Ganze zu erkennen, zu analysieren und zu erklären. Diese Anlage kann so weit ausgebaut sein, dass über die intelligenzhafte Unterscheidung hinaus ein intuitives Erkennen möglich ist.

Die negative Ausrichtung: Durch die negative Ausrichtung der *Eigenschaft* wird der Intellekt des Menschen begrenzt – die Ausschließlichkeit in der Betrachtung lässt eine offene Sichtweise nicht zu. Das Problem hierbei ist neben der offensichtlichen Enge, diesen Umstand bewusst zu erkennen. Die automatische Annahme der Richtigkeit der eigenen Vorstellung verhindert diese Einsicht. Die Mitmenschen gehen oft auch unbewusst auf Abstand.

286. *verwaltende Eigenschaft*

16° Steinbock - 286° Geborene tragen in sich die Anlage, in einer gewissen Harmonie mit der physischen Welt zu leben. Diese Harmonie bezieht sich darauf, dass der Körper und damit das Bewusstsein in das physische Leben eingebunden und somit alle notwendigen Erfordernisse für ein Überleben des Körpers vorhanden sind. Dazu zählen je nach Lebenssituation die wesentlichen Dinge für ein gutes und gesundes Leben. Die sich daraus ergebende Zufriedenheit fußt auf der Erfüllung dieser physischen Bedürfnisse. 286° Geborene fühlen sich dann wohl und in einer gewissen Weise geborgen. Das Gefühl der Geborgenheit, wenn alle materiellen Dinge geregelt sind, ist ein typisches Wesensmerkmal ihrer Persönlichkeit.

Die positive Ausrichtung: Durch die positive Ausrichtung empfinden 286° Geborene eine Form der Liebe gegenüber materiellen Gütern. Harmonie und Liebe sind sich nahe und diese nach innen gerichtete Zufriedenheit folgt einer stetigen Hinwendung zum vorhandenen materiellen Vermögen.

Die negative Ausrichtung: Die negative Ausrichtung bewirkt in einem hohen Maße Eigenschaften des Geizes. Dieser Geiz ist jedoch nicht vordergründig aggressiv, sondern birgt in sich eine hintergründige Form der Zurückhaltung in Bezug auf das Ausgeben des materiellen Besitzes. Auf den ersten Blick würde ein Beobachter diesen Menschen nicht für geizig halten. Das liegt daran, dass der 286° Geborene sich in Verbindung mit seinem Besitz meist unbewusst als harmonisch empfindet. Ein Verlust des Besitzes hätte für ihn ein umfassendes Gefühl der Disharmonie zur Folge. Ihre Verlustangst bezieht sich nicht nur rein auf die materiellen Güter, sie beinhaltet auch Aspekte der Ungewissheit ob einer materiell schwierigen Zukunft.

287. *verwaltende Eigenschaft*

17° Steinbock - Ein Kennzeichen aller 287° Geborenen ist das aktive Streben nach Struktur. Hierbei ist der Maßstab, ob eine Struktur gut gewachsen ist, die darin enthaltene harmonische Ordnung. Ungeordnetes Wachstum ist für sie nicht möglich und bringt ihr inneres System durcheinander. Vor allem leidet ihr Selbstbewusstsein, wenn sie sich Situationen ausgesetzt fühlen, in denen ungeordnete Verhältnisse kein harmonisches System zulassen.

Die positive Ausrichtung: Einen Wesenszug tragen alle 287° Geborene in sich und das ist eine positive und fröhliche Grundhaltung gegenüber dem Leben. Herrscht im Leben dieser Menschen Ordnung, hält sich das Bewusstsein an dieser Struktur fest und die darin enthaltene Harmonie wird zur Basis einer positiven Lebenseinstellung. Lebendigkeit und auch Fröhlichkeit werden dann zu verinnerlichten Wesenszügen.

Die negative Ausrichtung: Durch die negative Ausrichtung kommt es zu einer Verdichtung der Gegebenheiten, und was zunächst noch als harmonisch empfunden wurde, wird nun immer bedrängender und einengender. In der Erinnerung an die früher empfundene Harmonie versucht nun der 287° Geborene an diesem Zustand weiter festzuhalten –

ein Zusammenbruch der Situation ist unweigerlich die Folge. Die negative Ausrichtung versucht, durch das Rechtfertigen physischer Gegebenheiten Veränderungen zu vermeiden.

288. *verwaltende Eigenschaft*

18° Steinbock - 288° Geborene haben den Wesenszug, Dingen auf den Grund gehen zu wollen. Hierbei geht es nicht nur darum, etwas intelligenzhaft zu analysieren, sondern um ein grundsätzliches Bestreben, herauszufinden, warum etwas so ist, wie es ist. Aus diesem Wesenszug stammt auch die Besonderheit aller 288° Geborenen, in einer gewissen Weise nach Klarheit zu verlangen. Dies fordern sie gegenüber sich selbst und gegenüber allen anderen Menschen ein. Trifft er einen ihm bis dato unbekannten Menschen, begegnet er diesem eher zurückhaltend. Diese innere Distanz hat nichts mit einer grundsätzlichen Ablehnung oder menschlichen Abwendung zu tun, sondern bezieht sich auf das Streben, das Gegenüber durchschauen zu wollen.

Die positive Ausrichtung: In Verbindung mit der positiven Ausrichtung besitzen 288° Geborene eine sehr große Klarheit. Es ist fast nicht möglich, diese Menschen zu täuschen. Selbst dann, wenn ihr Intellekt einer Sache zustimmt und im Hintergrund ein leises ungutes Gefühl bleibt, wird ihr Handeln eine gewisse Zurückhaltung aufweisen. 288° Geborene empfinden dieses ungute Gefühl als innere Trübung.

Die negative Ausrichtung: 288° Geborene sind durch die negative Ausrichtung absolut von sich selbst überzeugt. Hier kommt es zu einer Selbstbetrachtung, die jeden Zweifel ob der inneren Wahrheit von vornherein ausblendet. Gleichwohl geht es dabei nicht mehr um eine objektive Sichtweise, sondern um eine rein subjektive Betrachtung. Ihr geht sogar jegliche Kontrolle aus einer Position objektiver Wahrheit ab. Dann kann es dazu kommen, dass dieser Mensch völlig überzeugt von sich agiert und gleichzeitig – objektiv betrachtet – schlicht falsch handelt. Er ist immun gegen jede objektive Korrektur.

289. *verwaltende Eigenschaft*

19° Steinbock - Auf den ersten Blick scheint es, als würde ein 289° Geborener Wesenszüge in sich tragen, die man als geheimnisvoll beschreiben könnte. Das trifft es jedoch nur am Rande. Es ist aber tatsächlich so, dass einem 289° Geborenen durch die Verbindung zur 289. *Eigenschaft* dieses charakterliche Attribut immer wieder zugesprochen wird. Der Grund dafür hat etwas mit einem sehr dominierenden Wesenszug zu tun. Er ist in seinem Wesen zurückgenommen und gleichzeitig strahlt er eine gewisse Spannung aus. Man darf jedoch nicht meinen, dass diese Spannung etwas mit Verspannung zu tun hat. Es ist vielmehr eine ruhige Spannung, einer ruhig gehaltenen gespannten Feder gleich. Gleichzeitig birgt sie eine hohe Wachheit. Diese innere Wachsamkeit wohnt der genannten inneren Ruhe als Wesenszug inne. Der oben beschriebene Eindruck in Bezug auf das Geheimnisvolle findet in diesen Eigenschaften seine Ursache.

Die positive Ausrichtung: Wenn man einen Menschen beobachtet, der etwas im Abseits sitzt, eine gewisse Ruhe und zugleich Spannung ausstrahlt und mit einem kaum merklichen Humor an einem Drink nippt, kann es gut sein, dass es sich um einen 289° Geborenen handelt. Diese innere und oft auch äußere Zurückgezogenheit ist ein wesentliches Merkmal ihrer Persönlichkeit.

Die negative Ausrichtung: Zur Spannung gesellt sich durch die negative Ausrichtung eine gewisse Art der Überheblichkeit. Reagiert ein 289° Geborener in Verbindung damit auf einen anderen Menschen, kann man sogar schnippische Wesenszüge beobachten. Grundsätzlich ruft die negative Ausrichtung Reaktionen im Menschen hervor. Im Inneren möchte der 289° Geborene einen ganz normalen Umgang mit anderen Menschen pflegen. Da diese jedoch in seinen Augen nicht normal reagieren, gewöhnt er sich zusätzlich zu seiner inneren Spannung eine abwehrende Haltung an. Die Mitmenschen werden gedrängt, dem 289° Geborenen in einer bewundernden und fast schon unterwürfigen Haltung zu begegnen.

290. *verwaltende Eigenschaft*

20° Steinbock - Ein Merkmal der Persönlichkeit aller 290° Geborenen zeigt sich als anhaltendes Interesse. Diese Eigenschaft weicht insofern von der allgemeinen Vorstellung ab, als es sich andauernd und häufig unabhängig vom jeweiligen Themengebiet zeigt. Es gleicht einer ständigen Neugierde, die unaufdringlich, jedoch anhaltend den Dingen auf den Grund gehen möchte. Man kann es auch so beschreiben, dass 290° Geborene in einem fort auf der Suche nach Lösungen sind. Diese Lösungen versuchen sie jedoch immer in Bezug auf eine physische Gegebenheit zu finden. Mit einer rein geistigen Form der Lösung kann er zunächst nicht viel anfangen. Er vermittelt dann auch den Eindruck, als ob ihm etwas fehle. Es kommt ihm unvollständig vor.

Die positive Ausrichtung: Man hat mit einem 290° Geborenen einen interessierten und neugierigen Menschen vor sich. Gleichzeitig wird man vielleicht bemerken, dass er eine leichte Form der Distanz ausstrahlt. Dieser innere Abstand hat nichts mit Abneigung zu tun. Er ist die Konsequenz des Versuchs der Analyse. Im Grunde genommen ist es das Bestreben des 290° Geborenen, den Mitmenschen durch diese neugierige Betrachtung genauer zu erkennen. Letztlich gründet sich das positive und zugleich neugierige Interesse an den Dingen des Lebens und am Mitmenschen in der Verbindung zu dieser *Eigenschaft*.

Die negative Ausrichtung: Die negative Ausrichtung suggeriert dem 290° Geborenen, die Ursache gefunden zu haben, in Wirklichkeit wurde jedoch irgendetwas anderes als Ursache definiert. Das wiederum bewirkt, dass der 290° Geborene innerlich an etwas festhält, was nicht der Wahrheit entspricht.

291. *verwaltende Eigenschaft*

21° Steinbock - 291° Geborene haben eine wesentliche Gemeinsamkeit: die zielgerichtete Ausdauer. Dieses Merkmal der Persönlichkeit durchzieht alle Lebensbereiche, wobei es eine gewisse Nähe zum Sport gibt. Die für diesen Grad typische Orientierung auf ein Ziel hin definiert sich meist über einen nahen Lebensaspekt, der mit stetiger Ausdauer erfüllt wird.

Die positive Ausrichtung: Nur selten geben diese Menschen in Verbindung mit der positiven Ausrichtung ein Vorhaben auf. Man kann sagen, dass das Ziel die ganze Zeit präsent ist und das Erreichen dieses Ziels selbstverständlich. Das Beenden einer Ausbildung, das Erreichen eines beruflichen Ziels, das Anstreben einer partnerschaftlichen Verbindung oder die Anschaffung eines Eigenheims sind Beispiele von Zielen, die der 291° Geborene ausdauernd verfolgt und im Normalfall auch erreicht.

Die negative Ausrichtung: Verfolgen diese Menschen in Verbindung mit der negativen Ausrichtung ein Ziel, gleichen sie jemandem, der sich durch einen Tunnel bewegt. Einzig das Licht am Ende des Tunnels im Blick, bewegen sie sich zwingend und fast manisch vorwärts. Mögliche Hindernisse, die sich im Tunnel selbst ergeben könnten, werden zur Seite geschoben oder ignoriert. Das ist ein weiteres Problem der negativen Verbindung zur 291. *Eigenschaft*. Es zeigt sich unter anderem im Ignorieren äußerer Umstände. Allem voran nehmen diese Menschen keine Rücksicht auf sich selbst. Das kann den physischen Körper betreffen oder auch die geistige Verfassung.

292. *verwaltende Eigenschaft*

22° Steinbock - Den Wesenszug, den alle Menschen mit 292° gemeinsam haben, kann man als dauerndes Streben nach Verbesserung bezeichnen. Die Besonderheit liegt darin, in welcher Form sie diese Entwicklung bewirken. Ihnen ist eine gleichmäßige innere Struktur sehr wichtig. Auf diese stützen sie sich und bewahren so ihr inneres Gleichgewicht. Zugleich drängt es sie nach Fortschritt. Dieses Festhalten an gegebenen Strukturen und das gleichzeitige Streben nach Veränderung bewirkt eine punktuelle Entwicklung. Viele 292° Geborene fühlen sich immer wieder als Spielball der Umstände oder des Schicksals. Manchmal zeigt sich dies als Empfindung von Ohnmacht gegenüber höheren irdischen oder überirdischen Mächten.

Die positive Ausrichtung: Der Einfluss der *Eigenschaft* im Sinne der positiven Ausrichtung gleicht einem beschützten Pfad. Jede punktuelle Verbesserung verändert die gesamte Struktur. Freiheit und Halt durch Struktur widersprechen sich im Einfluss dieser *Eigenschaft* nicht, sie bedingen einander. Je umfassender die haltgebende Struktur, desto größer die Freiheit.

Die negative Ausrichtung: Gemeinsam ist allen 292° Geborenen durch die negative *Eigenschaft*, dass das innere Streben nach Veränderung keinen wirklichen Wandel nach sich zieht. Es gleicht vielmehr einer Verlagerung der Aufmerksamkeit auf einen anderen Themenbereich mit der einhergehenden Illusion einer Veränderung in Richtung Verbesserung. Diesen Menschen kommt es manchmal vor, als seien sie von ihrem inneren Sein irgendwie getrennt. Daraus resultiert eine Form der Halbherzigkeit im Tun. Einerseits wissen sie, dass die Veränderung notwendig ist, andererseits glauben sie nicht an ihren Erfolg. Viele Menschen werden in diesem Fall von einer unbewussten Schicksalsgläubigkeit durchdrungen.

293. *verwaltende Eigenschaft*

23° Steinbock - Einen typischen Wesenszug leben 293° Geborene in Verbindung mit sich selbst. Man könnte es als eine Form der Selbstmotivation beschreiben, wobei die Art der Motivation immer über die innere Bewusstwerdung höherer Tugenden geschieht. Es gleicht der Hervorrufung von freudigen Empfindungen. Spüren sie diese, können sie Trägheit oder negative Einstellungen gut überwinden. Man kann es als innere Stimme beschreiben, die diese Menschen motiviert. Auch wenn sie nicht bewusst als Worte wahrgenommen werden, so sind es doch immer auffordernde Energien, etwas zu beginnen oder zu vollenden. Bei einer Beschäftigung, in welcher sie nicht eine gewisse höhere Wertigkeit erkennen, die sie nicht nachvollziehen können und die ihnen auch nicht wichtig ist, bleiben sie nicht allzu lange. Erfahren sie in einer anderen Tätigkeit eine größere Freude, können sie diese sofort annehmen und das alte Betätigungsfeld verlassen.

Die positive Ausrichtung: Ein Charakterzug in Verbindung mit der positiven Ausrichtung, den jeder schnell erkennen kann, wenn er mit einem 293° Geborenen Kontakt hat, ist dessen Vermögen, andere Menschen aufzumuntern. Immer geht mit dieser Aufmunterung der Versuch einher, dem Gegenüber ein Gefühl der Freude oder eine positive Empfindung mitzugeben. Menschen mit 293° haben durch die Verbindung zur 293. *Eigenschaft* das große Bedürfnis, anderen Leuten in dieser Form zu helfen.

Die negative Ausrichtung: Das Problem der negativen Ausrichtung ist das beharrliche Verbleiben in schlechten Gefühlen. Diese werden aus einer subjektiv erlebten Vergangenheit immer wieder hervorgerufen und als Wahrheit empfunden. Für sie wird dieser Zustand jedoch nicht als negativ ersichtlich. Es schleicht sich eine Gewöhnung ein, die ein objektives Erkennen der Gefühlslage immer schwieriger macht.

294. *verwaltende Eigenschaft*

24° Steinbock - 294° Geborene tun sich schwer damit, neues Wissen oder bis dato unbekannte Weisheiten anzunehmen. Diese Schwierigkeiten beziehen sich jedoch nicht auf den Intellekt. Sie haben sogar ein Talent darin, Dinge intelligenzhaft zu betrachten. Die Schwierigkeiten beziehen sich vielmehr auf die Ausgrenzung des neuen Wissens. Dieser Mensch weiß darum, betrachtet es und legt es bildhaft ausgedrückt in eine Schublade, die nichts mit ihm zu tun hat. Durch die Eigenart seiner Persönlichkeitsstruktur nimmt dieses neue Wissen kaum Einfluss auf seine Gedanken, Gefühle und Handlungen. Er selbst agiert immer noch ursächlich nur auf sich selbst bezogen.

Die positive Ausrichtung: Durch die positive Ausrichtung nehmen 294° Geborene nicht mehr nur auf das eigene Sein Bezug. Der 294° Geborene hat den Raum nach außen hin geöffnet. Im Unterschied zur

Machtausübung der negativen Ausrichtung, welche die innere Empfindlichkeit als Grundlage hat, zeigt sich die positive Ausrichtung als verinnerlichte Macht.

Die negative Ausrichtung: Ein typischer Ausspruch in Verbindung mit der negativen Ausrichtung der 294. *Eigenschaft* ist: „Ich muss dies für mich tun." Gleichzeitig verlangt dieser Mensch, dass sein Umfeld dies unterstützt. Im Grunde fordert er die Akzeptanz und Annahme der eigenen Dunkelheit von den Menschen, die ihm näherstehen, ein. Dazu kommt, dass 294° Geborene durch die negative Ausrichtung eine gewisse Empfindlichkeit entwickeln. Auf diese reagieren die anderen Menschen und geben der Dunkelheit auf diese Weise Raum, sich zu entfalten.

295. *verwaltende Eigenschaft*

25° Steinbock - 295° Geborene besitzen eine besondere Art der Zielstrebigkeit. Bildhaft kann man sich das so vorstellen, dass er bewusst oder unbewusst immer ein Ziel vor Augen hat. Dieses Ziel kann sich über jeden Aspekt des Lebens ausdrücken. Es muss kein definiertes Ziel sein wie zum Beispiel das erfolgreiche Absolvieren einer Ausbildung. Dazu zählen zum Beispiel das Platznehmen an einem Tisch, das Lesen eines Buches, das innere Erlangen eines Gefühls durch Musik, das sich Aneignen von Wissen und so fort. Alle diese Dinge werden als Ziel definiert. Erreicht der 295° Geborene das Ziel – in diesem Fall würde er am Tisch seinen Platz eingenommen haben –, verändert sich seine innere Haltung. Im selben Augenblick definiert er sich über eine haltgebende Struktur. Man kann sich das bildhaft auch so vorstellen, dass es 'einrastet', wie ein zuvor noch haltlos schwebender Gegenstand, der nun einem Puzzlestück ähnlich einen strukturellen Halt gefunden hat.

Die positive Ausrichtung: Der strukturierte Halt eines 295° Geborenen findet dann seine Erfüllung, wenn das Bewusstsein sich an einer physischen Wahrheit festhält. Diese Wahrheit orientiert sich an den jeweiligen gesellschaftlichen Normen und Gesetzen. Wesentlich für alle

295° Geborenen ist Rechtschaffenheit. Es ist diesen Menschen wichtig, die Dinge in einer ordentlichen Weise abzuschließen.

Die negative Ausrichtung: Durch die negative Ausrichtung definiert sich der Mensch rein über die Physis als einzige Wahrheit. Alles und jedes muss physisch erklärbar sein, ansonsten existiert es nicht. Dieser Zustand kann jedoch nur aufrechterhalten werden, wenn sämtliche geistigen Vorgänge, die innerhalb der physischen Welt in Erscheinung treten, nicht nur geleugnet (was eine Auseinandersetzung nach sich ziehen würde), sondern gänzlich ignoriert werden. Für diese Menschen gibt es keine geistige Realität. Gleichzeitig nimmt nicht nur die physische Realität, sondern vor allem die persönliche Vorstellung von Rechtschaffenheit in der physischen Welt immer engere Formen an. Sie werden immer zwingender, nicht nur für diesen Menschen selbst, sondern auch für sein engeres Umfeld.

296. *verwaltende Eigenschaft*

26° Steinbock - Ein Wesenszug der Persönlichkeit eines 296° Geborenen zeigt sich als eine besondere Form der Oberflächlichkeit. Beobachtet man jemanden, könnte man sein Agieren fast als fahrig beschreiben. Bewegungen und Handlungen treten in einer gewissen Weise unkontrolliert auf, irgendwie zu schnell und scheinbar aus dem Moment heraus. Gleichzeitig täuscht der Eindruck, wenn man nun meint, diese Oberflächlichkeit beziehe sich auch auf den Intellekt. Spricht man einen 296° Geborenen nämlich an, während er in dieser Weise scheinbar unkonzentriert agiert, wird man die Erfahrung machen, dass er sehr genau weiß, was er tut. Dieser Widerspruch zwischen Oberflächlichkeit und einem gleichzeitigen verstandesmäßigen Erkennen ist sehr typisch für diese Menschen.

Die positive Ausrichtung: Die positive Ausrichtung bewirkt, dass 296° Geborene eine für andere Menschen eindrucksvolle Persönlichkeit besitzen. Durch diese Ausstrahlung begegnen ihnen Menschen meist respektvoll. Typisch ist die durchdringende Energie der Unabhängigkeit.

Im Grunde genommen stellen sie so etwas wie einen in sich geschlossenen Organismus dar. Äußere Einflüsse werden zwar beachtet und auch beurteilt, spielen jedoch im Inneren der Menschen keine wesentliche Rolle.

Die negative Ausrichtung: Die Eitelkeit eines 296° Geborenen stützt sich darauf, dass er sich durch den Einfluss der 296. *Eigenschaft* ausdrücklich das Recht herausnimmt, Fehler zu machen. „Auch ich habe meine Fehler", erwähnt er dann gönnerhaft und fordert damit eine Antwort heraus, die lauten könnte „Ja, es ist gut, dass wir alle unsere Fehler haben und es uns trotzdem gut geht!" Jedes Bestreben, die Oberflächlichkeit zu meistern, wird übergangen. Wird der 296° Geborene jedoch einmal direkt darauf angesprochen und wird von ihm verlangt, dass er sich diesbezüglich ändert, kann es zu kaum vorhersehbaren Reaktionen kommen. Mancher 296° Geborene reagiert sehr aggressiv und greift sein Gegenüber sofort an. Auch wenn bei vielen Menschen die Aggressivität nicht auf den ersten Blick erkennbar ist, so bleibt sie doch das wesentliche Merkmal der Reaktion.

297. *verwaltende Eigenschaft*

27° Steinbock - Viele 297° Geborene fühlen sich in ihrer gegenwärtigen Lebenssituation nicht wirklich wohl. Genauer gesagt fühlen sie sich in ihrem Leben eingeengt. Gleichzeitig fühlen sich diese Menschen so, als würde etwas in ihnen nagen. Wie durch eine leise und dennoch ständig vorhandene innere Stimme verspüren sie ein Unwohlsein ob der Lebensordnung, in der sie sich befinden. Dieses latente Empfinden einer inneren und äußeren Enge lässt sich meist nicht abschalten und zieht eine typische Frage nach sich, die sich 297° Geborene immer wieder stellen: „Will ich dieses Leben wirklich?"

Die positive Ausrichtung: Ein gemeinsames Wesensmerkmal der positiven Ausrichtung ist ihre besondere Form des Strebens nach Freiheit. Die Besonderheit zeigt sich darin, dass es gleichzeitig innerhalb dieser Bestrebungen eine Struktur gibt. Freiheit bedeutet für diese Menschen mitnichten eine reine Loslösung von althergebrachten Dingen und eine sich daraus ergebende neue, möglicherweise unverhoffte Situation, sondern das bewusste Schreiten in eine neue Struktur. Freiheit erfahren 297° Geborene daher nicht in Bezug auf die gesellschaftliche Ordnung, in die sie eingebunden sind, sondern in Bezug auf die Übereinstimmung dieser Ordnung mit sich selbst.

Die negative Ausrichtung: Die Ausbreitung der eigenen Interessen auf den Umraum hat automatisch zur Folge, dass alle anderen Menschen in ihrer Ausdrucksmöglichkeit eingeschränkt werden. Sucht man normalerweise Kompromisse in Bezug auf die Gestaltung des Lebens, so sind solche für 297° Geborene nur sehr schwer oder gar nicht möglich. Jeder Widerspruch wird von diesen Menschen als Einschränkung der persönlichen Freiheit empfunden. Das bedeutet für alle anderen eine massive Einengung. Durch die scheinbar positive Argumentation eines 297° Geborenen durch die negative Ausrichtung – Freiheit wird meist mit positiven Eigenschaften verbunden – wird jeder Widerspruch als grundsätzlich negative Beurteilung von Freiheit interpretiert. Kurz gesagt vermittelt der 297° Geborene, jede Einschränkung seiner Ausbreitung im Umraum gleiche einer prinzipiellen Ablehnung von Freiheit. Dadurch werden ein Gespräch oder ein klärender Konflikt nahezu unmöglich. Diese Art der Machtausübung ist derart selbstverständlich, dass es nicht nur für einen 297° Geborenen selbst, sondern auch für viele andere Menschen kaum möglich ist, dies als eine solche zu erkennen.

298. *verwaltende Eigenschaft*

28° Steinbock - 298° Geborene pflegen eine besondere Art des zwischenmenschlichen Umgangs, der als ein zentrales Merkmal ihrer Persönlichkeit angesehen werden kann. Zuallererst sind sie sehr kommunikativ. Mit anderen Menschen zu sprechen und in Kontakt zu kommen, ist ihnen wichtig. Gleichzeitig geht es ihnen weniger um den Austausch von Meinungen oder Erfahrungen, wie das allgemein der Fall ist, sondern um den Kontakt an und für sich. Es genügt ihnen, von anderen

Menschen umgeben und über das Gespräch verbunden zu sein. Was sich möglicherweise aus einem Gespräch ergeben könnte, spielt letztlich kaum eine Rolle.

Die positive Ausrichtung: Durch die positive Ausrichtung zeichnet diese Menschen eine Art des sozialen Umgangs aus. Grundsätzlich respektieren sie die Individualität eines jeden Menschen aus einer automatisierten Selbstverständlichkeit heraus. In Bezug auf diesen Wesenszug müssen sie sich nicht darum bemühen. Ihr Gebaren ist durch die positive Substanz gewissermaßen generös, manchmal etwas laut, jedoch immer positiv und den Mitmenschen bejahend.

Die negative Ausrichtung: Die negative Ausrichtung bewirkt eine große Kälte im Umgang mit anderen Menschen. Einem außenstehenden Beobachter könnte es so scheinen, als seien für einen solchen Menschen die Mitmenschen gar nicht existent.

299. *verwaltende Eigenschaft*

29° Steinbock - Der 299° Geborene identifiziert sich mit einem vorläufigen Zustand. Diese Vorläufigkeit ist jedoch weder schnell beweglich oder luftig noch definiert sie Charakterzüge eines unsteten Bewusstseins. Sie verhält sich viel mehr wie eine sich langsam verändernde dichte Masse. Man kann sich dazu einen Menschen vorstellen, der einen Garten anlegt. Diese Arbeit verhält sich wie ein unablässig sich verändernder Prozess. Obwohl er seinen Vorgaben folgt, befindet er sich in einem Bewusstseinszustand, in dem es nicht darum geht, auf ein Endergebnis hinzuarbeiten. Er versinkt vielmehr in der momentanen Beschäftigung und fühlt sich dadurch in einer gewissen Weise frei. Sich in seinem Tun wohlfühlend, arbeitet er langsam vor sich hin.

Die positive Ausrichtung: Man kann sich gut jemanden vorstellen, der in einer traditionellen Gruppe von Menschen mitbestimmt, was gemacht werden soll. Grundsätzlich ist die Tradition, auf die sich diese Gruppe beruft, das wesentliche Standbein. Der 299° Geborene wird nun immer wieder einen Vorschlag machen, sich jedoch nicht festlegen wollen.

Gleichzeitig hat er mit allem, was nicht der Tradition entspricht, gewisse Schwierigkeiten und wird entsprechend Einspruch erheben. Er wird jedoch nicht in einer abgrenzenden Weise einfach Nein sagen, sondern sich so ausdrücken, dass es besser wäre, dies nicht zu tun. Innerlich ist sich der 299° Geborene in seiner Entscheidung sicher, gleichwohl möchte er sich auch hier nicht festlegen. Dieser Wesenszug wird von anderen Menschen, auch wenn dies nicht unbedingt ersichtlich wird, immer wieder geschätzt. Sie empfinden einen 299° Geborenen als Hüter alter und wertvoller Traditionen und verspüren zugleich eine Offenheit für Veränderungen.

Die negative Ausrichtung: Es ist für die Mitmenschen sehr schwierig, mit einem 299° Geborenen, der sich mit der negativen Ausrichtung identifiziert, umzugehen. 299° Geborene greifen ihre Mitmenschen in ihrer persönlichen Ansicht unmittelbar an, und zwar in einer ziemlich übellaunigen Grundhaltung. Die Art seines Umgangs mit dem Anderen ist herablassend und provozierend. Nicht selten macht er sich über sein Gegenüber in einer überheblichen Weise lustig. Wer jedoch meint, der 299° Geborene in Verbindung mit der negativen Ausrichtung wolle seinen Gesprächspartner ernsthaft davon überzeugen, seine politische Meinung zu wechseln, liegt falsch. Darum geht es ihm, wenn überhaupt, nur am Rande. Im Zentrum steht die anhaltende Provokation, die das Gegenüber veranlasst, ständig seine Haltung zu verändern. Es ist genau diese innere Bewegung, die der 299° Geborene im Anderen hervorrufen will. Dadurch verlagert sich die Kraft der Veränderung auf die Mitmenschen, die man auf diese Weise kontrolliert. Die innewohnende Langsamkeit verleiht dem Bewusstsein des 299° Geborenen einen festen Halt. Dieser innere Halt wird als Macht wahrgenommen.

300. *verwaltende Eigenschaft*

30° Steinbock - Eine Eigenschaft von 300° Geborenen liegt in der inneren Wertehaltung gegenüber den eigenen Gefühlen. Sie werden nämlich automatisch als wahr im weitesten Sinne angenommen. Zu dieser Wahrheit als Grundhaltung gegenüber sich selbst kommt es durch eine automatisierte Reglementierung gegenüber allen abweichenden Gefühlen. Konkret bedeutet dies, dass der 300° Geborene seine eigenen Gefühle als Maßstab einer, wie er annimmt, objektiven Wahrheit betrachtet. In der Begegnung mit einem anderen Menschen wird daher die eigene Gefühlssituation als Ausgangspunkt jeglicher Betrachtung genommen. Deshalb sind 300° Geborene, werden sie mit einem unzweifelhaft positiv agierenden Menschen konfrontiert, der jedoch völlig andere Charakterzüge aufweist, überrascht oder sogar konsterniert, und können sich zumindest zu Beginn der Begegnung nur schwer äußern oder unterhalten. Das ganze ihnen innewohnende Wertesystem wird in diesen Fällen gewissermaßen aus den Angeln gehoben.

Die positive Ausrichtung: Dauerhaftigkeit wirkt für diesen Menschen als eine Art wertebeständige   Konservierung. Man könnte es so beschreiben, dass die eigenen Gefühle für 300° Geborene eine Beständigkeit nicht nur ausstrahlen, sondern darstellen.

Die negative Ausrichtung: 300° Geborene haben den Drang, andere Menschen, vor allem jene, die ihnen nahestehen, in einer sanften und eindringlichen Weise regulieren zu wollen. Sie meinen dies auch meist nicht böse oder agieren dabei ungut. Sie glauben zumindest, dass sie es gut meinen. Die Problematik hierbei ist – vorausgesetzt, dies geschieht im Zusammenhang mit der negativen Ausrichtung – die Dauerhaftigkeit der stetigen sanften Einflussnahme. Enge und Intoleranz, auch solche, die in einer humorvollen Weise überspielt werden, sind Zeichen der Wirkung der negativen Ausrichtung.

301. bis 330. *verwaltende Eigenschaft*

301. *verwaltende Eigenschaft*

1° Wassermann - 301° Geborene besitzen eine ausgeprägte Eigenständigkeit: Beobachtet man sie in einem Gespräch, kann man einen inneren Abstand bemerken. Dieser Abstand dient dem Bewahren der Eigenständigkeit. Akzeptieren die Mitmenschen diese Distanz, beginnen 301° Geborene, sich etwas zu öffnen und den Menschen freundlich zu begegnen. Das Grundgefühl vieler dieser Menschen ist eine innere Spannung, verbunden mit einer leicht ungeduldigen Abwehrhaltung. Sie haben die Tendenz, ungeduldig zu werden.

Die positive Ausrichtung: Durch die positive Ausrichtung besitzen 301° Geborene ein großes Durchhaltevermögen. Sie können auch andere Menschen motivieren, an ihrer Sache weiterzuarbeiten. Gleichwohl mischen sie sich nicht ein und konzentrieren sich hauptsächlich auf sich selbst.

Die negative Ausrichtung: Die negative Ausrichtung bewirkt, dass 301° Geborene starr und unbeweglich eine Position einnehmen und sich jede Einmischung verbieten. Gleichzeitig kommentieren sie aus dieser distanzierten Position das äußere Geschehen. Diese Menschen sind ungeduldig, unleidlich, überheblich und vor allem der Überzeugung, über die Dinge des Lebens besser Bescheid zu wissen als andere.

302. *verwaltende Eigenschaft*

2° Wassermann - Durch den Einfluss der 302. *Eigenschaft* nehmen Menschen eine Unabhängigkeit ein, die sie unbedingt bewahren und verteidigen wollen. Innerlich sind sie beweglich, wobei dieser Bewegung immer auch Macht innewohnt. Man könnte es auch so erklären, dass sie ihre Macht dazu einsetzen, ihre Unabhängigkeit zu bewahren. Für 302° Geborene bedeutet es beispielsweise nahezu eine Überwindung, gut gemeinten Ratschlägen zu folgen. Eine große Affinität haben sie zu klaren Befehlsstrukturen.

Die positive Ausrichtung: Durch die positive Ausrichtung besitzen 302° Geborene eine positive Strenge. Dies hängt vor allem damit zusammen, dass sie unabhängig empfinden und agieren können. Durch die innere Strenge fühlen sie sich wohl.

Die negative Ausrichtung: Durch die negative Ausrichtung werden 302° Geborene zu Diktatoren in ihrem jeweiligen Lebensumraum. Sie lassen ihren Mitmenschen keinen Spielraum, sondern verlangen eine exakte Durchführung der Anweisungen. Ein weiterer Charakterzug, der durch die negative Ausrichtung entsteht, ist die Verächtlichkeit gegenüber anderen Leuten.

303. *verwaltende Eigenschaft*

3° Wassermann - Ein gemeinsamer Wesenszug aller 303° Geborenen ist ihr Ideenreichtum. Es gibt keinen Lebensbereich, der nicht automatisch zum Gegenstand für Erneuerungen oder Verbesserungen wird. Die ständige Präsenz des Neuen oder Besseren ist für andere Menschen gut spürbar und nachvollziehbar. Gleichzeitig mit dieser Selbstverständlichkeit der angenommenen Entwicklung in einem Gebiet tragen diese Menschen einen Glauben an die Verwirklichung des Frischen in sich. Eigentlich denken sie gar nicht daran. Es ist ihnen eine innere Gewissheit, die das Neue automatisch aus sich selbst entstehen lässt. Immer wieder neigen sie dazu, Tagträumen nachzuhängen. Von einem Augenblick zum anderen wenden sie sich von ihrer momentanen Tätigkeit ab, blicken geistesabwesend in die Ferne und fantasieren vor sich hin.

Die positive Ausrichtung: Auf dem neuesten Stand zu sein, ist für viele dieser Menschen eine Art Lebenseinstellung. Unterhaltungen und Gespräche mit ihnen sind immer davon geprägt. Das Alte zu verurteilen, kommt ihnen jedoch nicht in den Sinn, es liegt nur außerhalb der Möglichkeit, dass sie sich selbst damit beschäftigen.

Die negative Ausrichtung: Durch die negative Ausrichtung werden negative Fantasien verstärkt. Die große Problematik ist das Nichterkennen der schöpferischen Kraft, die jede Fantasie in sich birgt. Dann kann planloses und unkontrolliertes Denken zur Gefahr werden. Im Grunde denkt sich der 303° Geborene auf diese Weise in das eigene Leid hinein. Viele Menschen haben zum Beispiel die Gewohnheit, darüber zu fantasieren, welche Krankheit sie haben könnten. Das Problem ist nicht das intelligente Nachdenken über Symptome. Gemeint ist der Hypochonder, der sich immer weiter hineinsteigert und schließlich als Psychosomatiker wirklich krank wird.

304. *verwaltende Eigenschaft*

4° Wassermann - 304° Geborene zeigen Liebe, die sie möglicherweise empfinden, nur sehr selten nach außen. Da sie selbst diese Liebe in sich empfinden, ist ihnen nicht bewusst, dass diese Zurückhaltung von anderen Menschen oft nicht verstanden wird. Dies gilt vor allem innerhalb einer partnerschaftlichen Beziehung. Innerlich empfinden sie diese Liebe wie eine Art erhöhten Zustand. Gleichzeitig ist es so, als würden sie sich in diese Empfindung zurückziehen. Dazu kann man sich bildhaft vorstellen, dass im 304° Geborenen ein innerer Raum der Liebe existiert.

Die positive Ausrichtung: Grundsätzlich ist der erste Zugang zu den Mitmenschen positiv. Der 304° Geborene denkt und fühlt freundlich und leicht erwartungsvoll. Gleichzeitig kann man beobachten, dass er körperlich eine gewisse Distanz bewahrt. Innerlich fühlt er sich vielleicht sehr zu diesem Menschen hingezogen, äußerlich bewahrt er einen größeren Abstand. Diese physische Entfernung deuten manche Menschen als innere Distanz, was jedoch nicht zutrifft. Würde das Gegenüber den 304° Geborenen ohne Umschweife zu einem Essen oder einem Kaffee einladen, wäre er ob der unmittelbaren Zusage sicher verblüfft. Manch ein 304° Geborener wartet darauf, eingeladen zu werden.

Die negative Ausrichtung: Durch die negative Ausrichtung fühlen sich 304° Geborene von der Dunkelheit angezogen. Die Folge ist, dass sich diese Menschen verurteilen und in einem inneren Kreislauf negativer Gedanken und negativer Gefühle bewegen. Ein weiteres Kennzeichen ist, dass 304° Geborene die Tendenz haben, mit anderen Menschen – vorzugsweise mit dem Partner oder mit Menschen, die ihnen nahestehen – ein bestimmtes Spiel zu spielen. Dieses Spiel besteht darin, den anderen anzuziehen und dann wieder wegzustoßen.

305. *verwaltende Eigenschaft*

5° Wassermann - Im alltäglichen Leben im Umgang mit anderen Leuten werden 305° Geborene immer wieder von der inneren Frage durchdrungen: „Wie geht es ihr oder ihm?" Es ist nicht so, dass sie sich diese Frage bewusst stellen würden, sie gleicht eher einem Hineinfühlen in das Gegenüber mit der gleichzeitigen unbewussten Empfindung dieser Frage. Es gleicht einer Erwartungshaltung, die jedoch von der Hoffnung getragen ist, das Befinden des Mitmenschen wahrnehmen zu können. Fehlern anderer Menschen stehen sie normalerweise sehr großzügig gegenüber. Es gibt keine lässliche Sünde, die nicht auch verstanden werden könnte. Es fällt ihnen daher nicht schwer, zu verzeihen. In diesem spannungsfreien Umgang mit anderen Menschen gibt es für 305° Geborene jedoch eine klare Grenze. Wer den Bogen überspannt, muss unmittelbar mit Distanzierung rechnen. Diese Abweisung kann mitunter recht schroff sein. In jedem Fall wird sie klar geäußert und immer verstanden. So sehr 305° Geborene anderen Leuten helfen, so schwierig kann für sie mitunter die Annahme von Hilfe sein.

Die positive Ausrichtung: Einen Charakterzug kann man als durchdringende Hilfsbereitschaft beschreiben. Im Mittelpunkt steht das effektive Helfen. Ihre Anteilnahme ist aufrichtig und ohne Übertreibung. Mitmenschen beizustehen ist 305° Geborenen ein fast selbstverständliches Anliegen. Parallel dazu können sie sich nach der Hilfeleistung sofort von der jeweiligen Situation lösen. Sie kommen gar nicht auf die Idee, Lohn oder Dank zu erwarten.

Die negative Ausrichtung: Ein 305° Geborener in Verbindung mit der negativen Ausrichtung missbraucht die Bedeutung der Hilfsbereitschaft, um sich selbst eine Rechtfertigung zum Missbrauch seiner Macht zu verschaffen. Man kann die Wirkungsweise auch als moralische Bemächtigung und damit als klaren Missbrauch von Macht beschreiben. Der Wille der Mitmenschen wird unterwandert, um eigene Ideen zu transportieren. Zum Beispiel geht ein Ehepaar gemeinsam in ein Restaurant. Beide sehen sich die Speisekarte an und irgendwann stellt ein Partner fest, dass es für das Gegenüber das Beste sei, einen Salat zu essen. Salat sei gesund und mache außerdem nicht dick. Ein weiterer Ausdruck zeigt sich als oberflächliche Ankündigung von Hilfe oder Beistand ohne Verwirklichung.

306. *verwaltende Eigenschaft*

6° Wassermann - Eine Eigenschaft von 306° Geborenen ist die Eigenständigkeit ihrer Gedanken. Jeder äußere Einfluss wird mit einer gewissen Distanziertheit betrachtet und nach eigenen Maßstäben eingeordnet. Typischerweise geschieht dies in einem Gespräch mit anderen Menschen. Erfährt ein 306° Geborener eine Anregung, wird diese zunächst analysiert und beurteilt. Stimmt dieser Anstoß nicht mit dem eigenen Sein überein, wird er sogleich vergessen oder übergangen. Entspricht die Anregung dem Inhalt des eigenen Gedankengebildes, wird auch diese nicht sofort verinnerlicht, wie man vielleicht meinen könnte, sondern als für sich selbst stehende Ansicht zuerst einmal außerhalb des eigenen Seins stehengelassen. Später kann es dann geschehen, dass diese positive

Anregung angenommen wird. Dieser Prozess des Annehmens findet dann impulshaft statt. Man kann dies als plötzliche innere Erkenntnis beschreiben. Im gleichen Augenblick verändert sich die innere Gedankenstruktur und nimmt den zunächst noch fremden Gedanken nun als eigene Erkenntnis in sich auf.

Die positive Ausrichtung: Es ist für einen 306° Geborenen wesentlich, dass das Leben seiner eigenen Lebensphilosophie entspricht. Diese Menschen fühlen sich frei und unabhängig und sind in der oben beschriebenen speziellen Form offen für äußere Einflüsse. Die positive Ausrichtung lässt sie auf ihrem Lebensweg unabhängig weitergehen und sich entwickeln.

Die negative Ausrichtung: Durch die negative Ausrichtung besitzen diese Menschen eine innere Einstellung zur „Freiheit zur Sünde". Diese beschränkte Sicht der Freiheit dient der Entlastung des Gewissens. Schränkt jemand ihre physische Freiheit ein, reagieren sie sehr empfindlich. Diese Empfindlichkeit zeigt sich vor allem dann, wenn die Kritik der Wahrheit entspricht. Eine Instanz weiß genau um die Richtigkeit der Einwände, und in der Verteidigung kann sich der 306° Geborene heftig wehren. Manchmal kommt es zu einer Vernachlässigung des Körpers oder der Kleidung, da auch dies als Eigenständigkeit interpretiert wird.

307. *verwaltende Eigenschaft*

7° Wassermann - Immer wieder vermitteln 307° Geborene den Eindruck, abgehoben zu reden und zu handeln. Spricht man sie an, reagieren sie allgemein und oft losgelöst von der konkreten Situation. Dadurch haben die Mitmenschen immer wieder das Gefühl, sich nicht darauf verlassen zu können, wenn ein 307° Geborener etwas zusagt. Es ist jedoch das Gegenteil der Fall. Sie sind sehr verlässlich und möchten ihre Versprechen halten. Ist dies jedoch aus irgendeinem Grund nicht möglich, verschwenden sie keinen weiteren Gedanken daran und entschuldigen sich auch nicht. Für andere kann diese Reaktion irritierend sein, da sie sich vielleicht auf das Versprechen verlassen haben und nun den Eindruck gewinnen, dass es dem 307° Geborenen nicht wichtig war.

Die positive Ausrichtung: Durch die positive Ausrichtung sind sie in der Lage, klar und logisch zu denken. Sie können komplexe Zusammenhänge verstehen und damit umgehen. Gleichzeitig sprechen sie nicht darüber, sondern bleiben lieber bei sich. Viele 307° Geborene sind durch die positive Ausrichtung sehr hilfsbereit.

Die negative Ausrichtung: Durch die negative Ausrichtung werden diese Menschen sehr ungeduldig. Diese Ungeduld zeigt sich als emotionaler Ausbruch, der an der Oberfläche bleibt. Daher nehmen die Mitmenschen diesen Ausbruch oft nicht so ernst. Das hat wiederum die Konsequenz, dass sich die Emotionalität immer weiter steigern kann. Häufig drehen sich 307° Geborene einfach um und gehen weg.

308. *verwaltende Eigenschaft*

8° Wassermann - Sind 308° Geborene in einer Situation, in der etwas umgesetzt werden soll, handeln sie, ohne zu zögern. Sie haben die Eigenschaft, anstehende Dinge erledigen zu wollen. Daraus ergibt sich auch die Eigenschaft der Hilfsbereitschaft, wobei es ihnen hierbei weniger um die Hilfe geht als um das Erledigen anstehender Arbeiten. Ungeachtet dessen freuen sie sich, wenn sie einem Mitmenschen helfen können.

Die positive Ausrichtung: Diese Menschen sind selbstbewusst und packen dort an, wo es notwendig ist. Dabei verlieren sie nicht ihre positive Stimmung. Viele 308° Geborene fühlen sich wohl, wenn sie in einer Gruppe arbeiten. Haben sie einmal nichts zu tun, sind sie eher verunsichert und suchen sich eine Beschäftigung.

Die negative Ausrichtung: Durch die negative Ausrichtung haben 308° Geborene einen großen Widerstand, anstehende Arbeiten zu erledigen. Ihr durch die negative Ausrichtung gegebenes oberflächliches Bewusstsein müsste sich durch die konkrete Beschäftigung verändern.

Dazu sind sie nicht bereit. Sie verbinden diese Oberflächlichkeit mit Freiheit.

309. verwaltende Eigenschaft

9° Wassermann - Der 309° Geborene nimmt unterschiedliche Dinge gefühlshaft wahr, lässt sich jedoch nicht davon berühren oder durchdringen. Die Schwierigkeit rührt daher, dass 309° Geborene die Intensität eines Gefühls mit dem ihm innewohnenden Wahrheitsgehalt verwechseln. Es ist eine weitverbreitete Praxis, die Kraft eines Gefühls oder einer Emotion als positives Merkmal zu bewerten. Ein Beispiel soll dies erklären: Wenn Menschen gemeinsam spirituelle Lieder singen und sich intensiv auf die Musik einlassen, erleben sie oft starke innere Emotionen. Dies zeigt sich sogar in unterschiedlichen körperlichen Reaktionen auf dieses Gefühl. Für 309° Geborene ist es jedoch sehr schwer, diese Intensität zu erfahren. Meist deuten sie dies als Schwäche oder als negative Eigenschaft, welche überwunden werden muss. Sie verstehen nicht, dass alle anderen Menschen die Intensität spüren, sie selbst jedoch relativ unbeeindruckt bleiben.

Die positive Ausrichtung: 309° Geborene haben einen, man möchte fast sagen, natürlichen Schutz gegen Emotionen, die an die Dunkelheit binden. Das, was sie selbst meist als inneres Manko bezeichnen, ist in Wahrheit eine große Stärke. Sie sind fähig, feinste Gefühle zu empfinden und zu erfahren. Die scheinbare Schwäche eines 309° Geborenen ist in Wirklichkeit eine Stärke. Er vermag es, den Emotionen nüchtern zu begegnen.

Die negative Ausrichtung: 309° Geborene erfahren in Verbindung mit der negativen Ausrichtung häufig Geringschätzung. Diese wird nicht ausgesprochen, sondern von den Mitmenschen unbewusst zum Ausdruck gebracht. Jeder Versuch des 309° Geborenen, aus dieser inneren Enge auszubrechen, wird von ihnen – dies betrifft vor allem Familienangehörige, aber auch nähere Bekannte und Freunde – milde belächelt. Diese leicht herablassende Beurteilung birgt eine Geringschätzung in sich. Eine weitere Problematik der 309° Geborenen liegt darin, dass man ihnen nur durchschnittliche Fähigkeiten und Eigenschaften zutraut.

310. *verwaltende Eigenschaft*

10° Wassermann - Ein Wesenszug aller 310° Geborenen ist eine gewisse innere und äußere Härte, die auch andere Menschen gut wahrnehmen können. Verbunden ist diese Härte mit einer Forschheit, mit welcher 310° Geborene mit sich selbst und mit anderen Menschen umgehen. Ein Kennzeichen der Persönlichkeit ist es auch, wenig zu denken. Das hat jedoch nichts mit ihrem Verstand zu tun, sondern einfach nur mit der Tatsache, dass sie wenig Gedanken haben.

Die positive Ausrichtung: Durch die positive Ausrichtung denken 310° Geborene sehr kontrolliert. Für viele Menschen ist es selbstverständlich, unkontrolliert und unbewusst vor sich hin zu denken. Bei 310° Geborenen ist dies dagegen fast ein bewusster Vorgang. Haben sie die Überlegung beendet, trennen sie sich vom Inhalt.

Die negative Ausrichtung: Durch die negative Ausrichtung werden die Gedanken von 310° Geborenen von geistigen Substanzen bestimmt, die man sich als fließende Energien vorstellen kann. Gleichzeitig findet man darin keinen Inhalt, sondern es sind Gefühle, die gedanklich nachgezeichnet werden. Diese Menschen tun sich auch schwer, konkrete Gedanken zu fassen.

311. *verwaltende Eigenschaft*

11° Wassermann - Ein Charakterzug aller 311° Geborenen ist ein verinnerlichtes Streben nach Eigenständigkeit. Diese Neigung wächst, je älter und reifer der Mensch wird. Ist der Wille nach innerer und äußerer Selbstständigkeit in jungen Jahren noch mit dem Erreichen materieller und gesellschaftlicher Werte verbunden, so wachsen im fortschreitenden Alter persönliche Werte, die unabhängig von gesellschaftlichen Normen erreicht werden wollen. Die Folge dieses inneren Verlangens nach Eigenständigkeit lässt diese Menschen mit der Zeit geistig und materiell immer selbstständiger werden. Sind sie von anderen Menschen abhängig, fühlen sie sich meistens nicht wohl.

Die positive Ausrichtung: 311° Geborene besitzen eine neutrale und nicht wertende Haltung gegenüber anderen Meinungen, neuen Ansichten bis hin zu anderen Kulturen. Innere Freiheit als menschlicher Charakterzug ist ihnen sehr wichtig. Haben sie mit unselbstständigen Menschen zu tun, fühlen sie sich beengt und möchten, dass diese die Dinge selbst in die Hand nehmen. Erfolglosen Menschen gegenüber bewahren sie Abstand und wollen eigentlich nicht viel mit ihnen zu tun haben. 311° Geborene schätzen erfolgreiche Menschen. Tief innen schlummert die Einstellung, dass nur das, was man selbst schafft, einen Wert besitzt. Ein Goldstück, das selbst verdient wurde, hat für sie mehr Wert als zehn geschenkte Goldstücke. Wirkt die positive Ausrichtung, fühlen sie sich der Wahrheit verpflichtet.

Die negative Ausrichtung: Durch die negative Ausrichtung ist es diesen Menschen sehr wichtig, was andere Menschen von ihnen denken. Sie möchten ein Bild von sich zeigen, das nicht der Wahrheit entspricht. Dies gleicht einer Vorspiegelung falscher Tatsachen. Deshalb leben diese Menschen in einem dauernden Widerspruch zwischen der inneren Realität und der äußeren Lüge. Die Folge ist eine immer größer werdende Reserviertheit. Zwischenmenschliche Kontakte werden immer schwieriger und in der Folge seltener, da die Lüge durchschaut werden könnte.

312. *verwaltende Eigenschaft*

12° Wassermann - Die Persönlichkeit definiert sich in einem hohen Maße durch ein Selbstbewusstsein, welches die Ungebundenheit als Grundlage in sich trägt. 312° Geborene ziehen sich schnell zurück. Verbringen sie eine gewisse Zeit mit anderen Menschen, erfahren sie sehr oft eine Verringerung ihres Selbstbewusstseins. Sie werden immer unsicherer. Dieser Drang des Lösens durchdringt diese Menschen auch in

Verbindung mit physischen Dingen. Manchmal wirft ein 312° Geborener Dinge aus ihm oft selbst unerfindlichen Gründen weg.

Die positive Ausrichtung: 312° Geborene haben einen in sich gekehrten Charakter. Sie können sehr gut allein mit sich sein und es wird ihnen auch nicht langweilig. In dieser selbst gewählten Abgeschiedenheit lieben sie es, sich ihrer jeweiligen Beschäftigung immer tiefer zu widmen.

Die negative Ausrichtung: Durch diese Ausrichtung kompensieren 312° Geborene die Entwicklung durch Trennung, Rückzug, Flucht und Abgrenzung. Dadurch möchten sie die Auseinandersetzung mit der jeweiligen Situation abwenden. Ein Zeichen ist auch die Unsicherheit in Gesellschaft anderer Menschen und darauffolgend der Drang, sich zurückzuziehen.

313. *verwaltende Eigenschaft*

13° Wassermann - Eine Eigenschaft aller 313° Geborenen ist die Art der Betrachtung und Einschätzung einer Gegebenheit, mit der sie sich beschäftigen. Grundsätzlich betrachten sie diese Situation aus einer gewissen inneren Entfernung. Dieser Abstand betrifft jedoch nur den Gegenstand oder die Sachlage der Betrachtung. Gleichzeitig, und das ist von großer Bedeutung, haben sie zu der inneren Beurteilung der Gegebenheit keinen Abstand, im Gegenteil, sie identifizieren sich stark mit der eigenen Analyse. Für 313° Geborene gehört es mit zum Wichtigsten, die Dinge im Leben in eine höhere Ordnung einzugliedern. Dabei gilt das innere Bemühen um Ordnung im Grunde nicht der Ordnung selbst, sondern dem Empfinden der Freiheit, welche durch diese Form des Einordnens bei ihnen entsteht.

Die positive Ausrichtung: Diese Menschen erleben sich in einem ständigen Prozess der Analyse und des Nachdenkens. Die Kraft, welche durch 313° wirkt, drängt sie, sich durch Ordnung zu befreien. Vereinfacht kann man sagen, dass ein Ding, wenn es seinen Platz hat, nicht mehr im Weg steht. Dann kann der 313° Geborene sich frei bewegen. Große Dinge werden untersucht und in kleinere Dinge unterteilt. Wenn diese Menschen dann den Punkt der inneren Zuordnung gefunden haben, sind sie zufrieden.

Die negative Ausrichtung: Das Problem der negativen Ausrichtung zeigt sich als innere Verkrampfung in der Betrachtung der äußeren Dinge. Einerseits besteht der Drang zum Forschen, andererseits möchten sie keine Öffnung nach außen, die zugleich eine Öffnung der Persönlichkeit in Richtung Entwicklung fördern würde. Dadurch kommt es, dass eine Situation dann verkrampft betrachtet und nur widerwillig analysiert wird, wenn das Ergebnis eine Veränderung der inneren Anschauung nach sich ziehen würde.

314. *verwaltende Eigenschaft*

14° Wassermann - Möchte man Charakterzüge herausstellen, welche 314° Geborene in sich tragen, kommt gleich zu Beginn ihr bewusstes Streben, das vorerst Unverständliche verstehen zu wollen. Man kann dieses Streben ohne weiteres mit einer gewissen Ungeduld verbinden, da sich diese Kraft des „Verstehenwollens" deutlich und ohne Hemmung zeigt. Ihr Wille ist es, das vorhandene Unbekannte über den Intellekt wirklich zu erhellen. Dabei geben sie sich nicht mit einer oberflächlichen Erklärung ab und können schnell jemanden durchschauen, der wie ein Blender nur vorgibt, etwas zu wissen.

Die positive Ausrichtung: 314° Geborene besitzen durch die positive Ausrichtung die Fähigkeit des intuitiven Wissens um die Wahrheit. Sie können Lügen sehr gut durchschauen und ihnen sind Lügen zuwider. Man ist fast geneigt, das Wort zuwider als zu schwach zu bezeichnen, so stark ist ihr Widerstand gegen das Lügen. Ertappen sie einen Menschen bei einer Lüge, dann sind sie geschockt.

Die negative Ausrichtung: 314° Geborene tragen in sich eine gewisse Skepsis anderen Menschen gegenüber. Daraus ergibt sich im Einfluss der negativen Ausrichtung eine wirkliche innere Distanz. Auch muss hier nochmals die Ungeduld erwähnt werden, die viele 314° Geborene in sich tragen. Vor allem gilt es, diese Ungeduld in Verbindung mit einer gewissen Abschätzigkeit zu betrachten.

315. *verwaltende Eigenschaft*

15° Wassermann - Zuallererst gilt es, eine besondere Form der Eigenständigkeit zu erkennen, die alle 315° Geborenen in sich tragen. Man könnte glauben, dieses Auftreten habe etwas mit Selbstbewusstsein zu tun. In Wahrheit rührt die genannte Eigenständigkeit jedoch von einer inneren Kraft der Abgrenzung gegenüber anderen Personen her. In eins mit dieser inneren Distanzierung haben diese Menschen die Eigenart, dem Gegenüber eigene Vorstellungen verstandesmäßig vermitteln zu wollen. Diese Gleichzeitigkeit von Abgrenzung und aktiver, verstandesmäßiger Einmischung bewirkt, dass sich der 315° Geborene selbst in einer höheren Position erfährt. Beobachtet man einen 315° Geborenen, wie er auf einen anderen Menschen zugeht und ihm etwas mitteilen möchte, kann man nicht selten ein leicht erhöhtes Kinn erkennen und wird den recht forschen Schritt bemerken, mit dem dieser in den Bereich seines Gegenübers eintritt.

Die positive Ausrichtung: Die positive Ausrichtung bewirkt, dass der 315° Geborene in einer sehr freien Weise den Mittelpunkt in einer Gruppe bildet und gleichzeitig einen starken Einfluss auf sie ausübt. Wesentlich ist jedoch auch hier, dass er sich nicht als erhöht empfindet und nicht aus einem Automatismus heraus belehrend agiert.

Die negative Ausrichtung: Der Art des intelligenzhaften Überlegens fehlt die innere Fragestellung und damit zusammenhängend auch die innere Überprüfung. Ein Argument wird somit nicht in Bezug auf seinen Wahrheitsgehalt durchleuchtet, sondern ist ausschließlich eine Darlegung eines inneren Zustandes. Die Art der intelligent scheinenden Aussprache wird mit einer wahrhaftig verstandesmäßigen Überlegung verwechselt. 315° Geborene können selbst das dümmste Argument in einer gewissen Weise intelligenzhaft darbringen. Sie haben zugleich den Eindruck, einen gewissen Einfluss auf andere Menschen auszuüben.

Einem Zentralgestirn gleich empfinden sie sich als Zentrum eines Raumes.

316. *verwaltende Eigenschaft*

16° Wassermann - Ein typischer Wesenszug gleicht einem inneren Widerspruch zwischen Zuwendung und Distanziertheit. Man kann dies bei einem Menschen dann beobachten, wenn er mitfühlend zuhört, auf das Gegenüber eingeht und gleichzeitig eine fast unbeteiligte innere Haltung einnimmt. Diese Grundhaltung der Persönlichkeit ruht auf einem tiefen inneren Verständnis der Verantwortung, die jeder für sich selbst trägt. Dieses Wissen ist auch dann präsent und drückt sich im Verhalten aus, wenn sich derjenige dieser *Eigenschaft* gar nicht bewusst ist. Gleichzeitig erfassen 316° Geborene intuitiv, dass sich jeder sein Glück selbst erschaffen muss. Manchmal kann man nämlich den Eindruck bekommen, dass jemand dem Gegenüber nicht helfen möchte.

Die positive Ausrichtung: Hilfe zur Selbsthilfe ist ein bekannter Ausspruch, der von einem 316° Geborenen stammen könnte. Ein weiterer Charakterzug zeigt sich in einer relativen Ungebundenheit dem Geld gegenüber. Sie sind von Geld einfach nicht beeindruckt. Gleiches gilt für Ansehen, Ehre und alle anderen Eigenschaften, die eine Person von der Gesellschaft zugesprochen bekommt. Für 316° Geborene sind alle diese Dinge zwar positiv, außergewöhnlich jedoch nicht.

Die negative Ausrichtung: Durch die negative Ausrichtung verändert sich der eigentlich positive Zugang zu den Menschen. Das grundsätzliche Problem ist eine tief verinnerlichte Überheblichkeit. Dieser Wesenszug ist 316° Geborenen meist gar nicht bewusst. Auch er stützt sich auf das innere Wissen um die Selbstverantwortung. Trifft so jemand einen Menschen mit Problemen finanzieller Natur oder mit charakterlichen Eigenschaften, die der 316° Geborene nicht als stark oder mächtig anerkennt, stellt er sich automatisch über diesen Menschen. Diese Selbstüberhebung geschieht sehr selbstverständlich. Die negative Ausrichtung suggeriert nämlich, dass das Gegenüber schwach sei, da es keine Verantwortung für sich selbst übernehmen könne. Das kann so weit gehen, dass Mitmenschen nicht nur abwertend, sondern verächtlich betrachtet werden. Immer ist es die eigene Wertehaltung gegenüber Selbstständigkeit, Selbstverantwortung und Unabhängigkeit, die den 316° Geborenen zu diesen Beurteilungen führt. Einher damit geht eine gewisse Mitleidlosigkeit gegenüber dem Anderen. „Er ist selbst schuld an seiner Situation", ist ein mit einem kalten Blick gepaarter typischer Ausspruch.

317. *verwaltende Eigenschaft*

17° Wassermann - 317° Geborene vereinigen in sich zwei scheinbar gegensätzliche Eigenschaften: die Hilfsbereitschaft gegenüber anderen Menschen einerseits und ihre Unabhängigkeit andererseits. Beide sind ihnen ein Anliegen und gelingt es ihnen, sie positiv in sich zu vereinigen, hat man einen Menschen vor sich, dem das Wohl der Mitmenschen am Herzen liegt und der sich gleichzeitig seine Freiheit bewahrt. Vor allem soll damit ausgedrückt werden, dass 317° Geborene sich nicht in die Probleme und das Leid der anderen Menschen hineinziehen lassen. Ihre Hilfsbereitschaft zeigt sich in allen Lebensbereichen, beruflich wie auch privat. Immer spüren sie das latente Bedürfnis, Hilfe zu leisten. Gelingt es ihnen nicht, einem Mitmenschen zu helfen, bleibt eine gewisse innere Gefühlslage, etwas nicht erledigt zu haben.

Die positive Ausrichtung: Ein wesentlicher Ausdruck der Persönlichkeit ist die selbstverständliche Fähigkeit des Lösens von Problemen. Nach einer Hilfeleistung können sie sich schnell und ohne Zögern vom anderen Menschen trennen, drehen sich um und gehen ihrer Wege. Nicht selten vergessen sie das Geschehene nach kurzer Zeit. Es ist für sie mit Ausnahme der Tatsache, dass dem Gegenüber wirklich geholfen wurde, nicht mehr wichtig. Normalerweise verlangen sie keine Gegenleistung und erwarten auch keine. In Verbindung mit der Hilfeleistung haben sie eine große Durchsetzungskraft.

Die negative Ausrichtung: Aus dem Bedürfnis des Helfens wird eine Form der Besserwisserei in Worten und Taten. Diese Menschen meinen nicht nur alles besser zu wissen, sie mischen sich ein, wollen das Gegenüber überzeugen und sich durchsetzen. Die negative Ausrichtung birgt die Eigenschaft der überheblichen Generosität. „Ich meins ja nur gut mit Dir", ist ein typischer Satz eines 317° Geborenen, wenn er dem Gegenüber die Hilfe nicht nur aufdrängt, sondern ihn geradezu zwingen möchte, sie anzunehmen.

318. *verwaltende Eigenschaft*

18° Wassermann - Einen grundlegenden Charakterzug aller 318° Geborenen kann man als distanzierte Emotionalität beschreiben. Sie besitzen die Eigenschaft, die Wirklichkeit des Gegenübers innerlich durch eine Liebesempfindung nachzuzeichnen. Es ist so, als würde dieser Mensch die Worte, Gedanken und Gefühle scannen, anschließend kopieren und innerlich durch die Empfindung von Liebe wieder erschaffen. Durch diese Besonderheit, die als Merkmal der Persönlichkeit zu erkennen nicht leicht ist, meinen viele Menschen, dass sie sich kaum abgrenzen können. Gleichzeitig ahnen sie, dass dies so nicht stimmt, da sie ein großes Freiheitsbestreben haben und dies auch leben.

Die positive Ausrichtung: Die positive Ausrichtung birgt die Freiheit und die Liebe in sich, die erlebt werden kann. Diese Freiheit ist jedoch nicht abweisend, sondern achtet die Eigenständigkeit des Gegenübers. Durch die innere Liebe fühlt man sich anderen Menschen sehr nahe und läuft trotzdem nicht Gefahr, sich zu verlieren.

Die negative Ausrichtung: Ein 318° Geborener erlebt, dass er plötzlich Eigenschaften von Menschen annimmt, die er niemals verinnerlichen möchte. Ein einfaches Beispiel: Der 318° Geborene begegnet einem Menschen und ertappt sich plötzlich, wie er dessen negative Charakterzüge innerlich kopiert. Durch dieses Erkennen erschrickt er naturgemäß und schafft in der Folge sofort eine Distanz zu diesem Menschen. Nun kann es sein, dass dieser an und für sich ein ganz normaler Mensch mit positiven und negativen Charakterzügen ist. Der 318° Geborene vermag das jedoch nicht zu trennen. Das Gegenüber kann eigentlich nichts dafür. Die Distanz kippt dann häufig in Abneigung, da der 318° Geborene annimmt, auf diese Weise auch die kopierten negativen Eigenschaften loszuwerden.

319. *verwaltende Eigenschaft*

19° Wassermann - Ein Persönlichkeitsmerkmal aller 319° Geborenen ist ihre Fähigkeit, sich auf eine neue Situation innerlich einzustellen. Es ist, als könnten sie sich ohne Vorbereitung und Eingewöhnung sofort anpassen. Und nicht nur das, diese Anpassung geschieht nicht, wie man vielleicht annehmen könnte, passiv betrachtend, sondern im Gegenteil aktiv gestaltend. Man stelle sich eine Gruppe Menschen vor, die sich schon einige Zeit mit einer gewissen Thematik beschäftigt. Vielleicht wollen sie gemeinsam einen Garten gestalten. Der 319° Geborene stößt erst nach einiger Zeit zu dieser Gruppe und beginnt sich sofort einzubeziehen. Schon nach kürzester Zeit folgt ein gestalterischer Vorschlag. Diese unmittelbare Identifizierung mit einer neuen Situation ist für den 319° Geborenen selbstverständlich, für alle anderen immer wieder gewöhnungsbedürftig. Daher wird dieser Wesenszug manchmal von anderen Menschen etwas irritiert betrachtet, da sie den Eindruck haben, der 319° Geborene mische sich in etwas ein, wovon er eigentlich noch nichts weiß.

Die positive Ausrichtung: Der 319° Geborene wird sich in jeder Gegebenheit wohlfühlen und sich auf das Gespräch, den Charakter der Gesprächspartner, die jeweilige Situation, ja sogar auf das kulinarische Angebot wie alle anderen Gegebenheiten mit Leichtigkeit einstellen können. Würde er am selben Abend eine völlig andere Gesellschaft einer anderen Kultur aufsuchen, könnte man das Gleiche beobachten.

Die negative Ausrichtung: Das Problem in Verbindung mit der negativen Ausrichtung zeigt sich insofern, als dass diese Menschen sich nicht wirklich auf eine Situation einstellen. Sie schweben mehr oder weniger über der Situation, lassen sich nicht darauf ein und agieren trotzdem, als ob sie in direkter Verbindung zu den jeweiligen Erfordernissen um die richtigen Handlungen wüssten. Es wird eine Nahtstelle zum jeweiligen Lebensbereich suggeriert, die in Wirklichkeit nicht da ist. Ein weiterer Charakterzug ist das Desinteresse.

320. verwaltende Eigenschaft

20° Wassermann - 320° Geborene sind sehr zurückhaltend. Gleichzeitig tragen sie in sich eine gewisse Spannung. Oft befinden sie sich etwas abseits und beobachten das Geschehen. Für viele Mitmenschen haben 320° Geborene einen intensiven Blick. Der bisweilen entstehende Eindruck, 320° Geborene seien abweisend, entspricht nicht der Wahrheit. Geht man auf sie zu und begegnet ihnen unvoreingenommen, hat man plötzlich einen offenen und interessierten Menschen vor sich.

Die positive Ausrichtung: Durch die positive Ausrichtung sind 320° Geborene sehr tiefgründig. Dabei behalten sie das Konkrete im Fokus und schweifen nicht in allgemeine philosophische Betrachtungen ab. Sie sind in der Lage, ihre Mitmenschen zu durchschauen, wobei sie neutral bleiben.

Die negative Ausrichtung: Durch die negative Ausrichtung entfernen sich 320° Geborene innerlich und äußerlich von ihren Mitmenschen. Sie denken, es sei nicht wert, sich mit ihnen zu befassen, da sie fast alle Menschen für oberflächlich halten.

321. verwaltende Eigenschaft

21° Wassermann - In der Persönlichkeit eines 321° Geborenen findet man Eigenschaften der Grenzsetzung gegenüber allen äußeren Einflüssen. Im Kontakt mit anderen Menschen besitzt er zudem Wesenszüge, die man als hilfreich und positiv beschreiben kann. Normalerweise kommt es in zwischenmenschlichen Kontakten zu einer Art des Austausches von Gedanken und Gefühlen in Form von geistigen Substanzen. Sie fließen bildhaft ausgedrückt ohne Barrieren zwischen den Menschen hin und her. Diese Beeinflussung geschieht immer, wenn man unter Menschen ist.

Die positive Ausrichtung: 321° Geborene haben diesen ganzen Themenbereich betreffend eine, man könnte fast sagen, natürliche Schutzbarriere. Das bedeutet, dass es andere Gedanken grundsätzlich schwer haben, anzudocken. Ein Wesenszug ist für sie sehr selbstverständlich, er zeigt sich im direkten Verkehr mit anderen Leuten. 321° Geborene besitzen die Fähigkeit, dem Gegenüber seine individuelle Persönlichkeit uneingeschränkt zuzugestehen.

Die negative Ausrichtung: Durch die negative Ausrichtung wandelt sich der Charakter. Nun sind es nicht Eigenschaften wie Freiheit oder Selbstbestimmung, um die es geht, sondern Eigenschaften der Kaltherzigkeit. Ein Ausspruch, der von diesen Menschen kommen könnte, lautet: „Er hat selbst die Schuld an seiner misslichen Lage". Er wird von einer ablehnenden und distanzierten inneren Haltung begleitet. Die negative Ausrichtung verhindert Empathie.

322. *verwaltende Eigenschaft*

22° Wassermann - Einen grundlegenden Wesenszug der Persönlichkeit kann man als eine Form des inneren Friedens beschreiben. Gleichzeitig darf man sich diesen Frieden nicht als statische Ruhe vorstellen. Er erklärt sich vielmehr über ein stetiges inneres Handeln im Sinne eines inneren Ausgleichs. Dieses Agieren geschieht meist unbewusst im Menschen selbst. Es ist, als ob ein 322° Geborener einen Kompass besäße, der ihn immer wieder mit der Eigenschaft dieses inneren ausgleichenden Friedens in Verbindung bringt. Daraus folgt das typische Streben dieser Menschen, in ihrem Umfeld einen ausgleichenden Frieden zu schaffen oder zu erhalten. Es ist jedoch nicht so, dass sie sich um Harmonie bemühen. Der Frieden bezieht sich vielmehr auf etwas Besonderes – nämlich Gerechtigkeit.

Die positive Ausrichtung: 322° Geborene sind in ihrer Persönlichkeit tief von dem Bedürfnis nach Gerechtigkeit durchdrungen und aus diesem Grund hilfsbereit, mitfühlend, friedliebend und um wahre Gerechtigkeit bemüht. Viele dieser Menschen haben auch die Fähigkeit, andere zu trösten. Gleichzeitig vermögen sie es, sich nicht in das Leid anderer Menschen hineinziehen zu lassen. Sie verbleiben in einer gewissen Gelassenheit.

Die negative Ausrichtung: Dieser Mensch ist völlig nach innen gekehrt und versucht, nach außen hin Distanz zu bewahren. Im Grunde genommen zeigt sich ein statisches Bild der Persönlichkeit. Zuallererst konzentriert er sich nur auf sich selbst. Auch wenn der 322° Geborene weiß, dass es eine Außenwelt gibt, versucht er doch krampfhaft, diese aus seinem Bewusstsein fernzuhalten. Es gleicht einer ständigen Konzentration darauf, sich von jeglichen Geschehnissen außerhalb des eigenen Seins abzuschirmen. Gleichzeitig wirkt dieser Mensch sehr verhärmt, was eine Folge der Verkrampfung ist, die den ganzen Menschen durchdringt. Es ist, als würde er sich vom Leben außerhalb bewusst abwenden, es ignorieren und sich darüber verkrampfen. Der Ausspruch „Das geht mich nichts an" ist mit einer starken inneren Ablehnung verbunden.

323. verwaltende Eigenschaft

23° Wassermann - Ein wesentlicher Charakterzug aller 323° Geborenen ist die verinnerlichte und meist unbewusste Suche nach der Ursache. Im Alltag zeigt sich dieses Forschen in alltäglichen Lebenssituationen. Trifft man jemanden, kommt automatisch die Frage nach der Ursache. Woher kommt er? Warum geht es ihm so, wie es ihm geht? Was will er durch seine Kleidung ausdrücken? Je nach beruflicher Tätigkeit und inneren Vorlieben neigt sich diese Selbstverständlichkeit der inneren Fragestellung in die eine oder andere Richtung. Wie wurde das Möbelstück gefertigt? Woher stammt dieses geistige oder körperliche Leiden? Jeder Beruf wirft andere Frage auf.

Die positive Ausrichtung: Diese Menschen haben die Eigenschaft, ausgesprochen gut argumentieren zu können. Ihre Argumentationskette scheint lückenlos. Jeder Diskussionspartner muss achtsam an seinen eigenen Überlegungen festhalten, um nicht selbstverständlich den Darlegungen zu folgen. Einher damit geht ihre Fähigkeit, Schlussfolgerungen zu ziehen. Auch können 323° Geborene unterschiedlichste Dinge sehr gut zusammenfassen und den jeweiligen Gegebenheiten anpassen. Dies zeigt sich beruflich wie privat. Ihr Resümee bildet sich nicht über einen längeren Zeitraum, sondern geschieht augenblicklich. Zeit braucht nur die Erläuterung der eigenen Sichtweise. Auch für Planungen jeglicher Art haben sie eine Begabung.

Die negative Ausrichtung: Ein Problem der negativen Ausrichtung ist die Rechthaberei. Diese Menschen sind der tiefen Überzeugung, eigentlich immer recht zu haben. Zugleich verspüren sie nicht das Bedürfnis, diesen Wesenszug nach außen zu zeigen. Das geht so weit, dass ihnen die Ansichten anderer Leute egal sind. Würden sie mit diesem Wesenszug anderen Menschen gegenübertreten, käme es zu einer Konfrontation. Dieser Infragestellung möchten sie unbedingt ausweichen. Die Folge ist eine Form der Oberflächlichkeit. Handlungen, Erwiderungen, Vorschläge ohne sachliches Fundament werden zu schnell in Angriff genommen. Trotz besseren Wissens ignorieren diese Menschen, dass sie oft nur die vorläufigen Ursachen kennen. Es ist ihnen nur schwer möglich, sich einzugestehen, dass sie etwas nicht wissen.

324. *verwaltende Eigenschaft*

24° Wassermann - 324° Geborene besitzen eine gewisse zurückhaltende Strenge. Einerseits sind sie sich der Vergangenheit und der Überlieferungen sehr bewusst, andererseits haben sie keine Scheu, sich davon zu lösen und etwas Neues zu beginnen. Kennzeichen ist, dass sich das Neue auf das Alte bezieht. Es wird im Sinne der Gegenwart verändert und in einem neuen Gewand präsentiert. 324° Geborene haben dann den Eindruck, etwas Neues geschaffen zu haben.

Die positive Ausrichtung: Durch die positive Ausrichtung erkennt man in den Menschen eine gewisse Güte. Die Härte wird abgemildert.

Die Vergegenwärtigung alter Gewohnheiten und Inhalte verwirklicht sich durch eine unterschiedliche Art des Zugangs. Zum Beispiel verwendet der 324° Geborene andere Worte oder er wählt ein anderes Umfeld. Das kann alle Lebensbereiche betreffen.

Die negative Ausrichtung: Durch die negative Ausrichtung identifiziert sich der 324° Geborene mit vergangenen Inhalten und meint doch, dass er es mit neuen und zukunftsweisenden Inhalten zu tun habe. In dieser Illusion lebt dieser Mensch und ist absolut von sich überzeugt. Ein Problem ist, dass 324° Geborene unter diesem Einfluss gegenüber Einwänden oder Korrekturen mehr oder weniger resistent sind. Letztlich haben sie nichts verändert, meinen jedoch, etwas Neues geschaffen zu haben.

325. *verwaltende Eigenschaft*

25° Wassermann - 325° Geborene orientieren sich in ihrer Lebensgestaltung an den vorhandenen Systemen und Ordnungen. Sie passen sich an, empfinden dies jedoch nicht als Einschränkung. Die vorgegebenen Verhältnisse bestimmen maßgeblich die physischen Lebensbereiche wie auch die Gedanken und Gefühle. Zieht zum Beispiel ein 325° Geborener vom Land in die Stadt, verändert er sich und passt sich der Stadt an. Gleiches gilt, wenn er von der Stadt auf das Land zieht.

Die positive Ausrichtung: Durch die positive Ausrichtung empfinden 325° Geborene traditionelle Werte nicht als alte, sondern als ewig gültige Werte. Deshalb stellen sie sich nicht die Frage, ob etwas dem Zeitgeist entspricht. Für sie ist es modern, wenn sie in diesem Sinn handeln.

Die negative Ausrichtung: Durch die negative Ausrichtung wird grundsätzlich jede Erneuerung bezweifelt. Selbst alte und längst überholte Strukturen werden von 325° Geborenen als aktuell angesehen. Sie bestreiten die Notwendigkeit jeder Form der Erneuerung. Gleichzeitig empfinden sie sich selbst als in der Gegenwart und in die Zukunft ausgerichtet. Jemand könnte zum Beispiel behaupten, dass es modern sei, mit alten Werkzeugen zu arbeiten.

326. *verwaltende Eigenschaft*

26° Wassermann - Um der Prägung einer Persönlichkeit durch die 326. *Eigenschaft* näher zu kommen, muss man zuerst wissen, dass diese Menschen sich in einer ganz besonderen Form der Ordnung erleben. Grundsätzlich ist damit keine Ordnung im herkömmlichen Sinne gemeint. Es geht nicht um physische Ordnung in den persönlichen Lebensbereichen, sondern um eine Form der haltgebenden Ordnung. Jeder Aspekt dieser Ordnung steht für eine dem 326° Geborenen wesentliche Idee, um die sich das Leben dreht. Ein Mensch hat zum Beispiel in seiner Wohnung Orte geschaffen, die ihm wichtig sind, einige Bilder von Familienangehörigen an einer bestimmten Wand, in einem anderen Zimmer ein Sessel, der wichtig ist usw. Es geht nicht darum, um was es sich handelt. Im Zentrum steht der innere Wert der Gegenstände an diesen Orten. Diese vielleicht zehn ausgesuchten Orte in der Wohnung sind so etwas wie ›Altäre einer Idee‹. Das ist die oben beschriebene Ordnung, die für diesen Menschen wesentlich im Leben ist.

Die positive Ausrichtung: Die einzelnen Orte, Ideen und persönlichen Rituale der Ordnung werden als Ausdruck der persönlichen Freiheit definiert. Der 326° Geborene fühlt eine bestimmte Form von Freiheit, wenn er sich der einzelnen Dinge bewusst wird. Es ist nicht so, wie man vielleicht annehmen könnte, dass dieser Mensch eine Art der Bindung empfindet. Die haltgebenden Dinge sind Ausdruck seiner persönlichen Freiheit.

Die negative Ausrichtung: Die negative Ausrichtung will physische traditionelle Werte und Gegenstände unverändert aufrechterhalten. In dieser Weise werden die Orte in der Wohnung wirklich zu Altären, da sie den dargestellten Wert als unveränderlich repräsentieren. Jede innere Veränderung des Menschen erfährt durch die materiellen Gegenstände einen oft starken Widerstand. Die negative Ausrichtung dieser *Eigenschaft* will Freiheit über selbstgeschaffene Bindungen suggerieren.

327. *verwaltende Eigenschaft*

27° Wassermann - Eine Eigenschaft von 327° Geborenen zeigt sich als Distanz gegenüber sich selbst. Man hat den Eindruck, als würden sie sich selbst mit Abstand betrachten und ihr Leben wie auch ihren gegenwärtigen Zustand aus dieser Distanz definieren wollen. In einer ähnlichen Weise agieren 327° Geborene auch mit ihren Mitmenschen. Aus dieser distanzierten Position möchten sie auch Einfluss auf diese nehmen. Im Grunde geht es um die Beeinflussung der Menschen aus einer erhöhten Position, die sich der 327° Geborene in Verbindung mit dem Abstand selbst gibt.

Die positive Ausrichtung: Der erwähnte Abstand dient den 327° Geborenen dazu, sich selbst zu meistern. Das gilt vor allem für Emotionen im alltäglichen Leben. Wenn man sich selbst aus einem größeren Abstand betrachten kann, ist man objektiver. Diese Objektivität stammt aus der positiven Ausrichtung.

Die negative Ausrichtung: Diese Menschen befinden sich in einem abgehobenen Zustand und agieren wie ein Blatt im Wind. Jede Emotion und jedes äußere Ereignis bewegen 327° Geborene, die darauf keinen Einfluss nehmen können. Stattdessen nehmen sie auf ihre Mitmenschen Einfluss, damit sich diese so verhalten, wie es dem 327° Geborenen entspricht.

328. *verwaltende Eigenschaft*

28° Wassermann - 328° Geborene haben die Tendenz, ihre Mitmenschen belehren zu wollen. Dahinter steckt keine negative oder überhebliche Absicht: Es hängt vielmehr mit der Position zusammen, die sie durch den Einfluss dieser *Eigenschaft* einnehmen. Fast automatisch sehen sie sich gedrängt, aus einer freundschaftlichen Grundhaltung heraus gute Ratschläge zu geben. Ernten sie dabei Widerspruch, können sie nur schwer damit umgehen, da es Teil ihrer Persönlichkeit ist, in dieser Weise zu agieren.

Die positive Ausrichtung: Durch die positive Ausrichtung können 328° Geborene erkennen, wann es angebracht ist, jemandem einen Ratschlag zu geben oder ihn zu belehren. Auch wenn sie die erhöhte Position einnehmen – die bei der positiven Ausrichtung die Normalität ist –, sind die Reaktionen der Mitmenschen positiv. 328° Geborene können Ratschläge auch humorvoll und in selbstironischer Weise geben.

Die negative Ausrichtung: Durch die negative Ausrichtung kommentieren 328° Geborene das Aussehen, das Verhalten und vieles mehr bei anderen Menschen. Einher damit geht, dass sie sich auf Kosten ihrer Mitmenschen lustig machen. Sie selbst nehmen dabei eine überhebliche und gegenüber anderen Leuten abfällige Haltung ein.

329. *verwaltende Eigenschaft*

29° Wassermann - 329° Geborene besitzen die Eigenschaft, dem physischen Leben und den Ereignissen im Leben eine tiefere Bedeutung zu geben. Das gilt auch für alltägliche Erlebnisse und Erfahrungen. Sie versuchen, diesen Dingen einen Sinn zu geben. In gewisser Weise glauben sie, dass sie mit dem Universum oder mit einer höheren Kraft in Kontakt stehen, welche ihnen durch das physische Leben Botschaften senden.

Die positive Ausrichtung: Durch die positive Ausrichtung erkennen 329° Geborene den Sinn hinter vielen alltäglichen Gegebenheiten. Sie ignorieren diese Geschehnisse nicht und geben ihnen den Wert, den sie haben. Es sind Hinweise, die meistens von den *Eigenschaften* kommen.

Die negative Ausrichtung: Die negative Ausrichtung bedingt, dass 329° Geborene eine abgehobene Position einnehmen. Aus dieser Position heraus ignorieren sie sämtliche physischen Hinweise und meinen, sie könnten frei und unabhängig davon agieren. Gleichzeitig geben sie selbst dem Leben einen Sinn, der jedoch mit der Lebenswirklichkeit nicht viel zu tun hat. Es gleicht einer pseudophilosophischen Betrachtung des Lebens.

330. *verwaltende Eigenschaft*

30° Wassermann - Einen typischen Wesenszug eines 330° Geborenen kann man erkennen, wenn man beobachtet, wie er auf den Ratschlag eines anderen Menschen reagiert. Zunächst verharrt er und denkt darüber nach. Er lässt den Ratschlag auf sich wirken. Grundsätzlich sind 330° Geborene für Ratschläge und Tipps empfänglich. Nach einer gewissen Zeit reagieren sie darauf und wenden sich kurz danach ab. Sie fühlen sich nicht gebunden. Wenn sie anderen Leuten selbst einen Ratschlag geben, geschieht dies wiederum sehr betont.

Die positive Ausrichtung: Durch die positive Ausrichtung sind 330° Geborene sehr wachsam, etwas von ihrem Umfeld erfahren oder lernen zu können. Gleichzeitig fühlen sie sich frei, gleich einem unabhängigen Beobachter. Ratschläge, die sie selbst geben, sind nicht laut, aber eindringlich. Grundsätzlich sind sie damit zurückhaltend.

Die negative Ausrichtung: Durch die negative Ausrichtung begeben sich 330° Geborene in eine abgehobene Position, aus der sie laut und rechthaberisch agieren. Gleichzeitig ist ihre Rechthaberei mit Zweifel verbunden. Man merkt, dass viele ihrer Aussagen eine Frage beinhalten. 330° Geborene verlangen nach Bestätigung.

331. bis 360. *verwaltende Eigenschaft*

331. *verwaltende Eigenschaft*

1° Fische - Diese Eigenschaften in Verbindung mit der 331. *Eigenschaft* zeigen sich über ein differenziertes und intelligenzhaft definierbares intuitives Fühlen. Das hat jedoch nichts mit der Stärke der Gefühle und Emotionen zu tun, sondern mit der Fähigkeit des Fühlens. Die *Eigenschaft* weckt in den Menschen das Bedürfnis, sich mit dem Fühlen auseinanderzusetzen. Viele 331° Geborene können die Gefühle anderer Leute nachzeichnen.

Die positive Ausrichtung: Die positive Ausrichtung zeigt sich als Feinfühligkeit. Gleichzeitig bewahrt sich der 331° Geborene die notwendige Stabilität. Diese Menschen vermögen es, geistige Substanzen differenziert zu erkennen und haben eine hohe Intuition.

Die negative Ausrichtung: Grundsätzlich kann man sagen, dass 331° Geborene durch die negative Ausrichtung oberflächlich fühlen. Sie hat eine Beschränkung der Fähigkeiten des Fühlens zur Folge. Die negative Ausrichtung bringt es auch mit sich, dass 331° Geborene ihren Willen dazu einsetzen, ihr Gefühl zu unterdrücken.

332. *verwaltende Eigenschaft*

2° Fische - „Warum kompliziert, wenn es auch einfach geht", könnte man als einen Wahlspruch aller 332° Geborenen bezeichnen. Diese Menschen haben ein ganz besonderes Talent dazu, die Dinge zu vereinfachen, ohne die jeweilige Aufgabe oder Tätigkeit zu vernachlässigen.

Was ein oberflächlicher Beobachter vielleicht als Vermeidung von Arbeit beschreiben würde, ist in Wirklichkeit effizientes Arbeiten. Dieser Wesenszug zeigt sich nicht nur bei physischen Arbeiten, er durchdringt das ganze Wesen. Man könnte dies als innere Kraft beschreiben, welche die Dinge vereinfachen möchte, ohne ihnen den Wert zu nehmen.

Die positive Ausrichtung: 332° Geborene haben eine ganz besondere Hilfsbereitschaft. Es ist ihr Bestreben, unerledigte Dinge so gut und auch so schnell es geht zu erledigen. Gleichzeitig haben sie ein großes Bedürfnis, anderen Menschen helfen zu wollen. Jemandem dabei zuzusehen, wie er sich unnötig durch schwere Arbeit quält, ist für sie kaum möglich. Sehr schnell setzen sie sich mit diesem Menschen in Verbindung und helfen da, wo es notwendig ist. In dieser Hilfsbereitschaft stellen sie nicht ihr Helfen in den Mittelpunkt – es geht ihnen einzig darum, das, was zu erledigen ist, gut zu beenden. Anschließend können sie sich sofort lösen, erwarten keine große Dankbarkeit und gehen innerlich erfüllter ihrer Wege.

Die negative Ausrichtung: Der Rat eines 332° Geborenen im Einfluss der negativen Ausrichtung stellt den eigenen Charakter in den Vordergrund. Ist er selbst ein aktiver Mensch, wird er zur Aktivität raten, ist er ein zurückgezogener Mensch, zur Zurückgezogenheit. Dadurch sieht er seinen eigenen subjektiven Charakter ausgebreitet und stärkt damit eigentlich sich selbst. Schlimmer wird es dann, wenn der 332° Geborene einen negativen Charakter hat. Dann würde er womöglich Streit oder ein aggressives Verhalten gegenüber dem Nachbarn empfehlen.

333. *verwaltende Eigenschaft*

3° Fische - Einen gemeinsamen Charakterzug von 333° Geborenen findet man in ihrer Art des Umgangs mit persönlichen Idealen. Diese Ideale können religiöser Art sein, aus einer grundsätzlichen Lebenseinstellung herrühren oder durch die Tradition im Menschen gespeichert sein. Die Form der grundsätzlichen Auseinandersetzung bleibt sich gleich. Wichtig ist die Erkenntnis, dass sie ständig das innere Bedürfnis haben, irgendeinen Aspekt des Lebens als höheres Ideal zu definieren. Auch sind sie bestrebt, dieses Ideal in sich selbst zu verwirklichen.

Die positive Ausrichtung: Ein typisches Beispiel der positiven Ausrichtung ist der von seinem Unterrichtsfach überzeugte Lehrer, der die Schüler von seinen Themen begeistern kann. Durch diese Freude am Thema fällt es den Schülern leichter, den Lernstoff zu behalten. Auch im Privatleben haben diese Menschen das Bestreben, ihre Überzeugung willentlich nach außen zu tragen.

Die negative Ausrichtung: Die negative Ausrichtung zeigt sich als ideelle Bemächtigung. Da dies heutzutage nicht als negativer Charakterzug wahrgenommen wird, fällt dies kaum einem Menschen auf. Alle Religionen, die das eigene Ideal über den freien Willen des anderen stellen, wirken im Einfluss der negativen Ausrichtung dieser *Eigenschaft*. Auch politische Ideale, die von Menschen Besitz ergreifen und sie überzeugen wollen, sind Ausdruck des Einflusses dieser *Eigenschaft*. Das Problem beginnt schon mit der inneren Haltung der Intoleranz. Die negative Ausrichtung verhindert eine Entwicklung der Ideale. Das persönliche Ideal oder das Ideal einer Gruppe wird als höchstes mögliches Ideal angenommen. Daran muss sich alles orientieren und jede Beurteilung einer Überzeugung muss sich, unabhängig von der eigenen Willensentscheidung, daran messen.

334. *verwaltende Eigenschaft*

4° Fische - Ein gemeinsamer Charakterzug von 334° Geborenen ist ihre Art des ergebnisorientierten Handelns. Jede Tätigkeit wird in ihrem Inneren mit einer selbstverständlichen Ausrichtung auf das jeweilige Ziel ausgeführt. Ein Unterschied zu anderen Menschen ist die ständige Präsenz des Zieles, es wird in keinem Augenblick vergessen. Ob das Tun schnell oder langsam, kontinuierlich oder unregelmäßig geschieht, ist nicht relevant, sondern allein die verinnerlichte Gewissheit der Erfüllung. Geraten sie aus welchen Gründen auch immer in die Situation, Arbeiten ausführen zu müssen, die sie nicht wollen oder deren Ziele sie nicht bejahen oder verstehen, können sie sich kategorisch weigern. Handeln ohne ein Ziel, das die jeweilige Tätigkeit beendet, ist ihnen zutiefst fremd.

Die positive Ausrichtung: Haben diese Menschen eine Arbeit gefunden, die sie lieben, sind sie glücklich. Sie fühlen sich erfüllt und haben in den meisten Fällen auch Erfolg. Ihr alltägliches Handeln ist ein sehr wichtiger Lebensbereich. Die positive Ausrichtung zeigt sich als grundsätzliche Authentizität. Die Selbstsicherheit dieser Menschen ist so selbstverständlich, dass eine beobachtende Person dies erst auf den zweiten Blick erkennt. Authentisch zu sein ist für 334° Geborene ganz normal.

Die negative Ausrichtung: Meistens kommt es durch die negative Ausrichtung zu berechnenden Handlungen. Wer aus Berechnung freundlich ist, mehrt die Dunkelheit. Diese versteckte Machtausübung hintergeht den Mitmenschen. Angeregt durch die oberflächliche Freundlichkeit öffnen sie sich und werden dann durch die berechnende Motivation verletzt. Man kann dies auch als Vertrauensbruch betrachten. Wer offenen Auges durch die Welt geht, wird nicht umhinkommen, diesen Einfluss in allen Lebensbereichen zu entdecken.

335. *verwaltende Eigenschaft*

5° Fische - 335° Geborene tragen in sich eine positive Grundstimmung dem Leben gegenüber. Daraus folgen Eigenschaften wie Freundlichkeit, Entgegenkommen und Fröhlichkeit. Sie sind sehr auf das physische Leben fokussiert und haben den Drang, ein Geschehen zu manifestieren. Dann nimmt es den Platz ein, den sich der 335° Geborene vorstellt. Das gilt auch für andere Menschen. Für 335° Geborene ist es wesentlich, dass diese einen Platz einnehmen, den sie einschätzen können. Bildhaft kann man sich das so vorstellen, dass sie das Gegenüber in eine bekannte Ordnung einfügen.

Die positive Ausrichtung: Durch die positive Ausrichtung sind 335° Geborene offen auch gegenüber Leuten, die sie nicht einschätzen können. Gleichzeitig bemerkt man eine gewisse Zurückhaltung. Diese innere Zurücknahme rührt daher, dass ihr physisches Leben eng an Vorgaben gebunden ist, die ihnen bekannt und nahe sind. Das unbekannte Gegenüber müssen sie erst einschätzen, denn es gibt mit ihm die Möglichkeit, dass das bekannte Leben in Unordnung geraten könnte. Das ist der Grund für die Zurückhaltung.

Die negative Ausrichtung: Durch die negative Ausrichtung manifestiert der 335° Geborene Vorgaben, die das Umfeld einhalten muss. Sie entsprechen der subjektiven Vorstellung des Lebens. Hält sich jemand im Umraum nicht an diese Vorgaben, verlieren 335° Geborene den inneren Halt. In der Konsequenz reagieren sie hektisch und drängen die Mitmenschen dazu, ihre subjektiven Vorstellungen zu erfüllen. Kommen diese der Machtausübung des 335° Geborenen nicht nach, kommt es zu großen zwischenmenschlichen Problemen.

336. *verwaltende Eigenschaft*

6° Fische - 336° Geborene haben die Eigenschaft, dass ihnen Dinge auffallen bzw. dass sie Dinge erkennen, die eine Entwicklung ermöglichen oder verbessern können. Das betrifft nicht nur physische Gegebenheiten. Sehr gut erkennen sie, welche Eigenschaften in einem Mitmenschen zum Beispiel verhindern, dass sie beruflichen Erfolg haben. Bildhaft kann man sich das so vorstellen, dass sie wissen, welches Zahnrad feststeckt und ein Vorwärtskommen verhindert.

Die positive Ausrichtung: Durch die positive Ausrichtung sind 336° Geborene erfolgreiche Menschen. Sie erkennen nicht nur, welche Probleme einen Erfolg verhindern, sondern haben auch das selbstverständliche Bedürfnis, sie zu beseitigen. Dies kostet sie keine Mühe. Der Erfolg ergibt sich durch dieses Agieren automatisch.

Die negative Ausrichtung: Die Schwierigkeit der negativen Ausrichtung liegt darin, dass 336° Geborene die Gegebenheiten nicht erkennen, welche eine Entwicklung verhindern. Sie meinen zwar, dass sie zum Beispiel wissen, warum ein Mitmensch in seinem Leben nicht vorankommt, ihre Ansicht entspricht jedoch nicht der Wahrheit. Die Schwierigkeit ist ihre Überzeugungskraft. In einem gewissen Sinne überzeugen sie sich andauernd selbst davon, dass sie recht haben, und nehmen dies auch mit großer Selbstverständlichkeit an. In Wirklichkeit liegen sie andauernd falsch.

337. verwaltende Eigenschaft

7° Fische - Ein gemeinsamer Wesenszug von 337° Geborenen ist ihr Streben nach Wissen. Die Art ihres Strebens gleicht einem Vorwärtsdrängen, als könnte man auf einem imaginären Weg das Wissen einsammeln. Deshalb ist die Art ihrer Wissensbegierde nicht mit einem Lernen vergleichbar, wie es in Schulen üblich ist. In ihrem Drängen nach Wissen geht es ihnen immer auch um Entwicklung. Unabhängig davon, um welches Wissensgebiet es sich handelt, besitzen sie den Drang, sich innerhalb dieses Wissens weiterzuentwickeln. Um ein Beispiel zu nennen, kann man sich einen 337° Geborenen bei der Gartenarbeit vorstellen. Er beobachtet das Wachstum der Pflanzen und besitzt den inneren Drang, alles das, was mit seiner Arbeit zusammenhängt, zu verbessern. Hierbei geht es ihm gar nicht so sehr um vielleicht höhere Erträge, sondern vor allem um die Verbesserung der Gegebenheiten.

Die positive Ausrichtung: Die allermeisten 337° Geborenen sind positive und fröhliche Menschen. In einer gewissen Weise besitzen sie die Anlage, Positives anzuziehen. Diese Anziehung bezieht sich immer wieder auf die Beantwortung innerer Fragen. Es ist, als wäre die Umwelt bestrebt, innere offene Fragen zu beantworten. 337° Geborene sind grundsätzlich interessierte Menschen. Es ist ihnen wichtig, wach und mit offenen Augen durch das Leben zu gehen. Ein weiteres wesentliches Merkmal der Persönlichkeit ist ihr ausgeprägter Humor.

Die negative Ausrichtung: Diese Menschen suchen Argumente, um in der eigenen Subjektivität verbleiben zu können. Gleichzeitig definieren sie diese Begründungen als Beweismittel. Ein 337° Geborener befindet sich zum Beispiel in einer Situation, in der er sich zwingend verändern müsste. Dagegen wehrt sich seine gesamte Persönlichkeit. Seine Art, sich vor einer drohenden Veränderung zu schützen, liegt darin, dass er beginnt, sich Argumente für die Beibehaltung des Status quo zu suchen. Da viele 337° Geborene eine überdurchschnittliche Intelligenz besitzen, sind sie in dieser Suche auch erfolgreich. Es ist sehr schwer für andere Menschen, mit einem 337° Geborenen im Einfluss der negativen Ausrichtung zu diskutieren. Immer wieder wird er ausweichen, mit Argumenten kontern und sich in seiner subjektiven Befindlichkeit bestätigt meinen. Das oben erwähnte Drängen richtet sich nun darauf aus, den inneren Zustand unbedingt zu verteidigen.

338. *verwaltende Eigenschaft*

8° Fische - Für 338° Geborene ist es natürlich, einzelne sich zeigende Gegebenheiten im Verlauf des Lebens mit dem Verstand einzuschätzen. Widerfährt ihnen etwas bislang Unbekanntes oder Ungewohntes, verlieren sie den inneren Halt. Die Folge ist, dass sie sich intensiv darum bemühen, dieses Geschehen intelligenzhaft einzuschätzen. Bildhaft kann man sich vorstellen, dass das Leben auf Bahnen des Verstandes entlangläuft. Was 338° Geborene nicht verstehen, lehnen sie ab.

Die positive Ausrichtung: Widerfährt 338° Geborenen etwas Neues, bemühen sie sich, es zu verstehen. Die Einordnung des Unbekannten muss nicht den eigenen Vorstellungen entsprechen. Es kann sich auch um eine Ordnung handeln, die außerhalb der persönlichen Realität liegt. Wenn sie zum Beispiel einen Menschen treffen, der eine völlig andere Form des Lebens führt, sind sie in der Lage, Aspekte dieses Lebens für sich anzunehmen.

Die negative Ausrichtung: Alles, was außerhalb der persönlichen Vorstellung liegt und das eigene Leben verändern könnte, wird abgelehnt. Diese Ablehnung geschieht über den Verstand. Entweder müssen sich die Umstände anpassen oder sie kommen gar nicht erst in Betracht. Auch bei anderen Leuten gilt, dass sie sich entweder anpassen oder aber entfernen müssen.

339. verwaltende Eigenschaft

9° Fische - 339° Geborene orientieren sich an der Zukunft. Man könnte den Eindruck haben, sie erfüllten etwas Vorgesehenes. Daraus folgt der Wesenszug, dass alles, was sie im Moment machen, für sie selbstverständlich ist und von ihnen auch nicht infrage gestellt wird. Dazu ein einfaches Beispiel: Ein 339° Geborener geht mit einem Freund in der Stadt spazieren. An einer Kreuzung möchte sich derjenige nach links wenden, der Weg führt jedoch nach rechts. Dadurch, dass sich sein Vorhaben nicht erfüllt, reagiert er konsterniert und weiß im Moment nicht, wie er reagieren soll. Vor allem in den Gedanken und Gefühlen gibt es diese Orientierung einer sich erfüllenden Zukunft. Deshalb sind Änderungen von Vorstellungen für 339° Geborene nicht einfach.

Die positive Ausrichtung: Durch die positive Ausrichtung erfüllt sich das Vorhaben, da es dem vorgesehenen Verlauf des Lebens entspricht. Der 339° Geborene nimmt, um auf das Beispiel zurückzukommen, automatisch den Weg nach rechts. Auch die Gedanken und Gefühle entsprechen dem vorgesehenen Verlauf. Diese Menschen gehen behütet durch das Leben.

Die negative Ausrichtung: Durch die negative Ausrichtung haben 339° Geborene in ihrem Leben keine Orientierung. Sie wissen nicht, was sie denken sollen, und sind deshalb immer wieder sehr konfus. Auch im physischen Leben fehlt ihnen die Orientierung. Sie gleichen einem Menschen, der auf sich allein gestellt ist und nicht weiß, was er machen soll. Durch diese Orientierungslosigkeit ist es für 339° Geborene immer wieder schwer, den inneren Halt zu bewahren.

340. verwaltende Eigenschaft

10° Fische - Die 340. *Eigenschaft* ermöglicht die Empfindung eines Gefühls, welches eine höhere Entwicklung vorwegnimmt. Der 340° Geborene ist dadurch in der Lage, schon in der Gegenwart ein Gefühl zu spüren, welches erst in der Zukunft eine manifestierte Realität wird. Durch dieses Gefühl nähern sich dem Menschen geistige Räume, welche in sich das Wissen und die Weisheit bergen, die diesem Gefühl entsprechen. Ganz besonders wird ihr Leben durch Gefühle beeinflusst und geprägt. Von anderen Menschen werden sie als sanft und gefühlsbetont erkannt.

Die positive Ausrichtung: Alle 340° Geborenen haben die Gemeinsamkeit einer positiven und hoffnungsfrohen Zukunftseinstellung. Tief in sich wissen sie, dass sich alles zum Guten wenden wird. Auch ahnen sie, dass die Dinge des Lebens einen tieferen Sinn haben, unabhängig davon, ob sie diesen erkennen oder nicht.

Die negative Ausrichtung: Diese Menschen vermeiden die Erkenntnis der negativen Dinge des Lebens. Der Grund, warum sie diese Betrachtung ablehnen, hat mit der Vermeidung von Erkenntnissen negativer Eigenschaften im eigenen Inneren zu tun. Die einseitige positive Sicht lässt diese Menschen die Realität umschiffen. Ihr Eingeständnis der Realität würde die negative Ausrichtung im Verharren der Einseitigkeit entlarven.

341. *verwaltende Eigenschaft*

11° Fische - Möchte man einen gemeinsamen Wesenszug von 341° Geborenen erklären, fällt einem unweigerlich ihre besondere Form des Selbstbewusstseins auf. Für diese Menschen wie auch für ihr Umfeld ist dieser Wesenszug selbstverständlich. Grundsätzlich geht es darum, dass sie eine positive Form des Selbstbewusstseins haben, das sich grundsätzlich auf positive Dinge stützt. Gleichzeitig findet man zwischen 341° Geborenen und ihrer Umgebung kaum eine Abgrenzung. Sie behalten ihr inneres Selbstbewusstsein und agieren gleichzeitig gefühlshaft mit ihrer Umgebung. 341° Geborene neigen dazu, sich für ihre Umgebung verantwortlich zu fühlen. Diese Form der Verantwortung kann schnell als Einmischung verstanden werden.

Die positive Ausrichtung: Grundsätzlich haben diese Menschen eine große Durchsetzungskraft. Diese Eigenschaft ist für viele Mitmenschen auf den ersten Blick nicht ersichtlich. Sie agieren im Sinne ihrer Durchsetzung nämlich nicht direkt. Vielmehr haben sie die Fähigkeit, andere

Menschen innerlich zu überzeugen. Diese Überzeugung stützt sich auf Gefühle, die der 341° Geborene automatisch vermittelt.

Die negative Ausrichtung: Durch die negative Ausrichtung stülpt sich der 341° Geborene gleichsam über den anderen Menschen. Nun verbindet sich das gefühlshafte Verständnis mit einer typischen Wesensart der Einmischung. Während dieses Tuns sind diese Menschen bestrebt, das Gegenüber durch ihr Mitfühlen in ihren Bann zu ziehen. „Ich meine es ja nur gut mit ihm", ist die innere, meist unausgesprochene, bisweilen auch ausgesprochene Grundhaltung. Diese innere Gestimmtheit eines 341° Geborenen zieht das Gegenüber bildhaft ausgedrückt unter eine Kuppel, die von ihm beherrscht wird. Gleichzeitig merken die Mitmenschen gar nicht, dass sie in den Einfluss gelangen. Viele fühlen sich in ihren Gefühlen liebend verstanden.

342. *verwaltende Eigenschaft*

12° Fische - In welcher Weise die Persönlichkeit eines Menschen durch diese *Eigenschaft* geprägt wird, ist nicht einfach zu verstehen. Bildhaft kann man sich dies so vorstellen, dass ein 342° Geborener vordergründig den Mitmenschen zugewandt agieren und ihnen gegenüber offen sind. Im Hintergrund stützt sich die Persönlichkeit jedoch auf eine Struktur, die man als zurückhaltend und zugleich in einer gewissen Weise selbstbewusst beschreiben kann. Dieses Selbstbewusstsein ließe sich leicht als Sturheit beschreiben. Die Mischung aus Offenheit und gleichzeitigem inneren Halt bewahrt diese Menschen davor, sich auf äußere Dinge einzulassen, die ihnen schaden könnten. Gleichzeitig können sie sehr gut darauf zugehen.

Die positive Ausrichtung: Alle 342° Geborenen sind Suchende. Haben sie einen Bereich erkundet, ruft bildhaft ausgedrückt schon der nächste Raum. Diese innere Rastlosigkeit wird von anderen Menschen nur selten erkannt, außer der 342° Geborene spricht darüber. Äußerlich ruhig sind sie innerlich auf der Suche. Viele empfinden dies als einen negativen Charakterzug, dem sie nicht nachgeben wollen. Wer jedoch erkennt, dass diese Unruhe eigentlich etwas damit zu tun hat, dass sie auf der Suche nach Antworten sind, wird automatisch einen größeren Frieden finden.

Die negative Ausrichtung: Durch die negative Ausrichtung kommt es bei diesen Menschen innerlich zu Konflikten und zu einer grundlegenden Verwechslung. Die innere Strukturiertheit, die sie eigentlich davor bewahrt, negative Energien aufzunehmen, kommt als Sturheit an die Oberfläche. 342° Geborene wollen mangels besseren Wissens diese innere Energie des Suchens, die sie als Haltlosigkeit interpretieren, dadurch unterdrücken, dass sie versuchen, die innere Struktur zu betonen.

343. *verwaltende Eigenschaft*

13° Fische - 343° Geborene durchdringt das Bestreben, sich geistig zu entwickeln. Das Merkmal dieser Substanz ist die Suche nach Erkenntnis, die der Entwicklung dienen soll. Man darf sich das jedoch nicht so vorstellen, dass der Mensch dauernd etwas Bestimmtes wie vielleicht einen Gegenstand oder eine höhere Wahrheit sucht. Vielmehr ist damit eine innere Gestimmtheit angezeigt, die ihren Ursprung in der Suche hat. In der Persönlichkeit zeigt sich dies als latente innere Unruhe mit dem unbestimmten Gefühl, dass etwas fehlt. Man kann es sich so vorstellen, dass die Menschen mit der ständigen inneren Energie leben, dass eine Frage noch nicht beantwortet wurde, obwohl sie sich dieses Umstands oft gar nicht bewusst sind.

Die positive Ausrichtung: Anderen Personen treten diese Menschen offen gegenüber. Man könnte diese Form der Begegnung fast erwartungsvoll nennen. Diese Offenheit ist der inneren Kraft der Suche geschuldet. Bildhaft ausgedrückt begegnet der 343° Geborene dem Gegenüber in einer drängenden Haltung, welche sich durch die Beantwortung einer Frage, derer er sich selbst gar nicht bewusst ist, erfüllt. 343° Geborene sind im positiven Sinne neugierig. Kaum ahnen sie etwas Interessantes, durchdringt sie eine spannungsvolle Energie der Erwartung.

Die negative Ausrichtung: Ein Merkmal der negativen Ausrichtung ist eine Form der inneren Zufriedenheit, wenn sich etwas Negatives erfüllt. Durch dieses Geschehen erfährt das niedere Ego eine größere Ruhe. Der typische Ausspruch ist: „Der wird's schon noch merken". Damit nimmt er eine Form der negativen Entwicklung des Gegenübers als Gegebenheit an. 343° Geborene tarnen diesen Charakterzug durch Begriffe wie Realität oder Gerechtigkeit. Jenseits dieser persönlichen Meinung handelt es sich um eine bewusste Beeinflussung.

344. *verwaltende Eigenschaft*

14° Fische - 344° Geborene gehen mit positiven Erwartungen durchs Leben, die immer wieder erfüllt werden. Man kann sich dazu vorstellen, wie jemand einen ihm zuvor unbekannten Menschen trifft und vom Aussehen und von der Persönlichkeit positiv überrascht wird. 344° Geborene neigen auch dazu, hinter den alltäglichen Dingen einen tieferen Sinn zu definieren. In ihren Gedanken und Gefühlen über einen Lebensbereich oder ein Lebensthema sind sie nicht konkret, bis sie einen tieferen Sinn dahinter erkennen können. Bezug nehmend auf die Erkenntnis des tieferen Sinns sind sie sehr schnell zufrieden.

Die positive Ausrichtung: Durch die positive Ausrichtung besitzen 344° Geborene die Eigenschaft, auch alltäglichen Dingen Schönheit abzugewinnen. Das gilt auch für Dinge oder Geschehnisse, die allgemein als unschön oder negativ beurteilt werden. Wichtig ist ihnen, dass allgemein eine Entwicklung stattfindet.

Die negative Ausrichtung: Durch die negative Ausrichtung finden 344° Geborene Dinge und Geschehnisse anziehend, die der Dunkelheit entsprechen. Dadurch verhindern sie nicht nur Entwicklung, sondern nähern sich immer weiter der Dunkelheit an.

345. *verwaltende Eigenschaft*

15° Fische - Eine wesentliche Charaktereigenschaft ist eine bestimmte Art der inneren Bewegung. Dazu kann man sich ein Behältnis vorstellen, welches in sich eine Form von Entwicklung birgt. Diese ist deshalb sichtbar, weil sich die im Behältnis befindliche Substanz in sich selbst verändert. Man könnte zuerst meinen, dass man dies im Außen nicht sieht, da das Behältnis an und für sich unbeweglich scheint. Auf den zweiten Blick jedoch bemerkt man, dass der Behälter zwar unbeweglich ist, sich auf ihm jedoch die innere Veränderung spiegelt. Diese bildhafte Darstellung kann man direkt auf einen Menschen projizieren. In diesem Fall ist die innere Substanz das Gefühlsleben und das Behältnis der Körper.

Die positive Ausrichtung: Man kann es sich so vorstellen, dass dieser ständigen Umwälzung die Suche nach einem höheren Entwicklungsstand innewohnt. Gleichzeitig wird dieses innere Gefühlsleben von, man möchte fast sagen, spontanen Impulsen unterbrochen, als ob immer wieder ein heller Lichtfunken die innere Substanz durchleuchtet und die Umwälzung dadurch einen neuen Impuls bekommt. Diese Lichtfunken sind intelligenzhafte Impulse in Bezug auf die Gefühle. Immer wieder erlebt ein 345° Geborener kleine Aha-Effekte. Jeder dieser inneren Erkenntnisfunken birgt in sich eine kleine oder auch größere Erkenntnis.

Die negative Ausrichtung: Die negative Ausrichtung bewirkt, dass sich die Umwälzung der Gefühle verändert. Nun erreicht die Bewegung nicht, dass sie sich transformieren, sondern gleicht einer Masse, die sich ähnlich einer langsam sich bewegenden Substanz verhält. Die negative Ausrichtung verhindert die Entwicklung, indem sich der 345° Geborene daran festhält. Er meint, eine gewisse innerliche Stetigkeit zu besitzen. In Wahrheit jedoch wehrt er sich gegen höhere und lichtere Gefühle, da diese eine Veränderung mit sich bringen könnten.

346. *verwaltende Eigenschaft*

16° Fische - Ein Charakterzug von 346° Geborenen ist eine typische innere Haltung der Erwartung, welche sich durch alle Lebensbereiche zieht. Dieses Erwarten zeigt sich als Empfindung, welche einem das Ziel näherbringt. Diese Annäherung ist jedoch kein aktives Zustreben, es gleicht vielmehr einer inneren Haltung, die das Ziel herbeiziehen oder anlocken möchte. Die Gefühle eines solchen Menschen gleichen feinsten Tastorganen, die sich vorsichtig und achtsam vorantasten, höhere Empfindungen erspüren und sich von diesen wahrgenommenen Eindrücken anziehen lassen. Ihre innere Haltung wird auch von einer gewissen Neutralität durchdrungen. Sie selbst sind sich dieser eher zurückhaltenden Haltung nicht bewusst. Das Ziel der Erwartung in diesem Zustreben in Richtung der äußeren Weiterentwicklung ist das Gefühl der Harmonie.

Die positive Ausrichtung: Im Umgang mit anderen Menschen zeigt sich dies als eine Form der passiven Erwartung, ähnlich dem Gefühl der Vorfreude. Ist diese Hoffnung offen – fordert sie also keine subjektive Empfindung persönlicher Harmonie ein –, wirkt diese leichte Spannung belebend und in Richtung des Lichts wie eine freudige Stimulierung. Beobachtet man jemanden in einem Gespräch, wird man eine wache Aufmerksamkeit wahrnehmen. Zurückhaltend und doch ähnlich wie ein Kind, das wie gebannt den Erzählungen folgt, wird er den Ausführungen lauschen, und zwar immer in der inneren, wie selbstverständlichen Annahme, dass etwas Höheres daraus resultieren wird. Erfüllt sich dies, durchdringt ihn eine tiefe und ruhige Zufriedenheit. Geschieht dies jedoch nicht, empfinden 346° Geborene einen kurzen Augenblick von Ratlosigkeit. Sie gleichen dann jemandem, der voll Vertrauen und verinnerlichter Selbstverständlichkeit zu einem bekannten Ort geht und plötzlich erkennen muss, dass es diesen Ort nicht mehr gibt.

Die negative Ausrichtung: Durch die negative Ausrichtung sind diese Menschen sehr anfällig für begrenzte Ideale anderer Menschen. Ein weiterer Charakterzug ist die Einforderung der eigenen Ideologie bei anderen Menschen. Dies beginnt im kleinen Kreis, wenn von einer nahestehenden Person erwartet wird, die eigene Ideologie zu übernehmen. Diese Erwartung bewirkt eine unablässige Manipulation des Gegenübers. Selbst dann, wenn dieser Mensch dies nicht ausspricht, sondern nur fühlt und denkt, beeinflusst er alle ihn umgebenden Menschen.

347. *verwaltende Eigenschaft*

17° Fische - Die Art und Weise, wie 347° Geborene auf ihre Mitmenschen zugehen, löst in diesen eine Reaktion aus. Sie reagieren auf deren Gefühle. Empfindet ein 347° Geborener ein Gefühl der Sympathie, löst er dies auch im Gegenüber aus. Verlangt der 347° Geborene vom Gegenüber etwas und empfindet dabei entsprechende positive Gefühle, haben diese den Drang, dies zu erfüllen. Vor allem sind es Gefühle, die allgemein mit der Sexualität im Zusammenhang stehen, die durch diese Menschen ausgelöst werden.

Die positive Ausrichtung: Durch die positive Ausrichtung werden 347° Geborene von ihren Mitmenschen als sehr sympathisch wahrgenommen. Nähern sie sich gegenseitig an, entsteht sehr schnell eine gewisse sexuelle Spannung. 347° Geborene haben allgemein einen offeneren Zugang zu diesem Themenbereich. Durch die positive Ausrichtung können sie in einer positiven Weise damit umgehen.

Die negative Ausrichtung: Durch die negative Ausrichtung definieren 347° Geborene keine inneren Grenzen. Gehen sie in einer Gefühlslage auf einen Mitmenschen zu, ist dieser mit einer Macht konfrontiert, die ihn in ein Gefühl hineindrängt. Auch im zwischenmenschlichen Umgang eines 347° Geborenen sieht man diese Schrankenlosigkeit, die keine innere Regulierung besitzt. Das kann sich in allen Lebensthemen ausdrücken. Geht es um geschäftliche Verhandlungen, wird das Gegenüber durch die Gefühle bemächtigt, den Vorstellungen des 347° Geborenen zu folgen. Auch hier liegt ein besonderer Schwerpunkt in der Sexualität.

348. *verwaltende Eigenschaft*

18° Fische - 348° Geborene tragen eine Spannung in sich, die in einer gewissen Weise ständig wirkt. Man kann sich diese Spannung als leichte Provokation vorstellen, die in sich die Aufforderung trägt, auf die Sympathie und die Anziehung eines 348° Geborenen einzugehen. Sie selbst wirken daher auf alle Menschen anziehend. Wie bei der letzten *Eigenschaft* steht auch hier das Thema Sexualität im Vordergrund.

Die positive Ausrichtung: Zwischen einem 348° Geborenen und jemandem, dem er sich zuwendet, entsteht automatisch eine gewisse Spannung. Diese zeigt sich als Anziehung und als Sympathie, wobei es in erster Linie um körperliche Anziehung geht.

Die negative Ausrichtung: Durch die negative Ausrichtung gibt der 348° Geborene der Anziehung ohne Kontrolle nach. Gleichzeitig meint er, sich selbst dafür entschieden zu haben. Ein Kennzeichen ist, dass die Entscheidung nebenbei gefallen ist und man sich der Anziehung ergibt. Für das Gegenüber ist es sehr schwer, sich dieser Anziehung zu entziehen. Dadurch fallen gewisse Hemmungen. Treffen sich zum Beispiel zwei Leute für ein abendliches Bier oder Glas Wein, fallen durch die negative Ausrichtung alle Hemmungen in Bezug auf den Alkoholkonsum. Ähnliches gilt auch in der Sexualität.

349. *verwaltende Eigenschaft*

19° Fische - Ein Charakterzug von 349° Geborenen zeigt sich als sanfte und stetige Entwicklung, die zugleich auf einem klar verinnerlichten Willen, einem Wunsch oder einer Vorstellung fußt. Auch wenn man ihnen diese Stetigkeit vielleicht im Außen nicht anmerkt, sollte man sich nicht täuschen. Wie ein Grashalm, der sich durch Beton oder Asphalt drängt, wird auch der 349° Geborene sein Vorhaben umsetzen. Wer Willensschwäche mit Sanftheit verwechselt, wird sich jedoch schwertun, diese Menschen wirklich zu verstehen. Ein weiteres Kennzeichen zeigt sich als bewegter und oft auch emotionaler Einsatz für die jeweiligen persönlichen Vorhaben. Diese Bemühung bezieht sich immer auf die jeweiligen Themen und stellt den Fortschritt in den Mittelpunkt. Die Emotion selbst scheint zwar feurig, ähnelt jedoch eher einer Welle im Wasser, auf deren Oberfläche die steigende Erkenntnis des Themas transportiert wird. Diese Formen der Emotionen sind für 349° Geborene oft auch ermüdend.

Die positive Ausrichtung: Die positive Ausrichtung wirkt dann, wenn alle Handlungen des Lebens in seinen vielfältigen Ausdrucksformen immer wieder aus einem tiefen aktiven Willen initiiert werden. Diese Menschen besitzen eine verinnerlichte Kraft. Die Entwicklung unterschiedlicher Vorhaben geschieht wie von selbst. Gleichzeitig ist die Durchsetzung niemals aufdringlich oder laut. Sie wissen sehr genau, was sie wollen.

Die negative Ausrichtung: In seiner egozentrierten Betrachtung kann der 349° Geborene nicht erkennen, dass das Gegenüber nicht auf die Idee, sondern auf seinen nicht authentischen Ausdruck reagiert. Der Ausdruck der Persönlichkeit wird als schwammig und unklar wahrgenommen. Die innere Verbindung mit dem Vorhaben geschieht dann wie von selbst. Kaum jemand kann dies in einem Gespräch unterscheiden. Die negative Ausrichtung hat unter anderem das Kennzeichen der fehlenden Tiefe des willentlichen Entschlusses. Deshalb durchdringt viele Menschen ein ständiges inneres Wanken in Bezug auf die eigenen Vorhaben. Für sie ist es ein Drama, dass sie nicht ernst genommen werden.

350. *verwaltende Eigenschaft*

20° Fische - 350° Geborene haben das große Bedürfnis, ja den Drang, einzelne Aspekte intellektuell erfassen zu können. Man kann sich das bildhaft so vorstellen, dass jeder neue Inhalt erst über eine intelligente Betrachtung in das innere Gefüge der Persönlichkeit eingeordnet werden kann. Dieser neue Inhalt kann eine Information sein, ein unbekanntes Gefühl oder eine Lebensweise anderer Menschen. Immer betrachten sie diesen unbekannten Aspekt und versuchen ihn mittels einer intelligenzhaften Erkenntnis zu verstehen. Beobachtet man einen 350° Geborenen, kann es einem sogar auffallen, dass er erschrickt, wenn er mit neuen Ideen konfrontiert wird. In diesem Erschrecken reagieren sie fast konsterniert und brauchen Zeit, das Neue zu verdauen.

Die positive Ausrichtung: Allen 350° Geborenen ist eine gewisse Resolutheit gemein. Sie lieben die Umsetzung einer neuen Idee in die Tat. Braucht das Erfassen vielleicht eine gewisse Zeit, so reagieren diese Menschen nach diesem Prozess der Verinnerlichung sehr schnell und direkt. Die Umsetzung sollte dann möglichst sofort beginnen.

Die negative Ausrichtung: Durch die negative Ausrichtung wird der Verinnerlichungsprozess behindert. Das bedeutet, dass sich der 350° Geborene bemüht, etwas zu erfassen und sich gleichzeitig daran gehindert fühlt. Wie in einer statischen Gegebenheit empfindet er sich so sehr beengt, dass keine Bewegung möglich ist. Er kommt sich wie gefesselt vor, möchte sich jedoch unbedingt befreien. Gleichzeitig wächst die Ungeduld, die oft Familienmitglieder oder enge Freunde betrifft. Im gleichen Maße, wie die Ungeduld wächst, steigt auch der Frust. Aus dieser Wirkung meinen 350° Geborene, etwas nicht zu können. Sie schätzen sich selbst in Bezug auf das Studieren und Lernen als schlecht ein. Diese Selbstbeurteilung resultiert aus der statischen Haltung gegenüber neuen Dingen.

351. *verwaltende Eigenschaft*

21° Fische - Begegnet man einem 351° Geborenen, fällt einem zuerst das wache Interesse auf, mit welchem dieser ganz selbstverständlich durch das Leben schreitet. Es ist, als würde er einen großen Raum, der durch das Interesse erhellt wird, durchblicken und die Einzelheiten zu dem jeweiligen Thema entweder erkennen oder sich zu einem Sachverhalt die entsprechende Frage stellen. In diesem Tun ist ein 351° Geborener grundlegend positiv gestimmt und gleicht fast einem objektiven Beobachter, der zwar mit großem Interesse die Dinge zur Kenntnis nimmt, sich jedoch von ihnen nicht einnehmen lässt.

Die positive Ausrichtung: Eine Eigenschaft ist eine grundsätzliche Leichtigkeit, die ihre Persönlichkeit durchdringt. Man kann sagen, dass es für sie kein Problem gibt, das nicht durch eine positive Lebenseinstellung gelöst werden könnte. Diese positive Grundhaltung ist eines der größten Persönlichkeitsmerkmale. Auffallend ist ihre Fähigkeit der fortschreitenden intelligenzhaften Betrachtung. Gleich einem Dominoeffekt ergibt eine Erkenntnis die darauffolgende Schlussfolgerung, die wiederum die Grundlage für die nächste Erkenntnis ist. Dieses schrittweise Fortschreiten im Erkennen kann in einer derart hohen Geschwindigkeit geschehen, dass dies für einen außenstehenden Beobachter kaum nachvollziehbar ist.

Die negative Ausrichtung: Durch die negative Ausrichtung leben diese Menschen eine ganz bestimmte Form der Oberflächlichkeit. Diese gleicht einem Licht, welches die Oberfläche ausleuchtet, jedoch nicht zu den darunterliegenden Inhalten durchdringt. Das Problem ist hierbei, dass 351° Geborene eine Art des Automatismus haben, sich selbst von der Wahrheit des Gegenstands der Betrachtung zu überzeugen. Man kann sich das so vorstellen, dass derjenige etwas oberflächlich betrachtet und gleichzeitig glaubt und davon überzeugt ist, seine Betrachtung und die sich daraus ergebende Analyse seien vollständig. Er kommt gar nicht auf die Idee, sich selbst zu hinterfragen. Dieser schwierig zu erkennende Charakterzug wird noch verstärkt, weil sich seine grundsätzlich positive Einstellung auch auf die eigene Fähigkeit der intelligenzhaften Analyse auswirkt. Diese bewirkt in diesem Fall nämlich eine grundsätzliche Bejahung des Inhalts der Betrachtung, unabhängig davon, ob dieser der Wahrheit entspricht oder nicht.

352. verwaltende Eigenschaft

22° Fische - Das alle 352° Geborene durchdringende Merkmal ihrer Persönlichkeit zeigt sich als eine besondere Art der Ergebenheit gegenüber den Gegebenheiten des Lebens. Während Menschen mit einer anderen Prägung vielleicht unbedingt nach Ursachen für ein schicksalhaftes Scheitern der Firma oder einer Beziehung suchen, besitzen 352° Geborene die Eigenart, sich in einer gewissen Weise fatalistisch in die neuen Gegebenheiten einzuordnen. Die Besonderheit ist, dass es ihnen letztlich gar nicht so wichtig ist, dass sie sich nun in einer neuen Lebenssituation befinden. Man könnte diese Art des Fatalismus als prägendes Merkmal ihrer Persönlichkeit beschreiben.

Die positive Ausrichtung: Die positive Ausrichtung bewirkt, dass diese Menschen sich recht leicht an die unterschiedlichen Situationen anpassen können. In einer gewissen Weise fügen sie sich dem Schicksal und leben ihr Leben weiter. Viele 352° Geborene beklagen sich nicht über ihr Schicksal.

Die negative Ausrichtung: Ein Wesenszug der Persönlichkeit in Verbindung mit der negativen Ausrichtung ist es, dass sie sich einer negativen Lebenssituation hingeben. Sie liefern sich diesem Geschehen aus. Selbst dann, wenn sich die Gelegenheit bietet, aus dieser Situation auszusteigen, kommen nur die wenigsten Menschen auf den Gedanken, diese Situation zu beenden. Durch die negative Ausrichtung befinden sich viele dieser Menschen in einer Art abgekapselter Blase. Es ist, als würden sie in einer eigenen Lebenswirklichkeit leben.

353. *verwaltende Eigenschaft*

23° Fische - Ein Wesenszug aller 353° Geborenen ist es, dass sie eine sehr klare Meinung dazu haben, was sie für richtig oder für falsch halten. Man könnte dies auch, wenn auch etwas überzeichnet, als felsenfeste Überzeugung beschreiben. Ein Merkmal ihrer Persönlichkeit ist es, dass sie dieser Überzeugung auch nach außen hin Ausdruck verleihen. Sie haben die Eigenart, anderen Menschen gerne einen Rat geben zu wollen. Diesem Bedürfnis gehen sie immer wieder nach. Dieser Rat gleicht der Feststellung eines Status quo. Unabhängig davon haben sie sich schon längst ein Bild von der vorhandenen Situation gemacht. In ihren Gedanken und Gefühlen sind Zweifel ob der Richtigkeit ihrer Vorstellung nicht vorhanden.

Die positive Ausrichtung: Durch die positive Ausrichtung orientiert sich ihre Überzeugung am gesetzmäßigen Fortschritt. Sie haben je nach Tradition eine klare Vorstellung vom Leben. Dazu gehört eine gute Ausbildung, eine gewisse Anhäufung materiellen Besitzes, Erfolg im Beruf und ein Leben, welches gleichzeitig die Entwicklung der Gemeinschaft der Gesellschaft fördert. In diesem Handeln orientieren sie sich stets an den vorhandenen Möglichkeiten und Grenzen. Diese Grenzen sind zum Beispiel die gesetzmäßigen Vorgaben der Politik, die wirtschaftlichen Möglichkeiten und die persönlichen Fähigkeiten. Die Gefühle betreffend ist zum Beispiel die Eigenschaft Zorn keine negative Eigenschaft, sondern oftmals das gerechte Aufbegehren gegenüber einer Ungerechtigkeit.

Die negative Ausrichtung: Durch die negative Ausrichtung besitzt der 353° Geborene Wesenszüge, die nicht nur für ihn selbst, sondern vor allem auch für seine Mitmenschen im näheren und weiteren Umfeld äußerst schwierig sind. Von nichts ist dieser Mensch so sehr überzeugt, wie davon, dass er recht hat. Man könnte diese Eigenschaft als Rechthaberei beschreiben, wobei man ihr damit nicht gerecht würde. Das Problem, welches damit einhergeht, ist, dass sich viele 353° Geborene dazu berufen fühlen, ihre eigene Überzeugung nach außen zu transportieren. Diesem Wesenszug etwas entgegenzusetzen, ist für die Mitmenschen auch deshalb schwer, weil der 353° Geborene nach außen hin gleichzeitig eine Art persönlicher Rechtschaffenheit präsentiert. Er unterstellt seinen Mitmenschen, dass sie seine Rechtschaffenheit leugnen. Damit erlaubt er sich selbst, beleidigt und rechtschaffen zornig zu reagieren.

354. *verwaltende Eigenschaft*

24° Fische - Beobachtet man einen 354° Geborenen, wird man immer wieder eine gewisse Art des Innehaltens sehen. Innerhalb dieser vermeintlichen Stille wirkt jedoch eine starke Kraft nach innen. Diese Kraft ist auf der Suche nach einer wahrhaftigen Antwort. Denkt jemand über ein gewisses Thema nach, wirkt diese Kraft im Sinne der Antwort. Dieser Vorgang gleicht einem leichten Fühlen, um über das Gefühl eine ursächlichere Antwort finden zu können. Das ist der eigentliche innere Vorgang, welcher nach außen den Eindruck der Abwesenheit vermittelt.

Die positive Ausrichtung: Viele Menschen sind auf der Suche nach einem tieferen Sinn ihres Daseins. Die positive Ausrichtung wirkt wie ein inneres Verharren mit der gleichzeitigen Erwartung einer höheren Antwort.

Die negative Ausrichtung: Durch die negative Ausrichtung kommt es zu einer sehr schwierigen Haltung in Bezug auf die Bewahrung physischer Gegebenheiten. Man ist versucht, den typischen traditionellen Menschen, der diese Werte unbedingt bewahren will, damit in Verbindung zu bringen. Alle Aspekte der Entwicklung werden über die Materie bestimmt. Eine höhere Kraft wird nicht nur abgelehnt, sondern als absurd betrachtet. Erschwerend für die Erkenntnis kommt dazu, dass viele 354° Geborene in Verbindung mit der negativen Ausrichtung den Ruf haben, so etwas wie Alltagsphilosophen zu sein.

355. *verwaltende Eigenschaft*

25° Fische - Alle 355° Geborenen haben als eine große Gemeinsamkeit die Suche nach der Ursache. Diese Suche betrifft alle Lebensbereiche und zeigt sich im Alltag ebenso wie im Studium geistiger Wissenschaften. Fragen zu stellen ist ihnen ein Wesenszug, der sie bis in das Innerste durchdringt. Im täglichen Leben wollen diese Menschen genau wissen, wie zum Beispiel der Partner den Tag verbracht hat, wer zu Besuch war oder warum dies oder jenes in der Nachbarschaft geschehen ist. Im Beruf wollen sie ganz genau wissen, warum eine Tätigkeit notwendig ist oder warum dies jetzt genau so getan werden muss, wie es geschehen soll. Antworten auf alle möglichen Fragen zu finden, ist eine grundsätzliche Lebenseinstellung. Ein weiterer Wesenszug ist die Überbetonung der Gefühle. Im Charakter drückt sich das so aus, dass sie automatisch alle Antworten in Verbindung mit dem Gefühl suchen. Zugleich wissen sie tief in sich, dass die Antwort im besten Fall unvollständig ist. Daraus resultiert eine unbewusste Ablehnung.

Die positive Ausrichtung: In Verbindung mit der positiven Ausrichtung erkennen diese Menschen, dass der Grund für diese Sichtweise in der eigenen unvollkommenen Fähigkeit liegt, feinere Gefühle zu empfinden. Wären sie dazu in der Lage, könnten sie höhere Wahrheiten entdecken.

Die negative Ausrichtung: Wirkt die negative Ausrichtung, durchdringt sie eine grundsätzlich negative Sichtweise. Die Problematik liegt darin, dass sie sich darin nicht schlecht fühlen. Die Neugier, welche den Menschen normalerweise dazu antreibt, Antworten zu finden, wird nun von einem inneren Drang ersetzt, negative Eigenschaften in anderen Menschen aufzudecken. Meinen sie diese Eigenschaften gefunden zu haben, fühlen sie sich besser.

356. *verwaltende Eigenschaft*

26° Fische - Ein Merkmal aller 356° Geborenen ist eine große Offenheit. Dies betrifft grundsätzlich alle Menschen und Gegebenheiten, welche diesem Menschen begegnen. Die Reaktionen des 356° Geborenen auf diese Begegnungen sind sehr komplex. Man kann sich dazu vorstellen, wie ein 356° Geborener mit einer neuen Situation konfrontiert wird. Begibt er sich in diese, ist er grundsätzlich unvoreingenommen und, wie schon erwähnt, offen. Man könnte nun annehmen, dass seine Offenheit den neuen Ideen gilt. Es geht jedoch nicht um eine mögliche Annahme von Inhalten, sondern um eine innere Grundhaltung der Persönlichkeit. Die Offenheit ist ein wesentliches Merkmal.

Die positive Ausrichtung: In Verbindung mit der positiven Ausrichtung strahlt dieser Mensch einen selbstsicheren inneren Frieden aus. Er besitzt nämlich den Wesenszug, gar nicht in dieser Weise eingebunden sein zu wollen. Seine Mitmenschen gehen mit ihm respektvoll um.

Die negative Ausrichtung: Diese Menschen tun sich sehr schwer, das Wissen oder grundsätzlich die Fähigkeiten anderer Menschen neutral und positiv gestimmt stehen zu lassen. Hat so jemand zum Beispiel jemanden vor sich, der mehr weiß als er selbst, so wird er dessen Talent abwerten, indem er das Augenmerk darauf richtet, dass alle Menschen grundsätzlich gleich seien. Innerhalb dieser Gleichschaltung wird er sich mit dem anderen austauschen und seine Offenheit ein wenig zu laut zur Schau stellen. Die Art des Austausches ist etwas plump, wobei der 356° Geborene einzelne Inhalte in seinem Sprechen wiederum zu laut hervorhebt.

357. verwaltende Eigenschaft

27° Fische - 357° Geborene besitzen die Eigenschaft, sich mit absoluter Überzeugung mit sich selbst zu identifizieren. Diese Absolutheit lässt keinen Spielraum für eventuelle Zweifel. Einher damit geht, dass sie sich in ihrem Umraum wie selbstverständlich durchsetzen. Dazu braucht es keinen Durchsetzungswillen, es geschieht automatisch. Wehren sich die Mitmenschen, kann dies die Persönlichkeit eines 357° Geborenen derart erschüttern, dass er mit diesen Menschen nichts mehr zu tun haben will. Er versteht einfach nicht, wie man sich widersetzen kann.

Die positive Ausrichtung: Durch die positive Ausrichtung bleibt die Absolutheit der Persönlichkeit bestehen. Es verändert sich die Machtwirkung. Sie wirkt nicht bemächtigend, was bedeutet, dass die Mitmenschen zwar die Persönlichkeit in ihrer Macht erkennen können, jedoch nicht negativ beeinflusst werden.

Die negative Ausrichtung: Durch die negative Ausrichtung suchen 357° Geborene die Bestätigung ihrer Macht in den Mitmenschen, indem sie den Freiraum begrenzen. Sie selbst fühlen sich dann frei, wenn die Mitmenschen der Macht der eigenen Persönlichkeit nachgeben. Es geht weniger um Inhalte als um die Durchsetzung der Macht an und für sich.

358. *verwaltende Eigenschaft*

28° Fische - Ein 358° Geborener besitzt eine Persönlichkeit, die in einer ganz bestimmten Weise selbstbewusst ist. Nun verbindet man Selbstbewusstsein normalerweise immer auch mit Eigenschaften wie Macht und Stärke. Die Form des Selbstbewusstseins eines 358° Geborenen bezieht sich jedoch auf eine Selbstwahrnehmung, die sich als Wesenszug der sanften Bestimmtheit erklären lässt. Gleichzeitig ist es jedoch so, dass er seine Durchsetzungskraft in Verbindung mit dieser Bestimmtheit nicht als vorwärts gerichtete Bewegung einsetzt. Der 358° Geborene nimmt eigentlich an, dass sein Umfeld seinem Willen folgt. Diese meist unbewusste Annahme geschieht selbstverständlich. Er ist vielmehr erstaunt darüber, dass andere Menschen in seinem nahen Umfeld seinem Willen nicht folgen.

Die positive Ausrichtung: 358° Geborene kommen nicht auf die Idee, von jemandem etwas zu verlangen oder einzufordern. Ihre sanfte Bestimmtheit gleicht einer Kraft, die sich im Raum ausbreitet und alle anwesenden Menschen im Sinne des eigenen Willens beeinflusst. Dies geschieht automatisch. Gleichzeitig behält der 358° Geborene seine eigene Individualität. Damit soll gesagt sein, dass er sich umgekehrt nicht von diesem Raum, den er seinerseits prägt, beeinflussen lässt. Er bleibt eigenständig. Auf diesem Wesenszug gründet sich das Selbstbewusstsein. Sie können sich in einer Gesellschaft frei und selbstbewusst in ihrer typischen sanften Bestimmtheit bewegen.

Die negative Ausrichtung: Ein großes Problem der negativen Ausrichtung ist die gleichbleibende Energie einer Stimmung, die Eigenschaften der Depression, der Abgrenzung und der Verzweiflung in sich trägt. Gleichzeitig zeigt sich auch diese Dunkelheit sehr sanft. Kaum jemand würde sich als verzweifelt beschreiben, da auch diese Eigenschaften nur fein spürbar sind. Gleich einem Magneten zieht der 358° Geborene die negativen Eigenschaften der anderen Menschen an, bewegt sich in ihnen und vermag es nicht, sich abzugrenzen.

359. *verwaltende Eigenschaft*

29° Fische - Eine Eigenschaft von 359° Geborenen ist, dass sie ihren Mitmenschen gegenüber zu großer Liebe fähig sind. Diese Art der Liebe nimmt auf eine innere Empfindung Bezug, welche für 359° Geborene sehr natürlich ist. Es gleicht einer Liebesempfindung, die für sich selbst steht. Man hat den Eindruck, dass es für sie kein Gegenüber braucht. In dieser Empfindung befinden sich 359° Geborene in einer gewissen Distanz zu ihrem Umraum. Sie stützen sich auf dieses Wohlbefinden, das ihnen das Gefühl einer höheren Liebe gibt.

Die positive Ausrichtung: Obwohl die Distanz bleibt, nähern sich 359° Geborene ihren Mitmenschen. Man kann es so beschreiben, dass sie in die gleiche Richtung blicken. Diese Leute haben die Eigenschaft, ihre Mitmenschen führen zu wollen. Dieses Bedürfnis stammt aus der Selbstwahrnehmung einer Liebe, die für sich selbst steht.

Die negative Ausrichtung: Durch die negative Ausrichtung trennen sich 359° Geborene von ihren Mitmenschen. Zwar empfinden sie gegenüber sich selbst noch immer diese Form der Liebe, haben sie jedoch gegenüber anderen völlig abgekoppelt. Diesen begegnen sie mit einer inneren Kälte. Die negative Ausrichtung bewirkt auch, dass sie sich abwenden und sich von Menschen, die ihnen einmal nahegestanden haben, trennen. Es ist, als hätte dieser andere für einen 359° Geborenen nie existiert.

360. *verwaltende Eigenschaft*

30° Fische - 360° Geborene erfahren sich geistig in einem großen Raum, in dem sie innerlich sehr weit blicken können. Diese Eigenschaft suggeriert ihnen, sich nicht nur zu entwickeln, sondern den generellen Überblick über diese spezielle Entwicklung zu besitzen. Ein Handwerker besitzt zum Beispiel den Überblick, wohin seine Entwicklung im Handwerk gehen wird. Vielleicht stellt er sich ein besonderes Werkstück vor oder einen eigenen Betrieb. Ein Priester sieht mit seinen inneren Augen, wohin ihn sein religiöser Weg führt.

Die positive Ausrichtung: Durch die positive Ausrichtung erfüllt sich der Weg der Entwicklung, die ein 360° Geborener geht. In den beiden genannten Beispielen verwirklicht der Handwerker das Werkstück oder eröffnet einen Betrieb. Für den Priester erfüllt sich der Weg der Religion, der ihn entweder in den jeweiligen Himmel oder die jeweilige Hölle führt.

Die negative Ausrichtung: Die negative Ausrichtung verhindert die Entwicklung. Was bleibt, ist ein nebulöser innerer Zustand. Das bewirkt, dass sich unbemerkt Substanzen und Eigenschaften der Dunkelheit nähern, mit welchen sich der 360° Geborene unkontrolliert vereinigt.

Die Ordnung der *großen verwaltenden Eigenschaften* der 5. Dimension

Die Ordnung der 15 Persönlichkeitstypen

1. *große verwaltende Eigenschaft*

1° - 4° Widder; 1° - 4° Zwilling; 1° - 4° Löwe; 1° - 4° Waage; 1° - 4° Schütze; 1° - 4° Wassermann

Das auffälligste Merkmal dieses Persönlichkeitstyps ist sein selbstbewusstes Auftreten. Diese Menschen wissen, was sie wollen, machen sich ans Werk und setzen ihr Vorhaben um. In der Umsetzung agieren sie aktiv und mit großer Energie. Gleichzeitig haben sie einen Blick für das Reale.

Grundsätzlich empfinden sie sich als dynamisch und strahlen diese Kraft auch aus. Selbst wenn sie ruhig irgendwo sitzen und den Umraum beobachten, kann man ihnen die Lebendigkeit ansehen. Ihre Einschätzung des Umraums ist von dieser Dynamik und gleichzeitig von einem beweglichen Intellekt, der die Situation im Sinne der physischen Lebenswelt beurteilt, durchdrungen.

Ein Wesensmerkmal ist ihr grundsätzliches Selbst. Auch wenn viele aktive und energievolle Wesenszüge die Persönlichkeit durchdringen, haben diese Menschen eine nach innen gekehrte positive Grundhaltung. Man könnte es als Liebe beschreiben, wobei sich die Intensität unterschiedlich ausdrückt.

Ihren persönlichen Idealen bleiben diese Menschen treu. Es ist nicht so einfach für sie, alte Ideale zu verändern.

Die positive Ausrichtung: Durch die positive Ausrichtung kommt eine gewisse Leichtigkeit als Wesenszug zum Vorschein. Die Dynamik ist nicht mehr so massiv, als könnte man damit die Erde umgraben, sondern beweglich und schnell. Auch bewirkt die positive Ausrichtung, dass diese Menschen offener gegenüber anderen Ideen sind. Ihr Sexualleben ist sehr lebendig und sie fühlen sich dem Partner oft in Liebe verbunden.

Die negative Ausrichtung: Die Durchsetzung des eigenen Willens wird zum Zwang. Nun herrschen Wesenszüge wie Ungeduld vor. Nicht selten kommt es zu zornigen und aggressiven Ausbrüchen vor allem dann, wenn die Anweisungen von den Mitmenschen nicht befolgt werden.

Das große Problem der negativen Ausrichtung ist die ungezügelte Triebhaftigkeit. Dies betrifft die Sexualität ebenso wie zum Beispiel der Konsum von Genussmitteln.

2. große verwaltende Eigenschaft

5° - 8° Widder; 5° - 8° Zwilling; 5° - 8° Löwe; 5° - 8° Waage; 5° - 8° Schütze; 5° - 8° Wassermann

Dieser Persönlichkeitstyp agiert direkt und realistisch. Möchte er etwas umsetzen, schreitet er unmittelbar zur Tat und packt mit an. Im Normalfall liebt er das, was er tut. Ist dies nicht der Fall, muss er innere Widerstände überwinden, um das Vorhaben zu verwirklichen. Das wesentliche Merkmal der Persönlichkeit ist einerseits der direkte Zugang und andererseits der etwas, man möchte fast sagen, abgehobene und gleichzeitig gefühlshafte Normalzustand, mit welchem diese Menschen sich identifizieren.

Obwohl sie auf andere Menschen positiv und mit sympathischen Gedanken und Gefühlen zugehen, bewahren sie innerlich eine klare und etwas distanzierte Haltung. Einerseits lässt sie diese innere Distanz die Menschen achtsam und manchmal vorsichtig betrachten, andererseits kann es geschehen, dass sie nicht oder zu spät erkennen, wenn es jemand nicht ehrlich meint.

Der allgemeine Zustand der Persönlichkeit ist gleichzeitig wirklichkeitsnah und gefühlhaft. Viele schreiben sich selbst eine gute Intuition zu. Es kann jedoch vorkommen, dass die Intuition oberflächlich ist und sie dies nicht erkennen können. Ihr Wille ist sehr gut fähig, geistige Substanzen zu erschaffen. Entsprechen diese Substanzen nicht einer inneren Wahrheit, fällt es ihnen schwer, sich davon zu lösen.

Die hervorstechenden Merkmale der Persönlichkeit sind der Realitätssinn und der positive Zugang zum Leben. Dieser direkten Art steht die intelligente und intuitive Betrachtung der momentanen Gegebenheit gegenüber. Wesentliches Merkmal ist auch ihre Intelligenz.

Die positive Ausrichtung: In dieser Ausrichtung kann man einen ausgeglichenen und den Mitmenschen positiv zugewandten Menschen erkennen. Sie sind realistisch und immer wieder nachdenklich. In der Sexualität wollen sie den Partner spüren, angreifen, direkt erleben, wobei sie gleichzeitig innerlich einen gewissen Abstand empfinden.

Die negative Ausrichtung: Die Liebe und damit in Verbindung die Kraft dieser Menschen breitet sich nicht aus, sondern bleibt im eigenen Umraum. Das Problem ist, dass viele geistige Substanzen erschaffen werden, die dieser Liebe entspringen, jedoch nicht der Wahrheit entsprechen. Darauf stützt sich das Selbst. Diese Menschen fühlen den Magnetismus dieser Substanzen. Intuitiv meinen sie, dass sie real sind. Dazu kommt, dass der Intellekt die intuitive Wahrnehmung bestätigt. In der Sexualität überlassen sie die Entscheidungen dem Partner und geben sich ohne Unterscheidung, was sie selbst möchten, hin.

3. große verwaltende Eigenschaft

9° - 12° Widder; 9° - 12° Zwilling; 9° - 12° Löwe; 9° - 12° Waage;
9° - 12° Schütze; 9° - 12° Wassermann

Der Persönlichkeitstyp, welcher durch die 3. *Eigenschaft* geprägt wird, agiert im Sinne einer Aufgabe, der Erledigung einer Arbeit oder über ein noch nicht erreichtes Ziel. Man kann sich die Fertigstellung dieser Aufgabe, unabhängig davon, ob sie von außerhalb kommt oder selbst gestellt wurde, wie einen aus der Zukunft wirkenden Magneten vorstellen. Es ist für diesen Typ charakteristisch, diesem Ziel ausdauernd zu folgen. Gelingt ihm dies, fühlt er sich eins mit sich selbst und gleichzeitig die Aufgabe betreffend im Zeitfluss. Es geht ihm hierbei gar nicht so sehr darum, ob er sich im herkömmlichen Sinne wohlfühlt. Jeder Moment im Zeitfluss für das zukünftige Ziel hat sein eigenes Gefühl. Es geht ihm gut, wenn das Notwendige erledigt wurde, selbst dann, wenn es deshalb zu größeren inneren Prozessen kommen kann.

Ziel kann es auch sein, einen anderen Menschen kennenzulernen, etwas wieder gutzumachen oder eine Arbeit zu kündigen. Die grundsätzliche Wirkung dieser *Eigenschaft* steht mit dem Inhalt des Ziels nicht in Verbindung.

Ein wesentliches Kennzeichen ist die Macht, welche dieser Typ gleichzeitig verkörpert. Dies beginnt bei der Überlegung und erfüllt sich im Selbst. Es ist jedoch nicht so, dass sie diese Macht auf andere Leute ausdehnen wollen. Das kann sich automatisch ergeben. Die Macht gründet sich unter anderem auf die Ausschließlichkeit der Konzentration auf das eigene Handeln.

Was die intelligenzhafte Überlegung betrifft, nehmen diese Menschen, beschreibt man es bildhaft, den sie umgebenden Raum in Besitz. Dieser geistige Raum symbolisiert die ausschließliche Beschäftigung mit dem jeweiligen Thema. Einwände oder Überlegungen von anderen Menschen werden mit Abstand angehört und wenn es der eigenen Sache dient, als Wissen integriert.

Die positive Ausrichtung: Das Ziel und der Mensch sind eins. Es kann sich dabei um eine tägliche Erledigung oder um ein fernes Ziel, wie zum Beispiel den Abschluss eines Studiums, handeln. Kaum etwas kann diese Persönlichkeit davon abhalten. Gleichzeitig bewahren sie sich eine gewisse Freiheit im täglichen Leben.

Die negative Ausrichtung: Auch durch die negative Ausrichtung gelangt ein Ziel oder eine Aufgabe in das Zentrum der gedanklichen Beschäftigung. Darauf stützt sich die gesamte Persönlichkeit. Nun geschieht es, dass einerseits die Identifizierung mit dem Ziel außerordentlich stark ist, jedoch andererseits nichts getan wird, um das Ziel zu verwirklichen. Ihre Beschäftigung mit dem jeweiligen Thema ist rein theoretisch. Durch die Machtwirkung wird kein Einspruch von anderen Leuten zugelassen.

4. *große verwaltende Eigenschaft*

13° - 16° Widder; 13° - 16° Zwilling; 13° - 16° Löwe; 13° - 16° Waage; 13° 16° Schütze; 13 - 16° Wassermann

Dieser Persönlichkeitstyp fühlt sich wohl und innerlich ausgeglichen, wenn sich das verwirklicht und umsetzt, was er selbst möchte. Darauf konzentriert er sich. In den meisten Fällen ist das Wissen um diesen Zusammenhang unbekannt. Gleichzeitig agieren diese Menschen instinktiv und setzen alles daran, sich in einzelnen Punkten durchzusetzen.

Dieser Typ lebt in einem ständigen Konkurrenzkampf. Jeder einzelne Aspekt im Leben muss sich in seinem Sinne erfüllen oder verändern. Auch wenn man der Beschreibung entnehmen kann, dass das Thema Macht eine große Bedeutung hat, sind sich die Menschen dieses Umstands nicht bewusst. Es geht vielmehr darum, das Wohlbefinden zu erzeugen, welches sich durch die Machtwirkung automatisch einstellt. Kämen diese Menschen in diesen Augenblicken auf die Idee, sich selbst zu betrachten, würden sie erkennen können, dass sie sich hierarchisch höhergestellt fühlen. Man könnte es so ausdrücken, dass wer die eigene Harmonie erfüllt, mächtiger ist.

Grundsätzlich besitzt dieser Typ einen analytischen Verstand, welcher der Durchsetzung der eigenen Belange dient. In einem Gespräch können diese Menschen unerbittlich auf einen Punkt hinweisen. Sie geben dann nicht nach, bevor das Gegenüber einlenkt oder das Gespräch beendet wird. Dann fühlen sie sich unbefriedigt.

Die positive Ausrichtung: Hier zeigt sich der große analytische Verstand als Fähigkeit der Problemlösung. Instinktiv können sie ihren Finger auf die sprichwörtliche Wunde legen und das Wesentliche betonen. Gleichzeitig besitzen sie einen inneren Sensor dahingehend, ob sie wahrheitsgemäß agieren.

Die negative Ausrichtung: Durch die negative Ausrichtung beharren diese Menschen auf ihrem Recht, wobei dieses Recht subjektiv das erfüllt, was diese Menschen möchten. Sie möchten dieses Recht durchsetzen, was es auch immer koste. Selbst dann, wenn sie damit Leid verbreiten, fühlen sie sich nach der Durchsetzung innerlich harmonisch und befriedigt.

5. *große verwaltende Eigenschaft*

17° - 20° Widder; 17° - 20° Zwilling; 17° - 20° Löwe; 17° - 20° Waage; 17° - 20° Schütze; 17° - 20° Wassermann

Die Handlungen dieses Persönlichkeitstyps sind immer darauf ausgerichtet, etwas zu erreichen. Sie erwarten eine in ihrem Sinne positive Reaktion. Diese Erwartung stützt sich auf die eigene subjektive Harmonie und nimmt diese als Grundlage. Entsprechend sind sie irritiert, wenn die Reaktion nicht in ihrem Sinne harmonisch erfolgt. Dann können sie sehr empfindlich reagieren.

Diese Empfindlichkeit ist eines der wesentlichen Merkmale dieses Typs. Das betrifft das gesamte Empfindungsspektrum. Oft fällt ihre Gegenreaktion sehr massiv aus und steht zu der ursprünglichen Reaktion des Gegenübers in keinem Verhältnis.

Nur wenige Menschen dieses Typs sind sich ihrer Machtwirkung bewusst. Indem sie ihren Willen auf etwas richten, verändern sie die Harmonie des Ziels. Für andere Leute fühlt sich das als willentlicher Eingriff in die eigene Harmonieempfindung an. Man kann sich dazu vorstellen, dass man von jemandem dieses Typs angesprochen wird und sich dadurch leicht bedrängt fühlt. Diese Bedrängnis hat als Ursache die Veränderung der Harmonie.

Schwierig ist die Selbsterkenntnis für diesen Typ auch deshalb, weil der Intellekt einerseits die Dinge tief erkennen kann, andererseits in dieser Erkenntnis nur die eigenen Belange betrachtet. Diese Begrenzung des Verstandes auf sich selbst lässt eine objektive Selbsterkenntnis nicht zu. Ein weiteres Problem ist, dass der Intellekt in eins mit dem Gefühl und dem Bewusstsein das bestätigt, was existent ist, und nicht das, was eventuell zu einer Lösung führen könnte.

Die positive Ausrichtung: Dieser Typ kann sehr tief und intensiv empfinden. Dies betrifft geistige ebenso wie körperliche Gefühle. Vor allem in der Sexualität sind sie zu starken und intensiven Gefühlen fähig. Sie können sehr fein fühlen und besitzen auch die grundsätzliche Fähigkeit, im Gegenüber feine geistige Substanzen wahrnehmen zu können.

Die negative Ausrichtung: Die Machtdurchsetzung hat als Grundlage die eigene Empfindlichkeit. Für diese Menschen ist es völlig selbstverständlich, dass sich andere Leute an die eigene Gefühlslage anpassen müssen. Agieren diese in einer anderen Weise, kann es zu emotionalen Ausbrüchen kommen. Durch die negative Ausrichtung ist die Emotionalität immer negativ und andere Leute fühlen sich dadurch sehr bedrängt.

6. *große verwaltende Eigenschaft*

21° - 24° Widder; 21° - 24° Zwilling; 21° - 24° Löwe; 21° - 24° Waage;
21° - 24° Schütze; 21° - 24° Wassermann

Der 6. Persönlichkeitstyp ist der in der Tradition verhaftete Visionär. Man kann sich dazu einen Erfinder vorstellen, der Abläufe in einem traditionellen Unternehmen erneuert. Grundsätzlich betrifft dies sämtliche Lebensbereiche. In einer Beziehung möchte dieser Typ Neues erleben, jedoch die grundlegenden Dinge nicht verändern. Dieser Umgang mit alltäglichen und nicht alltäglichen Dingen durchzieht das ganze Leben.

Im Grunde genommen möchte dieser Typ hohe Ziele erreichen. Gleichzeitig bremst er sich aus und vermeidet grundsätzliche Änderungen. Dann kann es dazu kommen, dass ein Ideal als Ziel auserkoren wird und man die ersten Schritte geht. Nach einiger Zeit und mehreren Überlegungen wird das Ideal wieder fallengelassen. Ob aus gutem Grund oder durch mangelndes Durchhaltevermögen hängt davon ab, in welcher Ausrichtung diese *Eigenschaft* wirkt.

Diese Menschen wollen das Höhere anstreben und fühlen dies auch. Die innere Grundhaltung ist jedoch sehr traditionell und viele haben schlicht Angst, was durch die Neuerung geschehen könnte. Im Zentrum der Überlegungen stehen die Konsequenzen ihrer Handlung. Welche Auswirkungen haben meine Handlungen auf das tägliche Leben? Durch die Angst, dass es sich verschlechtern könnte, bleiben etliche Vorhaben entweder Theorie oder werden abgebrochen.

Die positive Ausrichtung: Hier erfüllt sich der Visionär, der gleichzeitig nicht den Boden der Tatsachen verlässt. Ihr Intellekt agiert in Harmonie zwischen dem Drang der Verwirklichung der neuen Idee und der Umsetzbarkeit derselben. Dieser Typ Mensch versteht es auch, zwischen Ursache und Wirkung abzuwägen. Was verändert sich bei einer neuen Sachlage?

Die negative Ausrichtung: Hochtrabende und unrealistische Vorhaben bewirken im Menschen ein andauerndes künstliches Hochgefühl. Man kann sich dies als vibrierende Energie vorstellen, welche oberflächliche Gefühle hervorruft und aufrechterhält. Gleichzeitig kommt es zur Umsetzung von unrealistischen Plänen, die nach einer gewissen Zeit wieder aufgegeben werden müssen. Die negative Ausrichtung bewirkt eine unrealistische Einschätzung der Gegebenheiten.

7. *große verwaltende Eigenschaft*

25° - 28° Widder; 25° - 28° Zwilling; 25° - 28° Löwe; 25° - 28° Waage; 25° - 28° Schütze; 25° - 28° Wassermann

Dieser Persönlichkeitstyp definiert sich dann fortschrittlich und fühlt sich frei, wenn er sich in gemeinschaftliche und gesellschaftliche Ordnungen einfügen kann. Frei zu sein bedeutet für diese Menschen, sich in einem begrenzten Raum frei bewegen zu können. Ebenso verbinden sie damit die eigene Entwicklung und die Entwicklung der Menschheit.

„Freiheit bedeutet, sich an Gesetze zu halten", könnte man als Slogan vieler Menschen in Verbindung mit dieser *Eigenschaft* festhalten.

Ein weiteres Kennzeichen ist, dass sie sich von einer traditionellen Ordnung nicht beschränkt fühlen. Dies gilt nicht nur für das Leben, sondern vor allem für die Individualität der Persönlichkeit. Grundsätzlich kann man behaupten, dass sich diese Menschen selbst als unabhängige Individuen einschätzen und dies auch nach außen hin transportieren.

Streben andere Leute eine Form der Freiheit an, die sich von traditionellen Werten abhebt oder diese ignoriert, können sie dies nicht akzeptieren. In der Folge wenden sie sich ab. Dieser Persönlichkeitstyp empfindet alle Formen der Freiheit außerhalb der Gesellschaft als nicht akzeptabel. Die Frage der Toleranz stellt sich gar nicht. Ihrer Ansicht nach haben alle Menschen die Pflicht, der Gesellschaft zu dienen.

Die positive Ausrichtung: Durch die positive Ausrichtung gibt es die Bestrebung, das Leben der Menschen zu erleichtern und zu verbessern. Viele verstehen ihr Leben als Dienst an der Menschheit. Die Freiheit des Einzelnen und die gemeinsame Entwicklung der Menschheit in Verbindung mit traditionellen Werten – das strebt dieser Typ Mensch an.

Die negative Ausrichtung: Durch die negative Ausrichtung meint dieser Mensch die Berechtigung zu besitzen, über andere Menschen zu richten. Er ist der Überzeugung, dass dies nicht nur seine Pflicht sei, sondern ein Aspekt seiner eigenen Freiheit. Streng und unnachgiebig urteilt er nach eigenem Ermessen. Die Mitmenschen können dies in einer mehr oder weniger abgeschwächten Form gut erkennen. Im schlimmsten Fall fällen sie über andere Leute nicht nur ein Urteil, sondern bestrafen sie. Dass dies gelebte Finsternis ist, braucht nicht eigens erwähnt zu werden.

8. *große verwaltende Eigenschaft*

29° Widder - 2° Stier; 29° Zwilling - 2° Krebs; 29° Löwe - 2° Jungfrau;
29° Waage - 2° Skorpion; 29° Schütze - 2° Steinbock; 29° Wasserm. - 2° Fische

Dieser Persönlichkeitstyp vereint eine ruhige Wirkung nach außen mit einer inneren Aktivität und Lebendigkeit. Wichtig ist für diese Menschen, dass sich etwas entwickelt, selbst wenn es nur kleine und scheinbar unwichtige Dinge sind. In seinem Inneren ahnt dieser Typ, dass selbst kleine Wirkungen die Ursache von größeren Dingen in der Zukunft sein können. Durch diesen Wesenszug nehmen diese Menschen viele Dinge, selbst unwesentliche Ereignisse, sehr ernst.

Gleichzeitig für die Mitmenschen unsichtbar, agiert ihr Intellekt sehr schnell und oft sogar sprunghaft. Sie gleichen die Dinge ab, verleihen ihnen entsprechende Werte und stellen Prognosen für die Zukunft. All dies geschieht fast unmerklich. Dieses Unmerkliche gilt auch für den Persönlichkeitstyp selbst. Es ist nicht so, dass er in diesen Dingen bewusst handelt oder sich anstrengen müsste. All das geschieht automatisch, ohne willentlichen Vorsatz. Der Wille ist darauf ausgerichtet, Dinge, Geschehnisse oder auch Beziehungen zu entwickeln. Dann fühlen sich diese Menschen wohl.

Manchmal schreiben andere Leute diesem Typ etwas Geheimnisvolles zu. Den Grund dafür findet man in der inneren Aktivität und manchmal auch Triebhaftigkeit, die äußerlich nicht zu erkennen ist. Dies spüren viele Menschen und wissen gleichzeitig nicht, woher dies rühren könnte.

Manchmal beschäftigen sie sich mit verschiedenen Themenbereichen und schweigen darüber. Dann, nach einiger Zeit, erzählen sie anderen Leuten davon, die meistens beeindruckt sind.

Die positive Ausrichtung: Diesem Typ Mensch ist es möglich, sich über längere Zeit mit einem Thema intensiv zu befassen und schließlich mit der gesamten Information nach außen zu gehen. Der Wille agiert im Sinne von Entwicklung und der Intellekt erkennt alle Geschehnisse sehr schnell. Ein Wesenszug ist die Beschäftigung mit sich selbst und durch die positive Ausrichtung können sich diese Menschen selbst analysieren.

Die negative Ausrichtung: Durch die negative Ausrichtung ist alles im Menschen in Bewegung und gleichzeitig kann er dieser inneren Aktivität kein Ventil geben. Fast verzweifelt versucht er, seine Inhalte nach außen zu transportieren oder sich einfach nur verständlich zu machen. Andere Leute wissen oft nicht, wie sie damit umgehen sollen. Immer wieder wird er, man möchte fast sagen, mitleidig betrachtet.

9. große verwaltende Eigenschaft

3° - 6° Stier; 3° - 6° Krebs; 3° - 6° Jungfrau; 3° - 6° Skorpion;
3° - 6° Steinbock; 3° - 6° Fische

Ein wesentlicher Wesenszug dieses Typs zeigt sich in seiner Verbundenheit zum realen Leben und in seinem realitätsbezogenen Verstand. Man könnte es auch als Hausverstand bezeichnen, wobei ihm diese Beschreibung nicht gerecht wird. Verbunden ist damit eine umsichtige Klugheit. Das Erfassen der Dinge und das Lösen einer Aufgabe oder eines eventuell vorhandenen Problems in der praktischsten Weise ist Teil dieses Persönlichkeitstyps.

Ein weiteres Kennzeichen ist ihre Ausdauer. Haben diese Menschen einmal mit einer Arbeit begonnen, möchten sie diese auch fertigstellen. Gleichzeitig sind sie bestrebt, das Produkt haltbar und langlebig werden zu lassen. Die Ausdauer, die sie selbst haben, verwirklichen sie im Ergebnis ihrer Arbeit.

Die genannte Realitätsnähe kann sich auf die materielle Lebenswelt beziehen. Grundsätzlich geht es jedoch darum, was für diesen Typ Realität ist. So kann es auch sein, dass ein Philosoph dieses Typs in seiner durch die Philosophie definierten Realität nachdenkt und handelt. Thema der intelligenzhaften Überlegung ist immer das real Vorhandene.

Gleichzeitig ist ein Wesenszug die distanzierte Betrachtung des Realen. Auch wenn man diesen Menschen eine gewisse Erdverbundenheit zuschreiben kann, darf man nicht übersehen, dass sie das Geschehen aus einer erhöhten Position betrachten und beurteilen. In dieser Urteilsverkündung vermitteln sie eine neutrale Position, die ihnen auch abgenommen wird. Innerlich jedoch haben sie längst Stellung bezogen.

Die positive Ausrichtung: Dieser Mensch ist freundlich und hilfsbereit. Gleichzeitig besitzt er einen großen Überblick und kann Geschehnisse sehr intelligent beurteilen. Es ist für ihn selbstverständlich, das zu lieben oder dem verbunden zu sein, was er tut.

Die negative Ausrichtung: Durch die negative Ausrichtung gleicht alles, was dieser Typ vollbringt, einem Bollwerk. Diese Menschen schreiben sich selbst den Verstand zu, die Dinge in der einzig richtigen Weise zu erfassen. Ein weiteres Problem ist, dass sie sich lange weigern, Vorschläge anzunehmen. Sie trauen anderen Menschen nicht zu, etwas besser machen zu können. Viele bauen um sich herum eine Festung auf, die es anderen Menschen oder auch anderen Ansichten unmöglich macht, näherzukommen. Innerhalb dieser Festung herrscht dieser Typ und sieht sich selbst wie auch alle anderen Menschen negativ.

10. *große verwaltende Eigenschaft*

7° - 10° Stier; 7° - 10° Krebs; 7° - 10° Jungfrau; 7° - 10° Skorpion; 7° - 10° Steinbock; 7° - 10° Fische

Möchte man diesen Persönlichkeitstyp beschreiben, muss man schon zu Beginn den Glauben an die Obrigkeit erwähnen. Diese Menschen fühlen sich eingebunden in ein System, wobei es sich um einen Staat, eine Religion oder ein ökonomisches System handeln kann. Gleichzeitig besitzen sie eine gute Unterscheidungskraft und einen scharfen Verstand. Der Verstand folgt den herrschenden Magnetismen.

Diese Fähigkeiten setzen manche dieser Menschen innerhalb des jeweiligen Systems ein, um es entweder zu reformieren oder zu kritisieren. Obwohl viele das System, welchem sie sich zugehörig fühlen, kritisieren und mit etlichen Dingen nicht einverstanden sind, kommen sie nicht auf die Idee, das System zu verlassen. Vielen erscheint es alternativlos und manche sind bestrebt, es von innen heraus zu verändern. Diesem Persönlichkeitstypus gehören Menschen an, die zum Beispiel den Staat heftig kritisieren und bekannt dafür sind, kaum etwas gelten zu lassen. Auf die Idee, dass man das gesamte System verändern könnte, kommen sie jedoch nicht.

Die meisten Menschen führen ein normales Leben im System und kritisieren es unter Freunden und Bekannten. Sich ernsthaft mit einer Veränderung zu beschäftigen und diese zu initiieren, machen nur sehr wenige. Auch im Beruf oder in einer hierarchisch geordneten Gemeinschaft fügen sie sich ein.

Durch ihren Verstand und die Unterscheidungskraft können sie sehr viel erreichen. Gleichzeitig agieren sie damit in einem geschlossenen System und entsprechend eingeschränkt sind alle Überlegungen.

Die positive Ausrichtung: Hier findet man den von der Gesellschaft akzeptierten Reformer. Positiv die Dinge zu verändern und doch die grundsätzliche Ordnung nicht zu hinterfragen ist Kennzeichen der positiven Ausrichtung. Zum Beispiel würde dieser Mensch, lebte er in einer kapitalistischen oder kommunistischen Gesellschaft, nicht das System hinterfragen, sondern innerhalb des Systems den Kapitalismus oder Kommunismus reformieren.

Die negative Ausrichtung: Durch die negative Ausrichtung dieser *Eigenschaft* verändern sich die Menschen zu kritiklosen Anhängern. Selbst großes Leid anderer Menschen wird in Kauf genommen, um das bestehende System aufrecht zu erhalten. Der Verstand wird dazu eingesetzt, die Dinge zu rechtfertigen.

11. *große verwaltende Eigenschaft*

11° - 14° Stier; 11° - 14° Krebs; 11° - 14° Jungfrau; 11° - 14° Skorpion; 11° - 14° Steinbock; 11° - 14° Fische

Das grundsätzliche Merkmal der Persönlichkeit dieses Typs ist die Durchsetzung der eigenen Belange. Dabei kann es sich um physische Dinge oder auch um Fähigkeiten handeln.

Die Überlegungen kreisen sehr oft um das Thema des Machterhalts, wobei es nicht grundsätzlich um Macht geht, sondern um das Beherrschen eines gewissen Themas. In diesem Thema möchten diese Menschen führend sein. Zum Beispiel analysieren sie sehr genau, wie sie mit einem Produkt den Markt oder ein Instrument am virtuosesten beherrschen können. Der Konkurrenzkampf ist für diesen Typ das tägliche Leben.

Normalerweise ist das Spielfeld des Lebens nicht die ganze Welt, sondern eine kleine Gemeinschaft wie ein Dorf, ein Verein oder eine Gemeinschaft, die sich über ein bestimmtes Thema definiert. In allen diesen Gruppen möchte dieser Typ der Beste sein.

Dieser Persönlichkeitstyp lebt in seiner Welt, die von diesem Thema dominiert wird. Dabei kann es sich auch um ein Thema handeln, das in der Gesellschaft mehr oder weniger unbekannt ist. Für diesen Typ ist das Thema nicht nur lebensbestimmend, sondern es bedeutet ihm die ganze Welt. Es gleicht einem Leben unter einer kleinen Kuppel.

Vor allem geht es um die genannte Durchsetzung von Dingen, die einem selbst helfen. Die Wahl der Mittel der Durchsetzung kann unterschiedlich sein, je nachdem, über welche Ausrichtung die *Eigenschaft* wirkt.

Die positive Ausrichtung: Die Durchsetzung erfolgt über das eigene Bemühen. Zum Beispiel studieren, trainieren oder üben die Menschen ausgiebig, um an die Spitze zu kommen. Sie sind auch nicht eifersüchtig. Immer wieder kommt es zur Bildung von Gruppen, die das gleiche Thema verfolgen.

Die negative Ausrichtung: Hier kommen die Menschen durch unlautere Mittel an die Spitze. Es ist nicht ihr Können, sondern es sind Betrug, Lügen und allgemein negative Charaktereigenschaften, die sie dort hinführen. Haben sie die erwünschte Position erlangt, üben sie Macht aus, indem sie andere Menschen unterdrücken.

12. große verwaltende Eigenschaft

15° - 18° Stier; 15° - 18° Krebs; 15° - 18° Jungfrau; 15° - 18° Skorpion;
15° - 18° Steinbock; 15° - 18° Fische

Für diesen Persönlichkeitstyp sind vor allem Kleinigkeiten wesentlich, damit sie sich wohlfühlen. Die Schwierigkeit besteht in der Unterscheidung, was eine Kleinigkeit ist. Was für andere Leute vielleicht ein Punkt unter vielen ist, kann für diesen Typ eine herausragende Position einnehmen. Sie möchten den kleinen Dingen ihren Wert beimessen. Die Besonderheit dieses Typs ist, dass kleine Veränderungen oder die Konzentration auf eine Beschäftigung das gesamte Wohlbefinden verändern können.

Dieses Wohlbefinden hängt vor allem mit einem Thema zusammen, mit Macht. Sie selbst würden es wahrscheinlich nicht so sehen, da es ihnen um innere Harmonie geht. Gleichwohl verändern sie Kleinigkeiten und verschieben damit das gesamte Machtgefüge. Das eigene Wohlbefinden wird über alle anderen Dinge gestellt.

Dieser Typ ist sehr intelligent in Bezug auf die eigene Vorteilsnahme. Fühlt sich jemand in einer Situation mit vielen Menschen nicht wohl, wird er die Situation verändern und in Kauf nehmen, dass die anderen Leute in eine neue Situation geraten. Ob es diesen dabei gut geht oder nicht, spielt für diesen Typ keine wesentliche Rolle.

Die positive Ausrichtung: Das eigene Wohlbefinden wird dem Wohlbefinden der anderen Menschen gleichgestellt. Gleichwohl steht die eigene Empfindung immer im Zentrum. Grundsätzlich sind diese Menschen hilfsbereit und können auch bei anderen Leuten einen Punkt betonen und damit Grundsätzliches verändern. Die Voraussetzung dafür ist, dass sie selbst in der gewohnten Harmonie bleiben.

Die negative Ausrichtung: Durch die negative Ausrichtung der *Eigenschaft* kommt es zur massiven Machtausübung. Die gewohnte Gefühlslage muss aufrecht erhalten bleiben und damit dies gelingt, werden einzelne Punkte, die möglicherweise die Empfindung stören könnten, schon beim leisesten Verdacht hervorgehoben und angesprochen. Dieser Typ fordert andere Menschen auf, sich zu verändern, damit er weiterhin in der gewohnten Gefühlslage bleiben kann. Ob diese negativ oder positiv erfahren wird, ist für dieses Agieren nicht wesentlich.

13. *große verwaltende Eigenschaft*

19° - 22° Stier; 19° - 22° Krebs; 19° - 22° Jungfrau; 19° - 22° Skorpion; 19° - 22° Steinbock; 19° - 22° Fische

Dieser Persönlichkeitstyp hat das Bestreben, tiefer in eine Sache einzutauchen. Je nachdem, um welches Themengebiet es sich handelt, kann sich dies inhaltlich oder emotional zeigen. Die Schwierigkeit liegt darin, dass diese Menschen zu früh glauben, das Ziel der Forschung, der Arbeit, der emotionalen Tiefe, des Wissens und so weiter erreicht zu haben. So glauben viele viel zu schnell, beispielsweise den richtigen Partner, den Traumberuf und so weiter gefunden zu haben. Da sie die Dinge intensiv wahrnehmen, kommen sie zu früh zu dem Schluss, am Ziel zu sein. Indem sie bildhaft ausgedrückt eine Stufe tiefer blicken und überzeugt sind, hier das Ziel gefunden zu haben, wird ihnen ein tieferer Einblick verwehrt.

Diese Menschen sind sehr intelligent und können schnell Schlussfolgerungen ziehen. Jedoch zeigt sich auch hier das Problem der oberflächlichen Annahme einer scheinbaren Wahrheit. Einerseits agiert der Verstand oberflächlich und unrealistisch, andererseits erfahren sie eine große Gefühlstiefe. Erschwerend für die Selbsterkenntnis kommt hinzu, dass sie, man möchte fast sagen, absolut überzeugt sind von der Richtigkeit ihrer Resultate.

Die positive Ausrichtung: Der Drang, etwas tiefer zu erkennen oder mehr Wissen zu erlangen, wird durch die positive Ausrichtung nicht von einem oberflächlichen Intellekt gestört. Der visionäre Blick in Richtung der nächsten Erkenntnis öffnet zugleich die notwendige Tiefe. Gleichzeitig verlieren sie sich nicht in der Intensität der Erfahrung – ein solcher Mensch kann beispielsweise notwendige Fähigkeiten für einen neuen Job realistisch einschätzen.

Die negative Ausrichtung: Durch die negative Ausrichtung nimmt der neue Job, die neue Wohnung, der neue Partner eine Traumrolle in der Zukunft ein. In dieser gefühlshaften Vorstellung verlieren sich die Menschen und wachen einige Zeit später desillusioniert wieder auf. Durch die negative Ausrichtung kann es auch geschehen, dass sich Menschen in der Dunkelheit bewegen.

14. *große verwaltende Eigenschaft*

23° - 26° Stier; 23° - 26° Krebs; 23° - 26° Jungfrau; 23° - 26° Skorpion; 23° - 26° Steinbock; 23° - 26° Fische

Rechtschaffenheit im Sinne des geltenden Rechts ist ein wesentlicher Wesenszug dieses Persönlichkeitstyps. Handelt er in dieser Weise, fühlt er sich im Zeitfluss und in Verbindung mit einem positiven Leben.

Man ist versucht, das Handeln dieser Menschen als langsam zu beschreiben, in Wahrheit ist es reflektiert. Im Alltag wirkt die Reflexion durch diese *Eigenschaft* unbewusst. Bei größeren Entscheidungen denken diese Menschen gründlich nach und wägen ab, welchen Fortschritt das Handeln bringt und welche Konsequenzen es hat. Dabei fühlen sie sich nicht unfrei oder gebunden. Im Gegenteil, durch die Gründlichkeit der Überlegung fühlen sie sich frei von möglichen negativen Konsequenzen ihrer Entscheidungen.

Grundsätzlich sind sie zurückhaltend. Dieser Typ ist bescheiden und weiß gleichzeitig, wann es Zeit ist, die Zügel in die Hand zu nehmen.

Auch in den Empfindungen in Verbindung mit ihrem Handeln sind sie zurückhaltend. Es genügt ihnen, dass das Vorhaben umgesetzt wurde. Dann empfinden sie eine wahrhaftige, jedoch zurückhaltende Freude.

Wichtig ist ihnen ihr Gewissen. Ein schlechtes Gewissen empfinden sie dann, wenn sie gegen ihre subjektive Vorstellung von Rechtschaffenheit handeln.

Die positive Ausrichtung: Durch die positive Ausrichtung verbindet sich die Persönlichkeit mit lebendiger Freundlichkeit. Diese Menschen stützen sich durch den Einfluss der *Eigenschaft* darauf, dass sie sich selbst als rechtschaffen einschätzen. Durch die positive Ausrichtung sind sie das auch, wobei es immer um die Rechtschaffenheit innerhalb eines definierten Systems in Verbindung mit dem niederen Selbst geht. Auch Hilfsbereitschaft ist ein Wesenszug, den diese Menschen besitzen.

Die negative Ausrichtung: Die negative Ausrichtung dieser *Eigenschaft* erweckt im Menschen eine anhaltende Bitterkeit über das Leben und vor allem über die herrschenden Zustände. Die Ursache liegt in ihrer Einschätzung der Gerechtigkeit auf der Erde. Vor allem kommen sie sich selbst ungerecht behandelt vor und definieren sich als Opfer des jeweiligen Systems. Dann kann ein Kreislauf illegalen Handelns beginnen. Selbst Verbrechen können Teil ihrer Vorstellung von ausgleichender Gerechtigkeit sein.

15. *große verwaltende Eigenschaft*

27° - 30° Stier; 27° - 30° Krebs; 27° - 30° Jungfrau; 27° - 30° Skorpion; 27° - 30° Steinbock; 27° - 30° Fische

Die Freiheit in den Entscheidungen und vor allem im persönlichen Leben ist ein wesentliches Merkmal dieses Persönlichkeitstyps. Diese Menschen sind zurückhaltend und möchten ihre Individualität bewahren. Diese Individualität schreiben sich alle Menschen dieses Typs selbst zu.

Ihre eigene Entwicklung ist ihnen sehr wichtig. Das kann sich beruflich ebenso wie persönlich ausdrücken. In beiden Fällen sind sie eher schweigsam und auf sich selbst bezogen. Sie sind bemüht, Dinge dazuzulernen, obwohl sie sich immer die Möglichkeit offenlassen, etwas nicht anzunehmen.

Wenn man sich einen Menschen vorstellt, der nachdenklich und gleichzeitig mit wachen Augen das Umfeld betrachtet und sich augenscheinlich über etwas Gedanken macht, kann es gut sein, dass man den 15. Persönlichkeitstyp vor sich hat.

Die Zurückhaltung ist ein Zeichen dafür, dass diese Menschen sehr darauf bedacht sind, bei sich zu bleiben. Versucht man, ihnen näherzukommen, ist dies vor allem am Anfang nicht einfach. Auch wenn sie freundlich sind, führt dies dazu, dass das Gegenüber einen bewussten Willen vermutet, der für die Distanz verantwortlich ist.

Die positive Ausrichtung: Eine positive Entwicklung in allen Lebensbereichen ist diesen Menschen sehr wichtig. Durch den Einfluss der *Eigenschaft* in dieser Ausrichtung bemühen sie sich anhaltend darum. Man kann sagen, dass sie ihren eigenen individuellen Lebensweg gehen. Man muss wissen, dass es sich um die Entwicklung des niederen Selbst handelt.

Die negative Ausrichtung: Hier zeigt sich der ruhige Zweifler in seiner negativen Form. Aus einer inneren Position der Überheblichkeit heraus meint er, alles besser zu wissen. Diese Grundhaltung ist diesen Menschen sehr selbstverständlich. Gleichzeitig ziehen sie sich immer weiter zurück. Aus der Zurückhaltung wird ein bewusster Rückzug aus der für sie oberflächlichen Welt. Das innere Bild wird immer enger und bei manchen erkennt man Wesensmerkmale, die einem zynischen Eigenbrötler gleichen, der mit der Welt abgeschlossen hat.

Die Ordnung der 15 Menschentypen

1. *große verwaltende Eigenschaft*

1° - 8° Widder; 1° - 8° Löwe; 1° - 8° Schütze

DER ERSCHAFFER - Dieser Menschentyp definiert sich über einen klaren, vorwärtsstrebenden Willen und ein dynamisches und gleichzeitig liebendes Gefühl. Man kann sich dazu einen Menschen vorstellen, der weiß, was er will und auch die dazu nötige Willenskraft besitzt. Zusätzlich bewirken alle Handlungen ein tiefes Gefühl der Liebe. Alle Überlegungen sind zugleich realistisch und visionär intelligent. Die physische Betrachtung der Umwelt und die geistige Betrachtung des eigenen Seins widersprechen sich nicht. Es ergeben sich analoge Verbindungen. Das Selbst wird davon nicht unmittelbar berührt und bewahrt einen inneren Abstand. Dieser Abstand lässt eine intensive und dauernde Beschäftigung mit den jeweiligen Themen zu. Er definiert den Abstand zwischen diesem Menschentyp als **Erschaffer** und dessen, was er erschaffen hat.

Die positive Ausrichtung: Das Glück dieses Menschentyps definiert sich über die Selbstbestimmung im Leben. Der schöpferische Wille, das liebende Gefühl, der realistische, hohe Intellekt und das betrachtende Selbst gemeinsam bilden diesen Menschentyp. Dies durchdringt alle Lebensbereiche vom Beruf bis zur Partnerschaft. Dieser Typ erschafft sich das Leben selbst.

Die negative Ausrichtung: Durch die negative Ausrichtung kann sich ein selbstbestimmtes Leben, das dem eigenen Willen entspricht, nicht erfüllen. Es fehlt der Wille für die Durchsetzung des Vorhabens. Gleiches gilt für das Gefühl, welchem die Liebe für das Erschaffene abgeht.

Sie bleibt oberflächlich. Ebenso besitzt der Verstand nicht die nötige Unterscheidungskraft und dem Bewusstsein fehlt der nötige innere Abstand.

2. große verwaltende Eigenschaft

9° - 16° Widder; 9° - 16° Löwe; 9° - 16° Schütze

DER NACHFOLGER - Der 2. Menschentyp definiert sich über die Nachfolge. Wer einem höheren Ideal, einem spirituellen Meister, der genialen Ausbildung einer Fähigkeit, einer *umfassenden Eigenschaft* oder einer Tradition nachfolgt, bewegt sich in Richtung der Vollkommenheit des 2. Menschentyps.

Nicht der Mensch besitzt die Macht, sondern das Vorbild seiner Nachfolge. Da er jedoch in eins mit dem Inhalt des Vorbilds agiert, zeigt sich die Macht gleichzeitig im Menschen. Der Wille des Menschen ist der Wille des Ideals, der Gottheit und so weiter. Er folgt den Vorgaben und erfüllt den Willen des Vorbilds. Wer zum Beispiel dem Vorbild einer Religion folgt, wird in der Umsetzung des Willens der Priesterschaft und der Gottheit seinen eigenen Willen erfüllt sehen. Diese Menschen erfüllen die Macht des Vorbilds und definieren sich über diese Macht.

Gleichzeitig mit der Umsetzung des Willens des Vorbildes erfahren diese Menschen die Bestätigung über das Gefühl. Es ist nicht nur die Bestätigung der Macht, sondern das Erfahren jener Gefühle, die dem Vorbild angehören.

Über den Intellekt erkennt dieser Menschentyp jeden Aspekt der Lehre oder des Inhalts des Vorbildes. Diesen analysiert er für sich. Nach außen werden alle Aspekte intelligent und mit Macht vertreten.

Das Selbst identifiziert sich mit einem Aspekt des Vorbildes, zum Beispiel über bestimmte Eigenschaften oder Tätigkeiten innerhalb einer Religion oder einer Wissenschaft. Gleichzeitig erfährt dieser Menschentyp in sich Harmonie in der liebenden Einbindung in den geistigen Raum des Vorbildes.

Die positive Ausrichtung: Durch die positive Ausrichtung nimmt dieser Mensch die höchste Stellung in der Nachfolge ein. Hier findet sich der Nachfolger eines spirituellen Meisters, der irdische Vertreter einer Gottheit, der Forscher einer Wissenschaft oder der CEO eines Konzerns.

Die negative Ausrichtung: Durch die negative Ausrichtung erfüllt sich die Nachfolge im blinden Glauben. Es ist die Einfügung an der untersten Stelle in der Hierarchie des jeweiligen Ideals. Diese Menschen dienen durch ihre Glaubenskraft und ihr Agieren den Merkmalen und den Menschen, die hierarchisch in der Nachfolge höher stehen. Sie selbst versinken in der Dunkelheit der Selbstaufgabe.

3. große verwaltende Eigenschaft

17° - 24° Widder; 17° - 24° Löwe; 17° - 24° Schütze

DER SUCHENDE - Durch die 3. *Eigenschaft* ordnen sich die Wesensmerkmale des 3. Menschentyps. Jeder Willensimpuls hat eine Reaktion zur Folge. Nach außen hin einerseits bewegend, andererseits harmonisierend agiert der Wille auf einem schmalen Grat. Auf diesem Grat verwirklicht sich die Suche. Gibt es keine Reaktion im Außen, verändert sich der Ausgangspunkt. Der Impuls des Willens kommt nun aus einer größeren Tiefe.

Die Reaktion ist die im Gefühl erfahrbare Erschütterung. Gleichzeitig orientiert sich dieser Menschentyp an dieser Erschütterung, die entweder positiv oder negativ erfahren wird. Die positive Erschütterung, die innerlich erfahrbar und äußerlich erkennbar ist, ist die Bestätigung des vorläufigen Ziels. Die negative Erschütterung provoziert ein disharmonisches Gefühl, welches das Verlassen des Weges anzeigt.

Über den Intellekt erkennt dieser Menschentyp die entfernteste Antwort. Über den Willen bewegt er sich dorthin und das Gefühl bestätigt die Richtigkeit. Im Selbst festigen sich die zuvor angestrebten Ziele und werden selbst zum Ausgangspunkt für ein neues Ziel.

Dieser Menschentyp sucht eine Antwort, die Ekstase, einen anderen Menschen, eine Einweihung, die Vollkommenheit einer Kunst oder schlicht ein neues Heim.

Die positive Ausrichtung: Das Zusammenspiel des agierenden und reagierenden Willens, die Empfindsamkeit des Gefühls als innere Orientierung, die Vision des Intellekts und das Ankommen des Bewusstseins bestimmen diesen Menschentyp. In seiner positiven Ausrichtung definiert diese *Eigenschaft* das Zusammenwirken.

Die negative Ausrichtung: Die negative Ausrichtung verhindert die erfolgreiche Suche. Der Wille agiert unharmonisch, die Reaktion des Gefühls entspricht nicht der Wahrheit, der Verstand schießt über das Ziel hinaus oder erreicht es nicht und das Selbst nimmt die Erkenntnisse nicht an. Die allermeisten Menschen agieren in dieser Weise und wähnen sich erfolglos auf der Suche nach einem höheren Lebensziel.

4. *große verwaltende Eigenschaft*

25° Widder - 2° Stier; 25° Löwe - 2° Jungfrau; 25° Schütze - 2° Steinbock

DER UNERMÜDLICHE - Der Wille des 4. Menschentyps stützt sich einerseits auf die Vergangenheit, andererseits orientiert er sich an der Zukunft. Dieser Wille ist abgesichert. Er führt das Positive der Tradition in eine neue Zukunft. Das Gefühl bestätigt die Erneuerung und birgt in sich die Erwartung der Entwicklung. Es ist das Gefühl einer positiv aufsteigenden Zukunft.

Der Verstand agiert bedächtig, einem evolutionären Prozess ähnlich. Sehr intelligent und abwägend werden die Entscheidungen erst spät getroffen. Selbst wenn die zukünftige Idee schon ausgereift ist, bedarf es der schrittweisen inneren Realisierung für die Umsetzung der Veränderung.

Die innere Kraft und Leidenschaft, die einem verborgenen Kraftwerk gleichend ständig wirkt, ermöglicht die unermüdliche Arbeit. Es gleicht einer nicht nachlassenden Leidenschaft für die Erfüllung des jeweiligen Vorhabens.

Die positive Ausrichtung: Selbst das entfernteste Ziel beginnt mit dem 1. Schritt. Durch die positive Ausrichtung wird die Erledigung einer möglicherweise jahrzehntelangen Aufgabe mit innerer Kraft, einem konzentrierten Willen, der keine Übersprunghandlung zulässt, einem Gefühl, welches die positive Orientierung der Arbeit in die Zukunft bestätigt, und einem evolutionären Intellekt definiert.

Die negative Ausrichtung: Durch die negative Ausrichtung ist diese Form der unermüdlichen Arbeit nicht möglich. Es fehlen die innere Kraft und der unermüdliche evolutionäre Gedanke, der im Hintergrund die nötige Geduld aufbringt. Ebenso ist das stetige Gefühl, dass die Arbeit der eigenen Zukunft oder der Zukunft der Menschheit dient, in dieser Weise nicht vorhanden. Auch diesen Menschentyp betreffend streben unzählige Menschen danach, ihn zu verwirklichen, und werden durch die negative Ausrichtung dahingehend beeinflusst, dass es ihnen nicht möglich ist.

5. *große verwaltende Eigenschaft*

3° - 10° Stier; 3° - 10° Jungfrau; 3° - 10° Steinbock

DER ERBAUER - Der Wille dieses Menschentyps agiert in eins mit der vorhandenen Realität und bewegt die bestehenden Dinge. Die Gestalt wird verändert, nicht jedoch der Inhalt. Dieser Menschentyp, drückt er sich im Menschen aus, macht aus Sand Zement, aus Holz Papier, aus Öl Plastik, aus Buchstaben ein Buch, aus Steinen ein Haus und so weiter.

Über das Gefühl ist er mit seinem Agieren in Liebe verbunden und gleichzeitig offen für Veränderungen, die für die Realisierung notwendig sind. Es ist ein Gefühl der Liebe zum Prozess des Erbauens. Der Intellekt ist realistisch, unterscheidet die Dinge und agiert in Bezug auf die Vervollkommnung intuitiv. Zugleich arbeitet der Verstand neutral, da dieser Menschentyp keine Rücksicht auf persönliche Bindungen nimmt.

Die Vollkommenheit des fertigen Projekts steht über der subjektiven Selbstverwirklichung.

Über das Selbst schließlich steht der Erbauer mit seinem Produkt in tiefer Verbindung. Dazu kann man sich einen Architekten vorstellen, der sein Haus mit Freude abgegeben hat, jedoch immer noch eine freie Bindung zu seinem Projekt besitzt.

Die positive Ausrichtung: Diese *Eigenschaft* definiert über die positive Ausrichtung den vollkommenen Menschentyp des Erbauers. Es sind nicht nur alle Voraussetzungen gegeben, sie bilden gemeinsam die Möglichkeit des Erbauens oder des Erschaffens.

Die negative Ausrichtung: Alle notwendigen Wesenszüge und Qualitäten werden durch die negative Ausrichtung dieser *Eigenschaft* korrumpiert. Das Glück, welches die Menschen in der Erfüllung der Vorgabe durch diese Ausrichtung erfahren, ist in diesem Fall nicht möglich.

6. *große verwaltende Eigenschaft*

11° - 18° Stier; 11° - 18° Jungfrau; 11° - 18° Steinbock

DER ENTSCHEIDER - Dieser Menschentyp definiert seinen Willen über das Herrschen. Diese Art des Herrschens birgt in sich den Auftrag, dass es den Menschen gut gehe. Durch die Vorgabe des Gefühls ist gegeben, dass selbst die kleinste Information Einfluss auf die Art der Durchsetzung des Willens nimmt. Kein Detail darf ausgelassen werden.

Der Verstand zeichnet diese Einzelheiten nach, analysiert sie und bildet gemeinsam mit dem Gefühl eine Grundlage für den Willen. Gleichzeitig jedoch wägt der Verstand ab. Ist die Willensentscheidung gerecht, wird sie als Harmonie wahrgenommen. Dieses Wahrnehmen geschieht über das Bewusstsein. Der Verstand und das Bewusstsein gehen Hand in Hand, und erst dann, wenn die Harmonie der Gerechtigkeit gegeben ist, kommt es zur Durchsetzung der Macht.

Dieser Typus trägt in sich einen feinen Seismografen, durch welchen dieser Menschentyp genau erkennen kann, ob die Harmonie der Gerechtigkeit gegeben ist oder nicht. Selbst eine kaum spürbare Missstimmung lässt diesen Menschentyp die Entscheidung überprüfen.

Die positive Ausrichtung: Dieser Menschentyp agiert und entscheidet aus der Hierarchie eines Richters, der über alle menschlichen Dinge richten kann. Die Durchsetzungskraft des Willens und die Fähigkeit, alles in Betracht zu ziehen, verbunden mit einer Fähigkeit der Analyse und dem Gespür für Gerechtigkeit sind die Kennzeichen dieses Menschentyps.

Die negative Ausrichtung: Durch die negative Ausrichtung kann man einen Menschen erkennen, der seine Macht missbraucht. Es sind die Durchsetzung der Macht durch den Willen sowie die Konzentration des Gefühls und des Verstandes auf diesen Inhalt, die den Missbrauch rechtfertigen. Gleichzeitig suggeriert diese Ausrichtung eine Harmonie, welche der Dunkelheit entspricht. Letztlich kann man Genugtuung erkennen; sie wird dann wahrgenommen, wenn sich der Missbrauch der richterlichen Macht durchsetzt.

7. große verwaltende Eigenschaft

19° - 26° Stier; 19° - 26° Jungfrau; 19° - 26° Steinbock

DER PRAKTIZIERENDE - Der 7. Menschentyp betrifft die menschliche Anlage der spirituellen Entwicklung. Der Wille strebt in die Tiefe, um die dort befindlichen Inhalte erreichen zu können. Es ist das Verborgene, was der Wille erreichen und enthüllen möchte. Über das Gefühl erfährt dieser Menschentyp, ob es sich um ein Wissen handelt, das zugleich ein erstrebenswertes Ziel in sich birgt. Findet man im Verborgenen ein Geheimnis des Lichts oder der Dunkelheit?

Der Verstand gleicht den erfahrenen Inhalt mit dem Wissen der vorhandenen Tradition ab. Die längste Tradition ist die Ursache des Bestehenden, sei es ein Gottesbild oder eine andere Vorstellung der Ursache. Letztlich wird der Verstand im Zweifel immer die Tradition wählen und alles Neue darauf aufbauen.

Das Fundament bildet die Tradition. Hier entstand der Glaube, dass sich das Neue auf den Werten und Inhalten des Alten aufbauen müsse. Gleichzeitig nimmt der Praktizierende für sich in Anspruch, in der Gegenwart zu leben und das Alte im Sinne der Zeit vergegenwärtigt zu haben.

Die positive Ausrichtung: Der Wille in Verbindung mit dem Gefühl enthüllt das Verborgene. Das Wissen, welches erfahren wird, stützt sich auf die Tradition der spirituellen Lehrer und Meister der Vergangenheit, baut darauf auf und bringt die Lehre in die Gegenwart. Je näher sich der Praktizierende der Ursache fühlt, desto größer ist sein Anspruch, die Wahrheit zu besitzen.

Die negative Ausrichtung: Durch die negative Ausrichtung führt der Wille in das physische Leben. Die Tiefe der Erfahrung wird über die Intensität der Sinne erlebt und alle höheren Vorstellungen sind philosophische Theorien, die unterschiedlich angenommen werden. Die Tradition über den Intellekt und das Bewusstsein zeigt sich als Beständigkeit und Unveränderlichkeit der Theorien.

8. große verwaltende Eigenschaft

27° Stier - 4° Zwilling; 27° Jungfrau - 4° Waage; 27° Steinbock - 4° Wassermann

DER ERNEUERER - Beim 8. Menschentyp handelt es sich um das Ideal der positiven Erneuerung. Dies betrifft jeden Lebensbereich, vom Kämpfer für eine bessere Umwelt bis hin zum Reformator einer Religion. Grundsätzlich geht es um einen zukunftsgemäßen Umgang mit einem bestimmten Thema.

Der Wille dieses Menschentyps orientiert sich folglich an einer positiveren Zukunft, in welcher Ideale der Freiheit und der höheren Entwicklung gelebt werden. Unabhängig von traditionellen Bindungen strebt dieser Menschentyp dorthin. Das Gefühl definiert sich über die Idee des höheren Ideals, auch wenn es noch nicht verwirklicht wurde. Es gleicht einer gefühlshaften Vorwegnahme des zukünftigen Zustands.

Der Verstand agiert aktiv und schnell. Die notwendigen Schritte der Veränderung werden zügig erkannt und gleichzeitig herrscht der Drang, sie umzusetzen. Der Intellekt drängt nach vorwärts.

Im Selbst erfährt dieser Menschentyp eine große Hingabe und Liebe zu seinen Erneuerungen. Gleichzeitig bleibt er aktiv und unterstützt den drängenden Verstand und den zukunftsorientierten Willen.

Die positive Ausrichtung: Der Wille agiert in direkter Verbindung mit der naturgemäßen Evolution der Dinge. In Verbindung mit dem Verstand und dem Selbst wirken die vorwärtsstrebende Kraft und die Hingabe und Liebe für die Erneuerung. Alle vier Faktoren – die Orientierung in die Zukunft, die naturgemäße Entwicklung, der vorwärtsstrebende Verstand und das aktive und liebende Bewusstsein – stammen von dieser *Eigenschaft* in seiner positiven Ausrichtung und definieren das Idealbild des Erneuerers.

Die negative Ausrichtung: Der Wille ist wechselhaft und das Gefühl birgt unrealistische und abgehobene Vorstellungen der Erneuerung. Es gibt keine evolutionäre Entwicklung, sondern eine von der Realität abgehobene Idealvorstellung. Diese Vorstellung wird von einem triebhaften und fanatischen Intellekt weitergetrieben. Die kritiklose Hingabe schließlich vervollständigt die Wirkung der negativen Ausrichtung dieser *Eigenschaft*.

9. *große verwaltende Eigenschaft*

5° - 12° Zwilling; 5° - 12° Waage; 5° - 12° Wassermann

DER VERTRETER - Dieser Menschentyp ist der Vertreter einer Idee, einer Sache oder eines Vorhabens unabhängig davon, um welchen Lebensbereich es sich handelt.

Über den Willen bleibt dieser Menschentyp realistisch, gibt sich der Sache hin und ist verbunden mit einer großen Beweglichkeit. Gleichzeitig mit dem Gefühl öffnet sich ein Raum vorhandener Möglichkeiten, das Thema zu vertreten. Das Gefühl dient der Sache und es geht nicht so sehr darum, dass der Menschentyp als Individuum ein positives und intensives Gefühl empfindet. Bedarf es für die Sache einer gewissen Distanz zu den persönlichen Gefühlen, ist dies gegeben.

Der Verstand dient der Sache und folgt ihr. Dazu kann man sich vorstellen, wie das Thema einen erhöhten Standpunkt einnimmt, und die intelligenzhafte Überlegung diesem Standpunkt folgt. Ausschließlich Aspekte, die dem Thema dienen, werden in die Überlegung einbezogen.

Mit dem Selbst übernimmt dieser Menschentyp das jeweilige Thema und vertritt es nach außen wie auch nach innen. Als Vertreter einer Sache identifiziert er sich derart mit dieser Sache, dass er selbst die Machtposition einnimmt.

Um ein irdisches Bild dieses Menschentyps zu zeichnen, gibt sich ein Vertreter beispielsweise einer Behörde der Sache hin, bleibt realistisch und lässt sich mit seinen Gefühlen nicht zu sehr auf das Thema ein. Sein Verstand folgt den Vorgaben der Behörde und als Vertreter dieser Behörde nimmt er ihre Machtposition ein.

Die positive Ausrichtung: Die positive Ausrichtung bewirkt, dass der Vertreter intelligent und nach außen in Liebe und im Sinne seiner Sache handelt. Diese Liebe steht über den eigenen Gefühlen. Jede Überlegung hat als Vorgabe die Sache selbst. Man kann diesen Menschentyp als Verkörperung der Sache ansehen, die er vertritt.

Die negative Ausrichtung: Der Wille gibt sich nicht der Sache hin, sondern definiert die Sache aus einem subjektiven Verständnis. Dieser Mensch wird zum Vertreter der eigenen Sache. Der Verstand definiert die eigene Person als höchsten Standpunkt und das Bewusstsein identifiziert sich mit diesem Ego. Dieses nimmt die höchste Machtposition ein.

10. *große verwaltende Eigenschaft*
13° - 20° Zwilling; 13° - 20° Waage; 13° - 20° Wassermann

DER SPEZIALIST - Über den Willen handelt dieser Menschentyp direkt auf den hervorzuhebenden Punkt hin. Innerlich weiß er, was er will, und gleichzeitig setzt er seinen Willen machtvoll um. Durch das Gefühl erfährt dieser Typ die Bestätigung der Umsetzung, wobei es nicht um die Machtdurchsetzung geht, sondern um den Inhalt. Dieser Aspekt des Gefühls ist eine einfache Spiegelung dessen, was verwirklicht wurde. Ein weiterer Aspekt lässt diesen Menschentyp gefühlshaft erfahren, ob die willentliche Umsetzung zufriedenstellend war. Er kann es fühlen, wenn bei der Umsetzung des Willens einzelne Aspekte zu viel oder zu wenig Aufmerksamkeit erhalten haben.

Diese Empfindung des notwendigen Ausgleichs betrifft auch den Verstand, der mit dem Gefühl korrespondiert und sich schrittweise vortastet. Maßstab, ob das Erkannte der eigenen Wahrheit entspricht oder nicht, ist der harmonische Abgleich mit dem schon vorhandenen Wissen. Ebenso ist der Verstand in der Lage, in die Tiefe des jeweiligen Themenbereichs zu schauen.

Einerseits ist dieser Menschentyp mit großer Leidenschaft bei seinem Thema, andererseits reagiert er sehr empfindlich auf Erschütterungen, die seine Spezialisierung oder allgemein das Thema oder Aspekte des Themas infrage stellen. Das Selbst birgt unter anderem die Voraussetzung, dass dieser Menschentyp immer weiter in die Tiefe des Themas vordringen kann.

Die positive Ausrichtung: Durch die positive Ausrichtung agiert dieser Menschentyp wie eine Einheit. Die Spezialisierung wird ohne aufkeimende Zweifel durchgesetzt und innerlich klar definiert. Die Definition wird gefühlt und zugleich auch die dem Thema innewohnende harmonische Einheit. Mit dieser ausgleichenden und harmonischen Kraft agiert der Verstand vorwärtstastend, wobei eine innere Empfindsamkeit wie ein Sensor reagiert. Sie durchdringt das Selbst und lässt das Thema immer tiefer erkennen.

Die negative Ausrichtung: Die Machtdurchsetzung und das spezialisierte Thema stimmen nicht überein. Dann geschieht es, dass dieser Menschentyp eine Macht aufbaut, die auf einen Aspekt gerichtet ist, der mit dem eigentlichen Thema nichts zu tun hat. Das Gefühl schwankt zwischen Untätigkeit und Unsicherheit. Ebenso weiß der Verstand nicht, ob ein Aspekt im Sinne des Themas richtig erkannt wurde oder nicht. Die innere Empfindlichkeit lässt ihn ständig zweifeln. Schließlich führen starke Empfindlichkeit und ein gleichzeitig aufbrausendes und manchmal beleidigtes Temperament dazu, dass Unterscheidungen nicht mehr möglich sind.

11. *große verwaltende Eigenschaft*

21° - 28° Zwilling; 21° - 28° Waage; 21° - 28° Wassermann

DER FORSCHER - Dieser Menschentyp ist die Verkörperung des Forschers, unabhängig davon, um welches Wissensgebiet oder um welchen physischen Lebensbereich es geht.

Er besitzt den drängenden Willen, etwas Entferntes oder Unbekanntes zu erforschen oder zu wissen. Auf dieses Ziel richtet sich der Wille. Auch wenn manchmal nur vorläufige Ziele erreicht werden, bleibt dieser Typ optimistisch ob des Erreichens seines Ziels. So zielgerichtet der Wille, so konservativ ist das Gefühl. Einerseits bestätigt es den Optimismus, andererseits bleibt es auf dem Boden der Tatsachen. Was auch immer an neuen Erkenntnissen gewonnen wurde, es braucht die Verifizierung durch die Tradition. Nur wenn es mit den gängigen Methoden bewiesen wurde, erfährt dieser Menschentyp auch in seinem Gefühl die Bestätigung des neuen Wissens.

Damit in Verbindung agiert daher auch der Verstand. Das traditionelle Wissen bildet für ihn die Grundlage für neue Entdeckungen. Gleichzeitig wirkt der Verstand auch in die Zukunft. Er bewahrt sich die notwendige Freiheit und Orientierung in die Zukunft, um traditionelle Dinge verändern zu können.

Das Selbst unterstützt diese Orientierung. Gleichzeitig bleibt dieser Menschentyp in seinen Forschungen unabhängig. In seinem Inneren wirkt die Kraft der Entwicklung. Dieser Menschentyp wird zugleich von der Kraft der kontinuierlichen Entwicklung in die Zukunft durchdrungen, welche er mit seinem Forschungsgebiet verbindet.

Die positive Ausrichtung: Der Wille und das Gefühl sind wie zwei Gegenpole, die sich ständig ergänzen. Der Wille strebt nach vorne, das Gefühl spiegelt dies und überprüft es zugleich anhand vergangener Inhalte. Der Verstand weiß um das vergangene Wissen und ist gleichzeitig zukunftsorientiert. Ebenso befindet er sich in der Gegenwart und besitzt die Kraft der stetigen Entwicklung. Durch diese Ausrichtung gehen alle diese Wesensmerkmale ineinander, bedingen und ergänzen sich.

Die negative Ausrichtung: Im Gegensatz dazu wirkt die negative Ausrichtung gegensätzlich. Das Ziel, welches durch den Willen angestrebt wird, ist entweder unrealistisch und eine Illusion, wurde bereits erforscht oder gehört nicht zum Forschungsgebiet. Durch das Gefühl verzweifelt er an der übermäßigen Bindung an die Tradition. Vor allem die Besonderheit, dass durch die negative Ausrichtung Forschungsergebnisse gewissermaßen kopiert werden, ist ein großes Problem. Durch das Plagiat wird das Gefühl zumindest in Verbindung mit der Tradition bestätigt. Der Verstand rettet sich durch eine oberflächliche Betrachtung und kann das Plagiat in dieser Weise bestätigen. Gleiches gilt für das Selbst. Zusätzlich kommt hier die Rechtfertigung dazu, dies diene der Entwicklung.

12. *große verwaltende Eigenschaft*

29° Zwilling - 6° Krebs; 29° Waage - 6° Skorpion; 29° Wassermann - 6° Fische

DER VISIONÄR - Dieser Menschentyp ist der Visionär, der die Vision seines Vorhabens in die Realität umsetzt.

Der Wille ist verbunden mit einer gewissen medialen Sicht in eine Zukunft, in welcher etwas Neues, höher Entwickeltes und in der Evolution weiter Fortgeschrittenes schon existiert. Durch diese Medialität imaginiert sich dieser Menschentyp das Bild einer Idee als Vision oder eines visionären Geschehens. Dafür braucht es Fantasie und vor allem das große Vertrauen, dass die Vision Wirklichkeit werden kann.

In seinen Gefühlen und Emotionen brennt dieser Menschentyp für seine Vision. Wie ein inneres Kraftwerk strebt er nach vorwärts, um die Vision umzusetzen. Diese Emotionen zeigt er nach außen und empfindet sie zugleich in sich selbst.

Auch in seinen Überlegungen zeigen sich die Aktivität und das fast schon triebhafte Drängen, wie es sich in den Gefühlen offenbart, wobei die Emotionen nun von einem realistischen Verstand geprägt werden. Der Verstand ist darauf ausgerichtet, die Vision in die Realität zu bringen. So intuitiv der Wille ein geistiges Bild zeichnet, so real sind die Gedanken der Umsetzung. In allen seinen Überlegungen gibt sich dieser Menschentyp seiner Vision hin.

Auch sein Selbst ist mit dieser Realität verbunden. Letztlich weiß dieser Typ, dass eine Vision nur dann Sinn ergibt, wenn man sie umsetzen kann. Eine weitere Besonderheit des Visionärs ist, dass er, so bedingungslos er seine Vision umsetzen möchte, mit seinem Bewusstsein dennoch einen gewissen Abstand dazu bewahrt. Ein Kennzeichen dieses Menschentyps ist, dass er sich nicht in seiner Vision verliert.

Die positive Ausrichtung: Durch die positive Ausrichtung strebt der Wille eine hohe Vision an, die durch ein unveränderliches, starkes und aktives Gefühl unterstützt wird. Der Geist zeichnet dieses visionäre Bild und gleichzeitig ist der Verstand darauf ausgerichtet, es in die Realität zu überführen. Das Bewusstsein ist mit der Wirklichkeit verbunden und nimmt eine Position ein, aus der heraus es alles überblicken kann.

Die negative Ausrichtung: Durch die negative Ausrichtung vereinigen sich verschiedene Wesenszüge, was zur Folge hat, dass die Vision ein Traumgebilde ist oder in der Wirklichkeit nicht umgesetzt werden kann. Dieser Mensch hat die Eigenart, Luftschlösser zu bauen. Durch das Gefühl erhalten diese illusionären Visionen emotionale Unterstützung, wobei es weniger um die Umsetzung geht als um die innere Verbindung mit dem Bild. Das Gefühl strebt nicht danach, die Vision zu verwirklichen, es genügt die Emotion, die sich mit ihr verbindet. Der Verstand macht die Vision zur subjektiven Realität. Die Konsequenz ist, dass sich dieser Menschentyp in dieser Ausrichtung immer weiter von der Wirklichkeit entfernt. Dem folgt das Selbst und stützt sich gleichzeitig auf die Idee und den Traum der Vision. Durch die negative Ausrichtung leben die Menschen mit Visionen, die niemals umgesetzt werden können.

13. *große verwaltende Eigenschaft*

7° - 14° Krebs; 7° - 14° Skorpion; 7° - 14° Fische

DER AUSFÜHRENDE - Der Wille dieses Menschentyps ist neutral und folgt der Vorgabe der Umsetzung. Es gleicht dem Vollstrecken eines Urteils, wobei es nicht um eine Strafe geht. Es ist die Ausführung einer zu erledigenden Vorgabe. Dies betrifft alle Lebensbereiche.

Das Kennzeichen des Willens dieses Menschentyps ist die innere Distanz zur Ausführung. Er selbst bewahrt zur eigenen Tat einen Abstand. Hingegen ist der Wille, der zur Ausführung führt, der Vorgabe sehr nahe. Das gilt auch für das Gefühl. In allen Fällen folgt dieser Menschentyp einer Vorgabe. Dabei kann es sich um eine alltägliche Notwendigkeit oder auch um einen Befehl oder eine Bitte handeln. Dazu empfindet der Ausführende eine innere Nähe und ist sich dieser Nähe auch bei der Umsetzung durch den Willen bewusst. Zur Tat selbst gibt es die oben erwähnte Distanz.

Der Verstand definiert sich über die Durchsetzung der Tat. Jeder Aspekt, der betrachtet wird, birgt in sich die Macht und die Position der Ausführung. Über seinen Verstand nimmt dieser Menschentyp die Position der Vorgabe oder des Befehlsgebers ein. Es gibt die Ausführung betreffend keinen Kompromiss.

Auch über sein Selbst wirkt diese Macht, wobei es sich über die Notwendigkeit der Ausführung rechtfertigt. Derjenige weiß, warum die Ausführung ein Erfordernis ist.

Die positive Ausrichtung: Die positive Ausrichtung definiert sich über die Kompromisslosigkeit der Ausführung. Sie wird als unerlässlich angesehen und dient in der Meinung dieses Menschentyps einer höheren Sache. Dieser Sache ist der Ausführende gefühlshaft tief verbunden. Folglich agiert auch der Verstand im Sinne der Durchsetzung. Derjenige weiß um die Macht, die für die Ausführung notwendig ist. Ebenso beinhaltet er die Erkenntnis der Notwendigkeit, da die Umsetzung in der Meinung dieses Menschentyps zum Wohle aller Beteiligten ist. Er trägt auch die Gewissheit in sich, dass die Ausführung rechtens ist.

Die negative Ausrichtung: Durch die negative Ausrichtung sind Ausführung und Umsetzung des Vorhabens nicht möglich. Der Wille ist neutral und kann sich nicht fokussieren. Das Gefühl bleibt vage und dient der Illusion, dass es zur Ausführung kommt. Ebenso reagiert der Verstand sehr ungeduldig, da die Ausführung nicht möglich ist. Letztlich bewegt sich dieser Menschentyp im Kreis. Es geschieht nichts. Einzig der innere Zustand des Menschentyps bewegt sich zwischen Neutralität, gefühlshafter Nachfolge und Ungeduld. Das Bewusstsein rechtfertigt die eigene Machtstellung, obwohl dies nicht der Realität entspricht.

14. *große verwaltende Eigenschaft*

15° - 22° Krebs; 15° - 22° Skorpion; 15° - 22° Fische

DER BEEINFLUSSER - Durch seinen Willen ist es diesem Menschentyp möglich, einen einzelnen Aspekt zu betonen und gleichzeitig eine Reaktion hervorzurufen. Der erste Aspekt des Willens ist die Betonung eines Punktes, durch den zweiten Aspekt erfolgt eine Reaktion. Das Gegenüber wird dadurch gedrängt, sich körperlich oder geistig in die jeweilige Richtung zu bewegen.

Das Gefühl korrespondiert direkt mit diesem Aspekt des Willens. Das bedeutet, dass dieser Menschentyp sofort die Reaktion auf seine Beeinflussung fühlt. Es zeigt sich als Harmonie oder Disharmonie im Vergleich zur eigenen Person oder zur jeweiligen Situation. Beeinflusst dieser Menschentyp einen anderen Menschen, damit dieser zum Beispiel eine andere Meinung annimmt, spürt er anhand des eigenen Gefühls unmittelbar, ob die Beeinflussung gelungen ist. Noch dazu ist sein Gefühl sehr fein.

Der Verstand ist in der Lage, die tief verborgenen Qualitäten zu erkennen, die die Beeinflussung gelingen lassen. Dieser Menschentyp ist fähig, die für die gewünschte Reaktion relevanten Punkte hervorzuheben.

Diese Beeinflussung betrifft auch den Menschentyp im Umgang mit sich selbst. Dadurch besitzt er zugleich die Fähigkeit, sich selbst zu beeinflussen und in der Folge zu verändern.

Verbunden sind diese Qualitäten mit einem optimistischen Selbst. Dadurch wird die Massivität der Beeinflussung oft kaum erkannt. Ebenso ist er im Sinne der Beeinflussung sehr zielgerichtet.

Die positive Ausrichtung: Durch die positive Ausrichtung ergänzen sich alle Wesenszüge in der Weise, wie man sich das Ineinandergreifen von Zahnrädern vorstellen kann. Der Wille hebt einen Punkt hervor und daraufhin zeigt sich ein Gefühl. Dieses Gefühl ist sehr empfindsam und reagiert sofort auf Veränderungen. Dieser Menschentyp richtet sich exakt auf das Ziel aus und über den Verstand ist es ihm möglich, die für die Einflussnahme notwendigen Inhalte intelligenzhaft und intuitiv zu erkennen. Das Gegenüber fühlt sich durch die Beeinflussung nicht negativ bemächtigt, sondern durch den Optimismus des Bewusstseins positiv beeinflusst.

Die negative Ausrichtung: Durch die negative Ausrichtung gelingt die Beeinflussung nicht. Dies beginnt beim Willen, der aufgrund der unwahren Erkenntnis des Verstandes die falschen Aspekte hervorhebt. In Verbindung mit dem Gefühl kann dieser Menschentyp nicht erkennen, ob die Beeinflussung gelungen ist, und das Bewusstsein spielt dem Menschentyp eine positive Beeinflussung vor, obwohl dies nicht der Wahrheit entspricht.

15. *große verwaltende Eigenschaft*
23° - 30° Krebs; 23° - 30° Skorpion; 23° - 30° Fische

DER BEWAHRER - Der Wille drängt optimistisch vorwärts und orientiert sich dabei an traditionellen Werten. Gleichzeitig ist der Wille darauf ausgerichtet, das Bestehende zu bewahren. Er verbindet das Vergangene und Traditionelle mit neuen Ideen.

Das Gefühl unterstützt das Bewahren der Tradition und lässt neue Ideen nur dann zu, wenn das Alte in die Gegenwart überführt wird. Es kleidet sich in ein Gewand des Zeitgeistes, damit es in der Zukunft überleben kann.

Diese Orientierung in die Zukunft ist die Haupteigenschaft des Verstandes. Er untersucht und bewertet die alten Inhalte, damit sie in die Zukunft mitgenommen werden können. Ebenso birgt der Verstand die Möglichkeit der Entwicklung. Es geht jedoch weniger um die Entwicklung einer neuen Sache als um die Weiterentwicklung einer Tradition im Sinne ihrer Überlebensfähigkeit.

Das Bewusstsein ist mit der Evolution verbunden. Dadurch werden alte Werte langsam entwickelt, ohne die Bindung an die Tradition zu verlieren. Ebenso vermittelt das Bewusstsein eine positive Entwicklung.

Den Bewahrer findet man in allen Lebensbereichen und Lebensthemen, bei alltäglichen Gewohnheiten, der Übernahme des elterlichen Betriebs oder in Jahrtausende alten Religionen.

Die positive Ausrichtung: Dieser Menschentyp ist der Bewahrer der traditionellen Werte, die sich mit neuen Ideen verbinden und in die Zukunft überführt werden. Er vermittelt die Entwicklung dieser Werte durch sein gesamtes Auftreten und ist dabei sehr vertrauensvoll.

Die negative Ausrichtung: Die neuen Ideen hängen nicht mit den traditionellen Werten zusammen. Sie durchzusetzen würde bedeuten, alte Werte zu verleugnen. Eine Überführung der Werte in die Gegenwart und in die Zukunft ist nicht möglich, da es nicht mehr um die Werte geht, sondern um allgemeine Dinge. Die traditionellen Werte werden verändert, damit das Gerüst der Tradition überleben kann. Dieser Menschentyp befindet sich in einer sensiblen und ahnungsvollen Stimmung. Dadurch wird die Illusion aufrechterhalten, es ginge um tiefere Werte, die im Sinne einer neuen Zeit eine notwendige Entwicklung durchlaufen müssten.

Die Ordnung der 6 *großen verwaltenden* *Eigenschaften* des Geistes

1. *große verwaltende Eigenschaft*

1° - 5° alle 12 Tierkreiszeichen

Die Willensäußerung ist direkt und real. Das willentliche Agieren spiegelt sich im Gefühl. Der Verstand definiert sich über die subjektive Realität. Ebenso identifiziert sich das Selbst über die erfahrbare Realität.

Die positive Ausrichtung: Durch den Willen wird die erfahrbare Realität verändert. Der Maßstab ist die eigene Vorstellung. Man kann sich darunter die subjektive Optimierung des realen Lebens vorstellen. Das ist in allen Lebensbereichen möglich.

Die negative Ausrichtung: Die Menschen sind innerlich hart und abgegrenzt. Der Wille möchte sich durchsetzen, schafft dies jedoch nur mit Zwang. Die Durchsetzung wird als Notwendigkeit gesehen, was auch als Argument gegenüber anderen Leuten angeführt wird. Die subjektive Realität darf nicht verändert werden. Vielmehr müssen sich die anderen Leute anpassen.

2. *verwaltende Eigenschaft*

6° - 10° alle 12 Tierkreiszeichen

Der Wille ist darauf ausgerichtet, Wissen zu erlangen. Dies betrifft die Naturwissenschaften ebenso wie die Geisteswissenschaften. Das Gefühl identifiziert sich mit diesem Wissen. Der Verstand agiert intuitiv und folgt den Spuren des Wissens. Durch das Gefühl ergibt sich ein Abstand zwischen einem Wissen durch Erfahrung und einem theoretischen Wissen. Das Wissen dieser *Eigenschaft* ist theoretisch. Gleichzeitig bindet sich der Mensch an dieses Wissen.

Die positive Ausrichtung: Hier zeigt sich der Fortschritt im Erlangen des theoretischen Wissens. Theoretisches Wissen bedeutet, dass sich Menschen, obwohl sie das Wissen über komplexe Zusammenhänge im physischen Universum besitzen, innerlich nicht verändert haben.

Die negative Ausrichtung: Einzig jenes Wissen wird als Realität anerkannt, welches die Materie als Realität definiert. Dadurch binden sich die Menschen innerhalb des Universums an die Dunkelheit.

3. *verwaltende Eigenschaft*

11° - 15° alle 12 Tierkreiszeichen

Durch diesen Willen möchten die Menschen Macht erlangen und Macht bewahren. Ebenso fühlen sie die Macht, was für sie ein selbstverständlicher Ausdruck des Lebens ist. Der Verstand handelt analytisch und erkennt genau, welche Aspekte es für die Verwirklichung der Macht braucht. Diese Menschen stützen sich auf einzelne Inhalte. Auch ist es kein Merkmal dieser *Eigenschaft*, Macht zu teilen.

Die positive Ausrichtung: Die Macht wird eingesetzt, um den persönlichen Umraum lebenswerter zu gestalten. Das betrifft auch andere Menschen. Wenn es diesen besser geht, geht es auch den Menschen im Einfluss dieser *Eigenschaft* besser.

Die negative Ausrichtung: Die Macht dient der Beherrschung des Umraums und der Mitmenschen. Es geht um die Durchsetzung der persönlichen Macht um jeden Preis.

4. *verwaltende Eigenschaft*

16° - 20° alle 12 Tierkreiszeichen

Der Wille ist darauf ausgerichtet, Liebe zu erfahren. Gleichzeitig definiert diese *Eigenschaft*, was die Menschen als Liebe empfinden. Der Wille realisiert Harmonie und Verbundenheit, welche gleichzeitig gefühlt werden. Der Verstand verbindet diese Empfindungen mit der Dichtigkeit und Tiefe der harmonischen Erfahrung. Ebenso identifiziert sich das Selbst damit. Das betrifft nicht nur die Liebe zwischen Menschen, sondern jeden Lebensbereich.

Die positive Ausrichtung: Liebe wird als tiefe harmonische Verbindung definiert, die im Gefühl stark und tiefgründig erlebt wird. Daher erfahren Menschen Liebe zum Beispiel als Ergänzung, Vervollkommnung der eigenen Person und so weiter.

Die negative Ausrichtung: Die Bindung der Menschen geschieht durch die bewusste oder unbewusste willentliche Manipulation der harmonischen Empfindung, der Tiefe des Gefühls und der Identifizierung mit der Liebe. Wenn Menschen so agieren, handeln sie in eins mit der negativen Ausrichtung.

5. *verwaltende Eigenschaft*

21° - 25° alle 12 Tierkreiszeichen

Der Wille ist auf das Ferne gerichtet. Dabei kann es sich um eine Idee oder ein Ziel handeln, das noch nicht erreicht wurde. Das Gefühl spiegelt den Willen und macht die Freude auf dem Weg zum jeweiligen Ziel erfahrbar. Der Verstand ist an die Tradition gebunden. So fern das Ziel auch scheint, es ist mit den in die Traditionen der Menschheit eingeschriebenen Gegebenheiten verbunden. Das Selbst definiert sich schließlich über die Tradition. Das ist der Glaube, der den Inhalt des Glaubens – das betrifft auch den Glauben an eine *umfassende Eigenschaft* als Gott – innerhalb der Tradition sucht.

Die positive Ausrichtung: Die positive Ausrichtung bewirkt den Glauben an die tiefste Ursache innerhalb der Tradition.

Die negative Ausrichtung: Durch die negative Ausrichtung verbinden die Menschen den Inhalt ihres Glaubens mit einer Idee, die dort existiert. Zum Beispiel kann es geschehen, dass eine *Eigenschaft* der Dunkelheit mit der Idee von Licht verbunden wird und die Menschen an dieses nichtvorhandene Licht glauben.

6. *verwaltende Eigenschaft*

26° - 30° alle 12 Tierkreiszeichen

Der Wille richtet sich auf das Zukünftige, das in der Realität der Gegenwart seine Wurzeln hat. Das Gefühl lässt diese mögliche zukünftige Realität schon in der Gegenwart erfahrbar werden. Durch den Verstand wird die Entwicklung, die das Zukünftige in sich verwirklicht hat, zur Realität. Das ist die Bedeutung von Hoffnung, wie sie die Menschen definieren. Die Hoffnung der Menschen ist eine bessere Zukunft, um welchen Lebensbereich es sich auch immer handelt.

Die positive Ausrichtung: Die Hoffnung stützt sich auf die reale Gegenwart und baut das Zukünftige darauf auf. Das geschieht unabhängig davon, ob der Inhalt der Hoffnung realistisch ist oder nicht.

Die negative Ausrichtung: Durch die negative Ausrichtung entsteht eine Akzeptanz der Gegenwart ohne Hoffnung auf Besserung. In diesem Zustand akzeptieren die Menschen die Dunkelheit als unveränderliches Gesetz.

Die Ordnung der 72 *großen verwaltenden Eigenschaften* des Geistes

1. *große verwaltende Eigenschaft*

0 - 5° Widder - Diese *Eigenschaft* definiert den fixen Standpunkt eines Menschen aufgrund seiner willentlichen Entscheidungen. Bleibt der eigene Wille als Gegebenheit bestehen, zeigt die Persönlichkeit ein ausgeprägtes Selbstbewusstsein. Ein starkes Auftreten in der Gesellschaft ist ebenso Merkmal dieser *Eigenschaft* wie der Unwille, etwas an der bestehenden Gegebenheit zu ändern.

Die positive Ausrichtung: Hier findet man die starke, positive Persönlichkeit, die angesehen ist und sich durchsetzen kann. Zur Durchsetzung der eigenen Belange genügen meist schon das Auftreten und die überzeugende Ausstrahlung.

Die negative Ausrichtung: Die Durchsetzung gelingt nicht über die Persönlichkeit, sondern durch Gewalt. Es muss dies keine körperliche Gewalt sein, sondern kann sich auch in Form von Drohungen zeigen.

2. *große verwaltende Eigenschaft*

6° - 10° Widder - Das Gefühl und der Verstand definieren einen Punkt, der unbedingt verwirklicht werden möchte. Der Willensimpuls richtet sich nicht auf die Umsetzung des Vorhabens, sondern auf die Fixierung der Definition des Vorhabens.

Die positive Ausrichtung: Die *Eigenschaft* suggeriert ein positives Gefühl in Verbindung mit den unterschiedlichen Vorhaben während des Lebens. Die Verwirklichung wird erwartet, jedoch vergessen die Menschen, aktiv zu ihrer Umsetzung beizutragen.

Die negative Ausrichtung: Die Pläne treten in den Hintergrund und werden mit der Zeit vergessen. Was bleibt, ist ein leeres Gefühl. Diese Menschen wissen nicht, wie sie ihr Leben gestalten sollen. Sie haben keine Idee, was sie tun sollen.

3. *große verwaltende Eigenschaft*

11° - 15° Widder - Durch diese *Eigenschaft* nehmen die Menschen automatisch eine Machtposition ein. Aus einer hierarchisch höheren Position agieren sie freundlich und bestimmend. Sie können sich einer Tätigkeit wie zum Beispiel einem Gespräch ganz widmen.

Die positive Ausrichtung: Durch die positive Ausrichtung erfahren sich die Menschen als gütige und warmherzige Herrscher über alle anderen Aspekte des Lebens. Sie nehmen selbstverständlich die erhöhte Stellung ein.

Die negative Ausrichtung: Die höhere Position wird durch innere Distanz erreicht. Diese Menschen besitzen eine Überheblichkeit, deren sie sich nicht bewusst sind. Auch werden die Lebensthemen mit innerer Kälte betrachtet.

4. *große verwaltende Eigenschaft*

16° - 20° Widder - Diese *Eigenschaft* veranlasst die Menschen, andere Leute durch körperliche und emotionale Ausstrahlung zu manipulieren. Die Mitmenschen haben das Gefühl, ihnen näherzukommen, wenn sie der Einflussnahme folgen. Als Belohnung erhalten sie ein Lächeln oder eine andere Form der positiven Bestätigung.

Die positive Ausrichtung: Diese Menschen erreichen mit großer Leichtigkeit, was sie von den Mitmenschen wollen. Immer sind es harmonische Liebesgefühle, die das Gegenüber dazu veranlassen, so zu agieren oder zu reagieren.

Die negative Ausrichtung: Durch die negative Ausrichtung wird ein innerer Druck bei den Mitmenschen aufgebaut. Die Machtäußerung ist immer zugleich eine Herausforderung. Wird die Herausforderung nicht angenommen, werden die Mitmenschen herablassend und in einer überheblichen Weise wissend betrachtet.

5. große verwaltende Eigenschaft

21° - 25° Widder - Der Wille ist zurückhaltend und man hat den Eindruck, dass sich die Menschen Gedanken über die Durchsetzung ihres Willens machen. Diese Zögerlichkeit hat nichts mit mangelnder Willenskraft oder Schwäche bei der Durchsetzung zu tun. Es geht um mögliche Veränderungen, die nicht gewollt werden.

Die positive Ausrichtung: Im Fokus steht der Wille, etwas Neues zu schaffen oder eine neue Situation herbeizuführen. Gleichzeitig kann man sehen, dass sich diese Menschen selbst überzeugen müssen, diesen Willen durchzusetzen.

Die negative Ausrichtung: Auf den ersten Blick meint man, einen ungeduldigen und grantigen Menschen vor sich zu haben, der einen starken Willen besitzt. Sieht man genauer hin, bemerkt man, dass, man möchte fast sagen, nahezu kein Wille vorhanden ist. Diese Menschen bleiben in dieser negativen Stimmung und agieren nicht mit ihrem Willen. Erstrebenswert ist einzig, die vorhandene Situation in der Negativität beizubehalten.

6. große verwaltende Eigenschaft

26° - 30° Widder - Diese Menschen definieren sich über sich selbst. Sie sind eigenständig und gestehen dies auch den anderen Menschen zu.

Durch die 6. *Eigenschaft* ist es für sie selbstverständlich, sich nicht in die Willensentscheidungen anderer Menschen einzumischen.

Die positive Ausrichtung: Durch die positive Ausrichtung besitzen diese Menschen einen starken Willen, ihr Vorhaben umzusetzen. Dieses Agieren empfinden sie zugleich als Fortschritt für sich selbst und ebenso (zumindest indirekt) für andere Leute.

Die negative Ausrichtung: Der starke innere Drang, den diese Menschen besitzen, richtet sich auf ihren Willen. Sie möchten diesen Willen ununterbrochen auf ein Vorhaben richten. Durch die negative Ausrichtung bleibt es meist bei diesem Vorhaben. Beobachtet man sie, kann man eine ständige Unruhe bemerken.

7. *große verwaltende Eigenschaft*

1° - 5° Stier - Durch die 7. *Eigenschaft* begeben sich die Menschen anhaltend nach innen, wobei sie sich gleichzeitig auf Gefühle stützen, die immer wesentlicher werden. Man kann nicht sagen, dass die Gefühle stärker werden – sie werden als intensiver empfunden und nehmen einen immer größeren Raum in der Persönlichkeit ein.

Die positive Ausrichtung: Die Gefühle werden als echt und intensiv empfunden. Gleichzeitig bleiben die Menschen positiv. Intensive Gefühle und Empfindungen stehen im Zentrum des Lebens.

Die negative Ausrichtung: Die *Eigenschaft* bewirkt schmerzhafte Empfindungen, die geistig oder auch körperlich erfahren werden. Mit der Zeit nehmen diese Gefühle den Mittelpunkt des Lebens ein.

8. *große verwaltende Eigenschaft*

6° - 10° Stier - Die Impulse zur Handlung geschehen unbewusst und werden realisiert, sobald dieser Schritt getan ist. Der Wille reagiert auf die Anziehung von materiellen Gegebenheiten. Dadurch erfüllen sich Gefühle, die erwartet werden, wenn man in eine neue Situation kommt.

Die positive Ausrichtung: Diesen Menschen wird Zufriedenheit suggeriert. Sie bleiben in der momentanen Situation und möchten daran nichts ändern.

Die negative Ausrichtung: Hier manipuliert die *Eigenschaft* die Menschen in der Weise, nichts erkennen zu können. Sie befinden sich in einer Situation ohne zu wissen, wie sie dorthin gekommen sind.

9. *große verwaltende Eigenschaft*

11° - 15° Stier - Durch die Beeinflussung dieser *Eigenschaft* sind die Menschen in der Materie verhaftet. Sie stehen bildhaft ausgedrückt bewegungslos an einem Ort, definieren sich über die Materie dieses Ortes und betrachten den Umraum aus dieser Position. Das Selbstbewusstsein stützt sich auf die vorhandene Materie und in diesem Selbstverständnis erfahren sie sich hierarchisch über den anderen Menschen.

Die positive Ausrichtung: Die Vermehrung von Materie wird als inneres Wachstum gefühlt. Diese Menschen wähnen sich durch die Steigerung der Macht in einer Entwicklung. Gegenüber anderen Menschen sind sie freundlich und in einer gewissen Weise nachgiebig.

Die negative Ausrichtung: Der Charakter dieser Menschen ist sehr ichbezogen und unruhig. Vor allem geht es um die Vermehrung von Materie. Durch die negative Ausrichtung dreht sich der Verstand immer um den gleichen Inhalt und die Frage, wie Materie behalten und vermehrt werden kann. Das Bewusstsein kann sich nicht darauf stützen. Erfahrungen von negativen Gefühlen sind Teil der Beeinflussung dieser *Eigenschaft*.

10. *große verwaltende Eigenschaft*

16° - 20° Stier - Diese *Eigenschaft* beeinflusst die Menschen im Sinne der Aufrechterhaltung ihrer Liebesempfindung. Sie kann, muss sich jedoch nicht körperlich ausdrücken. Das Liebesgefühl bleibt durch eine Methode aufrechterhalten, die man als ständige Korrektur bezeichnen kann.

Dort etwas mehr Gefühl, da eine Prise Körperlichkeit und so weiter. Die Korrekturen gleichen dem Halten der Balance auf einem Seil.

Die positive Ausrichtung: Die Liebesempfindung ist stabil; die Menschen sind sich der Liebe gewiss. Gleichzeitig behalten sie eine dauernde innere Wachsamkeit ob der vorhandenen Stabilität. Diese Wachsamkeit fühlt sich etwas distanziert an.

Die negative Ausrichtung: Der Wille ist darauf ausgerichtet, dass die Mitmenschen Liebe empfinden müssen. Es wird eine Art Zwang ausgeübt. Folgen die Mitmenschen diesem Zwang nicht, kann es zu Formen des Stalkings oder konkreten Durchsetzungen des eigenen Willens kommen.

11. *große verwaltende Eigenschaft*

21° - 25° Stier - Durch diese *Eigenschaft* sind die Menschen in der physischen Realität verhaftet. Diese betrachten sie ausgehend von den physischen Gegebenheiten. Gleichzeitig empfinden sie eine große Zuneigung zur physischen Realität. Die Schönheit des physischen Lebens, wie sie über diese *Eigenschaft* wahrgenommen werden kann, steht für viele im Zentrum. Ebenso ist ihnen die stetige Entwicklung wichtig.

Die positive Ausrichtung: Durch die positive Ausrichtung empfinden sich diese Menschen als eins mit dem Leben auf der Erde. Die Lebensmomente sind Bestätigungen der vorhandenen Fülle.

Die negative Ausrichtung: Anstelle von Liebe und Fülle, wie bei der positiven Ausrichtung, ist die Prägung durch die negative Ausrichtung mit Ernsthaftigkeit verbunden sowie einer rechtschaffenen Grundhaltung. Diese Rechtschaffenheit hat die physische Gesetzgebung zum Maßstab. Liebe zu empfinden, ist nicht möglich.

12. *große verwaltende Eigenschaft*

26° - 30° Stier - Diese Menschen lieben den Moment. Dies trifft vor allem zu, wenn es sich um ein physisches Thema handelt, das gerade erlebt wird. Der Wille ist darauf ausgerichtet, Präsenz zu erfahren. Dazu zählen vor allem Erfahrungen mit den Sinnen.

Die positive Ausrichtung: Diese Menschen agieren gemächlich, wobei es darum geht, den gegenwärtigen Moment zu erfahren. Auch sind sie gründlich in ihrem Tun und besitzen eine allgemein positive Stimmung.

Die negative Ausrichtung: Durch die negative Ausrichtung verändert sich die Erfahrung der Gegenwart. Diese wird in einem Zustand des Wartens erlebt. Geben sich diese Menschen schließlich den Impuls zur Handlung, scheint es ihnen, als agierten sie in der Vergangenheit.

13. *große verwaltende Eigenschaft*

1° - 5° Zwilling - Der Wille wirkt oberflächlich und verändert nur die innere Empfindung, jedoch nicht die momentane Situation. Ebenso wird das Gefühl nur oberflächlich verändert. Durch die oberfläche Selbstwahrnehmung definiert der Intellekt die Gegebenheit als Konsequenz einer inneren oder äußeren Veränderung.

Die positive Ausrichtung: Die positive Ausrichtung bewirkt eine innere Zufriedenheit in der Oberflächlichkeit. Die *Eigenschaft* wirkt langsam auf tiefere Schichten der Persönlichkeit ein. Dadurch verändert sich der Mensch im Sinne der Oberflächlichkeit.

Die negative Ausrichtung: Dieser Mensch strebt immer mehr an die Oberfläche. Gleichzeitig möchte er alle tieferen Schichten der Persönlichkeit leugnen. Dies gleicht einem verzweifelten Kampf der Oberflächlichkeit gegen tiefere Gegebenheiten.

14. *große verwaltende Eigenschaft*

6° - 10° Zwilling - Der Intellekt wird auf die Erde beschränkt. Für Menschen bedeutet dies, dass das Universum die einzige Wirklichkeit darstellt. Alle Erkenntnisse beschränken sich auf das Universum und werden in Verbindung mit analogem Denken innerhalb des Universums begründet.

Die positive Ausrichtung: Die Erkenntnis des geistigen Universums. Diese Menschen werden solchen Erkenntnissen durch die *Eigenschaft* zugeführt. Dadurch wird der Wissensdurst erfüllt.

Die negative Ausrichtung: Die Menschen werden so beeinflusst, dass sie Erkenntnisse suchen, jedoch nicht finden können. Sie bleiben in der Dunkelheit der Unwissenheit. In der Unwissenheit bewundern sie Menschen, die eine hohe Intelligenz besitzen. Sie ahnen nicht, dass das Wissen über das Universum, wird es als höchstes Wissen gelehrt, die Menschen bindet.

15. *große verwaltende Eigenschaft*

11° - 15° Zwilling - Das Bewusstsein wird insofern beeinflusst, dass, fassen diese Menschen einen Entschluss und bewegen sich in die entsprechende Richtung, jede Bewegung das Selbstbewusstsein stärkt. Gleichzeitig gelangen sie damit automatisch in eine höhere hierarchische Position. Diese Bewegung gleicht einem Schritt aus innerer Enge in eine äußere Weite.

Die positive Ausrichtung: Diese Menschen fühlen sich als Herrscher über einen definierten Bereich wie zum Beispiel ein Wissensgebiet. Dieses Gefühl ist positiv und für die Menschen natürlich.

Die negative Ausrichtung: Die negative Ausrichtung bewirkt ein höheres Bewusstsein, das sich weder auf einen Inhalt noch auf eine Begründung stützt. Damit verbunden ist eine ständige Konzentration auf sich selbst. Es gibt keinen Grund – wie zum Beispiel Fähigkeiten oder materieller Besitz –, weshalb sich diese Menschen hierarchisch höher fühlen könnten.

16. große verwaltende Eigenschaft

16° - 20° Zwilling - Durch diese *Eigenschaft* besitzen die Menschen eine große Unterscheidungskraft. Sie spüren sofort, wenn etwas nicht der Wahrheit entspricht. Was sie jeweils als Wahrheit annehmen, hängt von unterschiedlichen Bedingungen wie Bildung, Kultur, Spiritualität und Alter ab. Entspricht etwas nicht dieser Wahrheit, empfinden sie eine leichte Machtverschiebung und eine sich daraus ergebende innere Disharmonie.

Die positive Ausrichtung: Durch die positive Ausrichtung können sie ihre Wahrheit vertreten. Auf den ersten Blick scheinen sie etwas zurückhaltend, was sich jedoch ändert, wenn sie zu Wort kommen. Dann können sie sehr klar und intelligent aussprechen, was sie als wesentlich erachten.

Die negative Ausrichtung: In dieser Ausrichtung verhindert die *Eigenschaft*, dass die Menschen spüren, wenn etwas der Wahrheit entspricht oder nicht. Sie können die Disharmonie nicht mehr fühlen, sondern bleiben an der Oberfläche und suchen in sich nach einer Bestätigung. Das verursacht große Unsicherheiten.

17. große verwaltende Eigenschaft

21° - 25° Zwilling - Durch diese *Eigenschaft* entsteht das Bedürfnis, Ziele zu definieren, welche die Menschen erreichen wollen. Gleichzeitig kommt es nicht zur Umsetzung, es bleibt bei der Darlegung des Ziels. Diese Menschen stützten sich auf die theoretische Beschreibung.

Die positive Ausrichtung: Das zukünftige Ziel wird von den Menschen in der Gegenwart wahrgenommen. In ihren Handlungen agieren sie so, als ob das Ziel schon verwirklicht wäre.

Die negative Ausrichtung: Die Menschen verlieren sich in oberflächlichen Beschreibungen, ohne konkret zu werden. Gleichzeitig agieren sie mit großem Enthusiasmus. Es geht auch nicht um Ziele. Es sind lediglich Sätze, die wenig Zusammenhang mit der Realität haben und ausgesprochen werden.

18. *große verwaltende Eigenschaft*

26° - 30° Zwilling - Ein Wesenszug der Menschen durch die Prägung dieser *Eigenschaft* ist ihre Gründlichkeit in der Überlegung. Das betrifft alle Lebensbereiche und vor allem alle Entscheidungen. Sie haben auch das Talent, in die Zukunft zu schauen und Auswirkungen auf die Zukunft in ihre Überlegungen einfließen zu lassen.

Die positive Ausrichtung: Durch die positive Ausrichtung werden die Menschen lebendiger und aktiver. Auch durchdringt sie eine positive Lebenseinstellung.

Die negative Ausrichtung: Die negative Ausrichtung verhindert die gründliche Überlegung. Die Menschen befinden sich in einer abgehobenen Gefühlslage und besitzen einen größeren Blick auf ihren Umraum. Gleichzeitig denken sie nur über das nach, was sie sehen.

19. *große verwaltende Eigenschaft*

1° - 5° Krebs - Durch diese *Eigenschaft* streben die Menschen nach höheren Inhalten. Willentliche Entscheidungen werden in der Hoffnung gefällt, dass sich daraus eine Öffnung ergibt, die höheres Wissen erfahrbar macht. Diese Menschen sind ruhig und gleichzeitig in ständiger Erwartung, ob sich ein innerer oder äußerer Zugang öffnet.

Die positive Ausrichtung: Es öffnen sich zuvor unbekannte Tore zu Wissensinhalten. Der Weg, um Wissen zu erhalten, ist den Menschen klar vorgezeichnet.

Die negative Ausrichtung: Anstelle von höheren Inhalten werden starke Empfindungen, die durch die negative Ausrichtung erfahren werden, als Folge von Wissen gedeutet. Die Menschen vermuten in starken Gefühlen Wissensinhalte, was jedoch nicht zutrifft. In dieser Weise geraten sie immer tiefer in die Dunkelheit.

20. *große verwaltende Eigenschaft*

6° - 10° Krebs - Durch Intuition nähern sich diese Menschen dem höheren Wissen des Universums. Diese *Eigenschaft* bewirkt, dass sie dieses Wissen als Licht erfahren und sich davon durchdrungen fühlen. Sie folgen auf ihrem Lebensweg und ihrem spirituellen Weg der gesteuerten Intuition dieser *Eigenschaft*.

Die positive Ausrichtung: Durch die positive Ausrichtung öffnen sich die auf das Universum beschränkten geistigen Inhalte. Der Suchende ist sich sicher, höchstes geistiges Wissen zu besitzen.

Die negative Ausrichtung: Die Intuition bringt den Suchenden in Verbindung mit dunklen und damit dichteren geistigen Substanzen, in welchen er sich eine Antwort erhofft. In diesen gefühlshaften Erfahrungen gibt es kein Wissen, die Menschen werden hingehalten.

21. *große verwaltende Eigenschaft*

11° - 15° Krebs - Diese Menschen machen sich fremde Dinge zu eigen. Sie vertreten etwas, als ob sie es selbst begründet hätten. Dabei kann es sich um eine Lebenseinstellung, Philosophie, Glaubensinhalte usw. handeln. Ihre Macht stützt sich auf eine im Hintergrund wirkende größere Macht.

Die positive Ausrichtung: Ihr geistiger Umraum stammt von einem anderen Menschen. Auch ihr physischer Umraum, wie zum Beispiel die Arbeitsstelle, gehört einer größeren Macht an. Zum Beispiel verstehen sich manche Beamte als würdige Vertreter des Staates.

Die negative Ausrichtung: Diese Menschen fühlen sich nicht als Vertreter einer höheren Macht, sondern als Personifizierung dieser Macht. Sie verleihen sich selbst Kompetenzen, die sie nicht besitzen.

22. *große verwaltende Eigenschaft*

16° - 20° Krebs - Diese Menschen haben das Bedürfnis, stärkere, intensivere oder ekstatische Gefühle zu fühlen. Sie suchen danach in den unterschiedlichsten Lebensbereichen. Ein wesentliches Thema ist die Sexualität und die Suche nach Ekstase. Durch diese *Eigenschaft* besitzen viele dieser Menschen körperliche Anziehungskraft.

Die positive Ausrichtung: Sexualität wird ein wesentlicher Lebensbereich. Es gibt zwischen dem alltäglichen Handeln und der Sexualität keine Schwelle. Man könnte sie als natürlichen Ausdruck des Lebens beschreiben. Gleichzeitig verliert der Sex nicht die Besonderheit für diese Menschen.

Die negative Ausrichtung: Diese Menschen besitzen eine Form der Hemmungslosigkeit, die keine natürlichen Grenzen kennt. Es gleicht einem Fass ohne Boden. Diese Menschen suchen nach der Ekstase, finden sie jedoch nicht, da die Intensität der Gefühle ausbleibt.

23. *große verwaltende Eigenschaft*

21° - 25° Krebs - Diese Menschen haben den Drang zur Erneuerung des bestehenden Systems. Sie betrachten die Gegebenheiten aus einem gewissen Abstand und sind dabei unruhig und erwarten ungeduldig, dass ihre Vorschläge umgesetzt werden.

Die positive Ausrichtung: Durch die positive Ausrichtung beeinflusst die 23. *Eigenschaft* die Menschen dahingehend, dass sie für die Erneuerung mit anderen Leuten konstruktiv zusammenarbeiten. Auch wenn nur kleine Schritte erreicht werden, sind sie mit der Situation zufrieden.

Die negative Ausrichtung: Durch diese Beeinflussung der *Eigenschaft* sind die Menschen apathisch. Sie folgen blind den Vorgaben. Manchmal haben sie für einen kurzen Moment die Hoffnung, dass sich etwas bessert.

24. *große verwaltende Eigenschaft*

26° - 30° Krebs - Die Überlegungen dieser Menschen sind vom Umraum abgegrenzt. Es wird nur ein einzelner Bereich betrachtet und Einflüsse, welche die Überlegung von außen verändern könnten, kommen nicht in Betracht. Der Überlegung innewohnend ist die Entwicklung.

Die positive Ausrichtung: Durch die positive Ausrichtung werden Gedanken von außen aufgenommen, welche die Entwicklung der Überlegung fördern. Dadurch erhält sie eine Ausrichtung.

Die negative Ausrichtung: Eine intelligenzhafte Überlegung ist durch die negative Ausrichtung kaum möglich. Diese Menschen befinden sich in einem abgegrenzten Bereich und fühlen sich bis zu einem gewissen Grad unabhängig.

25. *große verwaltende Eigenschaft*

1° - 5° Löwe - Es besteht der Wille, sich höheren Inhalten zuzuwenden. Diese werden als Licht erfahren. Gleichzeitig fühlen sich diese Menschen in einer für sie positiven Weise von der Allgemeinheit der Menschen abgehoben. In dieser inneren Selbsteinschätzung nehmen sie gerne die Position eines Höhergestellten ein, der die übrige Menschheit positiv belehrt.

Die positive Ausrichtung: Es werden wirklich höhere Inhalte des Universums erfahren und durch die Relativität der Erfahrung als Licht interpretiert.

Die negative Ausrichtung: Durch die Kraft der punktuellen Konzentration wird der geistige Umraum immer enger. Der Fokus der Entwicklung wird kleiner und beschränkt sich auf einen engen Tunnel, der in die Dunkelheit führt.

26. *große verwaltende Eigenschaft*

6° - 10° Löwe - Diese *Eigenschaft* beeinflusst die Menschen dahingehend, dass sie ihr subjektives Wissen als Wahrheit vertreten. Dies geschieht über Macht. Wessen Wissen als Wahrheit definiert wird, besitzt Macht. Es spielt hierbei keine Rolle, ob das Wissen wirklich der Wahrheit entspricht. Durch die analoge Überlegung und die Beschränkung auf das Universum können zahlreiche analoge Bestätigungen erbracht werden.

Die positive Ausrichtung: Diese Menschen fühlen sich im Besitz der Wahrheit und erfahren dies als inneres Hochgefühl. Diese *Eigenschaft* fördert das Hochgefühl.

Die negative Ausrichtung: Durch die negative Ausrichtung verleiht die *Eigenschaft* den Menschen nicht die Macht, ihre subjektive Wahrheit, die sich ebenso auf das Universum beschränkt, nach außen vertreten zu können. Gleichzeitig fördert diese *Eigenschaft* Gefühle von Frust, Ausweglosigkeit und unterdrücktem Zorn ob der fehlenden Macht.

27. *große verwaltende Eigenschaft*

11° - 15° Löwe - Der Wille dieser Menschen stützt sich auf eine ihnen selbstverständliche Macht. Das Familienoberhaupt, welches diese Macht ganz natürlich ausübt, wäre ein archetypisches Beispiel. Das Selbstverständnis ist diesen Menschen innewohnend. In den meisten Fällen sind sie sich ihrer ständigen Machtausübung gar nicht bewusst.

Die positive Ausrichtung: Der Wille hat die Macht als Grundlage und ermöglicht die Umsetzung des Vorhabens. Die spürbare Zurückhaltung stützt sich auf die Gewissheit der Durchsetzung des Willens.

Die negative Ausrichtung: Der Wille dient der Vergrößerung der subjektiven Macht. Dadurch entfernen sich diese Menschen von ihren Mitmenschen und betrachten sie immer mehr als Erbringer des eigenen Willens.

28. große verwaltende Eigenschaft

16° - 20° Löwe - In der Machtausübung durch die Prägung dieser *Eigenschaft* bewegen sich die Menschen auf die Mitmenschen zu. In dieser innerlichen und manchmal äußerlichen Bewegung steckt die Aufforderung, etwas zu tun oder zu unterlassen. Folgen die anderen dieser Machtäußerung, behalten sie eine gewisse Spannung in sich. Wie von außen beobachten sie den Vorgang ihrer Anweisung.

Die positive Ausrichtung: Durch die positive Ausrichtung kommt hinzu, dass die Mitmenschen belohnt werden, wenn sie den Anweisungen Folge leisten. Die Belohnung gleicht einem warmherzigen Gefühl verbunden mit imaginärem Schulterklopfen.

Die negative Ausrichtung: Durch die negative Ausrichtung erfolgt die Machtäußerung direkt. Die Mitmenschen werden ohne Umschweife aufgefordert, etwas zu erledigen. Diese Menschen empfinden eine große Ungeduld und befinden sich in einem Zustand der nicht abnehmenden inneren Unruhe. Manchmal kommt es zu emotionalen Ausbrüchen, wenn die Leute den Direktiven nicht nachkommen.

29. große verwaltende Eigenschaft

21° - 25° Löwe - Hier kommt es dazu, dass die Menschen etwas scheinbar Neues vorschlagen oder präsentieren. Manchmal sind darin kleine Änderungen oder Verschiebungen erkennbar. Den Grund, warum sie so handeln, findet man darin, dass sie über diesen Vorschlag eine Macht in den Raum stellen, mit der sie sich identifizieren können.

Die positive Ausrichtung: Der Wille ist darauf ausgerichtet, andere Leute mit einem eigenen Vorschlag zu beeinflussen. Auch wenn die Idee schon alt ist, erschaffen sie sich eine neue Machtbasis und stehen als Begründer im Mittelpunkt.

Die negative Ausrichtung: Hier entsteht ein illusionäres Kraftfeld der kreativen Erneuerung rund um den Menschen. Ohne etwas Neues präsentieren zu können, nehmen sie für sich in Anspruch, im Zentrum des Geschehens zu stehen. Präsentiert eine andere Person etwas Neues, werden sie nervös.

30. *große verwaltende Eigenschaft*

26° - 30° Löwe - Diese Menschen blicken in eine Zukunft, die sie verwirklichen wollen. In ihrem gegenwärtigen Agieren sind sie mit anderen Leuten nachsichtig, wohlwollend und etwas distanziert. Geht es um die eigene Zukunft, kennen sie keine Kompromisse. Entsprechend zeigt sich diese Kompromisslosigkeit im Umgang mit den Mitmenschen.

Die positive Ausrichtung: Die Entwicklung in die Zukunft wird ein Prozess, der, auch wenn es Schwierigkeiten gibt, positiv miterlebt wird. Die Mitmenschen werden in dieser Entwicklung neutral oder positiv betrachtet. Gleichzeitig spielen sie keine allzu große Rolle.

Die negative Ausrichtung: Diese Menschen agieren aus einer herabschauenden Position. Sie vertreten den Standpunkt, die Entwicklung bereits verwirklicht zu haben, wobei sich das Umfeld anpassen muss. In Form von ungeduldigen Anweisungen wird versucht, den inneren Standpunkt nach außen durchzusetzen.

31. *große verwaltende Eigenschaft*

1° - 5° Jungfrau - Durch die Prägung dieser *Eigenschaft* besteht der Wille, einzelne Dinge verstehen zu wollen. Dieses Thema wird in den Fokus genommen. Können die sich daraus ergebenden Fragen nicht beantwortet werden, kommt es zu wachsender Ungeduld. Bleibt das Thema weiterhin ohne Antwort, erfolgt eine abrupte Abwendung.

Die positive Ausrichtung: Die positive Ausrichtung bewirkt ein stetiges und kraftvolles Interesse an einem bestimmten Thema. Um welches

Thema es sich handelt, spielt hierbei keine Rolle. Diese Menschen zeigen auch Interesse an der Arbeit anderer Leute.

Die negative Ausrichtung: Durch die negative Ausrichtung verwehrt diese *Eigenschaft* die tiefere Erkenntnis. Der innere Wille zum Verständnis ist weiterhin gegeben, wird jedoch nicht erfüllt. Daraus ergeben sich Frust und Resignation.

32. *große verwaltende Eigenschaft*

6° - 10° Jungfrau - Diese Menschen sind durch die Beeinflussung der *Eigenschaft* sehr intelligent und haben die Fähigkeit, einzelne Sachverhalte, die über lange Zeit im Zentrum ihrer Aufmerksamkeit stehen, im Blick auf das Ganze zu analysieren. Das gilt für alle Naturwissenschaften und geistigen Wissenschaften der Erde. Die *Eigenschaft* manipuliert die Menschen dahingehend, dass ein Sachverhalt des Wissens in den Fokus des Menschen gelangt und daraus nicht mehr verschwindet.

Die positive Ausrichtung: Durch die *Eigenschaft* werden die Menschen mit Antworten und Lösungen versorgt. Diese Antworten führen zu neuen Fragen und Wissensgebieten.

Die negative Ausrichtung: Das Wissensgebiet ist als oberflächliches Kraftfeld vorhanden. Diese Menschen denken beschränkt auf dieser Oberfläche und wiederholen ein Wissen, welches längst veröffentlicht ist. Auch im täglichen Leben zeigt sich dies als oberflächliches Wissen.

33. *große verwaltende Eigenschaft*

11° - 15° Jungfrau - Die Prägung dieser *Eigenschaft* bewirkt, dass die Menschen ihre eigene Meinung durchsetzen wollen. Es geht dabei nicht um Wahrheit oder Wissen, sondern um die Durchsetzung der subjektiven Macht, die sich auf einzelne Inhalte stützt.

Die positive Ausrichtung: Auch wenn sich die Macht bei dieser Ausrichtung auf Wissen stützt, welches lediglich einen Aspekt des Wissensgebietes ausmacht, bleibt die Offenheit bestehen. Auch die Absolutheit der Machtdurchsetzung ist nicht gegeben. Der Wille ist zugleich darauf ausgerichtet, das persönliche Wissen zu erweitern.

Die negative Ausrichtung: Die Macht stützt sich auf ein vermeintliches Wissen. Diese Menschen suggerieren ihren Mitmenschen, ein bestimmtes Wissen zu besitzen, obwohl dies nicht der Wahrheit entspricht.

34. *große verwaltende Eigenschaft*

16° - 20° Jungfrau - Diese Menschen haben die Angewohnheit, einen Aspekt aus dem größeren Ganzen herauszunehmen und ihn mit dem Verstand und dem Gefühl zu betrachten. Man könnte meinen, jemand versuchte, einen einzelnen Punkt zu erspüren, um tiefere Informationen zu erhalten. Sie versuchen zu fühlen, ob sich etwas bewegt oder welcher Inhalt vorhanden ist. In dem Versuch bleiben sie in einer abwartenden Haltung.

Die positive Ausrichtung: Diese Menschen sind häufig mit den Gedanken und Gefühlen abwesend. Sie befinden sich in einem fast statischen Zustand und man hat den Eindruck, als würden sie in die Ferne blicken. Spricht man sie an, kommen sie langsam zu sich und wenden sich wieder dem Alltag zu.

Die negative Ausrichtung: Diese Menschen betrachten den einzelnen Aspekt und machen sich darüber die unterschiedlichsten Gedanken. Auch die Gefühle sind sehr bewegt. Durch die negative Ausrichtung fehlt ihnen jedoch die Fähigkeit, die Dinge zu konkretisieren.

35. *große verwaltende Eigenschaft*

21° - 25° Jungfrau - Durch die Beeinflussung dieser *Eigenschaft* sind die Menschen sehr wachsam. Man könnte zunächst annehmen, dass sie in dieser Grundhaltung ihren Umraum beobachten. Es geht jedoch nicht um Beobachtung, sondern um Wachsamkeit. Es ist dies eine Grundhaltung der Persönlichkeit.

Die positive Ausrichtung: Durch die positive Ausrichtung bemerken sie dank ihrer Wachsamkeit, wenn sich etwas im Umraum verändert. Für ihre Handlungen hat dies keine Konsequenzen, sie werden nur wachsamer.

Die negative Ausrichtung: Die Wachsamkeit ist als Grundhaltung präsent, steht jedoch nicht mehr mit der Außenwelt in Verbindung. Es ist, als ob jemand wachsam irgendwohin blickt und nichts erkennen kann. Werden diese Menschen von etwas berührt, erschrecken sie.

36. große verwaltende Eigenschaft

26° - 30° Jungfrau - Die Gedanken dieser Menschen kreisen um einen zentralen Punkt. Auf ihn richtet sich der Wille und an ihm orientiert sich der Intellekt. Auch hier kann es sich um grundsätzlich jeden Lebensbereich handeln. Die Gefühle sind die sich ergebende Konsequenz der Konzentration auf diesen Punkt und werden allgemein erfahren.

Die positive Ausrichtung: Die Überlegung, die durch die positive Ausrichtung hinzukommt, möchte folgende Frage beantworten: „Wohin bringt mich die Beschäftigung mit diesem einzelnen Punkt?"

Die negative Ausrichtung: Diese Menschen befinden sich als subjektive Person in der Dunkelheit. Gleichzeitig stagnieren sie, da sie nicht wissen, was sie tun sollen. Die negative Ausrichtung unterbindet die Entscheidung, den ersten Schritt in der Verwirklichung eines Vorhabens zu machen.

37. große verwaltende Eigenschaft

1° - 5° Waage - Diese Menschen haben die Eigenart, andere Menschen durch Fragen herauszufordern. Einerseits besteht ein Interesse, andererseits beinhaltet die Art der Frage die Energie der Provokation. Durch die Prägung dieser *Eigenschaft* fühlen sich diese Menschen bei einer Fragestellung hierarchisch untergeordnet. Sie erfahren dies als Machtverlust und gleichen diesen durch die Herausforderung aus.

Die positive Ausrichtung: Hier findet man die Fähigkeit, fremdes Wissen sofort integrieren zu können. Diese Menschen können das Wissen sofort umsetzen und kurze Zeit später anderen Leuten vermitteln.

Die negative Ausrichtung: Die Provokation wird durch die negative Ausrichtung immer stärker. Das geht so weit, dass diese Menschen sich abfällig und herablassend gegenüber Leuten äußern, die mehr wissen oder mehr Informationen besitzen. Sie können den Machtverlust, den sie durch ihr Nichtwissen empfinden, nur schwer ertragen.

38. *große verwaltende Eigenschaft*

6° - 10° Waage - Durch diese *Eigenschaft* werden die Menschen beeinflusst, ein schon bestehendes Wissen zu ergänzen und zu vervollständigen. Die Suche nach höherem oder größerem Wissen ist die Suche nach einer harmonischen Ergänzung. Die Intuition stützt sich darauf, die innere Disharmonie in Harmonie umzuwandeln.

Die positive Ausrichtung: Diese *Eigenschaft* beeinflusst den Menschen dahingehend, neues Wissen sehr gut integrieren und vereinnahmen zu können. Was zuvor unbekannt war, wird nun als eigenes Wissen betrachtet.

Die negative Ausrichtung: Durch den Einfluss der negativen Ausrichtung befinden sich die Menschen in der Dunkelheit und haben nicht das Bedürfnis, diese Situation zu verändern. Sie sind intelligent und können ihre Situation gut erkennen und analysieren. Hier findet man eine gewisse Form der Selbstaufgabe und einen Zynismus gegenüber sich selbst.

39. *große verwaltende Eigenschaft*

11° - 15° Waage - Durch den Einfluss dieser *Eigenschaft* haben die Menschen die Tendenz, anderen Leuten ihren Willen aufzuzwingen. Der Grund dafür ist die Angleichung der Harmonie anderer Menschen an die eigene Harmonie. Unterstützt wird diese *Eigenschaft* durch einen Intellekt, der präzise jene Dinge hervorheben kann, die zugunsten der egozentrierten Harmonie bei den anderen Leuten verändert werden müssten.

Die positive Ausrichtung: Auch durch die positive Ausrichtung steht die subjektive Harmonie im Vordergrund. Diese Harmonie ist gegenüber den Mitmenschen jedoch nicht abgrenzend. Sie bezieht das Gegenüber mit ein. Durch die teilweise Angleichung der eigenen Harmonie wird erreicht, dass die Mitmenschen im eigenen Machtbereich eine untergeordnete Stellung einnehmen.

Die negative Ausrichtung: Die Machtausübung wird despotisch. Dieser Einfluss der *Eigenschaft* bewirkt den Versuch, Zwang auf die Mitmenschen auszuüben, damit sie die eigene Meinung und Harmonie übernehmen.

40. *große verwaltende Eigenschaft*

16° - 20° Waage - Diese Menschen sind innerlich sehr beweglich. Sie können sich sofort und mit Leichtigkeit mit einem anderen Thema befassen, sich einem anderen Menschen widmen oder von einem gerade aktuellen Thema lösen. Man möchte fast sagen, dass sie sich herumwinden und drehen, wenn sie sich lösen.

Die positive Ausrichtung: Durch die positive Ausrichtung haben sie die Fähigkeit, sich einerseits ganz einer Sache zu widmen und sich andererseits jederzeit von ihr lösen zu können. Sie sind freundlich, entgegenkommend und haben manchmal einen verschmitzten Humor.

Die negative Ausrichtung: Durch die negative Ausrichtung haben diese Menschen den Drang, sich über andere Leute lustig zu machen oder sie der Lächerlichkeit preiszugeben. Gleichzeitig fühlen sie dabei keine Befriedigung, sondern eine innere Leere.

41. *große verwaltende Eigenschaft*

21° - 25° Waage - Diese *Eigenschaft* prägt die Menschen dahingehend, dass sie ständig inneren Widerspruch erfahren. Möchten sie vorwärtsgehen, hält sie etwas zurück, wollen sie stehen bleiben, drängt sie etwas vorwärts. Diese gegensätzlichen Kräfte wirken unabhängig davon, um welchen Lebensbereich es sich handelt.

Die positive Ausrichtung: Die gegensätzlichen Kräfte wirken durch die positive Ausrichtung nicht mehr. Das Vorwärtsgehen wird aus einer unbeweglichen Position beobachtet. Bleiben diese Menschen stehen, betrachten sie dies aus einer nach vorne gerichteten Perspektive.

Die negative Ausrichtung: Diese Menschen befinden sich in einer abgehobenen Position, um nicht entscheiden zu müssen, in welcher Weise sie agieren. Es ist dies eine andauernde Distanz zur Realität. Gleichzeitig ist es sehr anstrengend, diese Abgehobenheit aufrechtzuerhalten.

42. *große verwaltende Eigenschaft*

26° - 30° Waage - Der Wille ist darauf ausgerichtet, ein Gefühl aufrechtzuerhalten. Dieses Gefühl wird damit verbunden, dass es die Wahrheit ausdrückt. Durch die *Eigenschaft* definieren diese Menschen über das Gefühl, ob sie etwas als richtig oder falsch einstufen. Die Unterscheidung fällt zwischen harmonischer und disharmonischer Empfindung.

Die positive Ausrichtung: Durch die positive Ausrichtung nehmen diese Menschen Einfluss auf ihren Umraum, damit sich die dort herrschende Empfindung im Sinne der eigenen Harmonie verändert. In diesem Agieren sind sie geduldig und freundlich.

Die negative Ausrichtung: Durch die negative Ausrichtung empfinden die Menschen eine latent vorhandene Disharmonie. Diese veranlasst sie, die momentane Situation verändern zu wollen. Wieder kann es sich dabei um alle möglichen Lebensbereiche handeln.

43. *große verwaltende Eigenschaft*

1° - 5° Skorpion - Die Prägung durch diese *Eigenschaft* verhindert das Erreichen des Ziels. Genauer beschrieben haben die Menschen den Eindruck, knapp vor dem Ziel zu stehen und es nicht erreichen zu können, als würde eine unsichtbare Wand die notwendige Erkenntnis und den letzten Schritt verhindern.

Die positive Ausrichtung: Durch die positive Ausrichtung besitzen sie den Willen, weiterzulernen und weiterzuarbeiten. Die unsichtbare Wand besteht auch in diesem Fall. Ihr wird jedoch kaum Aufmerksamkeit geschenkt.

Die negative Ausrichtung: Die Menschen geraten in eine Art gelähmten Zustand, da sie nicht mehr wissen, was zu tun ist, und auch nicht erkennen, wie sie sich von diesem Zustand befreien können. Viele verstehen sich selbst nicht mehr. Gleichzeitig werden sie von einer Ahnung durchdrungen, dass es möglich wäre, sich aus diesem Zustand zu befreien. Da sie jedoch nicht erkennen, wie sie das bewerkstelligen sollen, wächst die innere Verzweiflung.

44. *große verwaltende Eigenschaft*

6° - 10° Skorpion - Diese Menschen sind sehr aufmerksam und erkennen jede Veränderung. In gewisser Weise befinden sie sich dauernd in einem Modus des Wachseins, der dazu dient, neue Informationen aufzufangen und sofort zu analysieren. Haben sie die Analyse abgeschlossen, legen sie das Wissen ab. Sie selbst verändern sich deshalb nicht.

Die positive Ausrichtung: Die *Eigenschaft* verleiht den Menschen eine hohe Intelligenz. Bildhaft kann man sich vorstellen, wie sich diese Menschen durch einen Raum des Wissens bewegen, die Dinge intelligenzhaft erfassen, ablegen und weitergehen. Auch hier bleibt die Persönlichkeit unverändert.

Die negative Ausrichtung: In der negativen Ausrichtung bewirkt die *Eigenschaft*, dass die Menschen auf ihre eigene Dunkelheit blicken. Man kann sich das so vorstellen, als würden sie in einen inneren Krater schauen. Das Wissen befindet sich außerhalb, wird von ihnen bemerkt und als selbstverständlich betrachtet.

45. *große verwaltende Eigenschaft*

11° - 15° Skorpion - Die Machtausübung der Menschen durch die Beeinflussung dieser *Eigenschaft* verwirklicht sich über die Empfindlichkeit. Jede verbale oder nonverbale Äußerung der Mitmenschen wird als Einflussnahme auf die eigene Person wahrgenommen. Die Menschen sitzen, drückt man es bildhaft aus, auf einer gespannten Feder und reagieren auf jede kleinste Erschütterung.

Die positive Ausrichtung: Durch die positive Ausrichtung realisiert sich die Durchsetzung des eigenen Willens. Die anderen Menschen passen sich an und nehmen die Empfindlichkeit zum Maßstab für das eigene Handeln.

Die negative Ausrichtung: Diese Menschen empfinden in sich eine ständige Reibung. Jede Äußerung wird als Angriff verstanden und auch so empfunden, als verspürten sie ständig einen inneren Schmerz ob der Berührung durch andere Leute. Es ist jedoch die Einflussnahme der *Eigenschaft*, die diesen Schmerz entstehen lässt.

46. *große verwaltende Eigenschaft*

16° - 20° Skorpion - Diese *Eigenschaft* prägt die Menschen durch starke und bewegliche Emotionen. Jede Lebenssituation verursacht Gefühle, die sich unmittelbar ausdrücken. Ihr Verhalten und vor allem ihre Aussagen hängen direkt damit zusammen.

Die positive Ausrichtung: Durch die positive Ausrichtung entsteht ein Wesenszug, den man ganz gut damit beschreiben kann, dass diese Menschen ihr Herz auf ihrer Zunge tragen. Sie reagieren unmittelbar auf ihre eigenen Gefühle. Diese sind immer Reaktionen auf äußere Gegebenheiten oder Einflüsse.

Die negative Ausrichtung: Die Emotionen sind negativ und bewegen sich in einem geschlossenen System. Auch wenn diese Menschen glauben, auf äußere Einflüsse zu reagieren, ist das in dieser Weise nicht richtig. Der äußere Einfluss gibt lediglich den Impuls. Welche Emotionen jedoch gefühlt werden, hat mit der Art des Einflusses nichts zu tun. Durch das geschlossene System sind sie immer negativ.

47. große verwaltende Eigenschaft

21° - 25° Skorpion - Bewegen sich diese Menschen, werden sie nervös. Gleiches gilt, wenn sie auf ihrer Position verharren. Der einzige Zustand, der eine gewisse Ruhe mit sich bringt, ist der Moment der Entscheidung, ob sie sich bewegen sollen oder dort verharren, wo sie sich befinden. Diese Kräfte der *Eigenschaft* wirken in Verbindung mit allen Lebensbereichen.

Die positive Ausrichtung: Diese Menschen befinden sich in einem Zustand des aktiven Willens. Meistens überlegen sie in diesem Zustand, wie und ob sie agieren sollen. Das Agieren selbst ist sehr kurz und schnell fallen sie wieder in den beschriebenen Zustand zurück.

Die negative Ausrichtung: Diese Prägung der *Eigenschaft* lässt die Menschen die Notwendigkeit der Entscheidung, etwas zu tun oder zu unterlassen, nicht erkennen. Ihnen wird suggeriert, sie besäßen den räumlichen Überblick und es sei daher nicht nötig, irgendetwas zu tun.

48. große verwaltende Eigenschaft

26° - 30° Skorpion - Durch diese *Eigenschaft* besitzen die Menschen einen wachen Blick nach innen. Gleichzeitig nehmen sie eine Stellung ein, durch welche sie die Gegebenheit frei betrachten können. Die Motivation dieser Selbstbetrachtung ist Entwicklung. Dabei kann es sich um jede körperliche oder geistige Entwicklung handeln.

Die positive Ausrichtung: Durch die positive Ausrichtung wird die Selbsterkenntnis möglich. Sie beeinflusst nicht die Entwicklung, sondern steht für sich selbst. Diese *Eigenschaft* beeinflusst die Menschen nur im Sinne des wachen Blicks nach innen und die daraus sich ergebende Erkenntnis.

Die negative Ausrichtung: Die Menschen befinden sich durch die negative Ausrichtung in einem Kreislauf negativer Gedanken, die sich unmittelbar auf die Gefühle ausdrücken. Sie erkennen die Negativität, was jedoch keine Auswirkung hat. Sie können sich in der negativen Ausrichtung nicht davon lösen.

49. *große verwaltende Eigenschaft*

1° - 5° Schütze - Obwohl es den Willen, höhere Ziele zu erreichen, gibt, bleiben die Menschen dort, wo sie sich befinden. Es ist, als würde ihnen die Vision reichen. Zur Umsetzung kommt es gar nicht, da die Idee und die Vorstellung genügen. Gleichzeitig meinen viele Menschen, das Ziel bereits verwirklicht zu haben.

Die positive Ausrichtung: Diese Menschen identifizieren sich mit dem Ziel und bemühen sich, es zu erreichen. Die *Eigenschaft* verhindert dies jedoch auch in seiner positiven Ausrichtung.

Die negative Ausrichtung: Obwohl diese Menschen genau wissen, dass sie sich nicht einmal in der Nähe des Ziels befinden, halten sie die innere Illusion aufrecht, bereits dort zu sein. In dieser Selbstlüge können sie ein deprimierendes Leben führen und doch gleichzeitig die Illusion aufrechterhalten.

50. *große verwaltende Eigenschaft*

6° - 10° Schütze - Die Überlegungen richten sich nach innen, wobei zwischen Intuition und Intellekt eine gewisse Harmonie besteht. Gleichzeitig orientiert sich die Überlegung an einem inneren Ideal, unabhängig davon, worum es geht. Es kann sich dabei um den gewöhnlichen Alltag oder auch um ein philosophisches Thema handeln.

Die positive Ausrichtung: Es besteht das innere Bedürfnis, die Menschen in ihren Handlungen zu verstehen oder zumindest nachzuvollziehen, warum sie so agieren.

Die negative Ausrichtung: In der Überlegung, die sich nach innen richtet, entfernt man sich immer weiter von den Menschen. Gleichzeitig schwindet das Verständnis. Viele fühlen sich nicht verstanden und verstehen umgekehrt die anderen Menschen nicht mehr.

51. *große verwaltende Eigenschaft*

11° - 15° Schütze - Diese Menschen besitzen einen starken Glauben. Diese Kraft ist unabhängig davon, was sie glauben. Es kann ein religiösspiritueller Glaube oder der Glaube an die Naturwissenschaften sein. Er breitet sich nach innen wie nach außen aus. Ihre Überzeugungskraft beeinflusst auch die Menschen im Umkreis.

Die positive Ausrichtung: Die Mitmenschen werden von der Überzeugung mitgerissen. Ist dies der Fall, nehmen sie den Glauben für einige Zeit an. Entfernen sie sich von den Menschen, schwindet auch die Überzeugung und der persönliche Glaube gelangt wieder an die Oberfläche.

Die negative Ausrichtung: Der egozentrierte Glaube lässt nichts als die eigene Überzeugung gelten. Für sie finden diese Menschen zahlreiche Argumente. Letztlich vereinsamen sie, da sie kein Interesse an den Mitmenschen haben, sondern nur an der eigenen Überzeugung.

52. *große verwaltende Eigenschaft*

16° - 20° Schütze - Diese Menschen blicken innerlich in die Ferne und verändern dadurch ihr gegenwärtiges Gefühl. Manchmal kann man eine gewisse Melancholie erkennen. Nach außen hin sind sie beweglich, humorvoll und freundlich.

Die positive Ausrichtung: Durch die positive Ausrichtung empfinden diese Menschen direkt und wahrhaftig. Weder verstecken sie ihre Gefühle noch sind sie an sie gebunden.

Die negative Ausrichtung: Die Dichtigkeit der Gefühle verstärkt sich in Richtung Dunkelheit. Auslöser ist ein innerer Zustand, in welchem sich die Menschen nicht erfüllt und zurückgelassen empfinden. Es kann sich auch als starke melancholische Stimmung zeigen. Diese Menschen schwelgen in ihren Gefühlen.

53. *große verwaltende Eigenschaft*

21° - 25° Schütze - Diese Menschen agieren vorwärtsstrebend, ohne dabei den Boden der Realität zu verlieren. Sie denken über ihr Handeln nach und können gut erkennen, was nötig ist, um ein Vorhaben fertigzustellen. Der Erfolg des Vorhabens ist ihnen – unabhängig davon, um welchen Lebensbereich es sich handelt – wesentlich.

Die positive Ausrichtung: Das ganze Wesen ist darauf ausgerichtet, Erfolg zu haben. Eventuelle Hindernisse werden ignoriert, übergangen oder beseitigt und danach vergessen. Sie gehen darüber hinweg. Auch empfinden sie kein schlechtes Gewissen.

Die negative Ausrichtung: Diese Menschen möchten Erfolg haben, können jedoch nicht konkret sagen, worin. Ein schwaches Gefühl, wie es wäre, den Erfolg herbeizuführen, ist latent vorhanden. In der Realität verrichten sie ihre alltäglichen Aufgaben und bleiben dort, wo sie sind.

54. *große verwaltende Eigenschaft*

26° - 30° Schütze - Durch diese *Eigenschaft* gehen die Menschen in einer positiven Weise vorwärts. Die Gefühle spiegeln die jeweilige Situation und auch die Gedanken beschäftigen sich mit dem jeweils anstehenden Thema. Für das Vorwärtsschreiten bedürfen die Menschen keiner willentlichen Anstrengung.

Die positive Ausrichtung: Diese Menschen erfahren sich, obwohl sie das jeweilige Ziel noch nicht erreicht haben, positiv und im Zeitfluss. Wenngleich ihnen das Ziel ständig vor Augen ist, bleiben sie auf die gegenwärtige Situation konzentriert.

Die negative Ausrichtung: Durch die negative Ausrichtung sind sie in ihrer gegenwärtigen Situation erschöpft. Durch diese Erschöpfung wird die Aufgabe immer schwerer. Auch müssen sich diese Menschen innerlich dazu überwinden, ihre jeweilige Aufgabe weiterzuführen.

55. *große verwaltende Eigenschaft*

1° - 5° Steinbock - Die Durchsetzung ihres Willens ist durch die Prägung dieser *Eigenschaft* weniger eine Willensäußerung im üblichen Sinne als eine Feststellung. Aus einer gewissen Distanz bestimmen diese Menschen, was geschehen soll. Das betrifft indirekt auch andere Leute. Legt jemand Einspruch gegen diese Willensäußerung ein, kann es zu großen Irritationen kommen.

Die positive Ausrichtung: Diese Menschen fühlen sich selbstbestimmt und in diesem Zustand sehr wohl. Es ist ihnen wichtig, ihre eigenen Entscheidungen durchzusetzen und in Verbindung damit zu leben.

Die negative Ausrichtung: Durch die negative Ausrichtung verhärten die Menschen innerlich. Durch die ausschließliche Durchsetzung ihres eigenen Willens ohne Rücksicht auf andere Menschen, distanzieren sie sich immer weiter und vereinsamen schließlich.

56. *große verwaltende Eigenschaft*

6° - 10° Steinbock - Durch diese *Eigenschaft* besitzen die Menschen einen guten Überblick. Sie betrachten eine Situation und erkennen die einzelnen Aspekte. Für die intelligente Schlussfolgerung braucht es einen eigenen Entschluss. Oftmals kommt es nicht zur Überlegung, sondern bleibt bei der Betrachtung.

Die positive Ausrichtung: Durch die Beeinflussung der *Eigenschaft* in ihrer positiven Ausrichtung ist die Schlussfolgerung Teil der Betrachtung, gewissermaßen eine Bestätigung des Gesehenen durch den Verstand.

Die negative Ausrichtung: Die Betrachtung wird eingeschränkt. Die *Eigenschaft* bewirkt, dass die Dinge teilweise gesehen, jedoch nicht definiert werden. Jemand sieht zum Beispiel einen alltäglichen Gegenstand und braucht den Impuls, um ihn eigens zu erkennen.

57. *große verwaltende Eigenschaft*

11° - 15° Steinbock - Die Machtwirkung durch den Einfluss dieser *Eigenschaft* ist ruhig und fußt auf einer bestehenden Gegebenheit. Darauf stützen sich diese Menschen und betrachten aus einer erhöhten Perspektive den Umraum. Diese höhere Position nehmen sie als selbstverständlich und natürlich wahr. Ihre subjektive Macht ist mit der Gegebenheit vereinigt. Daraus wachsen die Ruhe und die gefühlte Souveränität.

Die positive Ausrichtung: Die Gegebenheit ist selbst zu einem Teil der Persönlichkeit geworden. Dadurch empfinden diese Menschen ihre Machtausübung als natürliche Überzeugung, die sich aus dem Leben automatisch ergibt. Es ist für sie unnatürlich, diese Überzeugung nicht zu teilen. Verbunden ist dies mit einer gewissen Leichtigkeit, durch welche sie auf ihre Mitmenschen besser Einfluss nehmen können.

Die negative Ausrichtung: Diese Leute nehmen eine starre und unveränderliche Position ein. Oberflächlich betrachtet agieren sie normal, wobei eine gewisse Fahrigkeit bemerkbar ist. Oft sprechen sie nicht über ihre Überzeugung. Durch die negative Ausrichtung kann ein Fanatismus entstehen, der sich auf vergangene Gegebenheiten stützt.

58. *große verwaltende Eigenschaft*

16° - 20° Steinbock - Die Gefühle dieser Menschen sind ruhig, wobei sie an Intensität recht schnell zu- oder abnehmen können. Normalerweise herrscht ein gewisses Liebesgefühl vor. Meistens zeigt es sich nicht sehr stark. Manchmal jedoch kann dieses Liebesgefühl aufwallen, vor allem dann, wenn sich jemand im Umfeld auf vergangene Werte besinnt.

Die positive Ausrichtung: Durch die positive Ausrichtung wollen diese Menschen ihren Mitmenschen Werte näherbringen, die sie selbst erfahren haben. Ihre Liebesempfindungen können sehr stark sein. Gleichzeitig sind sie zurückhaltend.

Die negative Ausrichtung: Durch die negative Ausrichtung sind diese Menschen emotionslos. Mit Abstand und einer ablehnenden inneren Haltung betrachten sie ihren Umraum und sehen sich in ihrer negativen Grundhaltung bestätigt.

59. große verwaltende Eigenschaft

21° - 25° Steinbock - Durch den Einfluss dieser *Eigenschaft* haben die Menschen visionäre Ideen. Diese Ideen sind grundsätzlich realistisch, wobei es vorkommen kann, dass die Umsetzung nicht möglich ist, da es noch Hindernisse gibt.

Die positive Ausrichtung: Durch die positive Ausrichtung setzen die Menschen die Idee um und sind direkt daran beteiligt. Der Intellekt ist darauf gerichtet, jeden einzelnen Punkt zu betrachten und zu realisieren. Im Zentrum der Gedanken steht die momentane Umsetzung und nicht das Ziel.

Die negative Ausrichtung: Diese Menschen befinden sich in einem Zustand, als sei das Vorhaben bereits erledigt. Ihre Gedanken kreisen die ganze Zeit um das Ziel. Möchten sie zum Beispiel ein Haus kaufen, denken sie unablässig darüber nach, wie es wäre, das Haus zu besitzen und darin zu wohnen. Konkrete Schritte, um das Ziel zu verwirklichen, werden zwar angestoßen, jedoch nicht weiterverfolgt.

60. *große verwaltende Eigenschaft*

26° - 30° Steinbock - Diese Menschen haben die Idee, etwas Größeres zu erreichen. Innerlich blicken sie dorthin und möchten es anstreben. Gleichzeitig bleiben sie jedoch dort verankert, wo sie sich befinden. Kennen sie andere Leute, die ein fernes Ziel aktiv anstreben, bewundern sie diese.

Die positive Ausrichtung: Sie bleiben dort, wo sie sich befinden, und sind mit der vorhandenen Situation zufrieden. Das ferne Ziel gibt es nicht oder nicht mehr. Es wird als vergangene Träumerei definiert.

Die negative Ausrichtung: Diese Menschen betrachten ihre gegenwärtige Situation aus einem inneren Abstand. Zugleich haben sie den Eindruck, nicht in der Realität anzukommen.

61. *große verwaltende Eigenschaft*

1° - 5° Wassermann - Diesen Menschen sind freie Willensentscheidungen sehr wichtig. Dabei distanzieren sie sich nicht von anderen Menschen. Vielmehr sehen sie sich in ihrem eigenen Leben als distanziert von den Mitmenschen, ohne dies als negativ oder trennend zu erfahren. Diese Freiheit ist ihnen sehr wichtig.

Die positive Ausrichtung: Diese Menschen werden von ihren Mitmenschen für ihre positive Selbstständigkeit bewundert. Die *Eigenschaft* bewirkt die fast ausschließliche Konzentration auf den eigenen Willen, ohne den Willen anderer Leute zu beachten.

Die negative Ausrichtung: Das gesamte Umfeld einschließlich der darin befindlichen Menschen wird als Plattform der eigenen freien Willensentscheidung gesehen. Das geschieht mit großer Selbstverständlichkeit. Für die Mitmenschen ist diese Situation oft schwierig, da sie sich andauernd in einer oberflächlichen Weise genötigt fühlen, den Entscheidungen zu folgen. Die Oberflächlichkeit in der Willensdurchsetzung ist notwendig, da sich diese Menschen ansonsten mit der Realität konfrontieren müssten, dass kaum jemand ihren Vorgaben folgt.

62. *große verwaltende Eigenschaft*

6° - 10° Wassermann - Durch diese *Eigenschaft* betrachten die Menschen einen Raum und konzentrieren sich in diesem auf einen Gegenstand oder, ist dieser symbolische Raum ein Wissensgebiet, einen Aspekt davon. Sie sind in der Lage, diesen Ausschnitt unabhängig von den verwandten Themen zu betrachten, zu untersuchen und die entsprechenden Schlussfolgerungen zu ziehen.

Die positive Ausrichtung: Ein Aspekt eines Wissensgebiets wird selbst zum Wissensgebiet. Was zuerst nur Teil eines großen Ganzen war, füllt nun den gesamten Raum aus.

Die negative Ausrichtung: Durch die negative Ausrichtung verändert sich die Perspektive der Betrachtung. Die Menschen entfernen sich und anstelle einer konkreten Erkenntnis bewegt sich der Intellekt wie auf einer dunklen Oberfläche, die keinen Halt birgt.

63. *große verwaltende Eigenschaft*

11° - 15° Wassermann - Diese *Eigenschaft* prägt die Menschen im Sinne eines authentischen und positiven Lebens. Diese Wesensmerkmale der Persönlichkeit breiten sich im Umraum aus und beeinflussen die Mitmenschen insofern, als sie die Macht anerkennen. Durch die positive Anerkennung wird wenig Widerspruch in der Durchsetzung der Macht erfahren.

Die positive Ausrichtung: Durch die positive Ausrichtung erkennt man eine Führungspersönlichkeit, die von allen anerkannt wird. Sie nimmt auf die Mitmenschen Einfluss, die ihrerseits der Ansicht sind, dass alles zu ihrem Besten geschieht.

Die negative Ausrichtung: Hier zeigt sich die im Hintergrund wirkende kalte Macht. Diesen Menschen ist es vor allem wesentlich, ihre Macht, die immer egozentrierte Gründe hat, durchzusetzen.

64. *große verwaltende Eigenschaft*

16° - 20° Wassermann - Die Gefühle dieser Menschen sind erhaben, als würden sie sich nicht allzu sehr von der Realität beeinflussen lassen. Man kann sich dazu bildhaft vorstellen, dass sich über der Wirklichkeit eine parallele Ebene erhebt, auf welcher sich die Gefühle befinden. Gleichzeitig sind sie von einer positiven Stimmung durchdrungen.

Die positive Ausrichtung: Diese Menschen haben grundsätzlich positive Gefühle, die sich auch nicht ändern. Beobachtet man diese Gefühle, kann man höchstens eine leichte Trübung erkennen, wenn sich im Außen etwas verändert.

Die negative Ausrichtung: Das Grundgefühl dieser Menschen ist Vereinsamung. Auch in diesem Fall verändern sich die Gefühle kaum, auch dann nicht, wenn sich andere Lebenssituationen ergeben.

65. große verwaltende Eigenschaft

21° - 25° Wassermann - Durch den Einfluss der 65. *Eigenschaft* fühlen sich die Menschen innerlich gebremst. Sie streben nach Höherem, können es erkennen, finden jedoch den Weg für die Umsetzung nicht. Der Wille konzentriert sich auf das Erkennen des höheren Ziels und nicht auf die Umsetzung.

Die positive Ausrichtung: Durch die positive Ausrichtung bewegen sich die Menschen in einem Raum, mit welchem sie sich vollständig identifizieren. Es geht nicht mehr um das Erreichen eines Ziels, die Identifizierung mit der gegenwärtigen Situation wird als selbstverständlicher Ausdruck des Lebens erkannt, der nicht verändert wird. Sie kommen gar nicht auf die Idee, das zu ändern.

Die negative Ausrichtung: Durch die negative Ausrichtung sind die Menschen mit einer lähmenden Kraft verbunden, die sie an die momentane Situation fesselt. Überlegungen und Entscheidungen sind kaum möglich.

66. große verwaltende Eigenschaft

26° - 30° Wassermann - Der Blick dieser Menschen ist auf das Zukünftige gerichtet. Die Gegenwart wird nur oberflächlich wahrgenommen. Der Wille ist jedoch nicht darauf ausgerichtet, etwas Zukünftiges zu erreichen. Es geht hier nur um eine Grundhaltung des Bewusstseins.

Die positive Ausrichtung: Das gegenwärtige Bewusstsein birgt in sich ein Gefühl, als sei das Zukünftige bereits verwirklicht worden. Es ist die positive Erfahrung eines zukünftigen Zustands. Diese Menschen fordern andere Leute auf, die positive Zukunft schon jetzt wahrzunehmen.

Die negative Ausrichtung: Diese Leute sind innerlich abwesend, als würden sie sich in einem Nebel befinden. Werden sie angesprochen, können sie das mit Klarheit wahrnehmen und differenzieren. Anschließend begeben sie sich wieder in den Zustand der Abwesenheit. Es scheint, als ob sie weit entfernt sind und die Gegenwart aus dieser Entfernung betrachten.

67. große verwaltende Eigenschaft

1° - 5° Fische - Die Willensäußerung in Verbindung mit der 67. *Eigenschaft* wird von anderen Menschen als bemächtigend wahrgenommen. Der Wille, drückt man es bildhaft aus, legt sich als beeinflussender Magnetismus auf die anderen Leute und bedrängt sie. Die Menschen in Verbindung mit dieser *Eigenschaft* können dies nur schwer erkennen. Ihre eigene Willensdurchsetzung wird gleichsam verwässert und immer wieder von außen beeinflusst.

Die positive Ausrichtung: Das willentliche Vorhaben und das innere Gefühl entsprechen einander. Deshalb können Vorhaben gut umgesetzt werden.

Die negative Ausrichtung: Der Wille dieser Menschen verändert das eigene Gefühl, jedoch nicht die Situation. Der Wille wird nicht umgesetzt. Durch das neu entstandene Gefühl wähnen sie sich in der Illusion, etwas erreicht zu haben.

68. große verwaltende Eigenschaft

6° - 10° Fische - Diese *Eigenschaft* prägt die Menschen im Sinne einer Erkenntnis, welche eine Entwicklung aus sich selbst zulässt. Dadurch lassen sie zum Beispiel anderen Menschen die Freiheit, sich selbst zu entscheiden und zu entwickeln, ohne dass sie sich einmischen. Auch bei Wissensgebieten bewirkt sie, dass die Menschen ein schon existentes Wissen weiterentwickeln können.

Die positive Ausrichtung: Durch diese *Eigenschaft* wird das natürliche Wachstum zum Beispiel eines Unternehmens, einer Beziehung, eines Studiums mithilfe des Intellekts verstärkt. Das Wachstum vollzieht sich schneller.

Die negative Ausrichtung: Die Dinge verkümmern durch die negative Ausrichtung dieser *Eigenschaft*. Der Intellekt besitzt nicht die Möglichkeit, das den Lebensthemen innewohnende Entwicklungspotenzial zu erkennen. Diese Menschen sehen den Dingen zu, wie sie verwelken, und können nicht eingreifen.

69. große verwaltende Eigenschaft

11° - 15° Fische - Die Macht der Durchsetzung des eigenen Willens geschieht ruhig, etwas zurückgezogen und begleitet von Gefühlen, welche die Absolutheit der eigenen Anschauung in einer intuitiven Weise begleiten. Bildhaft kann man sich einen Meditierenden oder einen Menschen während eines Waldspaziergangs vorstellen, der die sich daraus ergebenden positiven Wirkungen als gegeben ansieht und keinerlei Widerspruch duldet.

Die positive Ausrichtung: Die Machtwirkung entwickelt sich nach innen und nach außen. Innewohnend ist ihr immer auch eine Entwicklung im Sinne des Universums. Gleichzeitig wächst die Souveränität, die sich auf die innere Ruhe und Gewissheit bezüglich der persönlichen Wahrheit stützt.

Die negative Ausrichtung: Die Aufrechterhaltung der eigenen Stabilität bedarf der ständigen Aufmerksamkeit. Der Wille richtet sich stets darauf aus und die Macht duldet keinen äußeren Einfluss.

70. große verwaltende Eigenschaft

16° - 20° Fische - Diese Menschen fühlen direkt und leicht. Typisch ist ihre freundliche Zurückhaltung. Das darf jedoch nicht darüber hinwegtäuschen, dass sie sehr wohl emotional agieren und reagieren können. Jedoch kann man auch hier die Direktheit, die Leichtigkeit und die Zurückhaltung bemerken.

Die positive Ausrichtung: In Kontakt mit diesen Menschen hat man den Eindruck, unmittelbar mit den Gefühlen in Verbindung zu stehen. Die Mitmenschen nehmen dies als sehr wahrhaftig und authentisch wahr. Sind sie mit einer Situation nicht einverstanden, kann man dies gut über die Gefühle erkennen. Die Ablehnung betrifft jedoch die Situation und nicht den Menschen.

Die negative Ausrichtung: Obwohl sich das Grundgefühl nicht verändert, fühlen sich diese Menschen wie ein kleines Boot auf den Wellen. Die Gefühle sind, drückt man es bildhaft aus, hohl. Sie finden nur schwer einen inneren Halt. Oft geben sie anderen Menschen die Schuld für ihre abgehobene und unruhige Gefühlslage.

71. große verwaltende Eigenschaft

21° - 25° Fische - Durch diese *Eigenschaft* fühlen sich die Menschen in einem geistigen dunklen Umfeld. Manche meinen auch, dass sie jederzeit von einer geistigen Energie berührt werden können. Deshalb sind sie wachsam ob einer möglichen geistigen Berührung. Viele Menschen haben durch diese *Eigenschaft* vor allem im Alltag das Gefühl, dass etwas auf sie zukommen könnte.

Die positive Ausrichtung: Die positive Ausrichtung bewirkt, dass diese Menschen geistige Energien wahrnehmen können. Manche haben auch Ahnungen von verborgenen Dingen.

Die negative Ausrichtung: Die negative Ausrichtung bewirkt, dass diese Menschen in die Dunkelheit sehen und sie auch erkennen können. Gleichzeitig bleiben sie selbst in den Bereichen der Dunkelheit.

72. *große verwaltende Eigenschaft*

26° - 30° Fische - Die Menschen sind positiv gestimmt, freundlich und unaufdringlich. Sie können klar und bestimmt Entscheidungen fällen. Auch wenn man es ihnen auf den ersten Blick nicht ansieht, besitzen sie einen klaren Willen. Ihre Unterscheidungskraft hat als Referenz das eigene Wissen und ihr subjektives Gefühl. Ein mögliches Wissen, welches sie noch nicht besitzen, fließt nicht in die Entscheidung ein.

Die positive Ausrichtung: Trotz ihrer unaufdringlichen Erscheinung können sie klare Anweisungen geben. Von anderen Leuten werden sie ob ihrer Zurückhaltung verbunden mit ihrer Kompetenz respektiert.

Die negative Ausrichtung: Die negative Ausrichtung bewirkt, dass die Menschen von anderen Leuten Leistungen verlangen, obwohl sie selbst keine Leistung erbringen. Werden ihre Anweisungen nicht befolgt, werden sie ungeduldig und hysterisch. Auch argumentieren sie über Allgemeinplätze und sind in ihren Aussagen nicht konkret. Sie wollen nicht, dass ihre Inkompetenz sichtbar wird.

Die Ordnung der 28 *großen verwaltenden Eigenschaften* des Magnetismus

1. *große verwaltende Eigenschaft*

0° - 12,86° Widder - Diese *Eigenschaft* beeinflusst die Menschen dahingehend, dass sie stetig und unaufhaltsam ihr Ziel anstreben. Dabei handeln sie äußerlich ruhig und man sieht ihnen die innere Triebhaftigkeit nicht an. Gleichzeitig sind sie kompromisslos, da andere Ideen außerhalb ihrer Möglichkeiten liegen. Selbst wenn sie äußerlich nachgiebig scheinen, bleiben sie innerlich ihrer Vorstellung treu. Dabei kann es sich auch um grundsätzliche Lebensthemen oder moralische Werte handeln, die als hoch eingestuft werden. Meist ist es die Art und Weise des eigenen Lebens.

Die positive Ausrichtung: Die oft unbewussten inneren Werte, die durch die *verwaltenden Eigenschaften* der 5. Dimension definiert sind, werden aufrechterhalten. Das eigene Leben und die eigenen Vorstellungen über das Leben stehen im Zentrum.

Die negative Ausrichtung: Diese *Eigenschaft* treibt die Menschen immer weiter in die Egozentriertheit. Es wird für sie immer schwerer, andere Vorstellungen oder Lebensinhalte zu akzeptieren. Je enger und egozentrierter jemand in Verbindung mit dieser *Eigenschaft* handelt, denkt und fühlt, desto mehr schwinden die moralischen Werte. Gleichzeitig haben diese Menschen kein schlechtes Gewissen mehr.

2. große verwaltende Eigenschaft

12,86° - 25,71° Widder - Die 2. *Eigenschaft* beeinflusst die Menschen darin, dass ihre Empfindungen nur sie selbst betreffen. Sie gleichen darin einem geschlossenen System, in welchem sie sich wohl mit sich selbst fühlen. Sie befinden sich in ihrer eigenen Welt und sind darin glücklich. Begegnen sie Menschen mit anderen Gefühlen und Emotionen, reagieren sie zurückgezogen, ohne die positive Grundhaltung zu verlieren. Sie befinden sich in einer Art Kapsel, in der es keine Reflexion nach außen gibt.

Die positive Ausrichtung: Die eigene innere Welt wird größer und äußere Gegebenheiten werden betrachtet. Gleichzeitig bewirkt diese *Eigenschaft*, dass die Menschen davon nicht beeinflusst werden. Sie empfinden andere Leute als Teil des eigenen Seins. Gleichzeitig können diese Menschen nicht ankommen, was eine Form der positiven Reserviertheit zur Folge hat.

Die negative Ausrichtung: Anstelle der positiven inneren Stimmung herrscht ein Gefühl der Gleichgültigkeit. Es sind überhaupt keine Empfindungen mehr vorhanden, der innere Zustand gleicht einer grauen Wüste, die man emotionslos und in zurückgezogener Stimmung betrachtet.

3. große verwaltende Eigenschaft

25,71° Widder - 8,57° Stier - Der Prägung durch die 3. *Eigenschaft* entstammt der Wesenszug der zurückhaltenden Überlegung. Dazu kann man sich vorstellen, wie jemand mit einer Situation konfrontiert wird, sich innerlich etwas zurückzieht, die Gegebenheit betrachtet, sich Gedanken darüber macht und schließlich reagiert. Der Rückzug gleicht einem inneren Zurücktreten. Die Überlegung ist aktiv und nimmt auf die subjektive Realität des Einzelnen Bezug. Grundsätzlich betrachten die Menschen mit dieser Prägung die Dinge meist im Verhältnis zur physischen Realität.

Die positive Ausrichtung: Es besteht eine gewisse Offenheit gegenüber neuen Inhalten. Auch wenn sie die Dinge weiterhin abwägen, sind die Menschen bereit, neue Inhalte anzunehmen. Es kommt zu einer stufenweisen und nicht einer fließenden Veränderung.

Die negative Ausrichtung: Die innere Bereitschaft der Veränderung ist nicht gegeben. Die vorhandenen Inhalte befinden sich in einem, drückt man es bildhaft aus, abgeschlossenen Raum. Die Reaktionen nach außen sind abwehrend und können auch aggressiv werden. Neue Dinge werden fast schon kategorisch mit einer negativen Grundhaltung abgelehnt.

4. große verwaltende Eigenschaft

8,57° - 21,43° Stier - Der Magnetismus dieser *Eigenschaft* beeinflusst Sympathie und Liebe gegenüber anderen Leuten. Je stärker der Einfluss, desto dichter wird die Liebesempfindung. Gleichzeitig wird sie konkreter und im konkreten Leben Realität. Teil dieser Wirklichkeit wird auch die Sexualität. Man kann nicht sagen, dass sie notwendig und wesentlich für die Beziehung ist, es ist vielmehr die Normalität und Selbstverständlichkeit, mit welcher sie gelebt wird. Diese Prägung fördert die Selbstverständlichkeit in der Sexualität und Nacktheit.

Die positive Ausrichtung: Die positive Ausrichtung bewirkt, dass die Menschen ein erfülltes Sexualleben haben. Sie wissen recht genau, was sie wollen. Ein Wesenszug ist ihr verborgener Humor, der immer wieder an die Oberfläche kommt.

Die negative Ausrichtung: Durch die negative Ausrichtung gleicht die Sexualität einem, man möchte fast sagen, leblosen Bereich, der unter der Oberfläche existiert. Viele Menschen sind sich dieses Lebensbereichs gar nicht bewusst und vergessen ihn. An der Oberfläche zeigt sich die Prägung als Unsicherheit gegenüber einem möglichen Geschlechtspartner und als Barschheit und Direktheit. Damit versuchen sie, die Unsicherheit zu kompensieren.

5. große verwaltende Eigenschaft

21,43° Stier - 4,29° Zwilling - Diese *Eigenschaft* bewirkt, dass sich die Überlegungen automatisch in Richtung der physischen Welt ausrichten. Dies betrifft nicht nur den Verstand, sondern alle Merkmale der Persönlichkeit. Wer zum Beispiel ein Gefühl der Zuwendung wahrnimmt, beginnt anschließend, diese Wahrnehmung im Sinne der physischen Erde zu verändern und zum Beispiel mit Hormonen zu erklären. Es ist dies ein fließender Prozess von der Wahrnehmung bis zur Physis. Gleichzeitig werden die Gefühle oder Erfahrungen in ihrer erlebten Realität zugunsten einer physischen Deutung vermindert.

Die positive Ausrichtung: Die erfahrenen Gefühle bleiben in ihrem realen Wert bestehen. Gleichzeitig bewahren diese Menschen ihre Wirklichkeitsnähe.

Die negative Ausrichtung: Die Erfahrungen werden als Realität definiert, unabhängig davon, ob dies der Wahrheit entspricht oder nicht. Nicht die physische Realität ist Maßstab der Wahrheit, sondern die eigenen Empfindungen. Dies gilt auch für Gefühle gegenüber zum Beispiel wissenschaftlichen Erkenntnissen. Durch die negative Ausrichtung sind für diesen Menschen die Gefühle wahr und die Erkenntnisse falsch.

6. große verwaltende Eigenschaft

4,29° - 17,14° Zwilling - Die 6. *Eigenschaft* prägt den Menschen im Sinne einer nach innen gerichteten Neutralität. Dazu kann man sich einen Beobachter vorstellen, der grundsätzlich positiv gestimmt interessiert den Umraum beobachtet, jedoch selbst nur an der Oberfläche davon berührt wird. Innerlich bleibt er beweglich. Auch wenn sie anderen gegenüber offen sind, bleiben diese Menschen grundsätzlich bei sich und bewahren ihre innere Unberührtheit verbunden mit einer gewissen Leichtigkeit. Man kann die Prägung auch als eine Form der ungezwungenen Distanz beschreiben.

Die positive Ausrichtung: Obwohl die Distanz innerlich gleich bleibt, kommen diese Menschen anderen Leuten näher. Sie sind auch entgegenkommend und freundlich. Bildhaft ausgedrückt gelangen die Mitmenschen in den persönlichen Bereich, wobei auch dann die Distanz bewahrt bleibt.

Die negative Ausrichtung: Durch die negative Ausrichtung wird die innere Beweglichkeit hektisch und abwehrend. Diese Menschen haben das Bedürfnis, die Distanz zwanghaft aufrechtzuerhalten. Indem sie unstet von einem Thema zum nächsten wechseln, meinen sie, innerlich die für sie notwendige Distanz zu bewahren.

7. große verwaltende Eigenschaft

17,14° - 30° Zwilling - Durch die Prägung dieser *Eigenschaft* bewegen sich die Menschen neutral durch das Leben. Immer wieder blicken sie auf eine der beiden Seiten ihres Lebensweges, wenden sich dann mit einem gewissen Desinteresse ab und gehen weiter. Manchmal scheint es, als würde sie nichts berühren. Daraus kann ein dunkler werdendes Gefühl entstehen. Eine leichte Traurigkeit kommt auf und Resignation ob der nicht vorhandenen Gefühle für das Leben. Selbst Freude kann oberflächlich bleiben, weil Menschen mit dieser Prägung ahnen, dass der freudige Moment schon kurze Zeit später für sie belanglos und dann vergessen sein wird.

Die positive Ausrichtung: Freundlichkeit wird durch die positive Ausrichtung der *Eigenschaft* authentischer und an die Stelle der Resignation tritt eine positive Abgeklärtheit. Man kann sich dazu einen reifen Menschen vorstellen, der schon viel im Leben erfahren hat. Ähnlich ist die Abgeklärtheit durch diese Prägung.

Die negative Ausrichtung: Die negative Ausrichtung bewirkt eine immer größer werdende Distanz vom Leben. Nicht Lebenserfahrung in konkreten Lebensbereichen zeichnet diese Menschen aus, sondern das Verharren in einer durch den eigenen Intellekt definierten Wirklichkeit. Man kann dies als Abgehobenheit bezeichnen. Sie besitzen eine künstliche geistige Struktur, die ihnen Halt gibt. Folglich erleben sie Einwirkungen von außen als negativ.

8. *große verwaltende Eigenschaft*

0° - 12,86° Krebs - Durch die Prägung der 8. *Eigenschaft* sind die Menschen nachdenklich. Diese nach innen gerichtete Kraft weckt die Empfindung einer noch nicht erreichten Tiefe. Dieser scheinbaren inneren Tiefe folgen die Menschen und das bewirkt die beschriebene Nachdenklichkeit. Gleichzeitig werden die Gefühle ausgeprägter. Durch ihr Nachfolgen bewegen sich die Menschen gedanklich nach innen, wobei sie sich in eins mit dem niederen Selbst entweder in Richtung Dunkelheit oder in Richtung des relativen Lichts der niederen Dimensionen bewegen.

Die positive Ausrichtung: Die Gedanken und Gefühle bewegen sich durch den Magnetismus automatisch in Richtung des Lichts des niederen Selbst. Viele Menschen erfahren dies als intensive Meditation oder Hinwendung zum jeweiligen Thema.

Die negative Ausrichtung: Die negative Ausrichtung erschafft die Illusion von Licht. Jedes Thema, mit dem man sich beschäftigt, wird als Licht oder höhere Erkenntnis erfahren. Ebenso entzieht sich den Menschen die Einsicht, dass es sich um einen starken Magnetismus handelt. Sie wähnen sich in einer höheren positiven Gefühlslage. Die negative Ausrichtung bindet die Menschen in einer Illusion von Licht.

9. *große verwaltende Eigenschaft*

12,86° - 25,71° Krebs - Diese Menschen gehen auf andere Leute zu und strahlen einen Magnetismus aus, um sie an sich zu ziehen. Dies geschieht oft unbewusst und betrifft jeden Lebensbereich beginnend mit der Bewegung des physischen Körpers bis hin zu Gedanken über bestimmte Themen. Es wirkt die Einforderung der Nachfolge; sie wird durch Gefühle begleitet, die allgemein als positiv erfahren werden. Die

Mitmenschen folgen zuerst den Gefühlen und anschließend den jeweiligen Themen.

Die positive Ausrichtung: Durch die positive Ausrichtung werden die Menschen zu Anführern, die in den Mitmenschen positive Gefühle wecken können. Manchmal fordern sie andere auf, etwas zu tun. Meistens ist das nicht notwendig. Als Anführer fühlen sich diese Menschen sehr wohl und fügen sich nahtlos in diese Position ein.

Die negative Ausrichtung: Die negative Ausrichtung bewirkt, dass sich Menschen im Einfluss dieser *Eigenschaft* ihren Mitmenschen durch die Dunkelheit annähern. Meistens fühlen sich die anderen Leute in ihrer Gesellschaft nicht wohl und möchten sich, bildhaft ausgedrückt, aus der Begegnung herauswinden. Manchmal wird die Dunkelheit betont und an die Oberfläche geholt. Dann entstehen Gemeinschaften in Verbindung mit der Dunkelheit.

10. *große verwaltende Eigenschaft*

25,71° Krebs - 8,57° Löwe - Durch die Beeinflussung der 10. *Eigenschaft* möchten die Menschen selbstständig sein. Einerseits führt sie der Magnetismus zu vorhandenen Inhalten, die vorgegeben sind, andererseits sind sie bestrebt, sich auf Inhalte zu konzentrieren, die von ihnen selbst stammen. In diesem Wechselspiel von Nachfolge und Selbstständigkeit tendieren sie immer zur Selbstständigkeit. Gleichzeitig ist damit stets ein innerer Zweifel gegeben, ob die sich daraus ergebenden Inhalte tatsächlich einem höheren Wissen oder besseren Zugang entsprechen.

Die positive Ausrichtung: Die Selbstständigkeit steht im Zentrum, gleichzeitig stützt sie sich jedoch auf schon vorhandenes Wissen oder vorhandene Gegebenheiten. Die positive Ausrichtung bewirkt, dass diese Menschen offen sind, neue Dinge zu erlernen oder Bewährtes anzuwenden.

Die negative Ausrichtung: Die *Eigenschaft* suggeriert auch hier den Menschen, dass sie sich auf einen gegebenen Inhalt oder aber auf ihre

Selbstständigkeit stützen können. Durch die negative Ausrichtung kommt es jedoch dazu, dass nur eine Form der inneren Leere wahrgenommen wird. Diese Leere wiederum wird als Haltlosigkeit erfahren. Daraus erwächst ein ständiges inneres Schwanken zwischen einer vorgezeichneten oder einer selbst gewählten Lösung.

11. *große verwaltende Eigenschaft*

8,57° - 21,43° Löwe - Die Prägung dieser *Eigenschaft* bewirkt, dass die Menschen ihren Macht- und Herrschaftsbereich vergrößern. Der Magnetismus berührt den gesamten Umraum und ordnet ihn unter. Eine dauernde Unruhe empfinden die Menschen deshalb, weil sie den inneren Magnetismus unbedingt erfüllen wollen. Der Drang, in einem definierten Bereich die Macht zu übernehmen, ist sehr groß. Übernimmt ein anderer Mensch die Führungsrolle, empfinden sie sich außerhalb des Bereichs oder der Gemeinschaft.

Die positive Ausrichtung: Das Selbstverständnis ob der eigenen Führungsrolle ist ausgeprägt und ohne Zweifel. Bei einer möglichen Übernahme der Machtposition durch eine andere Person käme es zu einem Machtkampf, der bewusst geführt wird.

Die negative Ausrichtung: Die Leute und der persönliche Umraum werden bewusst manipuliert und so verändert, dass der Machtbereich erhalten bleibt. Lügen, Verleumdung und andere Mittel der Dunkelheit sind für diese Menschen legitime Methoden des Machterhalts. Viele Mitmenschen können sich diesem Anspruch nur schwer entziehen. Sie werden im Machtbereich von einem Sog in die Dunkelheit berührt.

12. *große verwaltende Eigenschaft*

21,43° Löwe - 4,29° Jungfrau - Die Prägung der 12. *Eigenschaft* bewirkt, dass die Menschen nicht sicher sind, ob das, was sie wissen, der Wahrheit entspricht. Einerseits besitzen sie das Selbstverständnis, dass dies der Fall ist, andererseits haben sie den Drang, die Dinge immer genauer definieren zu wollen. Die Machtposition, in der sie sich von Mal zu Mal befinden, wird immer wieder von Zweifel begleitet. Beide Zustände sind für die Menschen nicht befriedigend.

Die positive Ausrichtung: Die Gewissheit über das eigene Wissen oder Können zementiert das innere Machtgefühl. Beide bedingen einander und ergänzen sich. Für andere Leute ist diese Form der Machtausübung sehr faszinierend. Sie geraten immer wieder in die Rolle und empfinden den inneren Drang, die Macht und das Wissen des Gegenübers zu bestätigen.

Die negative Ausrichtung: Das Wissen nützt dem Machterhalt und wird dazu eingesetzt. Es ist dies kein sachliches Wissen in einem Fachgebiet, sondern ein Wissen bezüglich der Schwächen anderer. Macht wird nicht aufgrund eigener Fähigkeiten aufgebaut, ihr Fundament ist die Dunkelheit.

13. *große verwaltende Eigenschaft*

4,29° - 17,14° Jungfrau - Durch die Prägung der 13. *Eigenschaft* wenden sich die Menschen einem einzelnen Thema zu. Dieses steht im Mittelpunkt ihrer jeweiligen Lebensführung. Dabei kann es sich um einen Lebensbereich oder auch um eine Tätigkeit handeln. Kennzeichnend ist, dass andere Themen nur am Rande das Interesse dieser Menschen wecken. Auch hier ist es wesentlich, den Magnetismus im Hintergrund zu erkennen, der den Menschen in diese Situation bringt.

Die positive Ausrichtung: Das Thema rückt immer stärker in den Mittelpunkt. Durch die positive Ausrichtung beginnen die Menschen, es im Sinne der *verwaltenden Eigenschaften* immer besser zu meistern. Die 13. *Eigenschaft* fördert diese Meisterung.

Die negative Ausrichtung: Durch die negative Ausrichtung nimmt das Thema den gesamten Lebensraum ein. Es gibt für diese Menschen nur noch dieses Thema. Das zeigt sich in jedem Moment des alltäglichen Lebens. Gleichzeitig bewirkt die negative Ausrichtung, dass sich die

Menschen nicht auf einzelne Aspekte konzentrieren können. Sie besitzen einen allgemeinen Überblick, können das Thema jedoch nicht entwickeln. Fortschritt ist durch die negative Ausrichtung nicht möglich.

14. *große verwaltende Eigenschaft*

17,14° - 30° Jungfrau - Diese Menschen identifizieren sich mit einem Aspekt ihrer Persönlichkeit, wobei sich dieser eine Aspekt immer wieder ändert. Dadurch befinden sie sich jeweils in einer subjektiven Enge, durch welche es ihnen beispielsweise schwerer möglich ist, den intelligenzhaften Überlegungen anderer Menschen zu folgen. Da die Gefühlsbreite, die sie für sich selbst empfinden, sehr eng ist, bewegen sich die Gefühle und Überlegungen anderer Leute außerhalb der eigenen Empfindung, was ein Verständnis erschwert.

Die positive Ausrichtung: Diese Menschen empfinden sich als zufrieden und in Verbindung mit einem positiven Grundgefühl. Auch dieses Gefühl birgt eine innere Enge, wird jedoch nicht als störend empfunden.

Die negative Ausrichtung: Das Selbstgefühl hat mit der eigenen Person nicht viel gemein. Die *Eigenschaft* suggeriert den Menschen abgehobene Gefühle, die jede Verständigung mit anderen Leuten erschweren. Sie werden immer wieder von Gedanken und Gefühlen geplagt, die ihnen suggerieren, nicht zu wissen, wer sie sind. Auch haben manche Menschen Schwierigkeiten, den inneren Halt zu bewahren.

15. *große verwaltende Eigenschaft*

0° - 12,86° Waage - Sind die so geprägten Menschen in Gesellschaft anderer Leute, beeinflussen sie diese unablässig im Sinne der eigenen harmonischen Empfindungen. Es gleicht dies einer ständigen Aufforderung, sich anzugleichen. Meist geschieht dies unbewusst. Letztlich handelt es sich um eine Bemächtigung anderer Leute. Wenn auch unbewusst, spüren die Mitmenschen dies immer wieder und wenden sich wegen der nicht nachlassenden Übergriffigkeit ab.

Die positive Ausrichtung: Die harmonische Zuwendung geschieht im Sinne einer oder liebenden Annäherung. Durch die positive Ausrichtung gibt es ein gewisses Maß an innerer Veränderung der subjektiven Harmonieempfindung. Sobald es eine gemeinsame Schnittmenge harmonischer Empfindungen gibt, endet die Veränderung.

Die negative Ausrichtung: Durch die negative Ausrichtung kommt es zur Einforderung der egozentrierten Harmonie. Damit der andere sich einordnet, findet eine bewusste Machtausübung statt. Ihm wird suggeriert, die Einordnung geschehe als notwendige liebende Verbindung.

16. *große verwaltende Eigenschaft*

12,86° - 25,71° Waage - Der Einfluss dieser *Eigenschaft* bewirkt eine innere Harmonie im Menschen, die gegen Einflüsse von außen abgekapselt ist. Anderen Leuten gegenüber sind diese Menschen freundlich, jedoch reserviert. Sie möchten ihren eigenen Raum der subjektiven Empfindung vor äußeren Einflüssen schützen. Diese Menschen haben eine hohe Meinung von sich selbst. Sie stufen ihre innere Harmonie als höheres Gefühl ein. Wird dies von anderen Leuten infrage gestellt, können sie ungeduldig und abweisend werden.

Die positive Ausrichtung: Die harmonische Liebesempfindung, die sie in sich selbst verspüren, lässt sie freundlich und den Mitmenschen gegenüber zugewandt erscheinen. Sie besitzen den Wesenszug, dazu aufzufordern, positiv oder positiver zu denken und zu fühlen. In vielen Fällen wird dies durch die positive Ausrichtung auch angenommen.

Die negative Ausrichtung: Hier wirkt der ständige Drang zur Verteidigung der subjektiven Harmonie. Die Menschen fühlen sich andauernd angegriffen und befinden sich in einer empfindlichen Verteidigungshaltung. Ebenso fühlen sie sich ungerecht behandelt oder in einer ungerechtfertigten Situation und sind deshalb latent beleidigt.

17. *große verwaltende Eigenschaft*

25,71° Waage - 8,57° Skorpion - Diese Menschen sprechen ihre Mitmenschen wach und aufmerksam an. Gleichzeitig bleiben sie in einer inneren Spannung ob der Reaktion, auf die sie sehr empfindsam und empfindlich reagieren können. Gibt es ein Problem, möchten sie es unbedingt klären. Grundsätzlich reagieren sie auf alle Formen der Beeinflussung mit einer gewissen inneren Distanz.

Die positive Ausrichtung: Durch die positive Ausrichtung kann man die wache und aufmerksame Persönlichkeit eines Menschen sehr gut erkennen. Diese Menschen sind auch humorvoll und haben einen guten Blick für das, was um sie herum vorgeht. Zudem besitzen sie die Fähigkeit, eine Situation schnell und gut einzuschätzen.

Die negative Ausrichtung: Hier herrscht der Charakterzug der manipulierenden Provokation vor. Diese Provokation wirkt so lange, bis das Gegenüber das bestätigt, was sie bestätigt haben möchten. Durch die negative Ausrichtung sind die Menschen von einer ständigen Angst durchdrungen, falsch verstanden zu werden, und haben den Drang, diese vermeintlich falsche Annahme zu korrigieren.

18. *große verwaltende Eigenschaft*

8,57° - 21,43° Skorpion - Diese Menschen haben den Drang, die eigenen Gefühle zu verdichten und zu verstärken. Ebenso herrscht die Tendenz vor, sich in Richtung Dunkelheit zu bewegen. Das bedeutet, dass negative Charaktereigenschaften vermehrt auftreten. Auch findet man die Neigung, Dunkelheit zu verharmlosen oder als Teil des Lebens zu akzeptieren. Anstatt sie zu erkennen und sich von ihr zu lösen, geben sie dem Magnetismus in die Dunkelheit nach.

Die positive Ausrichtung: Durch die positive Ausrichtung öffnet sich die Dunkelheit. Gleichzeitig besitzen diese Menschen die Fähigkeit, sie mit Abstand zu erkennen.

Die negative Ausrichtung: Diese Menschen nehmen die Dunkelheit an und identifizieren sich immer mehr mit negativen Charaktereigenschaften. Äußerlich erscheinen sie relativ ruhig, da sie Konfrontationen oder Konflikte nicht austragen, sondern in sich hineinfressen. Dadurch vermehrt sich die Spannung in der Dunkelheit.

19. große verwaltende Eigenschaft

21,43° Skorpion - 4,29° Schütze - Die Empfindlichkeit und Empfindsamkeit dieser Menschen bezieht sich auf alles, worauf sie ihre Aufmerksamkeit lenken. Dabei kann es sich um andere Menschen, eine Situation oder auch um ein Wissen handeln. Kennzeichnend sind die aktive Betrachtung und die gleichzeitig damit einhergehende Empfindlichkeit. Selbst wenn sie nur an andere Menschen denken, reagieren sie schon bei der Vorstellung empfindlich, diese könnten sich in irgendeiner Weise äußern.

Die positive Ausrichtung: Die empfindliche Reaktion entspricht durch die positive Ausrichtung der relativen Wahrheit. Relativ deshalb, weil der Maßstab der Wahrheit immer die subjektive Persönlichkeit ist. Man kann sich das so vorstellen, dass dieser Mensch eine Situation beobachtet und empfindsam reagiert. Das daraus resultierende Gefühl entspricht der relativen Wahrheit.

Die negative Ausrichtung: Durch die negative Ausrichtung versuchen die Menschen ständig, die jeweilige Situation in ihrem Sinne zu deuten. Auf diese Weise erwarten sie die Bestätigung der Wahrheit ihrer Deutung der eigenen Empfindlichkeit. Diese ist dann nicht ihr Problem, sondern das Problem der jeweiligen Situation oder des damit verbundenen Menschen.

20. große verwaltende Eigenschaft

4,29° - 17,14° Schütze - Der Einfluss der 20. *Eigenschaft* bewirkt eine Unruhe, die sich nach innen richtet. Ihre Ursache findet sich darin, dass diese Menschen kein Ziel haben, nach dem sie streben könnten, bzw. nichts dafür tun, um ein solches Ziel zu erreichen. Die Unruhe lässt nach, sobald sie ein Ziel für sich definieren und dafür arbeiten.

Die positive Ausrichtung: Es ist ein Ziel vorhanden und wird angestrebt. Die Arbeit ist stetig, wenn auch von inneren Unruhen begleitet. Meistens handelt es sich um ein höheres Ziel, sei es beruflich oder persönlich. Oftmals ist es für diese Menschen leichter, an der Umsetzung des Ziels zu arbeiten, als dies nicht zu tun.

Die negative Ausrichtung: Durch die negative Ausrichtung gibt es kein Ziel, das der entsprechende Mensch umsetzen will. Es bleibt eine ständige Unruhe, die sich als Fahrigkeit und Nervosität zeigt. Gleichzeitig sprechen diese Menschen von höheren Zielen, die zu verwirklichen ihr Traum wäre.

21. *große verwaltende Eigenschaft*

17,14° - 30° Schütze - Die 30. *Eigenschaft* beeinflusst die Menschen dahingehend, dass sie sich immer weiter vorwärtsbewegen. Es gleicht einer stetigen Bewegung. Innerlich sind sie ruhig, wobei die Bewegung die Voraussetzung für die innere Ruhe ist. Geraten sie in die Situation, nicht vorwärtsschreiten zu können, werden sie unruhig. Das kann den physischen Körper ebenso wie geistige Tätigkeiten betreffen.

Die positive Ausrichtung: Diese Menschen bewegen sich vorwärts und erleben dies als natürliche Lebendigkeit des Lebens. Wiederum kann es sich um jede Form der inneren und äußeren Bewegung handeln.

Die negative Ausrichtung: Innerlich haben die Menschen das Gefühl, vorwärtszugehen. In Wahrheit stagnieren sie und dieser Umstand führt zu einer großen inneren Unruhe und Ungeduld mit sich selbst. Sie haben den Eindruck, die erforderlichen Dinge nicht schaffen zu können.

22. *große verwaltende Eigenschaft*

0° - 12,86° Steinbock - Durch die Prägung dieser *Eigenschaft* befinden sich die Menschen in einem unbeweglichen Zustand. Gleichzeitig betrachten sie interessiert ihren Umraum. Veränderungen werden dann langsam und schrittweise angenommen, wenn sie den tieferen Sinn darin erkennen können oder eine Veränderung unausweichlich ist.

Die positive Ausrichtung: Der interessierte Blick nach außen spiegelt die inneren Gegebenheiten. Da sie sich stets mit den gleichen Dingen beschäftigen und sich bemühen, diese intelligenzhaft so gut es geht zu durchdringen, vermitteln sie den Eindruck, intelligent zu sein. Dies stimmt, solange die Erkenntnis des Umraums den inneren Inhalten entspricht.

Die negative Ausrichtung: Diese Menschen beschäftigen sich nur mit Dingen, die innerlich schon existent sind. Sie weigern sich, nach außen zu blicken und neue Inhalte in Betracht zu ziehen. Dabei kann es sich um jeden Lebensbereich handeln.

23. *große verwaltende Eigenschaft*

12,86° - 25,71° Steinbock - Es kommt zur Einforderung des Althergebrachten. Diese Menschen verlangen von ihren Mitmenschen bewusst oder unbewusst, den vorhandenen Gegebenheiten zu folgen. Fordert jemand die Änderung einer Gegebenheit, wird dies zuerst ignoriert und später zur Diskussion gestellt. Durch diesen Einfluss sind die Menschen nur schwer von neuen Dingen zu überzeugen.

Die positive Ausrichtung: Diese Menschen folgen den gewohnten vorhandenen Gegebenheiten in einer positiven Weise. Die *Eigenschaft* prägt die Menschen durch einen gewissen Ehrgeiz. Sie sind sehr ausdauernd.

Die negative Ausrichtung: Durch die negative Ausrichtung kommt es zu einem Verharren in der jeweiligen Situation. Gleichzeitig richtet sich der Blick nach vorne. In diesem Verharren sind die Menschen ungeduldig und wehren sich zugleich gegen jede Bewegung.

24. *große verwaltende Eigenschaft*

25,71° Steinbock - 8,57° Wassermann - Diese Menschen bewegen sich durch den Einfluss der 24. *Eigenschaft* in einem durchschnittlichen Tempo, nicht zu langsam und nicht zu schnell. Das betrifft den Körper wie auch den Geist. Werden sie dazu aufgefordert, schneller oder langsamer zu agieren – etwa in der beruflichen Arbeit –, baut sich ein großer Widerstand auf. Dieser Widerstand zeigt sich als Ungeduld.

Die positive Ausrichtung: Durch die positive Ausrichtung werden diese Menschen sehr effektiv. Auch wenn sie sich in einem durchschnittlichen Tempo bewegen, erledigen sie in dieser Weise überdurchschnittlich viel Arbeit.

Die negative Ausrichtung: Menschen in der negativen Ausrichtung bleiben unbeweglich und sind doch gleichzeitig ungeduldig. Müssen sie etwas erledigen, geschieht dies mit großem Widerstand. Im Umgang mit anderen Menschen sind sie zurückhaltend, da sie einen Vergleich unbedingt vermeiden wollen.

25. *große verwaltende Eigenschaft*

8,57° - 21,43° Wassermann - Durch diese *Eigenschaft* werden die Menschen dazu inspiriert, etwas zu verändern. Die Inspiration stammt, drückt man es bildhaft aus, aus einer möglichen Zukunft. Dies betrifft alle Lebensbereiche von der alltäglichen Handlung bis hin zur komplexen geistigen Beschäftigung. Die Veränderung hängt immer mit einer möglichen Entwicklung zusammen. Es handelt sich jedoch nicht um eine visionäre Sicht. Das zukunftsorientierte Handeln und Denken ist direkt mit dem Menschen verbunden.

Die positive Ausrichtung: Durch die positive Ausrichtung wollen die Menschen einen gegenwärtigen Zustand verbessern. Die Verbesserung betrifft nicht nur den Menschen selbst, sondern den gesamten, mit ihm zusammenhängenden Umraum.

Die negative Ausrichtung: Der Magnetismus wirkt nicht im Sinne einer Verbesserung. Er distanziert die Menschen von den realen Auswirkungen des Handelns. Dadurch entsteht ein oberflächlicher Zustand, der die Konsequenzen negativen Handelns ignoriert.

26. *große verwaltende Eigenschaft*

21,43° Wassermann - 4,29° Fische - Denken und Handeln sind stark auf die Gegenwart bezogen. Auch wenn im Hintergrund die Idee der Entwicklung vorhanden ist, zeigt sie sich nur durch die positive Ausrichtung. Grundsätzlich haben diese Menschen eine gewisse Verbissenheit in ihrem Tun, als würden sie zurückgehalten. Die Kraft gleicht einem Magnetismus, der die Menschen, drückt man es bildhaft aus, am Boden festklebt. Dadurch stockt das Agieren. Immer wieder kommt es auch zu sprunghaften Handlungen.

Die positive Ausrichtung: Wie schon erwähnt wirkt der Magnetismus in Richtung einer weiter entwickelten Zukunft. Das gilt auch für alltägliche Handlungen. Verrichtet jemand zum Beispiel eine Hausarbeit, besteht das Bestreben, sie positiv zu verrichten, damit sich ein besserer Zustand verwirklichen kann.

Die negative Ausrichtung: Durch die negative Ausrichtung befinden sich die Menschen in einem negativen Gefühlszustand. Die Orientierung in eine bessere Zukunft ist nicht gegeben, im Gegenteil. Es wirkt ein depressives und introvertiertes Empfinden, das die eigenen Gedanken und Gefühle wie auch das Handeln entsprechend bestimmt.

27. *große verwaltende Eigenschaft*

4,29° - 17,14° Fische - Diese Menschen sind mit einer nebelhaften Energie verbunden, die ihre Sichtweise der Dinge trübt. Blickt jemand zum Beispiel einen anderen Menschen an, wirkt eine feine gefühlshafte Energie, die in gewisser Weise an geistige Energien erinnert. Diese *Eigenschaft* prägt die Menschen auch insofern, als sie massiv auf äußere Einflüsse reagieren. Es ist dies keine schnell reagierende Empfindsamkeit, sondern gleicht einem tiefen Schock.

Die positive Ausrichtung: Durch die positive Ausrichtung sind die Menschen sehr gefühlhaft und können das Empfinden anderer Leute gut nachvollziehen. Man wird an ein intuitives Empfinden erinnert.

Die negative Ausrichtung: Durch die negative Ausrichtung meinen die Menschen, Gefühle und Empfindungen anderer Menschen zu erspüren. Es handelt sich jedoch um verdichtete geistige Substanzen, die wahrgenommen werden. Der Versuch, diese Substanzen inhaltlich zu identifizieren, gelingt nicht.

28. *große verwaltende Eigenschaft*

17,14° - 30° Fische - Diese Menschen sind innerlich und äußerlich ruhig und konzentrieren sich auf sich. Ihre Form des Nachdenkens gleicht einem meditativen Prozess. Immer spielt ihre Intuition eine wesentliche Rolle. Auch ihr Handeln ist ruhig und gleichzeitig mit einer gewissen Leichtigkeit verbunden. Sie neigen dazu, vom jeweiligen Thema abzuschweifen. Dann befinden sie sich in einem undifferenzierten und zugleich nebulösen inneren Zustand.

Die positive Ausrichtung: Durch die positive Ausrichtung wird die Intuition gefördert. Sie wird zu einem dem Nachdenken innewohnenden Aspekt. Die Wahrnehmungen oder Überlegungen sind jedoch nicht genauer, sondern stärker mit dem Gefühl verbunden.

Die negative Ausrichtung: Durch die negative Ausrichtung befinden sich die Menschen in einem stagnierenden und nebelhaften Zustand. Ihre Gefühle verändern sich nicht. Gleichzeitig hindert sie dieser Zustand daran, intelligenzhafte und vor allem klare Überlegungen anzustellen.

Die Ordnung der 3 Grundpersönlichkeiten der 5. Dimension

1. große verwaltende Eigenschaft

1° - 10° alle Tierkreiszeichen

Die 1. Grundpersönlichkeit besitzt einen vorwärtsdrängenden Willen, der aktiv und impulshaft agiert. Dieser Wille strebt auf ein Ziel zu, was er verwirklichen möchte. Das Gefühl, welches diesen Willen begleitet, ist die Hingabe und Liebe zu diesem Ziel. Das Gefühl gibt sich in Liebe dem Willen hin. Der Verstand ist beweglich und neutral. Er betrachtet die Dinge so, wie sie sind, aus unterschiedlichen Perspektiven. Das Selbst schließlich ist einer höheren Sache untergeordnet. Das Ziel des triebhaften Willens wird von einer Instanz beeinflusst, welche der Mensch als hierarchisch höher einordnet. Dadurch gibt sich auch die Liebe der höheren Sache hin und der Verstand stellt Überlegungen in ihrem Sinne an.

Die positive Ausrichtung: Hier zeigen sich der vorwärtsstrebende Wille, die Liebe und Hingabe sowie der Verstand in ihren höchsten Ausformungen. Dieser Mensch bestimmt, dass er einer höheren Instanz untergeordnet ist. Das können zum Beispiel eine Tätigkeit, eine Gemeinschaft oder das physische Universum sein. Dadurch gewährleistet diese *Eigenschaft* die Einordnung des Menschen unter die *verwaltenden Eigenschaften.*

Die negative Ausrichtung: Durch die negative Ausrichtung sind alle Wesenszüge weniger entwickelt und wirken in Verbindung mit der Dunkelheit. Der Wille ist triebhaft und besitzt keine Stärke. Kompensiert wird dies durch negative Wesenszüge wie Aggression oder Zorn. Aus der liebenden Hingabe wird eine unreflektierte Hingabe an die Dunkelheit. Der Verstand arbeitet über Analogien, die der eigenen Vorstellung entsprechen. Diese Person folgt der Dunkelheit und definiert diese als höhere Instanz.

2. große verwaltende Eigenschaft

11° - 20° alle Tierkreiszeichen

Die 2. Grundpersönlichkeit richtet ihren Willen darauf, Macht zu bekommen oder zu vergrößern. Dieser Wille zielt darauf, zu beherrschen. Die Konsequenz des Herrschens ist zugleich, dafür Sorge zu tragen, dass der beherrschte Umraum in einer natürlichen Weise existieren kann. Die Gefühle sind einfach und hängen direkt damit zusammen, in welcher Weise die Machtausübung gelebt wird. Sie folgen der Durchsetzung der Macht in den einzelnen Bereichen des Umraums. In der Ausübung der Macht agiert der Verstand abwechselnd ausgleichend, beeinflussend und beeinflussbar. Je nachdem, wie es der Machterhalt erfordert, werden die Mitmenschen beispielsweise passiv oder aktiv beeinflusst, indem man abwechselnd mit harmonischen Übereinstimmungen oder disharmonischen Widerständen agiert. Ein Liebesgefühl aufzubauen, um über Harmonie Macht über das Gegenüber auszuüben, ist etwa eine für viele Menschen übliche Form der Machtgewinnung. Der innere Sensor dabei ist die Empfindlichkeit, wenn die persönliche Macht angezweifelt oder bekämpft wird. Ebenso orientiert sich das Selbst immer weiter in Richtung Dunkelheit. Die egozentrierte Macht wird größer, wenn sich jemand mit Eigenschaften der Dunkelheit verbindet.

Die positive Ausrichtung: Durch die positive Ausrichtung verwirklichen sich die Merkmale dieser *Eigenschaft* in der für die Aufrechterhaltung der Abhängigkeit der Menschen von den *verwaltenden Eigenschaften* besten Weise. Das betrifft den Willen, der sich über die Machtausübung definiert, wie auch das Gefühl, welches den Erfolg im individuellen Sein widerspiegelt. Über den Verstand erkennt dieser Typ sofort, welche Maßnahmen es für die Macht braucht. Dieser Mensch funktioniert wie ein Sensor im Sinne des Herrschens innerhalb der Dualität. Auch die Schweigsamkeit und Zurückgezogenheit mancher Herrscher ist Teil dieses Typs. Ob man diese Macht über einen Menschen, in der Familie, in einer Gemeinschaft oder über die Gesellschaft ausübt, ändert nichts an den grundsätzlichen Verhaltensmustern dieses Typs.

Die negative Ausrichtung: Durch die negative Ausrichtung wird der Herrscher in der Dunkelheit Realität. Das sind Menschen, die das Leid anderer Menschen in Kauf nehmen, um Macht zu erlangen und zu erhalten. Dem Willen fehlt das Sorgende, der Verstand agiert manipulierend. Das Bewusstsein strebt in Richtung Dunkelheit und das Gefühl bleibt an der Oberfläche.

3. große verwaltende Eigenschaft

21° - 30° alle Tierkreiszeichen

Der Wille der 3. Grundpersönlichkeit zeigt sich in einem optimistischen und drängenden Willen. Hinter diesem Willen steht die positive Aufforderung, in diesem Sinne zu handeln. Das Gefühl, welches dieser Typ in seiner Willensdurchsetzung empfindet, ist bodenständig. Er kommt nicht auf die Idee, dass der nach vorne gerichtete Wille für viele Menschen des 1. und des 2. Typs eine Herausforderung sein kann. Dieser charakteristische Wille verbindet mit einem Gefühl der inneren Bestätigung, das einen tief in sich die Richtigkeit der Willensäußerung erfahren lässt. Der Verstand begleitet den Willen mit der ihm innewohnenden Orientierung in die Zukunft. Er dient dem Willen, indem er sich anpasst und sich situationsbedingt verändert, und vermittelt eine Freiheit, die sich auf die Veränderlichkeit des Verstandes stützt. Durch das Selbst, welches diese *Eigenschaft* mit den *verwaltenden Eigenschaften* vertrauensvoll und sensibel verbindet, erhält dieser Persönlichkeitstyp die für ihn typische Prägung, die manchmal mit Naivität verwechselt wird.

Die positive Ausrichtung: Durch die positive Ausrichtung entsteht die vollkommene Ausformung dieses Persönlichkeitstyps im Menschen. Der zielgerichtete Wille mit einem zukunftsorientierten Verstand bekommt als Fundament ein Gefühl, durch welches dieser Typ sachlich den Unterschied zwischen einer ursächlichen Wahrheit oder Unwahrheit empfinden kann. Das Bewusstsein unterstützt die Unterscheidungskraft; vor allem birgt es in sich die Kraft der Entwicklung und Evolution, wie sie sich in der Natur zeigt.

Die negative Ausrichtung: Durch die negative Ausrichtung prägt die *Eigenschaft* die Menschen im Sinne von Willensäußerungen, die letztlich Leiden verursachen. Eine Möglichkeit ist die vorschnelle Entscheidung für ein zukünftiges Vorhaben. Der Verstand verbindet damit die Illusion einer Freiheit und die Prägung des Bewusstseins gaukelt eine Entwicklung vor. Ebenso kann es zu unrealistischen Entscheidungen von Vorhaben kommen. Durch das Gefühl wird den Menschen die Möglichkeit suggeriert, der Wille könne zur Realität werden.

Das Urbild des niederen Selbst in der 5. Dimension

Große verwaltende Eigenschaft

0° - 30° alle Tierkreiszeichen

Diese *verwaltende Eigenschaft* definiert das Urbild des Menschen in seiner Identifizierung mit dem niederen Selbst. Dieses Urbild gleicht einer Schablone für den Körper der individuellen Eigenschaften.

Es definiert einerseits die Funktionen, welche durch die 3 Grundpersönlichkeitstypen und die *Eigenschaften* des Willens fortgeführt werden, und andererseits erklären sich durch dieses Urbild die höchsten möglichen Inhalte. Die sich daraus ergebenden und nachfolgenden Inhalte findet man in den 15 Menschentypen und den 15 Persönlichkeitstypen.

Die Funktionen erklären die Mechanismen und wie der Mensch agiert. Über die Inhalte erkennt man, welche Wesenszüge der Mensch besitzt.

Der Wille des Urbildes hat verschiedene Merkmale. Grundsätzlich agiert er aktiv und vorwärtsdrängend. Es geht darum, ein Ziel zu erreichen, zu verwirklichen und umzusetzen. Der Wille ist gleichzeitig realistisch und erdgebunden. Es wird nur das angestrebt, was im Sinne des niederen Selbst auch realistisch ist. Gleichzeitig empfinden die Menschen eine Hingabe gegenüber der eigenen Willensäußerung. Verbunden mit der Hingabe findet man auch die Liebe zum eigenen Agieren. Ein weiterer wesentlicher Wesenszug des Willens ist, dass er grundsätzlich neutral und beweglich ist. Ebenso gibt es die Besonderheit, dass nur die Oberfläche durch den eigenen Willen für den Menschen erfahrbar ist.

Wer zum Beispiel seinen Willen darauf richtet, reich zu werden, wird dieses Vorhaben durch Hingabe und Liebe unterstützen. Gleichzeitig erfährt er nur intellektuell, was das bedeutet. Die sich möglicherweise daraus ergebenden Folgen wie eine stärkere Bindung an die Dunkelheit erfährt er nur oberflächlich. Die tiefen Erkenntnisse der Konsequenzen des eigenen Willens sind für den Menschen nicht erfahrbar.

Das Gefühl des Urbildes folgt dem Willen. Es erklärt sich hierarchisch unterhalb des willentlichen Vorhabens. Jede Willensäußerung ist die Ursache eines Gefühls. Die Menschen können über das Gefühl erfahren, was sie selbst erschaffen haben. Wie einfühlsam sich das Gefühl auch zeigen kann, es kann nicht in die Tiefe dringen, da es durch den Willen begrenzt ist. Ein weiteres Wesensmerkmal des Gefühls ist die Identifizierung mit dem, was man selbst erschaffen hat, durch den Willen. Je kleiner oder größer das Erschaffene, desto kleiner oder größer ist der Machtbereich, welcher gefühlshaft erfahren wird. Das Gefühl hat zugleich die Qualität, die Größe und Komplexität des eigenen Erschaffenen zu vereinfachen. Auch dadurch verhindert diese *Eigenschaft* die Erkenntnis dessen, was im eigenen Machtbereich umfassend und in der Tiefe geschieht.

Die Tiefe und die Auswirkungen dessen, was man selbst geistig und materiell erschafft, erfährt der Mensch über sein Denken und über seinen Verstand. Der Verstand des Urbilds ist zielgerichtet und drängt nach intelligenzhaften Erkenntnissen. Er tastet sich vor und entscheidet je nach Situation, ob das neue Wissen dem niederen Selbst dient oder nicht. Ein Wesensmerkmal des Verstandes ist es, dass er sich innerhalb eines definierten geistigen Raums befindet. Dieser Raum steht für eine Ideologie, eine Weltanschauung, eine Lebensweise, eine Kultur oder einen anderen Lebensbereich, mit welchem sich der Mensch identifiziert. Durch diese Begrenzung des Verstandes bleibt der Mensch in seinem geistigen Umfeld. Innerhalb und in eins mit diesem Umfeld ist der Verstand in der Lage, das höchste dort existierende Wissen zu erkennen.

Ebenso ist es möglich, das tiefste verborgene Wissen zu enthüllen. Die Grenze bildet wiederum die schon genannte Oberflächlichkeit.

Der Mensch befindet sich in der Mitte zwischen Tradition und Fortschritt. Einerseits stützt er sich auf das Vergangene und Bewährte, andererseits orientiert er sich an der Zukunft. Es ist ihm möglich, sich mit dem Ursachenprinzip des Universums selbst zu identifizieren. Dadurch definiert es dieses Prinzip als höchstes Prinzip und beschränkt sich auf das Universum. Verbunden ist der Mensch auch mit der Evolution des Menschseins auf der Erde.

Die Erkenntnis dieser *Eigenschaft* betrifft vor allem seine grundsätzliche Existenz. Es geht darum, zu erkennen, dass das Menschsein in seiner Form und Ausdrucksweise eine Vorgabe besitzt. Dann geht es darum, die jeweilige positive oder negative Ausrichtung in sich zu erkennen. Diese Einsichten sind wesentlich. Dazu kann man sich verschiedene Lebensentscheidungen vor Augen führen und sie nach den Merkmalen dieser *Eigenschaft* selbst einschätzen.

Die positive Ausrichtung: Alle beschriebenen Merkmale der Persönlichkeit erfüllen sich in der Funktion und im Inhalt in der höchsten möglichen Weise. Das betrifft den Willen, das Gefühl und das Denken. Die genannte Oberflächlichkeit wird nicht als solche erkannt, sondern als Ideal des Intellekts und des Wissens angesehen. Durch die positive Ausrichtung definieren diese Wesenszüge das Glück des Menschseins. Die Menschen erfahren es als Geschenk und Glück, als Mensch geboren zu sein und sich weiterhin als Mensch zu identifizieren.

Die negative Ausrichtung: Durch die negative Ausrichtung kommt es zu den unterschiedlichsten Formen der Einschränkung. Zum Beispiel ist der Wille in seiner Funktion nicht stark oder vor allem triebhaft, die Hingabe bezieht sich auf die Dunkelheit und das Wissen selbst ist oberflächlich. Es gibt zahlreiche Möglichkeiten. Auch das Gefühl und die sich daraus ergebende Macht können in der Funktion nicht ausgebildet werden. Der Intellekt kann zum Beispiel egozentriert, in die Dunkelheit ausgerichtet und unrealistisch sein. Schließlich gibt es auch für das Selbst zahlreiche Möglichkeiten, sich zum Beispiel zu sehr über die Tradition oder den Zeitgeist zu identifizieren. Auch die Entwicklung und die Evolution des Menschseins können naturgemäß oder künstlich unterstützt oder hervorgerufen werden. Obwohl viel Leid damit zusammenhängt, begrenzen sich die Menschen innerhalb des niederen Selbst.

[1] Der Name der 5. Dimension lautet in der Pistis Sophia Heimarmene.

[2] In der Pistis Sophia wird diese Bindung so beschrieben, dass Jeu die Archonten an die Heimarmene gebunden hat.

[3] Dieser Effekt der RaumZeit wird in der Pistis Sophia als Hefe in der Seele umschrieben. Deshalb wachsen die Substanzen der Archonten. Es ist dies die Wirkung der RaumZeit der 5. Dimension.

[4] Der positive Ausdruck einer *verwaltenden Eigenschaft* wird in der Pistis Sophia als Rechtsdrehung des Archons und der negative Ausdruck als Linksdrehung des Archons bezeichnet.

[5] Das persönliche Horoskop ist ein Abbild der Einflüsse zum Zeitpunkt der Geburt. Die in der heutigen Astrologie übliche Deutung hat folgende Grundlagen: Die 12 Tierkreiszeichen sind ursprünglich die 12 Raum-Bewusstseine der 3. Dimension und die 12 Häuser sind die 12 Raum-Bewusstseine des Universums. Die Planeten nennt man in der Pistis Sophia die „Archonten der großen Heimarmene. Es sind *verwaltende Eigenschaften*, welche die Persönlichkeit formen. Sie sind an die 5. Dimension gebunden. Alle *Eigenschaften* der 5. Dimension in meinen Büchern sind nicht Teil der heute üblichen klassischen Astrologie.

Nachwort

Mit der Veröffentlichung dieser beiden Bücher habe ich eine Arbeit abgeschlossen, die ich mir vor Jahren vorgenommen hatte. Es war mein Anliegen, dass es dem Leser dieses Buches möglich ist, in Selbstverantwortung ein Bewusstsein der höheren Dimensionen zu verwirklichen.

Eine Erfahrung auf dem Weg, die ich mit Freunden teile, ist, dass man immer mehr Mensch wird. Damit meine ich nicht menschlicher im allgemeinen Sinne, sondern dass man in sich selbst das erfüllt, was Menschsein bedeutet. Gleichzeitig übertrifft das Bewusstsein und das Licht des Bewusstseins, das man in sich erkennt, bei weitem alle Erwartungen.

Bedanken möchte ich mich bei meiner Lebenspartnerin
Susanne für ihre unermüdliche Hilfe und Unterstützung.

Lieber Leser,

als freier Autor und Self-Publisher habe ich keine Marketingabteilung eines Verlages an meiner Seite, die für meine Bücher Werbung macht und sie z.B. im Buchhandel bewirbt. Rezensionen sind daher die beste Möglichkeit der Werbung. Wenn Ihnen mein Buch gefällt, freue ich mich über eine Rezension.

Auf meiner Website können Sie mehr über meine Arbeit erfahren und, wenn Sie möchten, meinen Newsletter abonnieren.

https://bewusstsein.site

Vielen Dank!
Kurt Richard Walchensteiner

Kurt Richard Walchensteiner

Die Praxis
der Befreiung
des Bewusstseins

Buch 2

Die Praxis der Befreiung des Bewusstseins - Buch 2
Preis: 27,99 Euro
480 Seiten
ISBN: 9783759796059

In diesem Buch beschreibt Kurt Walchensteiner ein neues Verständnis des Menschseins. Es gibt eine mehrdimensionale Struktur des Bewusstseins, die vergleichbar mit einer inneren Plattform im Menschen das Menschsein definiert. Das Wissen um diese Struktur ist verloren gegangen. Tausende Eigenschaften, Ordnungen und Raum-Bewusstseine aus

13 Dimensionen bilden ein inneres All im Menschen. Raum und Zeit bestimmen diese Struktur, in welche sich der Mensch einfügt.

In manchen Überlieferungen findet man einzelne Inhalte. Die in der gnostischen Schrift Pistis Sophia erwähnten Orte des Lichts und der Dunkelheit beziehen sich ebenso wie die 13 Kristallschädel der Maya-Religion in ihrer ursprünglichen Bedeutung auf die 13 Dimensionen des Bewusstseins. Auch in anderen Religionen und Lehren findet man Ordnungen und Raum-Bewusstseine, die herausgelöst aus dem Zusammenhang unterschiedliche Stellungen einnehmen.

Diese Struktur des Bewusstseins ist so alt wie der Mensch selbst. Sie erklärt den Ursprung des Menschen und ebenso den Weg, wohin sich das Menschseins bewegt. Jeder Mensch muss sich der Herausforderung stellen, ein Mensch zu sein. Das bedeutet, sich in das eigene Innere zu bewegen, die Dimensionen des Bewusstseins zu erkennen und das zu werden, was jeder Mensch als innerste Anlage in sich trägt.

Der Weg dorthin ist die Praxis der Befreiung des Bewusstseins und damit die Erfüllung des Menschseins. Das ist der Inhalt der beiden Bücher.